학교폭력의 원인과 해결방법

경영학박사 노 순 규 저

> **감사의 말씀**
>
> 노순규 원장의 120권째 저서 '학교폭력의 원인과 해결방법'을 저희 연구원에 강의를 의뢰하여 주신 전국의 시도교육청, 교육연수원 교육담당자님께 감사드리며 아울러 서울시교육연수원(교육관련 노동법의 이해), 부산시교육연수원(교원.공무원노조의 이해), 울산시교육연수원(공무원노조의 이해), 충남교육연수원(공무원 노사관계의 발전방안), 경남공무원교육원(단체교섭 및 단체협약 체결사례), 대구시교육연수원(리더십과 갈등관리), 경기도교육청(갈등관리와 교원의 역할), 충북단재교육연수원(교원능력개발평가의 필요성과 성공기법), 강원도교육연수원(학교조직과 갈등관리), 경북교육연수원(공무원 노동조합의 역할과 발전방안), 인천시교육연수원(교원단체와 노사관계), 광주시교육연수원(교육관련 노동법의 이해), 경남교육연수원(교원단체의 이해), 전남교육연수원(학교의 갈등관리와 해결기법), 전북교육연수원(커뮤니케이션의 기법과 효과), 경북교육청(학교의 갈등사례와 해결방법), 제주탐라교육원 및 제주도공무원교육원(갈등의 원인과 해결방법), 대전시공무원연수원(갈등의 유형과 해결방법), 공무원 인재개발원, 강원도공무원교육원, 전북공무원교육원, 경남공무원교육원, 충남공무원교육원, 부산시공무원교육원, 한국기술교육대학교 노동행정연수원(환경변화관리와 리더십)의 교육담당자님께 감사드립니다.

한국기업경영연구원

머리말

　학교폭력이란 일반적으로 청소년들인 학생들이 학교 내외에서 당하는 폭행, 금품갈취 등을 뜻하며 이외에도 협박, 따돌림과 같은 심리적 폭력, 심부름시키기와 심지어 성적인 폭행들까지도 포함하는 개념으로 정의할 수 있다. 특히 최근 중학생이 친구들을 상습적으로 괴롭혀온 동급생을 수업중인 교실에서 흉기로 찔러 숨지게 한 사건은 우리 나라의 학교폭력이 얼마나 심각한 지경에 이르렀는지를 여실히 보여준다. 숨진 학생이 평소 친구들에게 주먹을 휘두르는 것에 불만을 품어왔던 이 중학생은 초등학교 때부터 가깝게 지내온 친구가 폭행당하는 것을 보고 격분한 나머지 일을 저질렀다고 한다. 교사와 다른 학생들이 미처 말릴 겨를도 없이 순식간에 벌어진 일이라고는 하나 교실에서 살인사건이라니 경악을 금할 수 없다. 물론 학교폭력은 과거에도 있었지만 최근에는 더욱 일상화되고 최근에는 특히 중학생 및 초등학생 등 저연령화하는 추세여서 심히 걱정스럽다. 초등학생 다섯명 중 한명이 학교폭력의 피해자이며 중.고등학생 중에서는 여중생의 학교폭력 피해 경험률이 가장 높다고 한다. 학교폭력의 원인에는 개인적 요인, 가정환경적 원인, 학교환경적 요인, 사회환경적 원인을 대표적으로 들 수 있다. 개인적 요인은 학교폭력을 당하는 사람이 멍청한 행동장애 등이 있어서 그런 것이고, 학교환경적 요인은 학교 또는 학년 그리고 반에 질이 좋지 않은 학생들이 유달리 많다든지 하는 것인데 학교폭력은 어느 학교든지간에 정도의 차이가 있을 뿐이지 대개 있는 편이다. 학교마다 좀 논답시고 떼지어 몰려다니는 애들이 있고 개인적 요인이라면 역시 반에서 좀 소극적이고 멍청하고 반대로 너무 떠든다거나, 소위 말하면 깝친다거나, 왕따기질이 다분한 아이들한테서 자주 볼 수 있겠다. 가정환경적 원인에 대한 예를 들어보면 집안 사정이 안좋아서 방황하게 되는 학생들이 있다. 그러다 보면 실 나쁜 애들을 만나서 나쁜 것들을 배우게 되고 같이 어울려 다니게 되고 그런 애들이 학교에서 말하는 폭력써클에 들어선다.

학교환경상으로 보자면 그 학교가 원래 꼴통학교라 문제아가 좀 많은 학교라 학교측에서도 좀 많이 풀어주는 그런 경우가 있다. 그리고 학년, 반에 질이 나쁜 애들이 모여 있어서 그렇다. 사회환경은 아마도 요즘 사회문제를 놓고 보는 것이다. 폭력써클이니 뭐니 많다. 그리고 뉴스나 신문에도 많이 나온다. 오토바이 폭주하는 청소년에 관한거나 단체로 한 아이를 폭력해서 소년원에 가거나 등 사회적 요인으로 보면 참 많다. 이런일 저런일 특히 10대 애들 무섭다는 등 이런저런 기사들이 많다.

다 보고 배우는거다. 초등학생들도 요즘 장난이 보통 아니다. 학교폭력 예방방법은 더 효과적인 차원으로 바뀌어야 한다는 점을 생각할 수 있다. 하나는 학교폭력에 관한 처벌이 강화되고 피해자 학생에게 어떤 식으로든 치료를 해주는 등 보상이 강화되기를 간절히 바라고 있다. 또 한가지 더 바라는 것이 있는데 그것은 학교폭력 예방교육이다. 단순히 학교폭력 가해자가 처벌되는 것과 학교폭력 피해자가 겪는 고통을 보여주는 교육은 오랜시간동안 효과를 나타내지 못하고 있고 실제로도 그렇다. 그와는 대조적으로 학교측은 학교폭력의 근본원인을 찾아내고 그 근본원인을 이용한 원리로 교육을 해야 할 것을 주장하고 싶다.

한권의 책이 출간되어 나오는 데는 많은 분들의 도움이 필요할 것이다. 그동안 저희 연구원으로 강의를 의뢰해주신 전국의 시.도 교육연수원, 공무원교육원, 한국기술대학교 노동행정연수원, 서울시교육연수원, 부산시교육연수원, 울산시교육연수원, 대구시교육연수원, 경기도교육청, 충남교육연수원, 충북단재교육연수원, 경북교육연수원, 인천시교육연수원, 광주시교육연수원, 강원도교육연수원, 제주도탐라교육연수원, 경북교육청, 강원도공무원교육원, 제주도공무원교육원, 광주광역시 공무원교육원, 대전광역시 공무원교육원 교육담당자님께 이 기회를 빌어 진심으로 감사드린다. 특히 본 저서의 기획 및 출판에 헌신하신 전승용 선생님께 감사말씀을 드리고 연구원 개원 23주년 및 결혼 32주년을 맞은 아내 '박순옥', 아들 '노지훈(현대백화점)', 며느리 '김수향(캐나다대사관)'에게 항상 고마움을 표한다.

2012년 2월 13일

저자 노 순 규 드림

목 차

제1장 학교폭력의 개념과 원인 ································· 13
1. 학교폭력의 개념과 심각성 ································· 13
2. 학교폭력의 원인 ··· 14
  1) 학교폭력행위의 의미 ······································ 14
  2) 학교폭력의 발생 원인 ···································· 14
    (1) 개인적 및 심리적 요인 ······························· 14
    (2) 가정적 요인 ··· 14
    (3) 학교적 요인 ··· 15
    (4) 사회적 요인 ··· 16
  3) 청소년의 폭력행위 실태 ································· 16
    (1) 폭력을 당한 경험 ······································ 16
    (2) 폭력을 당한 장소 ······································ 16
    (3) 폭력을 당한 대상자 ··································· 17
    (4) 폭력을 당한 이유 ······································ 17
    (5) 폭력피해 내용 ·· 17
    (6) 폭력을 당한 후의 심리적 상태 ···················· 18
    (7) 폭력을 당한 후 피해사실을 알린 대상 ········· 18
    (8) 피해사실을 알리지 않았다면 그 이유 ············ 18
    (9) 피해사실을 알렸을 때의 해결 정도 ·············· 19
    (10) 우리 사회의 학교폭력의 정도 ··················· 19
    (11) 학교폭력을 근절하기 위한 방안 ················· 19
  4) 학교폭력 예방방법 ··· 20
    (1) 개인 수준의 조치사항 ································ 20
    (2) 학급 수준의 조치사항 ································ 20
    (3) 학교 수준의 조치사항 ································ 20
    (4) 가정 수준의 조치사항 ································ 21
    (5) 유해환경 제거 및 유익환경 증진 방안 ········· 21
3. 세계적 교육전문가의 학교폭력 원인진단과 관련좌담회 ·········· 21
  1) 학교폭력의 원인 ·· 22
  2) 학교폭력의 대처 ·· 22
  3) 학교폭력의 예방방법 ······································ 23

4. 학교폭력의 구체적 원인 …………………………………………… 26
5. 학교폭력의 원인분석 …………………………………………… 27
   1) 학교폭력의 원인 ……………………………………………… 27
   2) 학교폭력의 해결방안 ………………………………………… 27
6. 학교폭력의 요인과 파장 ………………………………………… 30
   1) 가정적 요인 …………………………………………………… 30
   2) 학교 교육적 요인 ……………………………………………… 31
   3) 사회적 요인 …………………………………………………… 31
7. '알맹이 없던' 학교폭력 대책과 기대 …………………………… 32
8. 학교측의 '학교폭력' 숨기기 …………………………………… 33
9. 학교폭력의 현실과 현장 ………………………………………… 35
   1) 학교폭력과 청소년 폭력 ……………………………………… 35
   2) 부모교육보다 앞서야 할 것이 부부교육 …………………… 42
   3) 교육이라는 목표하에 모인 학교로의 접근 ………………… 48
10. 왕따 무서워 아빠 금고 턴 중학 1년생 ………………………… 59
11. "너희 왕따 둘, 서로 때려" 가해학생들이 폭력조종 ………… 61
12. 학교폭력을 담임의 시각으로 본 견해 ………………………… 64
13. 자살 중학생 사건을 보며 ……………………………………… 65

제2장 학교폭력의 실태와 사례 ……………………………… 67

1. 국무총리실 명예기자단의 학교폭력 실태보고서 ……………… 67
   1) 학교폭력의 가해 이유 ………………………………………… 67
   2) 학교폭력 전문상담기관 필요성의 여부 …………………… 69
2. 학교폭력의 실태 및 현황 ………………………………………… 70
3. 교과위의 학교폭력 부실대응 추궁 ……………………………… 71
4. 학교폭력 피해자의 가해학생·학교 고소 ……………………… 72
5. 교실은 무법천지와 대책없는 학교폭력 ………………………… 73
   1) 학교폭력 피해건수 갈수록 증가 …………………………… 75
   2) 관계당국 대책마련 고심 ……………………………………… 76
6. 성적 폭력 급증과 동영상 유포의 심각성 ……………………… 78
7. "다 무릎꿇어", "교무실로 와"의 왕따학생 위험성 ……………… 79
8. 전주 자살 고교생 유족 "1년동안 학교폭력 당해, 담임 알고도 쉬쉬" ……… 80
9. 2010년 학교폭력 실태 발표 및 대책강화 촉구 기자회견 - 실태현황 및 특징 …………………………………………………… 81

1) 학교폭력 피해율, 가해율의 지속 및 심각화 ·················· 81
   2) 학생 10명 중 2명은 재학 중 학교폭력 피해경험, 저연령화 ·········· 83
   3) 학생 10명 중 2명은 재학 중 학교폭력 가해경험, 저연령화 ·········· 83
   4) 학생들의 학교폭력 심각성에 대한 체감도 지속적 증가 ·············· 85
   5) 폭력의 둔감화 : 신종 학교폭력 유형 인식 저조(졸업빵, 계급층,
      사이버폭력) ··· 85
   6) "죽을만큼 고통스러워요"(학교폭력 이후 피해고통 호소) ············ 86
   7) 학교폭력으로 인한 죽음의 고통(자살, 자살충동 여부의 심각성) ···· 88
   8) 학교폭력으로 인한 일상생활의 어려움(등교거부의 심각성) ········· 89
   9) 학교폭력 피해유형(성별 차이에 따른 피해 대책 및 차등적 예방
      필요) ·· 89
   10) 학교폭력 피해와 가해경험이 모두 있는 학생의 현황 ················ 90
   11) 실제적 도움과 지원체계 강화 시급 ································· 91
   12) 폭력에 대한 일상화와 관대적 문화 및 가해행동의 심각성 ·········· 92
   13) "나만 아니면 된다." 학교폭력 방관하는 학생들 ···················· 93
   14) 실질적인 학교폭력 예방교육 필요성, 대처방안 보급 필요 ·········· 94
   15) 학생들 "학교폭력전문상담기관 필요하다" 절실 ····················· 95
10. 보복폭력과 학교폭력의 위험성 ·· 97
   1) 학부모 대처방법의 소개 ·· 97
   2) 가해학생의 무조건 감싸기 금지 ····································· 97
11. 학교폭력 '0건'의 통계적 허구성 ······································· 98
   1) 착한 교사들이 아이들의 미래를 위해서 은폐 ························ 99
   2) 교원평가의 역설, 원칙대로 하면 평가에 불이익 ···················· 100
12. 학교폭력의 '수술게임', 아이들의 '위험한 게임' ······················ 103
   1) 장난도 폭력 ··· 103
   2) '위험한 게임에의 강제 참여'는 게임 빙자 폭력 ···················· 103
   3) '아이가 지갑에 손을 대면' 금품갈취 의심 ························· 104
   4) '약한 아이를 놀리는 것도 언어적 및 정서적 폭력 ················· 104
   5) 인터넷 명의도용도 사이버 폭력 ···································· 104
      (1) 얼굴에 상처내기 ··· 105
      (2) 주먹서열 정하기 ··· 106
   6) 학교폭력에 대한 시사점 ··· 107
   7) 학교폭력의 해법 ·· 108
13. 등돌린 학교와 학교폭력의 원인 ······································ 108
14. 학교폭력에 대한 정부의 책임 ·· 111

15. 학교폭력의 대책마련 ··· 114
16. 학교폭력 자살이 피해자의 부모탓인가 ······················· 115
17. 진화하는 학교폭력, 보이지 않는 폭력의 위험성 ········ 116
18. 자살 중학생 학교폭력 못견딘 듯 ································ 117
19. 개학 한달 활발한 '무리짓기', 무리 결속된 뒤 집단따돌림 시작 ········ 119

제3장 학교폭력의 예방방법 ·· 122
1. 학교폭력의 심각성과 대처방법 ······································ 122
   1) 학교폭력의 심각성 ··· 122
   2) 우리 아이의 안전성 ··· 123
   3) 우리 아이의 보호방법 ··· 124
   4) 우리 아이가 피해자일 경우의 대처방법 ················ 124
2. 학교폭력을 예방하는 방법 ·· 125
   1) 부모의 무한책임 ··· 125
   2) 학교폭력 신고시 ··· 125
3. 학교폭력 예방기법 ··· 126
   1) 학교폭력에 대한 범위 ··· 126
   2) 학교폭력의 문제점 ··· 126
   3) 학교폭력 대처방안 ··· 126
   4) 추가적 필요사항 ··· 126
   5) 학교폭력 예방 글짓기 예시 ···································· 127
4. 학교폭력 예방 및 대책 ··· 132
   1) 기본계획 ··· 132
   2) 친구들과의 친근감 ··· 134
   3) 학교폭력 예방수업 ··· 136
   4) 배려와 희생의 결여 ··· 139
   5) 편안한 상담교사의 필요성 ······································ 140
   6) 학교폭력의 예방은 관심과 사랑 ····························· 141
   7) 지속적인 연수 및 상담활동 ···································· 144
   8) 피해학생에 대한 안정책 강구 ································ 148
   9) 학교폭력의 해결방법은 가정의 동참 ···················· 151
   10) 인성교육의 필요성 ··· 157
   11) 예절교육의 필요성 ··· 159
   12) 업그레이드된 교육을 통한 학교폭력의 감소 ······ 163

13) 학생, 학부모, 교사의 공조 필요성 ·· 166
5. 졸업식 등 대비, 학교폭력 예방활동 강화, 폴리스 타임즈 ················· 169
6. 2012년 학교폭력관련 교과부의 역할 ·· 173
　　1) 전문상담인력 배치 ·· 173
　　2) 공익근무요원 활용 ·· 173
　　3) 학교폭력 실태조사 ·· 174
　　4) 학교폭력 예방 스마트폰 어플 활용 강화 ·· 174
　　5) 학교폭력 신고센터 설치·운영 ··· 174
7. 학교폭력에 대처하는 학교의 역할 ·· 175
8. 학교폭력 예방은 고양이 목에 방울달기식 ··· 175
　　1) 우리나라에는 학교폭력 예방 프로그램 부존재 ····························· 176
　　2) 가해자를 순진하게 보는 태도는 잘못됨 ··· 176
　　3) 전학의 대안학교 ·· 176
　　4) 학교징계위원회의 견해 청취 필요성 ··· 177
　　5) 방관하는 학생들 ·· 177
　　6) 보편타당한 사회적 기준의 필요성 ··· 178
9. 대구의 중학생 자살과 학교폭력 예방을 위한 전직 학생부장의 호소 ··········· 179
　　1) 학교폭력대책위원회의가 열린 횟수를 공시하라는 정책의 폐지 ··· 180
　　2) 중학생의 출석정지 범위를 재설정 ··· 182
　　3) 학생부장에 대한 특별배려 ·· 183

제4장 학교폭력 대책과 학교의 역할 ··· 186
1. 학교폭력 대책과 학교의 입장 ·· 186
2. 학교폭력 대책과 '군 가산점' 부활 여부 ··· 187
3. 학교폭력 대책, '수박 겉핥기식' 비난 ··· 189
4. 늘어가는 학교폭력, 대책의 실효성 여부 ··· 190
5. 학교폭력 대책 법률개정안 통과 ·· 191
6. 친구야, 두려워마 ·· 192
7. 학교폭력 피해를 입었던 20살 청년 ·· 193
8. 학급내 따돌림 극복사례 ··· 195
9. 저희반 왕따사건 문제 ··· 198
10. 경찰, 학교폭력 상습범 선별·특별관리 ·· 201
11. 학교폭력 은폐한 교사·교장 엄중조치 ··· 202
12. '그린 마일리지' 제도로 학교폭력 집기 ·· 204
13. 학교폭력, 어른들은 잘 모르는 아이들의 숨겨진 삶 ···················· 205
14. 학교폭력 추방과 '사랑의 캠프' ·· 208

15. 인천보호관찰소 학교폭력 가해학생 심리치료 '가족 상황극' 현장 ·············· 209
16. 학교폭력이 어제 오늘 일이 아닌데 ·· 211
17. 학교폭력, 교권도 위협 침해사례 4년간 4배 증가 ······································ 211
18. 경기도교육청, 성폭력·학생인권 보호에 적극 나서 ····································· 212
19. 친구사랑 운동으로 바람직한 또래문화 형성 ··· 213
20. 학원폭력의 양상 ·· 215
21. 빵셔틀 등 학교폭력 처벌 ·· 215
22. "교사 주도로 가해·피해 증거 확보, 학부모 협조로 문제해결" ··············· 216
23. 서울시교육청 '교권침해 예방 매뉴얼' 제작 ·· 219
24. 전국 중학교 3000여곳 전문상담교사 배치 ··· 219
25. 학교폭력 대처 못배우고 교단에 서는 예비교사들 ···································· 221
26. 학교폭력 당사자 부모의 대처법 ·· 223
27. 학교폭력 중의 왕따대처법 ·· 225
28. 학교에서 괴롭히는 아이 대처법 ·· 227
　　1) 장난으로 괴롭히는 아이 ··· 227
　　2) 폭력을 쓰는 아이 ··· 227
29. 대전서 후배 집단 성폭행 중학생 7명 검거 3명 구속 ······························ 228
30. 퇴학이나 강제전학이 학교폭력의 대안 여부 ··· 229
31. 친구 '아픔'에 무감각 ·· 232
32. 불행하게 사는 법을 가르치는 우리의 교육현실 ·· 233
33. 자살 고교생 유족 "학교측이 사건을 덮으려는 시도" ······························· 236
34. 성주교육지원청, 학부모 만족도 등 3개 부문 '도내 1위' ························· 237
35. 조현오 경찰청장, 학교폭력에 적극적 대처 ·· 238
36. '학교폭력 담당장학사' 학교별 배치 ··· 238
37. 경북교육청의 학교폭력 추방에 학부모 학교장이 앞장 ···························· 240
38. 따돌림 생중계 당하는 왕따, "사이버공간서 피눈물" ································ 241
39. 법보다 주먹, 신고학생 70% "보복당해" ··· 242
40. 학교폭력 대처와 예방법 ·· 244
　　1) 학교폭력의 징후 ··· 245
　　2) 학교폭력의 사례와 대처방법 ··· 246
41. 중학생이 말하는 학교폭력 예방법 ·· 247
　　1) 경범죄를 소탕하고 대형범죄를 막는 "자동차 유리창 효과" ·········· 248
　　2) 부모님의 관심과 학교의 적극적 대처가 필요 ································· 250

42. 학교폭력 실태와 예방법 ·· 251

제5장 학교폭력대책 관련법 및 해결방법 ············· 253
1. 학교폭력 예방 및 대책에 관한 법의 문제점 및 개정 ············· 253
    1) 문제의 소재 ·· 253
    2) 법률의 개정방향과 패러다임 ·· 254
        (1) 법 개정의 세가지 의미 ·· 254
        (2) 법 개정의 패러다임 ··· 255
        (3) 구체적인 문제점 및 개정방향 ·································· 256
    3) 학교폭력의 현황 ·· 258
    4) 학교폭력의 원인 ·· 258
        (1) 가정의 해체 ·· 258
        (2) 학생들의 정신건강 ·· 259
        (3) 현재 정부의 대처사항 ··· 259
        (4) 대책 ·· 260
        (5) 학부모 입장에서 노력해야 할 사항 ························· 261
2. 긴급점검, 학교폭력 대책, "사랑한다" 아빠 한마디에 '폭행 아들' 눈물범벅 ········ 262
    1) 부모가 아이를 아프게 하는 행위 ································· 263
    2) 가해학부모 교육의 의무화 검토와 예산확보 ·················· 265
3. 교실서 담뱃불 끄랬더니 "에이 씨.." 대든 일진 ···················· 266
    1) 학생주임 8명이 밝히는 학교폭력 실상과 자기반성 ········ 266
    2) 학생주임들의 뒤늦은 반성 ··· 266
    3) 학생주임이 본 실전 대책 ·· 267
4. 가해학생과 피해학생의 징후 ·· 268
    1) 친구가 고가의 물건을 빌려줬다는 가해학생 ·················· 268
    2) 학교가기 싫다고 전학보내 달라는 피해학생 ················· 268
5. 학교폭력의 실태분석과 대응방안 ······································· 269
    1) 학교폭력의 의의 ·· 269
        (1) 학교폭력의 개념 ··· 269
        (2) 특징 ·· 270
6. 학교폭력의 해결방안 ··· 272
    1) 학교폭력의 현상 ·· 272
    2) 학교폭력의 정의 ·· 272
    3) 학교폭력의 발생원인 ··· 273
        (1) 가정, 학교, 사회에서 폭력에 대한 직접경험 ············· 273
        (2) 매체를 통한 폭력의 간접경험 ·································· 273
        (3) 학생들의 문화시설과 여가 프로그램 부족 ················ 273
        (4) 개인과 집단의 대립에서 오는 소외감 ······················ 274

(5) 사회적 요인 ··· 274
7. 폭력에 멍든 학교의 구제방법 ································· 274
   1) 학교폭력의 심각성 ·· 275
   2) 학교폭력의 통계적 오류 ·································· 275
   3) 공권력 개입, 신종 '계엄령' ······························ 276
   4) 말하지 못하는 아이들, '대처교육' 필요 ·················· 277
   5) 부모교육, 예방프로그램 강화 ······························ 277
   6) 교화 프로그램 실효성 확대필요 ···························· 277
   7) 학생인권조례 '정치적' 공방 불필요 ······················ 278
   8) 전문상담교사 확대, 담임교사 역할 강화 ·················· 278
8. 대구서 '폭력없는 학교위한 추모집회' 열려 ·················· 279
9. 김홍도의 풍속도첩, 서당도의 왕따 ···························· 280
10. 학교방화와 살인미수는 따돌림 때문에 발생한 사건 ············ 281
    1) 왕따의 역사적 추세 ······································ 281
    2) 왕따없는 교육풍토 가능의 시기 ··························· 285
11. '학교폭력' 학생생활기록부 기록, 입시반영 ···················· 286
12. '강제전학' '학부모소환제', 학교폭력에 대한 정부대책 ········ 287
    1) 처벌과 학생·학부모 의무 '강화' ························ 287
    2) 학교폭력 책임교사에 승진 가산점 부여 ··················· 288
    3) "처벌만 강화는 역효과 우려" 지적 ······················ 289
13. 학교폭력 기록 3월부터 학생부에 기록 ······················· 289
14. 교육감들 강제전학·과징금·학생부기재 등 건의 ·············· 291
15. 학생인권조례, 학교폭력 해결책 될 수 있어 ·················· 293
16. 따뜻한 한마디, 고1 승현·중3 민수의 일진 탈출기 ············ 294
17. 학교폭력 바라보는 평교사의 '푸념' ························· 296
18. 열네 살 어린 학생의 비참한 학교폭력 취재사례 인용 ········ 298
19. 학교폭력에 관한 우수도서 소개 및 서평 ···················· 306
    1) 폭력없는 평화로운 학교만들기 ··························· 306
      (1) 학교폭력 발생 후 심리적 이해 ······················· 310
      (2) 가해학생의 심리 ····································· 311
    2) 이선생의 학교폭력 평정기 ······························· 312
20. 학교폭력 대응 위해 교사·학부모·학생 간담회 ················ 315
21. 학교폭력 토론회와 해결대책 ································ 316
22. '소탕' 의지 보여야 학교폭력 근절대책 ····················· 319
23. 학교폭력에 관한 현직교사의 해결방법 ······················ 322

〈부록1〉 학교폭력 예방 및 대책에 관한 법률 ···················· 326
〈부록2〉 학교폭력 예방 및 대책에 관한 법률 시행령 ············ 337

제1장 학교폭력의 개념과 원인

1. 학교폭력의 개념과 심각성

　학교폭력이란 일반적으로 학교 내외에서 청소년들인 학생들이 당하는 폭행, 금품갈취 등을 뜻하며 이외에도 협박, 따돌림과 같은 심리적 폭력, 심부름시키기와 심지어 성적인 폭행들까지도 포함하는 개념으로 정의할 수 있다. 특히 최근 중학생이 친구들을 상습적으로 괴롭혀온 동급생을 수업중인 교실에서 흉기로 찔러 숨지게 한 사건은 우리 나라의 학교폭력이 얼마나 심각한 지경에 이르렀는지를 충격적으로 보여준다. 숨진 학생이 평소 친구들에게 주먹을 휘두르는 것에 불만을 품어왔던 이 중학생은 초등학교 때부터 가깝게 지내온 친구가 폭행당하는 것을 보고 격분한 나머지 일을 저질렀다고 한다. 교사와 다른 학생들이 미처 말릴 겨를도 없이 순식간에 벌어진 일이라고는 하나 교실에서 살인사건이라니 경악을 금할 수 없다. 물론 학교폭력은 과거에도 있었지만 최근에는 더욱 일상화되고 최근에는 중학생 및 초등학생 등 저연령화하는 추세여서 심히 걱정스럽다. 통계에 따르면 초등학생 다섯명 중 한명이 학교폭력의 피해자이며 중.고등학생 중에서는 여중생의 학교폭력 피해 경험률이 가장 높다고 한다. 폭력피해를 본 학생 10명중 6명이 가족, 친구, 교사 등에게 도움을 요청하지만 결과는 보복을 당하거나 문제가 더욱 악화되는 경우가 아니면 대체로 흐지부지되는 것으로 끝난다니 피해를 입어도 혼자만 끙끙 앓다가 스스로 목숨을 끊는 초등학생도 생겨나고 일부 학부모는 자녀를 위해 사설 경호원까지 동원하는가 하면 아예 교육이민을 가버리는 경우도 있다. 무엇보다도 주목할만한 일은 학교폭력을 경험한 후 피해학생의 정서적인 상태로서 청소년보호위원회의 최근 실태조사에서 82%의 학생이 "복수하고 싶었다"고 응답했다는 사실이다. 이는 피해학생이 곧 가해학생으로 변하는 악순환을 초래할 수 있다는데 학교폭력의 심각성을 살펴볼 수 있다.[1]

2. 학교폭력의 원인

1) 학교폭력행위의 의미

학교폭력이란 학교 안팎에서 일어나는 구타나 집단폭행과 같은 신체적 폭력과 인격모독과 집단따돌림과 같은 정서적 폭력 그리고 성적 폭력 등과 같은 모든 유형·무형의 폭력행위이다.

2) 학교폭력의 발생 원인

학교폭력은 한가지 원인에 의해 발생하는 경우가 극히 드물고 여러 가지의 원인들이 복합적으로 연계되고 또한 매우 다양하다.

(1) 개인적 및 심리적 요인

학교에서 폭력행위를 행사하는 학생에게 가장 많이 나타나는 개인적 및 심리적 특성은 공격성 성격장애이다. 그것은 자기조절 능력이 부족하고 죄의식 부재현상에서 흔히 나타난다. 또한 정서적으로 불안정 요인을 가지고 있다. 개인적 요인으로는 성격장애 외에도 개인적 차원의 생리적 및 생물적 요인인 뇌손상, 신경병리, 신경전달물인 세로토닌, 미네랄, 테스토스테론과 같은 호르몬 등의 불균형, 낮은 IQ, 불시의 과잉행동, 충동성, 집중력 장애 등이 포함된다. 이와같은 요인으로 인한 학습의 손상 및 부족으로 인해 빈약한 학교적응 및 학업성취, 공격적이거나 사회적으로 거부당한 아동들과의 교제, 어린 나이 때부터 성과 약물 남용의 위험에 노출되는 환경에 접하게 될 가능성이 높은 것이다.

(2) 가정적 요인

사람은 누구나 비행, 일탈, 공격성에 대한 욕구가 잠재해 있다. 다만,

---

[1] http://mybox.happycampus.com/cj911/711659(2012.1.14)

어떠한 부모밑에서 자랐으며 어떠한 사회화 과정을 밟아 왔느냐에 따라 청소년의 폭력 요인이 크게 좌우된다.

가) 가정교육 기능의 약화

현대사회는 맞벌이 부모가 증가하면서 전통적인 가정이 붕괴되고, 그 기능 또한 변화됨으로써 가정의 역할이 축소되고 있으며 학교도 사회가 기대하는 만큼의 교육의 본래 기능을 충분히 수행하지 못하고 있다.

나) 부모의 양육태도 및 방법

첫째, 청소년기의 가출, 폭력, 비행범죄 등은 대부분 아동기로부터 내려온 부모의 무관심, 거부, 애정결핍, 학대행위 등의 결과로 볼 수 있다.

둘째, 지나친 통제를 통한 자율성 발달 저해는 학교생활과 또래관계에서의 진취성, 창의성, 리더십 등의 발달을 방해하고 오히려 위축된 태도와 정서적 불안정을 초래할 위험이 있다.

셋째, 부모들의 아동에 대한 일관성없는 통제 및 훈육, 모진 체벌, 한계 설정의 실패, 사회적 행동에 대한 무시나 보상부족, 부모와 아동간 상호작용의 강제성 등은 가족내 공격성을 강화하는 요인이 된다.

다) 결손가정

모자가정, 부자가정, 계부 및 계모 가정, 부부의 이혼, 별거 중인 준 결손가정은 가족역할이 정상적인 기능을 상실함으로써 역할구조상의 변화를 가져오며 또한 사회의 재적응을 요구하기 때문에 심각한 문제가 야기된다.

(3) 학교적 요인

가) 입시 위주의 시험체제

고학력 위주의 교육, 입시, 진학 중심의 종합적 교육관에 짜 맞춰진 교육과 나아가 교과서 중심의 교육은 학생의 인성개발에 적지 않은 장애요인이 되고 있다. 학교에서 열등한 대우를 받은 학생은 반항하여 비행청소년이 되기도 한다.

나) 과밀학급

교사와 학생간, 학생과 학생간의 인간적인 접촉 및 관계형성에 장애

요인이 발생한다.
다) 원만하지 못한 인간관계
경쟁일변도의 점수 위주의 획일화된 교육풍토로 서로를 경쟁상대로만 인식한다.

(4) 사회적 요인
지역사회 문제에서 오는 요인으로는 유해환경, 불량주택지, 빈민가 등을 들 수 있다. 사회변동 요인으로는 많은 인구이동으로 인한 주민간의 이질성, 연대의식의 결여, 개인 및 가정의 고립, 공동체 해체 등을 들 수 있다. 그리고 모방성이 강한 청소년들에게 매스미디어의 지나친 상업적, 선정적, 폭력적, 향락적 내용을 경쟁적으로 취재, 방영, 보도함으로써 이를 무비판적으로 받아들여 문제성이 제기되고 있다. 폭력을 미화하는 사회문화, 각 학교의 폭력에 대한 미온적인 해결, 부모의 이기심도 하나의 원인을 제공하고 있다.

3) 청소년의 폭력행위 실태

청소년 학원폭력에 대한 설문조사는 부산시내 중·고등학생 464명을 대상으로 수련원을 방문한 자원봉사 및 행사참가 학생에게 개별, 집단조사를 하는 방법으로 실시하였다. 설문조사 결과를 살펴 보면 다음과 같다.

(1) 폭력을 당한 경험
응답자의 73.9%가 '전혀 없다'라고 응답한 반면에 '자주 있다'라고 답한 청소년들이 2.8%로 나타났으며, '한 두 번 있다'가 20%, '가끔 있다'가 2.2%로 나타냈다. 이러한 결과는 청소년들의 25% 즉, 10명 중 약 3명이 폭력을 당한 경험이 있으며 상습적으로 폭력을 당한 청소년들도 있다는 사실을 말해준다.

(2) 폭력을 당한 장소
폭력을 한번 이상 당한 적이 있는 학생 116명을 대상으로 조사한 결과, 응답자의 28.5%가 '등교 혹은 하교길'에서, 23.4%가 '집근처'에서 폭력을 주로 당했다고 응답하였으며 '학교 주변'이 10.9%, '학교 내'에서가 9.5%로 나타났다. 이러한 결과는 주로 청소년폭력이 학교 내에서 보다 학교 외의 장소에서 발생률이 높고, 등교 및 하교길에 폭력을 당했다는 응답률이 높아 폭력예방을 위해서는 이러한 장소에 대한 지속적인 관심과 단속이 필요하다.

(3) 폭력을 당한 대상자

폭력을 한번 이상 당한 적이 있는 학생 116명을 대상으로 조사한 결과, 응답자의 72.5%가 '모르는 불량배'에게 당했다고 가장 많이 응답했으며 '선배'는 12.3%, '같은 학년 학생'이 8.7%의 순으로 나타났다. 이러한 결과는 같은 학교 학생에게 피해를 당한 경우보다 타 학교 학생에게 당한 경우가 많아 청소년폭력이 학교생활에서 비롯된 단순폭력이라기 보다는 익명성을 특징으로 하는 범죄의 양상을 보이고 있음을 알 수 있다.

(4) 폭력을 당한 이유

응답자의 49.6%가 '금품이 필요하다' 때문에, 또 '아무 이유없이'가 24.8%, '말을 듣지않는다'가 10.7%, '서클에 가입하지 않는다'가 4.1%의 순으로 응답했다. 이는 폭력발생의 원인이 학생들의 과소비 및 유흥비 마련과 관련이 있는 것으로 보이며 학교나 가정에서 채워지지 않은 욕구를 폭력을 통하여 해결하려는 스트레스 해소성 폭력이 발생하고 있다는 것을 알 수 있다.

(5) 폭력피해 내용

응답자의 38%가 '금품갈취', '폭행'이 27.9%, '성추행'이 4.3%, '성폭행'이 3.8%의 순으로 나타났다. 이러한 결과는 폭력의 피해는 한가지 유형의 폭력만 이루어지는 것이 아니라 금품갈취, 폭행, 협박 등과 같이 여러 가지 폭력이 복합적으로 이루어지는 경우가 많아 문제가 더욱 심각하다고 할 수 있다. 또한 피해학생은 물질직인 피해 뿐만 아니라 정신적, 육체적 피해를 함께 입고 있으며, 성에 관련된 폭력의 피해가 조사결과 나타나 감수성이 예민한 청소년들이 상당한 후유 장애와 심리적인 충격을 가질 수 있다는 문제를 안고 있다. 성별분석에서는 폭력을 당한 여학생과 남학생 중 금품갈취의 피해가 각각 32.4%, 40.9%로 가장 많았고, 여학생의 경우 성에 관련된 폭력피해가 16.2%로 나타났으며 더욱 놀라운 사실은 남학생의 경우 6.7%가 성과 관련된 폭력피해를 당했다고 응답하였다. 이러한 사실은 성폭력이 이제는 여학생에게만 국한된 문제가 아니라 남학생에게도 있다는 것이 조사결과 밝혀져 청소년기의 동성연애 문제가 발생하고 있음이 드러났다.

(6) 폭력을 당한 후의 심리적 상태

응답자의 34.7%가 '별일 아니라고 생각했다'고 응답해 청소년이 폭력에 대하여 무감각해져 있다는 것을 알 수 있다. 또한 폭력을 당한 후 '불안감을 많이 느꼈다'가 30.6%, '자살충동을 느꼈다'가 9.9%, '학교가기가 싫어졌다'가 8.3%, 사람 만나기가 싫어졌다'가 7.4%순으로 나타났다. 이러한 결과는 별일이 아니라고 응답한 청소년들을 제외한 65.3%인 세명 중 두명이 폭력 후 심리적인 피해의식을 크게 갖고 있음을 나타낸다.

(7) 폭력을 당한 후 피해사실을 알린 대상

응답자의 32.2%가 '아무에게도 알리지 않았다'고 응답하여 폭력피해를 자신만의 문제로 삼고 있는 청소년들이 많으며 이러한 폭력피해 미신고는 폭력이 증가되는 원인이 되고 있다. 다음으로 '부모님'이 29.8%, '친구'가 26.4%, '경찰'이 8.3%, '선생님'이 2.5% 순으로 나타났다. 이러한 결과는 청소년이 폭력피해에 대한 문제를 부모와 친구에게 가장 많이 상의한다는 것을 알 수 있으며 선생님에게 알렸다는 응답률이 낮아 교사들의 학생에 대한 관심이 더욱 요구되고 있다.

(8) 피해사실을 알리지 않았다면 그 이유

응답자의 24.8%가 '피해사실을 알려도 도움이 되지않아서'에 응답하였으며 '별일이 아니라서'가 12.4%, '보복이 두려워서'가 8.3%, '남이 아는 것이 창피해서'가 5% 순으로 나타났다. 이러한 결과는 폭력피해에 대한 해결력이 약하다는 것을 단정으로 보여주고 있으며 피해자의 보복피해 방지에 대한 대책 마련이 필요한 것을 알 수 있다. 또한 이와같은 이유로 인하여 피해사실을 알리지 않는 것은 청소년폭력의 문제가 더욱 심화될 수 있는 여지를 남기고 있다.

(9) 피해사실을 알렸을 때의 해결 정도

응답자의 34.7%가 '피해사실을 알렸을 때 흐지부지하게 되었다'고 답했으며, '보복당했다'가 10.7%, '거의 다 해결되었다'가 9.9%, '상황이 나빠졌다'가 4.1%, '어느 정도 해결되었다'가 3.3%로 나타났다. 이러한 결과는 피해사실을 알렸을 때 만족할만한 도움을 줄 수 있는 대책 마련과 피해 재발방지를 위한 지속적인 관심과 노력이 필요함을 나타낸다.

(10) 우리 사회의 학교폭력의 정도

응답자의 51.7%가 '비교적 심각하다'에, '매우 심각하다'가 32.3%, '별로 문제가 안된다'가 7.5%, '전혀 문제가 안된다'가 3.9%로 나타났으며, 이는 많은 청소년들이 학교폭력의 심각성에 대하여 우려하고 있으며 폭력발생이 더욱 심화되어 간다고 느끼고 있음을 나타낸다.

(11) 학교폭력을 근절하기 위한 방안

'경찰의 철저한 지도·단속'에 응답한 청소년들이 57.8%로 나타나 학교 차원보다는 경찰 차원에서 폭력을 방지하는 것이 효과적이라고 생각하는 청소년들이 많으며 이는 강력한 조치를 요구하고 있다는 것을 알 수 있다. 또한 '폭력학생 선도'에 24%가 응답하여 처벌보다는 폭력학생에 대한 선도차원의 방지대책을 가장 우선으로 꼽았으며 다음으로 '폭력이 일어날만한 장소의 지도·단속'에 4.7%, '폭력학생 엄중처벌'이 3%, 어른들의 의식개혁, 교육제도 개선, 청소년들을 위한 공간 마련, 스스로 신변을 보호할 능력을 기르는 것 등의 순으로 나타났다.[2]

---

2) 부산광역시 함지골청소년수련원의 자료

4) 학교폭력 예방방법

학교의 안과 밖에 존재하는 학교폭력 문제를 가능한 최대한으로 줄이고 새로운 문제의 발생을 저지하고 폭력학생과 희생자가 좀더 사이좋게 지내고 좀더 원만하게 생활할 수 있도록 만들어 주는 환경을 조성하는 것이 필요하다.

(1) 개인 수준의 조치사항
  1) 폭력학생과 희생자가 진지한 대화를 나눈다.
  2) 중립적 학생들의 협조를 얻는다.
  3) 학부모와 관련 학생들이 진지한 대화를 나눈다.
  4) 문제 발생시 부모, 교사, 경찰 등의 협조를 받는다.
  5) 문제 학생의 비위를 거스르지 않도록 주의한다.

(2) 학급 수준의 조치사항
  1) 폭력에 대항하는 학급규칙, 처벌규정을 제정한다.
  2) 정기적인 학급회의를 개최하여 문제점을 해결한다.
  3) 협동적 학습을 도모한다.
  4) 또래 중재인 또는 반장의 협조를 얻어 문제점을 해결한다.
  5) 학급담임과 정기적인 상담을 통해 의문점을 해결한다.

(3) 학교 수준의 조치사항
  1) 주기적으로 설문조사를 실시한다.
  2) 휴식시간과 점심시간에 감독을 강화한다.
  3) 상담전화를 이용할 수 있도록 권장한다.
  4) 교직원 및 학부모 회의를 통하여 사전에 예방한다.
  5) 학교의 사회적 환경개발을 위해 노력한다.
  6) 상담교사, 학급담임, 교과담임과 주기적인 상담을 통해 문제를 사전에 예방한다.

(4) 가정 수준의 조치사항

1) 가정교육을 강화하고 청소년폭력 학생의 부모도 책임을 질 수 있도록 한다.

2) 자녀와 많은 대화시간을 갖도록 한다.

3) 자녀에 대한 폭력적 언행을 조심한다.

4) 부부간의 화목한 가정을 운영한다.

5) 부모 스스로 올바른 교육관을 갖도록 한다.

6) 지적인 교육보다는 인성교육에 앞장서도록 한다.

(5) 유해환경 제거 및 유익환경 증진 방안

1) 교사 및 지역사회와 민관 협조체제하에 학교주변 폭력인식 및 유해업소 지도와 순찰을 강화하고 학생들에게 대안적인 비폭력적 갈등해소 및 문제해결 방법을 가르치는 프로그램을 제시한다.

2) 폭력문제에 대하여 학부모, 교사, 학생, 경찰, 법조인 등으로 구성된 청소년 폭력대책협의체를 구성하여 사전에 예방한다.[3][4]

3. 세계적 교육전문가의 학교폭력 원인진단과 관련좌담회

외국의 교사와 교육전문가들이 한자리에 모여 학교폭력을 주제로 좌담회를 열었다. 학교폭력의 원인에 대한 분석을 내놓고 대처법 및 예방법을 조언했다.[5] 일본, 스웨덴, 독일, 덴마크, 프랑스에서 온 전문가들은 "학교폭력의 원인은 사회 전반에 만연된 폭력성과 깊은 연관이 있다"고 진단했다. 그러면서 "학교폭력은 조기발견이나 사후대책을 마련하는 것도 중요하지만 무엇보다도 사전예방이 최우선"이라고 지적했다. 이들은 인성교육 및 학생, 교사간 유대강화 등을 통해 학교를 '행복한 환경'으로 만드는 것을 사전예방의 조건으로 꼽았다. 좌담회에는 도쿄 유키노부

---

3) 참고문헌: 청소년 문제행동론(학지사, 2002)
4) http://www.aspire7.org/reference/civil-100.htm(2012.1.13)
5) 해외 교사·교육 전문가 대처방안 좌담회, 정희완 기자 roses@kyunghyang.com

일본 지유노모리가쿠엔 중·고등학교 교사, 잉게르 노드헤이던 스웨덴 스톡홀름대 교수, 홀거 부트 독일 함부르크 빈터후데 교사, 예스퍼 야콥센 덴마크 초로스콜레 부교장, 드니 모랑 프랑스 프레네교육연구소 교수 등이 참석했다. 한국에서는 경기도 평택 장당중학교의 문구룡 교사가 나왔다. 이번 행사는 '국제 혁신교육 교사대회'를 준비한 경기도교육청이 학교폭력이 사회문제로 이슈화되자 긴급하게 마련했다.[6]

1) 학교폭력의 원인

스웨덴 : 일반적으로 사회가 아이들의 폭력성을 키우고 있다. 아이들은 사회에서 보고 배운 폭력을 학교에 와서 휘두른다.

독일 : 그 점에 대해 동의한다. 학교폭력을 예방하기 위해서는 학교보다는 학교 밖의 폭력을 멈춰야 한다고 생각한다.

덴마크 : 학교폭력은 아이들이 사회와 학교에서 받은 스트레스에 대한 반응이라고 본다. 교사는 아이들이 받는 스트레스와 압박감을 바람직한 방식으로 풀 수 있는 방법을 가르쳐야 한다. 공부를 잘하는 아이보다는 좋은 인간으로 키우는 게 중요하다.

프랑스 : 학교폭력은 우리에게 도움을 요청하는 아이들의 목소리라고 생각한다. 아이들의 폭력은 억눌린 자신을 도와달라는 뜻이다. 완전한 대책은 없는 것 같다. 학교도 사회의 일부이기 때문에 폭력에서 자유로울 수 없다.

2) 학교폭력의 대처

일본 : 폭력사건을 경찰에 맡기면 된다고 생각해서는 안된다. 경찰 뿐 아니라 교사와 학생들이 협력해야 잘 해결될 수 있다. 변호사 등 전문가들에게도 조언을 구할 필요가 있다.

스웨덴 : 우리 학교에서는 폭력문제가 커지면 경찰이 개입한다. 그러

---

[6] 12일 경기 화성시 라비돌 신텍스 프레스센터에서 열린 '국제 혁신교육 교사대회'에 참가하여 외국 교사들이 학교폭력 대처방안에 대한 좌담회를 했다. | 정지윤 기자 color@kyunghyang.com

나 사태가 확산되기 전에 심리학자나 지역봉사자들을 통해 상담을 받는 방식으로 풀어나가고 있다.

독일 : 우리 학교에는 경찰 한 명이 매일 학교에 와서 학생들과 얘기를 나눈다. 학생들은 문제가 생기면 경찰과 상담해 어떻게 해결할 수 있을지 조언을 구한다.

덴마크 : 학교폭력이 발생할 경우 대처하는 프로그램이 따로 있다. 조기 발견했을 때 학생들을 상담전문교사가 인터뷰해 실태를 파악한다. 학생들은 문제가 해결된 뒤 예전처럼 좋은 관계를 맺을 수 있도록 서로 노력하고 있다. 무엇이 부족해 폭력이 발생했는지에 대한 원인분석도 한다. 교사는 학생들을 모아놓고 스스로 문제를 해결할 수 있는 방법을 찾도록 유도한다.

프랑스 : 학교폭력이 발생했을 때 해결방법을 제시하도록 교사들에게 지침을 만들어 교육하고 있다. 교육자, 심리학자, 상담가 등 전문가들이 문제해결의 중재자 역할을 해줘야 한다. 폭력을 숨기려고 해서도 안된다. 모든 학생들에게 알려 직접 해결방법을 찾을 수 있도록 한다. '역할 바꾸기' 놀이를 통해 학생들 스스로 문제점을 발견하고 해결할 수 있도록 하는 것이다.

한국 : 학교폭력이 발생하면 2차 피해를 막기 위해 피해자와 가해자를 격리한다. 가해학생의 서면사과부터 시작해 여러가지 조치를 취한다. 심리상담을 통해 피해학생의 치유를 위해 노력하고 있다. 조기 발견을 위한 정기적 및 비정기적 실태조사도 실시한다.

3) 학교폭력의 예방방법

덴마크 : 학교폭력을 조기에 발견하는 것보다 더 중요한 것이 바로 예방이다. 우리 학교는 사소한 일로 다툼이 있기는 하지만 심각한 사태로 번지는 일은 없다. 학교 수업보다 학생들이 서로 좋은 관계를 맺는 것이 보다 중요하다고 생각한다. 인간답게 사는 법을 가르치는 게 우선이다.

각국의 학교폭력 대처 방안

일본
- 교사와 학생은 대등한 존재… 강요하지 않는다
- 정기적인 상담으로 교사·학생 소통 강화
- 피해자의 2차 피해 방지

스웨덴
- 공동체 대화·놀이, 요리하기 중심의 교육과정
- 선후배 간 결연. 후배에게 롤모델 제시
- 경찰은 범죄 문제에만 개입. 심리상담 적극 활용

독일
- 문제는 스트레스… 학교를 '행복한 환경'으로
- 매일매일 대화를 통해 따돌림 원인과 해결책 마련
- 전담 경찰 1명 매일 학교 방문해 학생들과 대화

덴마크
- 예방이 최선…인성교육 및 학생·교사 간 유대 강화
- 폭력 발생 시 전문교사 인터뷰 통해 실태파악, 대처
- 경찰 개입은 배제

프랑스
- 교사에게 해결책 매뉴얼 배포 학교폭력 발생 시 학내에 공개
- 역할 바꾸기 게임 통해 스스로 해결책 모색 유도
- 폭력 심각한 학교에만 경찰 상주

자료: http://news.khan.co.kr/kh_news/khan_art_view.html?artid=2012011221375 85&code=940401(2012.1.13)

교사와 학생의 관계도 마찬가지다.

　일본: 우리 학교의 분위기는 자유롭다. 교사와 학생이 대등한 위치에 있다고 본다. 교사가 학생에게 일방적으로 강요하는 일이 없다. 교사와 학생이 친구같은 관계이기 때문에 학생들이 받는 스트레스가 적다. 우리 학교는 각 반에 22~30명을 배정하고 있다. 교사가 학생 한 명 한 명에 대해 잘 알고 있다. 정기적으로 학생들과 대화하며 이들의 애로사항을 파악한다.

　스웨덴: 한 울타리 안에서 얘기하고 함께 요리를 만드는 공동체 활동을 하는 게 중요하다. 어떤 일이든 함께 하면 싸움이 줄어들 수 있다. 학생들이 싸움을 원치 않게 해야 한다.

　우리 학교에서는 선배와 후배를 '자매'와 '형제'로 맺어주는 프로그램을 진행하고 있다. 선배들은 후배를 때리지 않고 후배들도 선배를 본보기로 삼게 된다.

　독일: 아이들에게 왜 우리 학교에는 따돌림이나 괴롭힘이 없느냐고 물으면 아이들은 "학교가 좋아서"라고 대답한다. 교사들은 학생들에게 스트레스를 주지 않으려고 노력한다.

　학생들이 함께 어울릴 수 있는 환경을 제공한다. 학생들은 나이와 상관없이 수업을 들을 수 있다. 원하는 수준의 수업에 들어가 팀을 꾸려 함께 배우는 것이다. 제일 중요한 건 대화다. 우리는 매일 학생들에게 문제가 있는지를 확인한다. 문제가 발견되면 원인이 무엇인지를 함께 머리를 맞댄다.

　한국: 학교폭력의 범주를 신체접촉 외에도 침을 뱉거나 욕을 하고, 눈을 흘기는 것까지 확대해 적용하고 있다. 예방 차원에서 아주 작은 부분도 학교폭력으로 간주하고 있는 것이다.[7]

---

[7] http://news.khan.co.kr/kh_news/khan_art_view.html?artid=201201122137585&code=940401(2012.1.13)

4. 학교폭력의 구체적 원인

학교폭력의 원인에는 개인적 요인, 가정환경적 원인, 학교환경적 요인, 사회환경적 원인을 대표적으로 들 수 있다.[8] 개인적 요인은 학교폭력을 당하는 사람(개인)이 멍청하거나 그런 장애 등이 있어서 그런 것이고 학교환경적 요인은 학교 또는 학년 또는 반에 질이 좋지 않은 학생들이 유달리 많다든지 하는 것인데 학교폭력은 어느 학교든지간에 정도의 차이가 있을 뿐이지 대개 있는 편이다.[9] 학교마다 좀 논답시고 떼지어 몰려다니는 애들이 있고 개인적 요인이라면 역시 반에서 좀 소극적이고 멍청하고 반대로 너무 떠든다거나, 소위 말하면 깝친다거나, 왕따기질이 다분한 아이들한테서 자주 볼 수 있겠다. 가정환경적 원인에 대한 예를 들어보면 집안 사정이 안좋아서 방황을 하게 되는 학생들이 있다.

그러다 보면 질 나쁜 애들을 만나서 나쁜 것을 배우게 되고 같이 어울려 다니게 되고 그런 애들이 학교에서 말하는 폭력써클에 들어간다.

학교환경상으로 보자면 그 학교가 원래 꼴통학교라 문제아가 많은 학교라 학교측에서도 좀 많이 풀어주는 그런 경우가 있다. 그리고 학년, 반에 질이 나쁜 애들이 모여있어서 그렇다. 사회환경은 아마도 요즘 사회문제를 놓고 보는게 아닐지. 폭력써클이니 뭐니 많다. 그리고 뉴스나 신문에도 많이 나올텐데. 오토바이 폭주하는 애들에 관한거나 단체로 한 아이를 폭력해서 소년원에 가거나 등 사회적 요인으로 보면 참 많다. 이런일 저런일 특히 10대 애들 요즘 무섭다는 뭐 이런저런 기사들이 많다.

다 보고 배우는거다. 초등학생들도 요즘 장난이 보통 아니다. 경험상 이런 일도 있었다. 오락실에서 꼬맹이가 담배피고 나오는데 참 할말을 잃었다. 아무튼 이렇게 볼 수 있겠다. 학교폭력이 이뤄지는 현상은 무엇일까?[10] 그냥 질이 나쁜 애들 돈 뺏고 막 때리고 이런 것만이 학교폭력

---

8) wan**** 질문 2건 질문마감률100% 2005.05.29 00:23 15, 답변 2 조회 14,518
9) re: 학교폭력의 원인 htoll 답변채택률33.3% 2005.05.29 07:07
10) re: 학교폭력의 원인 hsm4433 답변채택률55.9% 2005.05.29 00:32

일까. 그것만 아니라 언어폭력도 하나의 학교폭력이다. 그럼 학교폭력을 당하는 아이들은 무슨 문제일까? 개인적으로 아마도 자기가 잘났다든가 아니면 머리가 좀 딸린다든지 그런 아이들은 힘센 아이들의 주요 대상이 될 수 있다. 그리고 가정환경은 그런 폭력을 당하는데도 가정에서는 자신의 아이가 학교에서 폭력을 당하는지 안당하는지 모른다. 그냥 잘 다니는가 보다는 무관심, 그리고 학교에서는 폭행을 한 가해자에게 처음엔 교내 봉사활동을 시킨다. 이게 문제이다. 폭력을 휘두르는 자는 자꾸자꾸 자신을 뉘우치기 보다는 그냥 뭐 봉사활동하고 말지, 이런 생각으로 또 폭력을 휘두른다. 그리고 요즘 경찰청에서 학교폭력 신고기간이라 해서 자발적으로 신고하기를 권하고 있다. 그런데 그 중요한 원인은 피해자 아이들은 보복이 두려워 신고는 하지 않을 것 같다.

5. 학교폭력의 원인분석

1) 학교폭력의 원인

학교폭력의 원인으로는 다양하겠지만 친구 사이의 다툼으로 더 좋은 환경에서 사는 친구들이 자신보다 안좋은 환경에서 사는 아이들을 무시해서[11] 등이 있을 수 있다. 학교폭력 원인을 말할 경우에는 그 형식으로는 학교폭력의 원인은 (　　)이다 등으로 표현한다.[12]

2) 학교폭력의 해결방안

학교폭력을 해결하는 방법으로는 예로서 학교에서 고민상담소를 만들어 주는 것을 들 수 있다. 그곳에서 아이들의 고민되는 것이 있으면 선생님께 털어놓을 수 있도록 한다. 선생님들이 더욱더 관심을 가져주신다. 물론 선생님들이 우리에게 관심을 가지지 않는 것은 아니지만 선생님이 잠시라도 관심을 가지지 않았을 때 학교폭력이 이루어지기 때문이

---

11) re: 학교폭력 원인과 해결방안 postive100 답변채택률0% 2007.04.26 22:13
12) aks**** 질문 0건 질문마감률0% 2007.04.26 22:09 56, 답변 4 조회 24,234

다. 학부모 단체같은 단체를 통해 학교폭력을 막을 수 있는 장치를 만들기도 한다. 학부모들도 자신의 아이를 위해 하는 것이라면 단체에 가입할 것이다. 그리고 학부모들이 밤이나 저녁에 동네를 돌아다니며 아이들을 감시하는 것도 좋은 방법일 것이다.[13]

학교폭력에 대한 원인을 또 든다면 폭력적인 영화와 벌칙같은 것을 하는 TV의 영향이 크다. 그런 것을 보고 무심코 아이들은 죄책감없이 당연하다는 듯 따라 한다. 그리고 선생님들의 사랑의 매 같은 것도 원인이라면 원인이다. 어릴 때부터 아이들은 선생님들의 매나 폭력으로 물들어져 있다. 즉, 선생님들의 말이나 약속을 안지켰으면 때리니까, 결국 자기의 말이나 약속을 안지키면 당연히 아이들을 때리게 되는 것이다.

그리고 학생에 관심없는 선생님의 역할도 한몫을 한다. 학생들이 왕따를 당하든 폭력을 당하든 숨기기에만 급급한 선생님들이 있는데 그렇게 하는 이유로는 학교명예에 손상이 가기 때문에 그런 것 같다.

또 하나는 학원 문제이다. 학원에서 모든 공부를 배우는 아이들은 결국 학교에서는 아무 것도 할 것이 없어지고 결국 폭력이나 왕따나 괴롭힘에 빠져 들 수 밖에 없다. 학교폭력의 해결방안은 먼저 선생님들의 관심이 제일 중요하다. 폭력이나 왕따가 일어나면 처벌보다는 폭력이나 왕따를 일으키는 아이들에게 그 아이의 괴로움이나 자살 충동, 악몽의 추억 등을 잘 설명해서 마음을 바꾸게 만들어야 한다. 그리고 선생님들이 아이들 보고 TV에 나오는 무서운 짓을 절대 따라하면 좋지 않다고 하는 말을 반복적으로 인식을 박아 놓는 것도 중요하다. 그리고 괴롭힘을 당하는 아이들의 고통을 찍은 TV같은 것을 자주 보여주면서 아이들에게 "하면 큰일난다"는 인식을 박아놔야 한다. 또 경찰들이 직접적으로 근처 학교를 가서 직접 반에 들어가 아이들과 폭력, 괴롭힘을 당하는지 물어보는 것도 필요하다.

---

13) 좋은 답변되었으면 좋겠습니다. re: 학교폭력 원인과 해결방안 1996syy 답변채택률 100% 2007.04.26 22:12

물론 학교의 큰 도움이 있어야 가능한 일일 것이다. 결국 해결방안은 학교가 달라져야지 학생들도 달라진다는 것이다. 학교가 폭력 기피와 왕따 기피로 자기 학교는 그런 것이 없다고 피하기만 한다면 절대 학교폭력과 왕따는 사라지지 않는다.[14] 학교폭력이란 말 그대로 학교에서 폭력하는 것이다. 요즈음 학교에서는 심각한 일이 벌어지고 있다. 그래서 해결방안과 대책도 내 놓아야 한다.[15] 원인은 아무래도 선배들이겠다.

그리고 왕따를 통해서도 충분히 폭력을 할 수도 있다. 학교에서 친구와 놀고있는데 중2 정도 되보이는 언니들이 구석에서 어떤 한 언니를 툭 치고 또 밀기도 한다. 그게 학교폭력인 것 같다. 뿐만 아니라 또 다른 언니는 왕따를 당하는 것 같다.[16] 후배한테 하게 하는 것은 엎드려 뻗치거나 뭐 좀더 어려운 것을 시킨다. 만약 선배들이 후배를 때리지 않는다면 학교폭력의 3분의 1은 없어질 것 같다. 하지만 친구들 사이에 왕따가 있어서 그런 것 같다.[17] 학교폭력의 원인에 대해서 좀 알려고 한다. 학교폭력이 일어나는 원인이 뭔지를,[18] 그것은 자기만 아는 이기심에서 나오는 경우도 있다. 즉, 자기보다 약한 사람을 괴롭히는데서 오는 희열감, 자기가 남보다 낫다는 우월감, 나는 괜찮고 다른 사람은 안된다는 이기심 등이 학교폭력을 만든다.[19] 그리고 교권의 상실은 중재자 즉, 사회로 말하면 경찰과 법이 없어진거나 마찬가지이다. 그러므로 학교안에

---

[14] http://kin.naver.com/qna/detail.nhn?d1id=11&dirId=110307&docId=30435627&qb=7ZWZ6rWQ7Y+t66ClIOybkOyduA==&enc=utf8&section=kin&rank=3&search_sort=0&spq=0&pid=gxbpB35Y7uZsst%2B75uossc--306453&sid=TxGpj3KYEU8AAB@LD5Q(2012.1.15)

[15] re: 학교폭력 원인과 해결방안 wheksql7, 2008.03.15 21:49

[16] wheksql7, re: 학교폭력 원인과 해결방안 joylee97, 2008.03.19 09:37

[17] http://kin.naver.com/qna/detail.nhn?d1id=11&dirId=11&docId=27089043&qb=7ZWZ6rWQ7Y+t66ClIOybkOyduA==&enc=utf8&section=kin&rank=1&search_sort=0&spq=0&pid=gxbpB35Y7uZsst%2B75uossc--306453&sid=TxGpj3KYEU8AAB@LD5Q(2012.1.15)

[18] 학교폭력의 원인, 2010.04.07 20:30, 조회 4,697

[19] 학교폭력의 진짜원인 neonury, 2010.04.07 20:55

·선 힘센 애가 제일인 무법지대가 되있는 것이다. 학교폭력의 원인이란 애들이 흔히 "아 쟤 엄청 짜증나. 애들아 쟤 왕따시키자."라고들 한다.

여기에서 찾을 수 있는 원인은 첫째, 짜증난다. 두번째, 재미로 하는 거다. 피해자는 엄청난 마음의 상처를 받지만 가해자들은 끔찍한 행동을 행하는 데 그것을 잘 의식하지 못하는 경우도 많다.[20][21]

6. 학교폭력의 요인과 파장

1) 가정적 요인

사람은 누구나 비행이나 일탈 및 공격성에 대한 욕구가 잠재해 있다고 한다. 다만 어떠한 부모밑에서 자랐으며 어떠한 가정에서 사회화 과정을 밟아왔느냐에 따라 청소년의 폭력요인이 크게 좌우된다고 한다.

또한 가족제도의 주택문화의 변화에서도 자녀의 사회화에 적지않은 나쁜 영향을 미친다.[22] 최근에는 가정은 점점 고유의 가정교육 기능을 상실당하고 있어 양 부모가 모두 있는 소위 '생고아'가 많고 풍요속에서도 고독하고 불행하며 정서적으로 불안한 가정으로 전락하고 있다. 청소년들은 불안한 가정안의 생활보다는 가정 외에서 안정감과 행복을 찾으려고 한다. 이러한 경향은 길거리나 영화관이나 오락시설에서 시간을 보내는 것으로 나타나고 있다. 이런 생활속에서 자신도 모르는 사이에 초보적인 폭력이나 비행을 저지르게 된다. 그리고 가출, 방랑, 절도 등 점점 더욱 심한 비행, 폭력으로 이어져 가정, 학교, 사회에도 적응하지 못하게 된다. 아무리 좋은 사람이라고 하더라도 가장 나쁜 부모를 대리할 가정교육자가 없고, 세상에서 가장 좋은 보호시설이 있다 할지라도 부모

---

20) re: 학교폭력의 원인 noey936, 2010.04.07 20:36
21) http://kin.naver.com/qna/detail.nhn?d1id=13&dirId=130107&docId=107962820&qb=7ZWZ6rWQ7Y+t66ClIOybkOyduA==&enc=utf8&section=kin&rank=4&search_sort=0&spq=0&pid=gxbpB35Y7uZsst%2B75uossc--306453&sid=TxGpj3KYEU8AAB@LD5Q(2012.1.15)
22) re: 학교폭력의 원인과 해결방안, tpqqms, 2005.05.21 15:48

가 있는 가정보다 좋은 시설이 있을 수 없다. 이외에도 가정의 교육기능 약화, 부모의 나쁜 양육태도, 결손가정, 가정교육에 무관심한 가정, 대화 없이 명령, 경계, 금지위주의 가정, 방치, 과잉보호 또는 지나친 기대를 하는 가정, 빈곤가정 등도 청소년 비행이나 폭력을 가중시키는 요인이 된다.

문제되는 부모의 유형을 몇가지 들면 다음과 같다.
- 과보호적인 부모: 약한 사회적응, 의존적 등
- 거부적인 부모: 공격성, 반항성, 싸움잘함 등
- 지배적인 부모: 복종적, 열등감, 눈치빠름 등
- 수용적인 부모: 협동성, 우정, 정서적 안정, 명랑, 긍정적인 삶 등

여러 가지 부모의 유형중에서 수용적인 부모가 학교폭력을 줄이는데 기여할 것이다.

2) 학교 교육적 요인

우리나라 학생들이 가장 많이 고민하고 있는 분야는 진학과 학교문제로 이는 다른 나라에 비해 가장 높은 비율을 차지하고 있다. 과연 우리가 바라는 바람직한 학생이란 지식이 많은 학생인지 아니면 전인적인 학생인지 냉철히 질문해 보아야 한다. 입시위주의 교육은 성적부진학생의 좌절감을 배가시킨다. 학업발달에서의 좌절은 학교에 있는 청소년들에게는 가장 큰 좌절이다. 이들은 규범적 가치나 성적을 중요시하는 교사나 부모로부터 자신이 무가치한 존재라는 것을 인정하도록 강요받는다.

이러한 좌절에 대한 경험은 청소년들에게 강한 불안과 분노를 경험하게 하고 나름대로의 불량써클을 통해 소속감을 확인하고 공격적인 하위문화에 편입되게 한다. 또한 성적부진 학생의 좌절감 극복 프로그램 빈곤과 과밀학급의 문제점도 있다고 하겠다.

3) 사회적 요인

학교폭력을 부추기는 사회적 환경을 들어보면 우선, 청소년의 일탈행동은 학습을 통한 사회화 과정의 잘못에 기인한 것으로 진단되는데 이

는 지역사회의 철저한 상업주의가 도시 그 자체가 지니고 있는 악마적 성격과 상승작용을 함으로써 청소년의 감성과 덕성을 황폐화시킨다. 또 들 수 있는 것은 물질 만능주의와 퇴폐주의의 팽배이다. 우리나라 여성 중 100만여명이 퇴폐업소에 종사하고 있으며 이들이 제공하는 성적인 서비스를 성인남자 인구로 나누어 보면 우리나라의 성인남자 월평균 외도 횟수가 1.04회라는 연구결과가 나와있다.[23]

7. '알맹이 없던' 학교폭력 대책과 기대

李대통령은 폭력근절 범정부적 대책마련을 지시하였다. 또 "형식적 실태조사로는 안되어 불신이 여전히 팽배하여 교육당국이 매년 2회 학교폭력 피해실태를 조사하는 등의 내용을 담은 '학교폭력 예방 및 근절대책'을 추진한다.[24] 대전에서 또래로부터 괴롭힘을 당하던 여고생이 스스로 목숨을 끊은데에 이어 대구에서도 한 중학생이 친구들의 괴롭힘을 못이겨 결국 돌이킬 수 없는 선택을 하며 학교폭력에 대한 경각심이 또다시 고조되면서이다. 이명박 대통령도 갈수록 심각해지는 학교폭력을 근절하기 위한 범정부적 대책마련을 지시했다.

갈수록 다양화 및 흉포화되고 있는 학교폭력을 예방하기 위해서 유관부처가 모두 나서 학생보호에 만전을 기하겠다는 의지를 드러낸 것으로 풀이된다. 그러나 학부모 등은 사안이 불거질 때마다 발표되는 교육당국의 전시행정에 불만을 표출하며 근본적인 대책마련을 요구하고 있다. 교육과학기술부에 따르면 매년 3월과 9월에 모든 초·중·고에서 학교폭력 피해실태를 조사하는 방안을 시도교육청과 협의해 추진키로 했다.

2차 보복피해의 우려 때문에 학교폭력 신고를 기피하는 문제를 해소하고 피해학생을 적극적으로 보호하기 위해서라는 게 교과부의 설명이

---

23) re: 학교폭력의 원인과 해결방안, nyj7850, 2008.03.17 18:01
24) 데스크승인 [7면] 2011.12.27, 권순재 | press@ggilbo.com

다. 교과부는 학교폭력 전문상담사 1800명을 일선학교에 배치해 학생 상담을 강화하고 인력도 점차 늘릴 방침이며, 시도교육청별로 공익근무요원을 학교 안전보호 보조인력으로 활용하도록 할 계획이다. 학생들이 학교폭력을 당하고도 보복에 대한 우려로 학교에 신고를 꺼리는 경향을 고려해 교육지원청 단위로 설치된 126개 Wee(학교부적응학생 지원)센터를 '학교폭력 신고센터'로 지정한다. 교과부는 '따돌림 예방 및 대처 프로그램'을 개발하는 등 관계부처 및 16개 시도교육청과 공동으로 학교폭력 및 자살방지 종합대책을 마련해 추진하겠다고 밝혔다. 하지만 교육당국의 대책 발표에도 불구하고 학부모들의 불안과 불만은 쉽게 가라앉지 않는 모습이다. 학교폭력 피해 학부모 정 모(대전 동구) 씨는 "학교폭력이나 따돌림은 감시가 소홀해서 발생하는 게 아니다"며 "학교폭력의 유형이 육체적 폭력에서 언어와 글을 통한 정신적 폭력으로 확대되고 있는 것에 대해 당국이 아직 제대로 인지하지 못하고 있다는 생각이 든다"고 꼬집었다. 또 다른 학교폭력 피해 학부모 유 모(대전 유성구) 씨도 "형식적인 상담시스템 구축으로 학교폭력을 예방하고 근절하기는 어려울 것"이라며 "교과부는 시도교육청에 실태조사 등만 지시할 것이 아니라 어려움에 처한 학생을 실질적으로 도울 수 있는 시스템을 개발해야 한다"고 주장했다. '학교를 사랑하는 학부모 모임'도 논평을 통해 "학교가 위기라는 데에는 대다수가 공감한다. 학교에는 포용과 배려가 있어야 하는데 우리 학교의 모습은 그렇지 못하고 소통할 기회도 부족하다"며 "교육당국, 지자체, 가정, 학교, 시민사회 등이 모두 나서서 근본 대책을 마련해야 한다"고 지적했다.25)26)

8. 학교측의 '학교폭력' 숨기기

전북 정읍의 한 중학교에서 발생한 학교폭력과 관련해 학교측이 문제

---

25) 권순재 기자 press@ggilbo.com
26) http://www.ggilbo.com/news/articleView.html?idxno=60268(2012.1.15)

를 숨기기에만 급급했던 것이 아니냐는 지적을 받고 있다. 피해학생이 병원에 입원할 정도로 큰 정신적 충격을 받았으나 이에 대한 보고가 뒤늦게 이뤄졌을 뿐 아니라, 보고 또한 타의에 의한 것으로 확인됐기 때문이다.[27] 16일 전북교육청과 정읍교육지원청 등에 따르면 2011년 11월 24일 정읍 모 중학교에 다니는 A군의 아버지가 정읍교육지원청에 전화를 걸어 아들이 학교폭력에 시달리다 결국 병원에 입원을 하게 됐다며 후속 대책을 마련해 줄 것을 요구했다. 이같은 내용을 처음 접한 정읍교육지원청은 사안이 가볍지 않다고 판단해 해당 학교에 사실 확인을 요청했고, 그제야 학교측으로부터 A군이 같은 해 10월 13일 점심시간에 엎드려 있다가 같은 반 학생인 B군에게 등을 맞은 사실이 있다는 답변을 들었다. 사건 발생 1달여만에 '엎드려 절받기식'으로 보고를 받은 것이다. 보고된 내용 또한 사실과 차이가 있다. 학교측은 폭력이 일회성에 그친 것으로 보고했지만, 경찰조사 결과 같은 해 8월 중순부터 A군이 병원에 입원하기 직전인 10월 16일까지 총 15차례에 걸쳐 폭행이 계속됐던 것으로 밝혀졌다. 경찰은 B군이 A군을 상대로 한 차례에 15대 가량씩, 2~3일에 한번 꼴로 주먹을 휘두른 것으로 보고 있다. A군은 지난해 10월 18일 전북대학교병원에 입원한 이후 3달째 정신과 치료를 받고 있다. 입원 직후엔 외부의 접촉이 금지된 정신병동에서 격리 치료를 받았으나 최근 일반병동으로 옮겨졌으며, 상태도 많이 호전된 것으로 알려졌다. 이에 대해 이 학교측은 "피해학생이 우울증으로 병원에 입원했다는 사실은 알고 있었으나 가족력에 의한 것인 줄 알았다"며 "뒤늦게 피해학생이 폭력에 노출됐다는 사실을 확인하고 교육지원청에 팩스를 통해 서면으로 보고를 했다"고 해명했다. 그러나 정읍교육지원청의 한 관계자는 "학교측으로부터 이번 사건과 관련해 서면으로 보고를 받은 적이 없다"며 "A군의 아버지의 전화를 받고 조사에 나서 이같은 사실을 확인했

---

27) 머니투데이 | 기사전송 2012/01/16 14:42, [머니투데이 뉴스1 제공](정읍=뉴스1) 박효익 기자

으며, 이튿날 이를 도교육청에 보고했다"고 반박했다. 전북교육청은 일련의 사태에 대한 책임을 물어 이 학교 교장과 교감, 담임교사, 학생부장 등 4명의 교직원에 대해 경고 처분을 내렸다. 또한 가해학생인 B군에 대해선 4일간의 사회봉사 처분을 내렸다. 경찰은 B군에 대해 불구속 기소의견으로 사건을 검찰에 송치했다.[28][29]

9. 학교폭력의 현실과 현장

1) 학교폭력과 청소년 폭력

학교폭력을 청소년 폭력이라고 바꾸어야 한다고 생각한다. 학교폭력이라는 말은 왜 생겨나게 되었을까?[30] 학교에 다니는 아이들이 일으키는 문제라는 데서 출발하였다고 생각한다.

물론 틀린 말은 아니다. 하지만 지금 이 글을 읽는 사람은 '학교폭력'이라는 말을 들으면 어떤 느낌이 가장 많이 드는가? 학교가 폭력을 가르치고 학교라는 공간에서만 폭력이 행해지고 있다는 느낌을 받지는 않는지? 중 3 아이가 이런 말을 하더라는 친구의 말은 큰 의미를 가진다. "엄마, 나는 그런 거 모르고 학교 잘 다녔는데 텔레비전에서 매일 학교폭력 학교폭력이라고 하니까 정말 학교가 무서워지는 것 있지." 학교폭력의 가해자와 피해자도 있지만 우리가 잊지 말아야 할 아이들이 또 있다는 것이다. 개학을 하고 나면 학교에 다녀야 하는 수많은 우리의 아이들, 그 아이들이 학교에 대해 느끼게 될 감정에 대한 세심한 배려가 절실하다. 아이들이 폭력을 전혀 모르고 있다가 학교에서 와서 폭력을 배워 문제를 일으키는 것은 아니다. 여러 사건들을 보고에 의해 알겠지만 교실과 학교내에서 뿐만 아니라 공원과 같은 학교 밖, 심지어는 아이들의 집

---

28) 리얼타임 뉴스' 머니투데이
29) http://media.paran.com/news/view.kth?dir=4&dirnews=162449&year=2012&rtlog=TA(2012.1.17)
30) 이영미(rhe***), 조회 20996 12.01.16 03:59

에서까지 일어나고 있는 문제라면 이것은 학교에 국한된 문제가 아니라 사회의 한 문제라고 생각한다. 학생들에 의해 일어나고 있는 사건들이라면 그것은 학교폭력이 아니라 학생폭력이라는 말이 더 적합하지 않을까? 학생들은 청소년 시기를 지나고 있다. 청소년 시기의 아이들에 의해 일어나고 있는 문제라면 '청소년 폭력'이라는 말이 가장 적합하다고 생각한다. 학교가 면죄부를 받으려고 이러는 것은 절대 아니다. 이 문제를 조금 더 넓게 제대로 파악하고 해결방안을 찾기 위해서는 이 문제를 바라보는 시각 자체가 달라져야 한다고 생각하기 때문이다. 학교폭력이라는 말에는 학교가 원인이고 그 해결방안도 학교안에서 찾아야 한다는 부분에 초점이 맞춰진다면 절대로 또 제대로 해결할 수 없다고 생각하기 때문이다.

그런 이제부터 각 부분별로 원인과 해결방안을 찾아보고자 한다. 접근방법은 크게 세 방향으로 하였다.

첫째, 아이가 태어난 첫 환경인 가정과 부모로의 접근

둘째, 교육이라는 목표 하에 아이들이 모인 학교로의 접근

셋째, 아이들과 부모 모두에게 영향을 주고 있는 사회로의 접근

먼저 부모와의 소통 부재가 가장 큰 원인이다. 이 글을 읽으시는 분 중 10대 자녀가 있는 분들께 물어본다. 지난 한 주를 되돌아 보아 아이들과 함께 한 시간들을 떠올려 보라고. 어떤 일들을 같이 하였는지? 아이들과 함께 나눈 이야기들을 기억해 보라고. 아이들과 얼마나 많은 시간을 함께 하며 제대로 소통하고 있는 지에 대해 한 번 진지하게 생각해 보기 바란다.

아이와 함께 어떤 영화를 본 적은?

아이와 함께 마트에 가서 시장을 같이 본 적은?

집근처 학교운동장에서 같이 운동을, 아니 걷기라도 같이 한 적은?

아이와 도서관이나 서점에 들러 읽을 책을 고른 적은?

아이가 좋아하는 게임이 무엇인지 아는지?

아이가 인터넷을 할 때 가장 즐겨가는 곳이 어딘지 아는지?
아이의 싸이 홈피나 블로그를 얼마나 자주 가 보는지?
아이가 가장 좋아하는 연예인이 누구이고 그렇게 열광하는 이유가 무엇인지 아는지?
아이의 MP3에 어떤 노래들이 저장되어 있는지, 같이 들어 본 적이 있는지?
아이가 지금 가장 가지고 싶어 하는 것이 무엇인지 아는지?
아이와 노래방에 같이 가서 탬버린을 치며 함께 노래를 부른 적은?
아이가 휴대폰 잠금이 되어 있다면 그 이유가 부모님 때문은 아닌지?
아이가 금발로 염색을 하고 싶다고 하면 어떻게 할건지?
과연 부모님들은 10대의 아이를 얼마나 알고 있는지?

3월 중순 즈음 학부모회가 있어 어머니들이 학교에 오셨는데 한 어머니께서 이런 말씀을 하셨습니다. "화장실 가보고 깜짝 놀랐습니다. 휴지통 밖으로 나와 있는 휴지도 기도 안차지만 여학생들이 생리대를, 정말 학교가 뭐하는 건지, 도대체 애들을 어떻게 가르치는건지."

여러분들은 어떻게 생각하십니까? 어머니의 말씀에 고개가 끄덕여지시나요? 학교가 도대체 애들을 어떻게 가르치고 있느냐고? 자신이 사용한 휴지를 휴지통에 넣는 것이나 사용한 생리대를 깔끔하게 처리하는 방법은 가정에서 부모를 통해서 가장 기본적으로 배워야 하는 것 아닐까? 아이들이 화장실을 그렇게 더럽게 쓰는 것을 담임선생님이 알면서 모른 척 하고 있으니 이 모든 책임은 학교와 담임에게 있다? 그러나 이와같은 문제와 학교폭력의 문제가 다르지 않다고 생각한다. 아이들의 인성교육의 시작은 가정과 부모이어야 한다. 아이들이 폭력의 '폭'자도 모른 채 잘 자라서 학교에 왔는데 갑자기 학교에 다니면서부터 그렇게 된 것일까? 아이들이 학교에 오기 전에는, 아니 집에서는 휴지통에 제대로 버리고 생리대도 깔끔하게 처리하던 아이들이 학교에 다니기 시작하면서부터 그렇게 변한 것일까? 부모님들은 제대로 잘 가르쳐 집에서는 잘

하지만 학교 선생님들이 화장실을 깨끗하게 사용하는 방법을 가르치지 않아서 학교 화장실은 그렇게 더럽게 사용하는 것일까? 물론 교사들이 화장실 사용지도를 가르쳐야지요. 그런데 그것은 가정에서 제대로 배워 왔다면 가르칠 필요조차도 없는 문제이고, 다 잘 배운 아이들 틈에 몇몇 제대로 배우지 못한 아이들을 가르치는 것이 학교와 교사의 몫이라고 생각한다. 그것조차도 하지 않는다면 그건 전적으로 학교와 교사들의 잘 못이다. 이 문제는 또 다른 측면에서 살펴보도록 하겠다. 폭력문제가 발생하면 가해자와 피해자가 생긴다. 가해자 대부분의 아이들이 부모로부터 제대로 사랑받고 정서적으로 따뜻한 배려를 받으면서 자라지 못했다는 것은 많은 사람들이 이야기를 한다. 하지만 우리는 한 쪽만 보고는 절대 이 문제를 해결할 수 없다. 피해자는 어떨까? 청소년 폭력에 관한 기사마다 빠지지 않고 나오는 말이 담임선생님이 알고도 모른 척 했다는 말이다. 몰랐다고 해도 절대 그 비난을 비켜갈 수는 없다. 비난은 화살이 아니라 폭탄이 되어 쏟아진다. 하지만 그 아이가 한 학기, 또는 몇 년 동안 그렇게 고통스러웠다는 것을 부모님이 알지 못했다고 한다.

하루에도 아침, 저녁으로 한 시간도 같이 있지 못하는 담임이 알지 못했던 것은 그렇게 비난을 받을 일인데 태어나 십수년동안 같이 살고 있고, 담임보다 몇 배나 많은 시간을 함께 하는 부모님들이 몰랐다는 것에는 아무도 관심을 가지지 않는다. 왜일까? 그들은 아이와 함께 피해자이기 때문이다. 피해자의 부모님들이다. 내 아이가 얼마나 무섭고 고통스러웠을까로 놀라고 상처받은 피해자의 가족들이다. 그리고 모든 가족들이 다 그렇다는 것도 절대로 아니지만 분명 이 부분은 생각해 보아야 할 문제이다. 비록 전부가 아닌 일부라 할지라도 이 부분은 냉정히 생각해 보아야 한다. 그 아이들이 그 누구에게도 못했다 하더라도 최소한 가족들에게는 도움을 청할 수 있었어야 한다. 아이들은 한결같이 부모님들이 걱정하실까봐 말씀드릴 수가 없었다고 한다. 자신의 목숨을 끊을 수밖에 없는 상황에 처한 상태에서도 아이들은 자신의 목숨보다 부모님들을 더 먼저 걱정하는 상황을 어떻게 설명해야 할까? 이 글로 인해 피해자 가족들에게 비난을 받을지도 모른다. 내 아이가 이렇게 당했는데 어딜 그 책임이 우리에게 있다고, 살 떨리는 말을 감히 할 수 있느냐고 할지 모른다. 이런 말을 많은 피해자 부모님들로부터 적지 않게 들었던 말들이다.

하지만 그 모든 것을 감수하면서 감히 이런 말씀을 드리는 것은 아이를 정말 제대로 도와줄 수 있는 부모인가에 대해 생각해 보아야 한다는 것이다. 여러분들은 당신들의 귀한 자녀가 폭력의 피해자가 되었다면 그 현실 앞에서 어떤 말씀, 어떤 행동을 하실 것 같은가? 상상하기 싫다고 하며 외면할 문제가 절대 아닐 것이다. 지금의 현실은 슬프게도 내 아이는 절대 피해자도 가해자도 아닐 거라는 생각만으로는 문제를 해결할 수 없다는 것이다. 그럼 방향을 조금 틀어 이와같은 질문부터 하고 싶다.

청소년 폭력에 관한 사건들을 다른 기사를 보면서 자녀들과 어떤 대화를 나누었는지?

"세상 참 말세다. 깡패가 따로 없네. 넌 절대 저런 애들과 어울리지 마. 그리고 친구 돕겠네 어쩌네 하면서 괜히 끼여 문제 일으키지 말고. 넌 그냥 모른 척 가만히 있어, 알았어?"

기차를 기다리는 동안 잠깐 본 텔레비전 앞에서 한 어머니가 자신의 아들에게 이렇게 말씀하시는 것을 들으면서 다시 한 번 부모님들과의 소통의 부재라는 말을 떠오르지 않을 수 없었다. 그 어머니의 말씀에는 내 아이가 고통속에서 힘들어 하고 있을 거라는 생각은 눈곱만큼도 없다. 그런 일이 없어야겠지만 어쩌면 그 아이는 피해자일 수도 있을 것이다. 그 아이가 엄마에게 자신이 이렇게 힘들어 하고 있으니 도와달라는 이야기를 할 수 있을까?

그리고 어쩌면 가해자일 수도 있다. 친구의 고통을 보면서 어떻게 할까 고민하고 있는 아이일 수도 있고 하지만 그렇게 일방적으로 넌 이렇게 하라고 하는 어머니 앞에서 아이는 그 어떤 말도 할 수 없을 것이다.

과연 이 문제를 가지고 10대의 자녀들의 이야기에 귀를 기울여주며 마주 앉아 눈을 맞추며 이야기를 나누어 본 분들이 얼마나 있을까? 내 아이는 절대 아닐 것이기 때문에 대화할 가치조차 없다고 생각하는 것일까?

또 다른 질문을 하겠다. 여러분들은 당신들의 귀한 자녀가 폭력의 피해자가 되었다면 그 현실 앞에서 어떤 말씀, 어떤 행동을 할 것 같은가?

학교로 달려가 어떻게 이런 일이 생겼느냐고, 학교는 뭐하고 있었느냐고 고함지르는 것 말고, 가해자를 찾아가 나무라는 것 말고, 내 아이가 어떻게 이런 일을 당할 수 있느냐며 상처받아 울고불고 분노하는 것 말고, 내 앞에 앉은 상처받은 내 아이를 어떻게 도와주겠는가? 어떻게 할 것인지 종이를 들고 적어보아도 좋고, 더 좋은 것은 부부가 함께 이야기를 나누어 보는 것이다. 부모님과 아이가 함께 이것으로 대화를 해보는 것도 좋겠다. 부모님들이 제대로 자신을 도와줄 것이라고 믿는다면 아이들은 부모님을 향해 손을 내밀 수 있을 거라 생각한다.

또 학부모 교육을 가면 꼭 물어보는 것이 있다. "중 3 아이가 갑자기 업어달라고 하면 어떻게 하시겠습니까?" 대부분의 부모들은 이렇게 대답한다. "네가 애냐? 다 큰 것이 업히기는 무슨, 시끄러워, 실없는 소리 하지 말고 얼른 들어가 공부해." 아이들은 어른들을 수없이 시험에 들게 한다. 수없이 메시지를 전달하지만 부모님들이 그것이 신호인지를 알아차리지 못할 때가 너무 많다는 것이다. 지금 가장 절실한 것은 아이들에게 대해 알아야 한다는 것이다. 소통의 방법을 어른들이 찾아야 한다는 것이다. 가장 중요한 것은 더 이상 청소년 폭력이 일어나지 않도록 미연에 방지하는 것이지만 그것은 당장 하루 아침에 될 수 있는 문제가 절대 아니라는 것을 생각해야 한다. '청소년 폭력 근절'이라는 현수막 하나로, 몇몇 사람들의 구호로, 교육청 공문 등으로 단기간에 해결될 문제가 아니라는 것이다. 지금까지 말하지 못했던 아이들이 이야기를 해주는 것에서 문제해결의 가능성이 있다고 생각한다.

아프지만 환부가 드러나야 그걸 치유할 방법을 찾을 수 있다. 아이들이 이제라도 이렇게 힘들었어요라는 이야기를 할 수 있도록 해주는 것이 가장 필요하다고 생각한다. "병신같이 때리고 다녀도 신통찮은 판국에 내가 속이 터진다 터져. 기껏 있는 것 없는 것 끌어모아 저 하나 잘되라고 뒷바라지 하는데, 못난 놈." 이렇게 아이를 나무라는 부모님들도 많다. "집구석에서 자식새끼 하나 제대로 못 가르치고 뭐했어?"로 시작하여 만신창이가 된 아이 앞에서 서로를 향해 비난의 말을 쏟아내는 부모들도 적지 않다. "전 정말 우리 애를 믿었어요. 어디 한 군데 부족한 것도 아니고, 그렇다고 우리가 자기한테 못해주는 것도 아니고. 우린 정말 애를 너무 믿었어요. 그런데 어떻게 이런, 우리 믿음을 이렇게 무참하게 깨버리는 건지." 이런 부모 앞에서 아이들은 다음에 그 어떤 일이 있어도 자신의 이야기를 꺼낼 수가 없다고 한다. 아이들이 자신의 그 어떤 모습도 받아주고 들어주며 제대로 도와줄 수 있는 부모님이 지금 가장 절실하다. 가해자라 이름 붙여진 아이들도 결국은 어른들로 인해 제대로 인성교육을 받지 못하고 가치를 정립하지 못한 또 다른 개념의 피해자이기도 하다. 결국 이들을 제대로 가르치기 위해서는 먼저 부모교육이 필요하다고 생각한다.

〈함께 생각해 볼 문제〉

(1) '우리 아이는 문제없다'에서 출발하는 부모교육의 필요성 인식 부재 해결방법

(2) 인식은 하지만 어떻게 교육받을 수 있는가의 방법적인 어려움과 비용

(3) 단기간에 해결되지 않는다는 인내를 가진 지속적인 교육을 이끌어 갈 주체

이런 문제와 함께 생각해 보아야 할 것이 '부모교육에 대한 인식조차 없거나 가족의 구성원적인 원인으로 그럴 수 없는 가정의 아이들을 어떻게 할 것인가?'이다. 기본적인 인성교육이라는 관점에서 볼 때 학교의 역할은 이 부분을 맡아 잘 수행하는 것이라 생각한다.

2) 부모교육보다 앞서야 할 것이 부부교육

　교사를 비난하면서 아이에게는 교사가 되라고 권하는 부모, 과연 부모님들이 학교에 아이들을 보내는 이유는 무엇일까? 입시위주의 교육, 학교에서 성적순으로 줄 세우기가 우리 청소년들을 불행하게 만들고 그로 인한 커다란 스트레스가 청소년 폭력의 한 원인이라고 말하며 학교를 비난한다. 하지만 학교로 하여금 입시위주의 교육을 하도록 요구하는 것은 누구일까? 중학교는 각 교과별로만 석차가 나온다. 국어 몇 등, 영어 몇 등, 하지만 부모님들은 그 석차를 원하지 않는다. 내 아이가 반에서 몇 등, 전교에서 몇 등인지를, 그 석차를 꼭 알고 싶어한다. 학기 초에 아이들의 선수학습 정도와 관계형성 등의 이유로 교과서 진도를 바로 나가지 않는다. 그러면 당장 교장실로 전화가 걸려온다. 수업은 안하고 뭐하느냐고? 분명 수업을 하고 있는데 수업은 왜 안하느냐고 묻는다. 과학을 가르치고 있는데 과학은 계절적 요인이 매우 중요하다. 계절에 맞추어 교과서 진도를 바꾸는 경우가 있다. 또 다시 교장실로 전화가 걸려온다. 학원진도와 맞지 않으니 그 선생님에게 교과서 순서대로, 학원진도와 발맞추어 진도를 나가게 하라고 말이다. 종례 후 훈화가 길어지면 난리가 난다. 학원차가 기다리고 있는데 무슨 담임선생님 잔소리가 그리 많으냐고. 꼭 해야겠으면 우리 아이만이라도 중간에 나와서 학원차 타게 해달라고 한다. 학부모들은 오로지 공부를 열심히 가르치고 좋은 성적을 받도록 학교와 교사들에게 요구한다. 그런 간곡한 부탁을 해놓고 성적위주의 학교라서 석차만 따지는 담임선생님이라서 아이들이 불행하니 당신들이 책임이라고 한다. 그리고 훈화도 하지마라. 수업시간에 다른 이야기 하지 말고 진도 열심히 나가라고 해놓고 학교에서 인성교육을 안해서 이렇다고 책임지라고 한다. 또 성적도 좋고, 인성도 잘 갖추도록, 둘 다를 잘할 수 있는 학교와 교사여야 하는데 그런 능력이 안되는 교사들은 다 그만두라고 한다. 아이들만 남게 되는 학교는 문을 닫아야 하지 않을까? 그러면서 내 아이는 교사가 되기를 바라고 권한다.

　얼마 전 신문기사에서 고교생 선호도 1위 직업은 교사, 부모 선호도 2위 직업은 교사라는 것을 보았다. 지금 사회는 학교폭력으로 인해 스스로 목숨을 끊은 아이들로 인해 학교와 교사가 아이들에게 제대로 된 도움을 주지 못해 아이들을 죽음으로까지 몰고 갔다고 교사들을 아프게 비난하고 있다. 그리고 더 중요한 것은 그 어떤 인터뷰에서도 아이들이 학교가 좋다는 이야기를 들은 적이 없는 것 같다. 그런데 아이들이 가장 선호하는 직업이 교사라고 한다. 아이들은 왜? 무엇 때문에 교사가 되려고 할까? 기사에 난 초등학교 교사가 되고 싶다는 한 학생의 이유는 이랬다. '초등학교 선생님이요. 정년퇴임까지는 일단 심각한 일이 아닌 이상은 안정적으로 계속 직업을 유지할 수 있잖아요. 그래서.' 학부모들은 교사가 도대체 뭘 하느냐, 제대로 하는 것이 무엇이 있느냐고 비난을 하면서 내 아이는 교사가 되기를 바란다. 안정적이고 편할 것 같아서라는 이유와 함께. 지금 저희 교사들을 맹비난하시는 분들 중에서도 분명 내 아이는 교사가 되었으면 하는 바람을 가지고 계신 분도 있을 것이다. 그분은 당신의 아이가 어떤 교사가 되기를 바라는 것일까? 안정적이고 편안하다면서 권하는 교사라는 직업, 어느 정도로 하면 편안한 직업이 되는 것일까? 편안하지만 큰 문제는 없어서 정년까지 할 수 있도록 하라고 가르치실 것인지. 그래도 희망을 이야기하고 싶은 때는 이렇게 생각하고 싶다. 아이들은 자신들이 싫은 학교와 교사를 자신들의 힘으로 변화시켜 보고자, 학생이 아닌 교사가 되어서 현장에 오고 싶어한다고.

　그래서 그 아이들에게 희망을 걸어보고 싶다. 그리고 자녀들에게 교사가 되기를 권하시는 부모님들도 당신 자녀들이 가진 세상을 보듬을 수 있는 따뜻함을 다음 세대 아이들을 위해 힘들지만 풀어내며, 실천하며 살기 바라는 마음에서, 힘든 길인 줄 알지만 소명감을 가지고 걸어가기를 바라는 마음일 거라 믿고 싶다. 또 학부모들과 학교의 소통의 어려움과 필요성에 대해 생각해보도록 하겠다. 나름대로는 학부모님들과 소통을 잘한다고 생각했었다. 학부모님들께 받은 선물 중 두 개를 소개한다.
　시를 좋아한다는 담임을 위해 시집을 뒤져 멋진 시를 선물해주시는 000 어머니께서 주신 시 중의 하나이다.
　인연 - 조선윤
　세상에 태어나서 가는 길은 다르지만
　만나고 헤어지는 만남속에 스치는 인연도 있고
　마음에 담아두는 인연도 있고 잊지 못할 인연도 있다.
　언제 어느 때 다시 만난다 해도 다시 반기는 인연되어
　서로가 아픔을 외면하지 않기를 인생길 가는 길에
　아름다운 일만 기억되어 사랑하고 싶은 사람으로 남아 있기를...
　또 한 어머니께서는 한 올 한 올 손수 예쁜 케이프를 만들어 보내신 것이다.
　위의 두 아이는 반에서 실장이나 부실장도 아니고 공부를 1, 2등 하는 아이들도 아니다. 아이를 학교에 보내는 이유가 단지 좋은 성적이라면 이 부모님들은 이런 심정이어야 할 것이다. '내 아이가 공부도 못하는데 담임이 해준 게 뭐가 있다고.' 하지만 늘 반 꼴찌를 하는 아이의 어머니도 저와 문자와 전화를 주고받으며 아이가 학교가 즐거울 수 있는 방법을 서로 의논하면서 왔다. 그리고 담임의 일 중 가장 힘든 것 중 하나가 학부모 감독을 모시는 일이다. 학교마다 조금씩 다를지 모르지만 정말 쉽지 않은 일 중의 하나이다. 특히 어머니나 아버지, 또는 두 분 모두가 계시지 않는 아이가 13명이나 되는 반이었다. 게다가 거의 생계를 위해 일을 하고 계시는 분들이었다. 하지만 부모님들은 담임의 고충을 덜어주시려 4번의 시험 때마다 적극적으로 참여를 해주셨고, 아버지 감독이 세 분이나 오시는 특이한 상황도 있었고 더 감동이었던 것은 오시겠다는 분들이 많으셔서 학부모 감독을 모시기 어려운 학급을 위해 저희 반 부모님들이 대신 해주시기도 했다. 학부모님들 뿐만 아니라 아이들과도 잘 하고 있다고 생각했다. 초등학교 6년동안 왕따를 당하다가 중학교에 와서 친구들이 생겨 너무 좋다며 써 준 감동의 편지글이다. 자신들을 향해 늘 웃어준다고 반 아이들이 그려 준 나의 모습이다.

  손으로 만든 하트가 감동이었다. 반 아이가 방학동안 참여한 캠프에서 담임에게 주려고 만든 상장이라고 한다. 상장을 만들면서 보내온 카톡과 상장이다. 이렇게 나름대로 아이들과 학부모님들과 잘 소통한다고 생각했는데, 결코 그렇게 단순한 문제가 아니었다. 아래 글은 종업식을 하던 12월 28일 학부모님께 드린 편지의 일부이다. 어제 어머니와 문자를 주고 받으면서 새롭게 알게 된 것이 있어 말씀을 드린다. 아이가 담임이 반에 신경을 쓰지 않는다고, 교실에 들어오지도 않는다고 전했고 부모님은 너무 한다고 생각하셨대요. 그 분만 그렇게 생각한 것이 아니겠다 싶어 자세히 설명을 드린다. 2차 지필고사 시험이 끝나고 아침 시간 10분에 교실에 들어가지 않았다. 교실 문 밖에서 잠깐 인사만 했다. 그것이 아이들에게는 담임이 학급에 신경을 쓰지 않는 것으로 생각이 되었나보다. 제가 아침 10분을 온전히 아이들에게 맡긴 이유는 두 가지였다. 실장과 부실장에게 학급운영을 전적으로 맡겨 리더십을 발휘할 기회를 주고 싶었고, 더 큰 다른 하나는 매일 아침 독서와 글쓰기다.

  다른 반은 안하는 것들을 시키면서 빡빡하게 군 담임이었다. 아이들의 입에서 '마녀담임'이라는 말이 나올 정도로, 그래서 그동안 힘들게 저의 강행군에 따라 준 아이들에게 일주일 정도 마음껏 아침시간 10분동안 자유를 주고 싶었기 때문이다. 그런데 결과는 학급에 신경을 쓰지 않는 담임이 되어버렸다. 그리고 부탁이 있다. 아이들이 학교와 담임에 관해 이야기를 하는 것을 귀 기울여 들어주시고 많은 이야기를 나누어주시고, 그리고 이해가 되지 않거나 서운하거나 불만이 있거나 할 경우 그냥 마음 속으로만 담아 계시지 말고 꼭 의견을 내어주라고. 학부모님들의 솔직한 이견 제시는 너무도 중요하다. 그게 바로 학교와 학부모님과의 제대로 된 소통의 시작이기 때문이다. 이번 일처럼 저는 분명히 이유가 있었는데 부모님들은 서운하다 하시는 상황이 생기게 되면 안되니까. 학부모님들의 목소리는 너무도 중요하다고 생각한다. 부모님들의 말씀을 들을 수 있어야 되돌아보고 고칠 것은 고치고 오해가 있다면 풀 수도 있으니까.

수많은 문자를 보낸 이유도 부모님들과 조금 더 가까워지고 싶었기 때문이다. 아이들을 잘 도와주기 위해서는 학교와 가정이 친밀한 관계를 유지하는 것이 그 기초라고 생각했기 때문이다.[31] 이렇듯 학부모들과 학교와의 소통과 솔직한 서로간의 의사교환은 정말 중요하다. 교사들의 일방적인 노력만으로는 절대 가능하지 않은 것인데 아직도 학부모님들은 학교의 문턱을 너무 높게 생각한다. 학부모 감독이 왜 생겼을까? 학교의 공정성을 믿지 못해 결국 도입하게 된 것이 학부모 감독이라는 제도이지만 학부모님들은 요구를 해놓고 자신은 참여하지 않는다.

분명히 학부모님들의 요구에 의해 생겨났지만 "이런 걸 만들어 오라 가라 난리야. 학교가 알아서 하지." "나 아닌 누군가는 하겠지." "공부 잘하는 엄마들이, 학급간부 엄마들이, 먹고 사는 거 바쁘지 않은 여유있는 엄마들이 하겠지." 물론 학교가 절대적인 신뢰를 주었다면 이런 일을 애초에 발생하지도 않았을 거라고 하겠지만 함께 방법을 찾아보고자 낸 학부모 감독제도인데 이것을 위해 담임은 몇날 며칠 전화통을 붙들고 집집이 전화를 걸어 고개를 조아리며 부탁을 해야 하는 상황이다. 부모님들은 부모님들대로 사정이 있어서 거절할 수밖에 없었겠지만 거절하고 난 뒤 마음이 편치 않을 것이다. 그러면 결과는 어떻게 될까? 학교에 대한 감정이 불편해진다는 것이다. "에휴, 학교가 알아서 좀 하지. 왜 이런 걸 만들어 가지고. 담임이 혹시 이 일로 우리 애한테 나쁜 감정을 가지는 건 아니겠지." 이렇게 되면 그 다음에 아이의 문제로 인해 담임에게 전화를 한 번 걸려고 해도 "지난 번에 시험감독도 안갔는데. 이런 거 묻는 전화한다고 기분 나빠하지는 않을까. 그래, 괜히 전화했다가 관계만 더 나빠질 수 있으니 그냥 말자." 점점 학교와 학부모님들 사이의 벽

---

31) 편지 원문 주소 http://blog.daum.net/rhea84/13728351

은 커질 수밖에 없겠다. 교육청에서는 학교보고 학부모와 함께 하라는 것이 너무 많다.

하지만 학부모님들의 적극적으로 참여해야겠다는 마음이 열리지 않은 문제도 있지만 실제로 참여할 수 있는 여건도 되지 않는다는 것이다.

〈함께 생각해 볼 문제〉
(1) 학교와 교사에게 진정으로 원하는 것이 무엇일까?
(2) 학교와 교사에 대한 학부모들의 이중적 잣대
(3) 학부모들의 학교참여를 위한 사회적 지원

학교와 학부모는 분명 소통하고 연계해야 하고 많은 프로그램이 개발되어야 한다고 생각한다. 먹고 살기 바빠서, 직장에 매인 몸이라 아이는 학교에서 알아서라는 생각이 결국은 커다란 사회적 비용을 치르게 되는 결과를 가져오게 되었다고 생각한다. 가화만사성이라는 말이 있다. 사회가 가정의 중요성을 인식하지 못한다면, 사회의 가장 기본 구성단위인 가정을 지켜주지 못할 때 그 사회 전체는 분명 엄청난 댓가를 치를 수밖에 없다고 생각한다.

가출을 하거나 아이에게 문제가 생기고 난 뒤 많은 부모님들이 직장을 그만두고 아이를 찾아 나서거나 그동안 아이에게 해주지 못한 것을 해주기 위해, 함께 하지 못한 시간들을 함께 하기 위해 노력하는 것을 너무도 많이 보았다. 그리고 사회는 당신 아이에게 문제가 생긴 것이니 당신이 직장을 그만두든 무엇을 하든 그건 당신이 알아서 할 문제라는 식의 인식이다. 이 문제를 해결하기 위해서는 학부모님들이 아이의 문제로 인해 학교에 참여할 수 있는 사회적 여건 조성이다. 많은 나라들이 부모가 아이의 학교를 방문하는 일에 관해서는 직장에서 적극적으로 지원을 해준다고 한다. 하지만 우리나라의 경우는 개인이 눈치를 보면서 조퇴나 외출을 해야 하는데 그 일에 대한 사회적 인식이 아주 많이 부족하다. 뭐 그런 일로 직장 일에까지 지장을 주느냐는 식이다. 하지만 이 부분이 사회적으로 가장 절실하게 지원이 되어야 할 부분이라고 생각한다.

유대인 교육을 다룬 책에 공통적으로 나오는 것이 유대인 아버지들이 다른 사람들보다 비록 경제적으로 손해를 보더라도 일찍 집으로 돌아가 아이와 함께 하는 시간을 갖는 것에 관한 것이다.

3) 교육이라는 목표하에 모인 학교로의 접근

학교의 역할을 크게 나누면 두 가지라고 생각한다.

(1) 가정에서의 기초적인 교육위에 가족을 넘어선 관계형성 및 타인과의 관계를 통해 자신과 타인을 사랑하는 따뜻한 사람으로 성장하도록 도와주는 곳

(2) 진로를 위한 준비를 할 수 있도록 도와주는 곳

하지만 또 하나의 교육과정의 목표는 '창의적인 글로벌 인재양성'이다. 목표 뿐만 아니라 그 내용들을 수 십 번 프린트한 종이가 파슬파슬하게 일어나도록 읽고 또 읽어보아도 학교에 오는 모든 아이들을 위한 교육목표는 아니라는 생각이다. 마치 서울대 합격자 이름이 적힌 현수막이 교문 위에 붙는 것과 같은 목표라는 생각이다. 분명 우리 교육의 목표는 학교에 오는 모든 아이들의 삶을 위한 것이어야 하는데 마치 서울대 합격이 학교교육의 목표인 것처럼 착각하고 있는 것과 같은 이치가 아닐까 생각한다. 서울대 많이 보내는 학교가 좋은 학교라고 생각되는 학교에서 서울대에 가지 못하는 아이들은 불행할 수밖에 없을 것이다.

'창의적 글로벌 인재'라는 목표에 도달할 수 있는 아이들이 얼마나 될까? 배워야 할 내용을 보면 입이 다물어지지 않는다. 한 사람이 살아가는데 그렇게 많은 지식이 과연 필요한 것일까? 각 단원의 학습 내용과 그것을 통해 도달해야 할 목표를 보면 배워야 할 학생이 아니라 전공을 한 가르쳐야 할 교사의 입장에서도 숨이 막힌다. 아이들의 등교시간부터 생각해보자. 학생들 아침밥 먹기 운동을 벌이기 전에 아이들이 아침에 여유있게 학교에 갈 수 있는 여건이 마련되어야 하는데 아이들은 직장

에 다니는 어른들보다 더 일찍 학교에 가야 한다. 교사들의 출근시간과 학생 등교시간은 별개이니 절대 오해마시기 바란다. 아이들이 9시쯤 학교에 와서 오전에 3시간 오후에 2~3시간 수업을 하는 것으로는 안되는 걸까? 아이들의 수업 중 가장 많이 확보되어야 하는 교과는 예체능이라고 생각한다. 아이들이 적어도 하루에 한 시간 이상은 체육이나 음악, 미술을 하는 시간이 필요하다고 생각한다. 신체적으로나 심리적으로 즐거움과 치유의 과정을 경험하게 해 줄 수 있는 교과라고 생각하기 때문이다. 예체능교과의 집중이수제는 절대 반대이다. 우리 아이들을 좀 놀게 하면 안될까? 학부모님들과 학교가 다같이 마음먹는다면 가능할 것 같은데 어떤가? 중학교 1학년 담임을 했는데 저희 반은 내일 시험이라도 점심시간에 운동장에 나가 피구를 한다. 그 시간에 한 글자라도 더 봐야 시험을 잘 칠거라 생각할지 모르지만 피구를 하면서 깔깔거리며 웃고 떠들고 노는 시간이 있어야 더 공부를 잘 할 거라고 생각했고 아이들이 보여 준 결과도 제 예상을 빗나가지 않았다. 시험치기 전날 혹시 음악 선생님이 자습을 줄까봐 미리 저희 반 아이들은 노래를 너무 부르고 싶어하니 꼭 수업해 달라고 부탁을 드리기도 했었다. 지금 학교에서 가장 시급한 것은 자꾸 반복되는 것 같지만 학부모와의 소통이 가장 절실하고 시급하다.

학교에 다니고 있는 아이보다 그 아이들의 부모님들이 원하는 교육이 무엇인가에 따라 학교는 어쩔 수 없이 움직일 수밖에 없기 때문이다. 처음으로 돌아가 부모님들이 아이들과 제대로 소통하며 집이 아닌 학교에서 어떤 교육이 필요한가를 제대로 인식하고 학교와 대화를 통해 이것을 해결해야 할 것이다. 교육과정에 탄력성이 부여되었지만 대부분 영수교과 시간을 늘리는 것을 선택한다. 부모님들이 그것을 원하기 때문이다. 공부를 많이 시키는 학교, 성적 좋은 학교를 가장 원하기 때문이다.

물론 좋은 대학에 보내기 위해서는 당연하다는 의견이겠지만 우리 아이들의 인생에 대한 진로설계를 하는 부분에서부터 부모님들과 아이의 소통이 잘 되어야 할 것이다. 고교생 10명 중 1명이 교사가 되기를 원하지만 그 중 꿈을 이루어 교사가 될 수 있는 있는 아이는 몇 명일까? 한 해에 임용고시를 통과해 교사가 되는 사람의 수를 생각해보면 더욱 어려운 일이다. 그러니 다른 아이들보다 더 열심히 공부해서 너만은 꼭 합격해야지라는 생각으로 몰아붙이다가 안되면 공무원 시험을 치라고 할 건지? 다음으로는 학생들과 소통하기 위한 교사의 전문성 신장이다. 그 어떤 것보다 우선되어야 할 것이 학생들과의 관계형성이다. 하지만 사범대학을 나온 교사에게 그것을 가르쳐 주는 곳은 없다. 교육학 이론과 상담에 관해 공부를 하지만 현장에서 요구되는 것에는 턱없이 부족한 것이 현실이다. 사범대학을 다니는 큰 아이의 친구가 현장교사의 인터뷰가 필요하다고 해서 이야기를 나눈 적이 있었다. 입학식 날에 아이들에게 교사가 명함을 준다고 하니 깜짝 놀라면서 이러는 것이다. 아이들과의 관계형성을 위한 방법에 관한 수업을 할 때 한 학생이 명함 이야기를 하자 교수님이 아주 좋은 아이디어라고 이야기했고 다들 깜짝 놀랐는데 명함을 주는 교사가 진짜 있다는 사실에 놀라기도 하고 자신들은 누구도 생각지 못했던 아이디어라고 생각했던 차라 허탈하기도 하다고. 그 교수님은 중고등학교 현장에 대해 얼마나 공부를 하고 계시는지 궁금해졌다.

　현장을 모르는 상태에서 사범대학생들은 이론만으로 중무장을 하고 현장에 오는 것이다. 수업시간에 엎드려 자고 있는 아이를 흔들어 깨웠더니 "아, 씨이~~ 뭔데. 졸려 디지겠는데 누가 깨우고 난리야."하고는 다시 엎드려 버리는 아이를 만났을 때 어떻게 해야 하는지에 대해서는 그 어떤 준비도 되지 못한 상태에서 어떤 방법으로 자신 앞에 펼쳐진 상황을 해결할 수 있을까?

　물론 수업에 대한 전문성은 교사의 가장 기본이라 할 수 있으니 여기서 언급할 필요도 없다는 생각이다. 그것조차 안된다면 감히 교사라는 직업을 그만두어야 한다고 하고 싶다. 공교육의 교사는 그 어떤 수업이

든 공개수업이 원칙이어야 함을 기억해야 할 것이다.

 그 누가 언제라도 내 수업을 보고 싶다고 할 때 흔쾌히 교실 문을 열 수 있는 수업을 아이들에게 제공해야 하는 것은 교사의 가장 기본이고 의무라고 생각한다. 모든 수업이 완벽할 수는 없어도 기꺼이 문을 열 수 있어야 한다고 생각한다. 그 다음은 공유이다. 수업이든 학생지도든 교사들 사이의 공유가 절대적으로 필요한 시기이다. 교사연수에서 이런 이야기를 한다. 공지영씨의 '우리들의 행복한 시간'을 교사라면 읽어보았으면 한다고. 책속의 윤수가 쓰는 블루노트, 누구에게도 이야기하지 못하고 공책에다 피를 토하듯이 쓰는 윤수의 블루노트, 나와 만나고 있는 학생들 중에서도 윤수와 같은 블루노트를 쓰고 있을지도 모른다는 생각으로 아이들에게 관심을 가지고 세심히 살펴보아야 할 것이라는 것을 부탁한다. 그리고 경험을 이야기한다. 한 아이의 블루노트를 발견하였지만 두려웠다고. 저 아이의 문제를 내가 해결해 줄 수 있을까에 대해 자신이 없었고, 괜히 아는 척 했다가 제대로 도와주지 못하면 어떡하나라는 불안감이 나를 짓눌렀던 기억. 그러면서 스스로를 방어하기 위한 구실찾기. 어차피 이건 내 힘으로 해결해 줄 수 있는 문제가 아니야. 그리고 그렇게 눈감고 가잖아. 그냥 나와 같이 있을 때 문제만 터지지 않고 조용히 간다면. 그러기를 바라는 수밖에 하며 외면하려 애썼던 이야기를. 하지만 우리는 다른 직업이 아닌 교사라는 것을 기억해야 한다. 그리고 아이들은 교사가 자신의 문제를 모두 해결해주기를 바라는 것이 아니라 누군가 한 사람이라도 자신의 고통의 무게를 알아주기만이라도 한다면, 자신의 손을 잡아줄 사람이 있다는 것만으로도 우리에게 전적으로 의지하지 않고 자신의 힘으로 해결해 보려 애를 쓰고 노력을 한다는 것을 경험을 통해 알게 되었다고. 그러니 수많은 윤수들을, 윤수의 블루노트들을 외면하지 말아달라고.

 자해를 한 아이가 있었다. 그 전날 아이는 7교시하는 동안 7번 혼이 나서 교실 밖으로 쫓겨났었다고 한다. 초등학교와는 달리 중학교는 교과

시간마다 다른 선생님이 들어오시고 그 전 시간에 대한 것은 전혀 공유가 되지 않는다. 그 아이는 1교시에 수업태도가 나쁘다고 선생님께 꾸중을 들었다. 2교시에 기분이 좋지 않아 엎드려 있다가 또 꾸중을 들었고 3교시에는 아예 수업에 참가하지 않고 만화책을 보다가 빼앗겼고, 4교시에는 잘해보려 애쓰고 있는데 뒤에 앉은 아이가 뒤통수를 치는 바람에 참지 못하고 돌아보며 욕을 한마디 했는데 복도에 나가 서 있으라는 벌을 받았고. 그러다보니 7시간 동안 내내 혼이 나거나 벌을 받는 상황이 벌어진 것이다. 중학교 1학년 아이가 자신의 손등과 손목을 칼로 그은 이유는 숨통이 막혀서라고 했다. 집과 초등학교 3학년부터 다니는 학원 때문에 숨이 막히는 나날들을 살고 있는데. 그래서 학교에서라도 숨을 좀 쉬고 싶어서. 학원수업에서 엎드리면 일일이 문자로 집에 다 연락이 가니 학교에서는 그렇게까지는 안하니까 수업시간에 장난도 치고 딴 짓도 좀하고 졸리면 엎드리기도 한다고. 유일하게 숨통이 트이는 곳이 학교라고. 그런데 학교에서도 계속 혼이 나니 정말 죽을 것 같더라고.

그래서 죽고 싶을만큼 힘들다는 것을 누군가 알아주었으면 하는 마음에서 자해를 한 것이라고 했다. 학원에만 안다닐 수 있으면 살 것 같다는 아이, 하지만 그 이야기를 들은 아이의 어머니는 아이를 만나자 아이 등짝을 철썩 소리가 나도록 때리면서 이렇게 한다. "그렇게 힘들었으면 진작에 엄마한테 이야기하지? 이게 무슨 꼴이니 남부끄럽게. 그리고 팔과 손등의 흉터는 또 어쩌고. 정말 너 때문에 못살아. 알았어, 학원이 그렇게 힘들면 일주일 쉬자, 됐지? 한 번만 더 이런 일 생김 죽을 줄 알어? 아휴 속상해 미치겠어." 그 일이 있고 저는 저희 반에 들어오시는 모든 교과선생님께 아이 이야기를 말씀드리고 아이를 세심하게 관찰해주시고 아이가 많이 아파하고 있으니 문제가 있는 아이라는 시각이 아니라 마음이 아픈 아이, 교사의 도움이 많이 필요한 아이라는 마음으로 접근해주시기를 부탁드렸다. 교사들이 아이들과 만날 수 있는 시간은 정말 적다. 그 시간에 30명의 아이들을 모두, 그리고 제대로 파악하는 것은 더 더욱 어렵다. 하지만 아이들은 시시각각 많은 메시지를 표현하기 때문에 많은 선생님들이 서로 공유를 한다면, 우리 반 아니 당신 반 아이가 아닌 우리 모두의 아이들이라는 입장에서 아이들을 관찰하고 공유한다면 아이들을 알아가고 문제를 예방하고 해결하는데 도움될 것이라고 생각한다. 아이들이 불행하다. 너무 많은 공부와 기대로 아이들은 병들어 가고 있다. 아이들은 자신이 불행하니 자신보다 행복한 아이로 만들고 싶어한다. 지나가다 어깨가 부딪치면 서로가 마음이 편안한 상태라면 "아, 미안."이라는 말이 나오겠지만 서로 날이 선 상태인지라 아이들은 상대를 향해 자신의 고통을 휘두른다. "아, 씨x 뭔데?"라는 욕설과 째려보는 눈빛으로, 아이들은 쎈 척하기 위해 욕을 하고 서열을 정한다고 한다.

아이들은 왜 그렇게 쎈 척하고 싶어할까? 남보다 한 등이라도 앞이라야 한다는 등수에 매달리는 부모에게서 아이들은 공부로 앞에 두각을 나타내지 못하면 다른 것으로라도 센 척을 해야 한다고 말한다. 밀리면 지는 것이고 그것은 곧 실패라고 배우는 것이다. 아이들이 행복하지 않은 책임이 학교와 교사에게만 있는 것일까? 사회는 교사에게 이런 요구를 한다.

부모님들은 아이들과 제대로 소통을 하지 못하고 있다고 해도 교사는 전문가들이다. 아이들이 부모에게서 받은 상처까지도 치유해 줄 수 있는 전문성을 가지고 있어야 한다. 그리고 부모교육도 결국은 학교의 몫이다. 학부모회 등을 통해 부모교육을 실시하라. 학부모가 원하는 입시위주의 성적 좋은 학교도 만들고 인성교육도 열심히 하여 청소년 폭력이 더 이상 일어나지 않는 학교를 만들라. 피해자들의 상처도 학교가 치유해주고 가해자들도 잘못을 뉘우치도록 잘 지도하라. 그리고 또 이런 문제가 일어나면 다 너희 잘못이니 책임져라. 고교생의 원하는 직업 1순위가 교사라는 신문보도와는 달리 현장의 선생님들은 학교를 떠나려고 하고 있다. 명예퇴직 신청이 너무 많아 다 수용을 하지 못해 퇴직순서도 기다려야 하는 실정이라고 한다. 가장 마음 아픈 것은 지금까지 현장에서

> ♥ ♥ ♥ ♥ ♥ ♥   'Thanks for always being there.'
>
> 그리고선생님 저에 항상 문자를 보내주셔서 감사
> 합니다. 저는 선생님이 보내주신 문자를 읽으면서
> 용기가 조금씩 생겼어요 정말 고맙습니다 ♥
> 선생님 사랑해요 ♥
> 2011년 4월 3일 일요일 선생님을 언제나
> 사랑하는   가 ♥

자료: http://bbs3.agora.media.daum.net/gaia/do/story/read?bbsId=S102&articleI
d=506192(2012.1.17)

그 누구보다 헌신적으로 아이들을 위해 일해 온 사람들이 상처받고 허탈한 심정으로 학교를 떠나려고 한다는 것이다. 당장 학교를 떠나지 않더라도 다가오는 신학기에 담임만은 하지 않을 수 있었으면 하는 바람을 이야기한다. 무슨 일이 생기면 담임이 책임이라는 식으로 이렇게 몰아가고 있는 상황에서 내가 정말 열심히 최선을 다 한들 누가 알아줄 것이며, 혹여 그러다가 정말 문제라도 생기면 그동안 애쓴 그 모든 것은 다 묻혀 버리고 '담임인 당신이 책임자이다.'만 남게 될텐데 내가 뭐하러, 이런 마음도 솔직한 심정이다. 요즘 교사들에 관한 이야기에 빠지지 않고 올라오는 글이 있다. "교사 힘든다는 말 하는데 힘들면 그만 둬라. 너보다 잘할 수 있는 사람들 줄을 서 있으니 그만두면 될 거 아냐?"

정말 다같이 생각해 보아야 할 중요한 문제가 있다. 이렇게 교사들에게 몰매를 때려 다들 상처투성이로 만들어 놓고 앞으로 아이들을 잘 가르치라고 할 수 있을런지? 에너지와 소명감이 절대적으로 필요한 직업이라는 것은 누구나 안다. 교사는 컴퓨터 모니터 앞에 앉아서 일을 하는 사람도 아니고 기계를 돌리는 직업도 아니다. 아이들과 얼굴을 마주하고 눈을 맞추어야 하는 직업이다. 이렇게 상처받은 마음으로 아이들을 보며 환한 웃음을 웃어 줄 수 있을지 걱정이 태산이다. 교원평가에서 학생들로부터 좀 그만 웃으라는 말을 듣는 사람일 경우에는 더욱 그럴 것이다.

청소년 폭력은 '너!'로 해결되는 것이 절대 아니다. 지금 필요한 것은 일어난 문제를 책임질 누군가보다 앞으로의 아이들의 교육이 아닐까?

우리에게 교육하고 싶어질 수 있을 정도의 치유가 필요함을 제발 달라는 것이다. 상처를 안고 신학기를 맞고 아이들을 만나지 않도록 해달라고하고 싶다. 연일 떠들어대는 언론으로 인해 아이들은 학교가 점점 더 싫어지고 무서워지고 있다고 한다. 그리고 그 책임이 담임에게 있다고 하니 아이들은 교사들을 더 신뢰하지 않고 마음을 열려고 하지 않을 것이다. 지금보다 열배 백배 더 큰 열정으로 다가가도 그 벽을 허물 수 있을까 싶은데 지금 이 시대를 살아가는 교사라는 이유만으로 만신창이가 되어버린 교사들이 너무 많다. 물론 학교와 교사가 청소년 폭력과 전혀 무관하다는 이야기는 절대 아니다. 저희 스스로도 학교와 교사가 해야 할 일에 대해 많이 고민하고 반성하고 그 길을 찾으려 노력하겠다.

그 일을 하려는 의지정도는 남겨주기를 바라는 것이다. 지금 당장 모든 학교를 문을 닫거나 지금 있는 교사들을 모두 내보내고 새로운 교사로 싹 갈아치우는 방법을 선택하는 것이 아니라면, 지금까지 묵묵히 열심히 최선을 다해 해온 많은 선생님들이 있음을 기억하고 그분들이 계속 아이들을 가슴으로 안을 수 있는 최소한의 기운은 남겨주시기를 바라는 마음 간절하다.

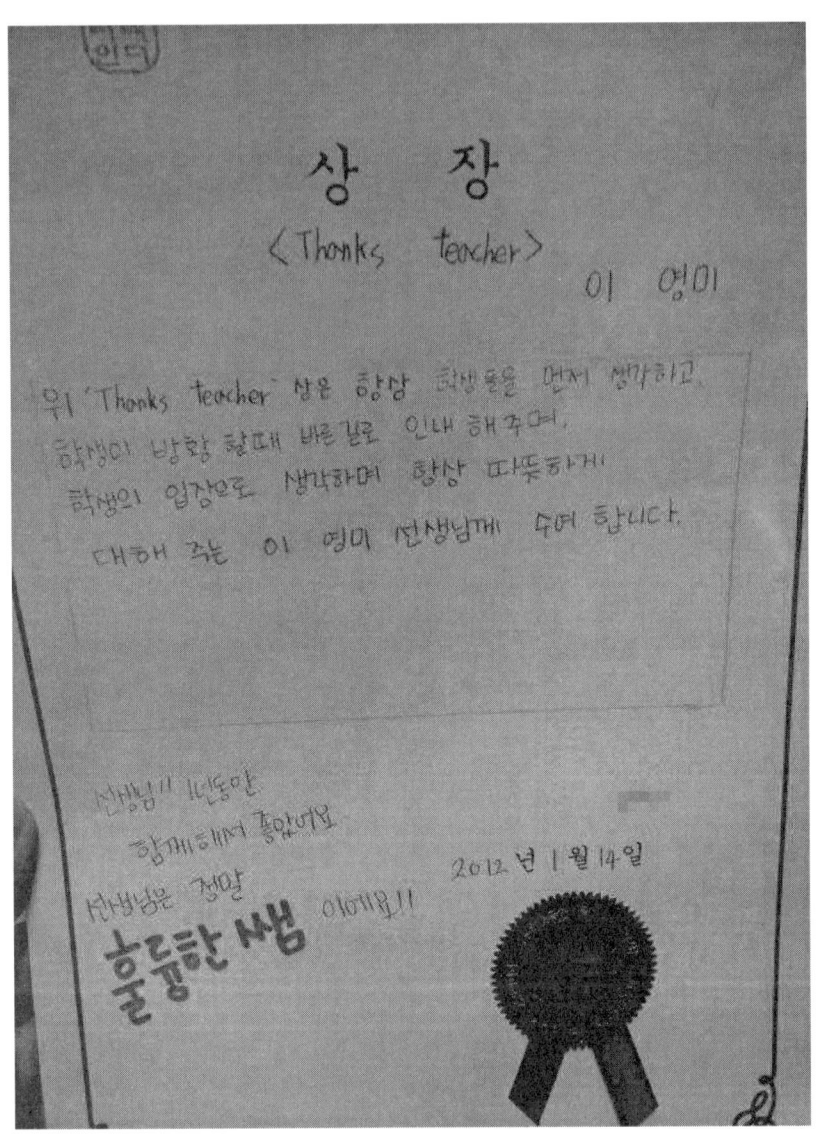

자료: http://bbs3.agora.media.daum.net/gaia/do/story/read?bbsId=S102&articleI
d=506192(2012.1.17)

〈함께 생각해 볼 문제〉
(1) 우리 교육의 목표에 대한 재고
(2) 학생들의 수업시간과 학습의 양을 줄여야 하는 필요성의 인식과 해결방안
(3) 학부모와 소통하는 방법
(4) 부모교육은 학교가 하는 것이 가장 효과적일 것 같지만 교사들의 업무증가와 학교에 대한 신뢰가 더 떨어진 학부모들의 참여를 이끌어 내는 것의 어려움
(5) 교사들의 자각과 전문성 신장을 위한 노력
(6) 교사업무와 수업시수 줄이기
(7) 사범대학의 현장과 연계된 수업과 교육과정
(8) 제대로 놀 줄 모르는 아이들에게 놀이교육의 필요성과 방법
4) 아이들과 부모 모두에게 영향을 주고 있는 사회로의 접근

씨크릿 가든의 현빈, 최고 사랑의 차승원, 보스를 지켜라의 지성, 브레인의 신하균, 난폭한 로맨스의 이동욱 등.

드라마가 청소년들에게 주는 영향이라는 주제로 근 1년동안 드라마들을 보면서 나름대로 분석하고 있는 중인데, 이 배우들이 맡은 역할의 공통점은 무엇일까? 아주 인기가 많았다는 것이다. 그럼 그들의 극중 성격은 어땠을까? 요즘 누구나 할 것 없이 '인성'에 대해 이야기한다. 이들의 공통점은 바로 한마디로 인성교육이 절대적으로 필요한 사람들이라는 것이다. 그런데 사람들은 이들에게 열광을 한다. 까도남이다, 신하균 앓이다 등 별별 새로운 말들을 만들어내며 '나쁜 남자'를 최고의 매력남으로 만들어 놓았다. 이들을 사랑하는 우리 사회가 정말 슬프고 마음 아프다는 생각을 한다. 이들 드라마에는 또 꼭 착한 남자가 나온다. 따뜻하고 예의바르고 남을 배려할 줄 아는 성날 한 마디로 인성교육을 잘받은 표본같은 남자. 하지만 그들은 사랑의 실패자로 그려진다. 그러면서 아

이들에게 인성교육의 부재를 이야기하는 우리 어른들의 모습을 제대로 돌아볼 필요가 있지 않을까? 다른 나라도 우리나라만큼 조폭영화가 많고 조폭들이 미화되고 있는지 궁금하다. 아이들에게 대중매체의 영향력은 엄청나다. 그리고 그것은 어른들에 의해 만들어져 제공되고 있다. '원더풀 라디오'같은 영화는 인기를 크기 얻지 못한다. 너무 뻔하고 착한 영화라는 이유이다. 하지만 그 영화에서 부모와 아이의 소통에 대해 참 많은 것을 배울 수 있을 것이다. 꼭 부모교육이 필요한가에 대해서 흔들리기까지 했었다. 아내가 데리고 온 딸에게 다가가 마음을 열게 하는 새아버지에게서, 표절한 작곡가라며 세상으로부터 상처받은 딸을 위로하고 격려하는 엄마에게서 진정한 부모의 모습을 보았다. 세탁소를 하고 감자탕집을 하며 '부모교육'이라는 말을 들어 본 적도 없어 보이는 사람들이었지만 그들은 진정한 '어른들'이고 '부모'였다. 그리고 신문과 방송에서는 청소년 폭력을 다루고 그 책임을 이야기할 때 그 기사를 이 나라의 모든 학생들이 본다는 생각으로 너무 자극적이거나 극단적인 단어들을 피하고 기사 내용의 전달시 매우 신중해야 하며 사건을 파헤치는 것에 초점을 맞추는 것이 아니라 치유와 예방, 해결방법을 찾는데 중점을 두어야 할 것이라는 것이다. 그리고 사회가 힘을 합해 꼭 해주어야 할 역할이 있다. 가출한 아이들에게 가장 좋은 방법은 무엇일까? 집으로 돌려보내는 것이 정답이 아닌 경우가 생각보다 많다. 그 아이들 중에는 가정이 가장 힘든 지옥일 수 있다는 것을 알기 때문이다. 억지로 집으로 돌려보내는 것으로 우리가 할일을 다 했다고 생각한다면 그 일은 계속 반복될 수밖에 없고, 결국은 더큰 문제를 야기하게 되는 경우가 적지 않다. 그 아이들이 너무도 힘든 가정으로 돌아가지 않고 자신들의 상처를 치유받을 수 있는 곳이 필요하다. 그것은 사회가 함께 해결해 주어야 할 문제라고 생각한다. 아이들은 당장 지친 몸을 눕게 할 공간과 상처를 위로받을 따뜻한 말 한마디가 절실하고 내일 학교에 갈 차비가 필요한 아이들이 있다. 그 아이들을 사회 전체가 공동육아의 마음으로 끌어안아야 할 것이다. 내 아이를 위해서 내 아이의 친구들을 함께 돌본다는 마음으로 그 아이들에게 관심을 가지고 자원봉사를 통해 충분히 그 아이들을 키워 갈 수 있을 거라 생각한다.

⟨함께 생각해 볼 문제⟩
(1) 대중매체에 대한 비판의식과 변화를 위한 참여방안
(2) 공동육아를 위한 시설과 운영에 대한 문제
(3) 청소년 폭력을 다루는 언론의 태도와 책임
(4) 입시위주 교육을 심화시키는 학력 위주의 사회
(5) 문제를 일으킨 아이들에 대한 치료를 병행한 교화 프로그램

이 글을 시작하겠다고 마음먹었을 때와 달리 글이 너무 길어져버렸고 뒤로 갈수록 글의 길이에 압박을 받다보니 급하게 마무리하는 것처럼 되어 버려 많이 아쉽다. 꼬박 15시간에 걸쳐 치열하게 고민하며 쓴 글이다. 솔직히 학교에 다시 간다는 것이, 아이들 앞에 선다는 것이 두렵고 부담스럽고 1%의 의욕도 없이 며칠을 보냈다. 하지만 분명 이렇게 시작하여 방법들을 찾다보면 분명 길이 보일 것이라는 믿음과 희망을 다시 가져본다. 청소년 폭력은 가정과 학교, 그리고 사회가 함께 마음을 모아 해결해야 할 문제이다. 아이들을 행복하게 해주는 방법을 다같이 생각해 보아야 할 것이다. 행복한 아이는 다른 사람을 아프게, 다치게 하지 않을 것이다. 늘 그렇듯 '언어가 진실에 미치지 못함'에 안타까움과 큰 아쉬움을 느끼며 마친다.[32)33)]

10. 왕따 무서워 아빠 금고 턴 중학 1년생

어른 뺨친 피라미드 상납, "형들이 고자질하면 가만두지 않겠다고 했

---

32) 관심받은 13, 관심추가 24735, 학교에 대해 진정한 마음으로 교육을 위해 헌신하는 교사의 모습을 보면서 우리 미래가 결코 어둡지 않다는 느낌을 받으며 글에 산사를 보낸다.
33) http://bbs3.agora.media.daum.net/gaia/do/story/read?bbsId=S102&articleId=506192(2012.1.17)

어요. 왕따시킨다고 해 너무 무서웠고."34) 15일 광주광역시 북구 오치동의 한 사무실에서 만난 A군(14·S중 1)의 목소리가 떨렸다. 그는 지난해 7월부터 2학년 학생들에게 금품을 빼앗겼다. A군 등 이 학교 학생 10여명이 갈취당한 돈은 2학년 복학생 B모(16)군과 3학년 등 속칭 '일진' 6명에게 상납된 것으로 알려졌다. 일진들은 2학년에게 상납액을 정해 주고 돈을 모아오게 하는 '피라미드식'으로 올 초까지 7개월간 금품을 빼앗았다. A군은 상급생들이 요구한 액수를 채우기 위해 아버지(50) 지갑에서 돈을 훔치기 시작했다. 하지만 이들의 폭력과 협박은 더욱 심해졌다.

결국 그는 고물상을 하는 아버지의 금고에까지 손을 대고 가출했다. 성격이 밝고, 말을 잘듣던 A군이 나락으로 떨어지는 순간이었다. A군의 불행이 시작된 것은 지난해 7월 초부터이다. 동급생보다 한 살 많고 덩치가 큰(키 1m85㎝, 체중 90kg가량) B군이 복학하면서부터다.

그는 다른 중학교를 다니다 적응을 못해 1년 쉰 뒤 이 학교로 전학왔다. B군은 3학년 학생들과 어울려 다니며, 2학년에게 수시로 "돈을 모아오라"고 시켰다.

처음엔 3000~5000원씩 뜯어가던 게 1만~2만원, 5만~8만원으로 커졌다. 심할 때는 일주일 간격으로 돈을 요구했다. 후배들을 볼 때마다 돈과 담배를 빼앗았다고 한다. 추석 등 명절과 크리스마스 등 기념일엔 평소보다 많은 돈을 모으라고 지시하기도 했다. 이 돈은 대부분 유흥비로 쓰였다. B군의 명령은 2학년을 거쳐 A군 등 1학년에게 내려갔다. "처음엔 친구끼리 1000원, 2000원씩 모아줬어요. 그러다 5만원, 8만원으로 액수가 커졌어요. 돈을 적게 주면 두들겨 맞고요. 잘못인 줄 알았지만 살기 위해 돈을 훔치기 시작했어요." 7개월간 A군이 상납한 돈은 100여만원이다. 친구에게 빌리거나 아버지 지갑에서 훔쳤다. 하지만 선배들의 돈 요구는 계속됐다. 견디다 못한 A군은 아버지의 고물상 금고를 노렸

---

34) [중앙일보] 입력 2012.01.16 03:00 1학년 → 2학년 → 3학년 일진

다. 7일 오후 2시쯤 금고에서 40만원을 훔친 A군은 죄책감으로 괴로워하다 그날 가출했다. 9일 밤에도 금고에서 30만원을 훔쳤다. A군이 많은 돈을 가져오자 일진들은 돈의 출처를 대라고 협박했다. A군은 공포감에 아버지 금고 위치를 댈 수밖에 없었다. 2학년 2명은 10일 오후 11시50분쯤 500만원이 든 금고를 들고 달아났다. 이런 범행 장면은 폐쇄회로TV(CCTV)에 그대로 찍혔다. A군의 아버지는 다음 날인 11일 경찰에 도난 사실을 신고했다. CCTV도 경찰에 제출했다. A군은 가출 5일만인 12일 가족의 품으로 돌아왔고, 그간의 일을 고백했다. 은밀한 학교폭력의 실체가 드러나는 순간이었다. A군의 아버지는 "가슴이 미어진다"고 말했다.35)36)

11. "너희 왕따 둘, 서로 때려" 가해학생들이 폭력조종

왕따당해 전학 온 학생에 "다른 왕따 학생 괴롭혀라" 며칠 뒤엔 "이젠 네가 맞아라"37)

피해학생들끼리 맞고소, 가해학생들은 뒤로 빠져 아무런 처벌을 받지 않아, 교육청은 단순폭행 몰고 가. '왕따폭력'을 당해 지난해 서울 A중학교 1학년으로 전학한 B(14)군은 이번 겨울방학이 끝나면 또다시 다른 학교로 두 번째 전학을 가야 할 처지다. A중학교로 학교를 옮긴 지 닷새 만에 다시 '왕따폭력'을 당한 후유증 때문에 A중학교를 더는 다닐 수 없는 상황에 몰렸기 때문이다. 키가 크고 체격이 좋은 B군은 처음 중학교에 입학했을 때 인기가 꽤 있었다. 그러나 그해 7월, 같은 학교 학생 7명에게 "재수없다"는 이유로 구타를 당했다. 가해학생들은 일주일간 등교정지 처분을 받았지만 처벌이 과하다며 교사에게 항의했다. B군은 보복

---

35) 광주=유시호·최성호 기사, 중앙일보, one@joongang.co.kr〉
36) http://joongang.joinsmsn.com/article/aid/2012/01/16/6782092.html?cloc=nnc (2012.1.16)
37) 감혜림 기자 이메일, kam@chosun.com, MSN 메신저, 입력 : 2012.01.20 03:11

당할까 두려웠고, 2학기 시작 직후 가해학생들을 피해 근처 A중학교로 전학을 했다.

A중학교 학생 몇명은 B군이 왕따폭력 피해자라는 사실을 이미 알고 있었다. B군이 다니던 학교 친구를 통해 소문이 퍼진 것이다. 이들은 전학 온 B군에게 어느 날 갑자기 "같은 학교 C군을 괴롭히라"고 시켰다.

새 학교에서는 친구들과 문제를 일으키지 않고 잘 지내고 싶었던 B군은 아이들이 시키는대로 C군에게 욕을 했다. 며칠 뒤 황당한 일이 벌어졌다. B군에게 C군을 괴롭히라고 말했던 그 학생들이 "그동안 C군을 괴롭혔으니 이번엔 네가 C군에게 몇 대 맞아라"고 말한 것이다. 알고 보니 C군도 입학 후 줄곧 이 학교에서 '왕따폭력'을 당하고 있었다. 왕따폭력 피해자끼리 싸움을 붙인 것이다. 결국 B군은 아이들 10여명이 지켜보는 학교 탈의실 앞에서 얼굴에 시퍼렇게 멍이 들 정도로 C군에게 마구 맞았다.

부모를 실망시키고 싶지 않았던 B군은 "유리창에 부딪혔다"고 거짓말을 했다. 한 달 뒤 담임교사는 "B군이 무단결석했다"며 부모에게 알렸고, 그제서야 B군은 부모와 교사에게 사실을 털어놨다. B군 부모는 C군이 우발적으로 아들을 때렸다고 생각해 "앞으로는 사이좋게 지내라"고 말하고 돌아섰다.

그러나 사건은 해결되지 않았다. B군이 "학교에 가기 싫다"고 한 것이다. 학교에 갔다가도 조퇴해서 집에 돌아오기 일쑤였다. 학교에 가지 않고 길거리에서 밤을 새우다 집에 들어온 적도 여러 번이었다. 정신과 치료를 받아보니 "우울증세가 너무 심해서 이대로 방치하면 무슨 일을 저지를지 모르는 상태"라는 진단이 나왔다. 결국 B군 부모는 경찰에 C군을 폭행혐의로 고소했고, C군 부모도 이에 대해 "B군이 우리 애를 먼저 괴롭히고 같이 때렸다"며 맞고소했다. 왕따폭력 피해학생들끼리 맞고소를 하는 사태가 벌어진 것이다. 이 과정에서 B군 부모는 아들과 C군에게 폭행을 강요한 학생들이 따로 있다는 사실을 비로소 B군으로부터 들

자료: http://news.chosun.com/site/data/html_dir/2012/01/20/2012012000101.html (2012.1.20)

어 알게 됐다. 학교에 이같은 사실을 알리고 "폭력을 강요한 학생들을 처벌해 달라"고 요구했지만, 학교와 교육청은 이 사건을 '왕따폭력'이 아닌 B군과 C군의 단순 폭행사건으로 몰고 가려 했다. 그 결과 B군과 C군을 지능적으로 괴롭힌 가해학생들은 제대로 된 조사는 물론 처벌을 전혀 받지 않았다. B군의 아버지는 "아직 어린 줄 알았는데, 이미 아이들의 세계는 어른들의 축소판이었다"며 치를 떨었다. 그는 "자기들은 손끝 하나 까딱하지 않고 멀쩡한 애들 두 명을 갖고 놀면서 '왕따폭력'을 주동한 가해학생들은 아무런 처벌을 받지 않고, 불쌍한 피해학생들끼리 서로 가해자라며 싸우는 꼴이 됐다"고 했다.[38]

---

[38] http://news.chosun.com/site/data/html_dir/2012/01/20/2012012000101.html (2012.1.20)

12. 학교폭력을 담임의 시각으로 본 견해

요즘 너무 이슈가 많이 되는 학교폭력이 이제는 고등학교보다 초등고학년과 중학교로 내려왔는데, 일단 주관적인 생각이지만, 제게 많은 아이디어를 알려주시기를 바라면서 조심스럽게 글을 남긴다.[39] 사실, 매스컴을 통해 보면 담임교사의 역할이 거의 부정적으로만 설명이 되어서 안타깝다. 제가 그래서 몇 가지 어려운 상황을 제시한다.

첫째는, 학교폭력을 가하는 아이들이 교사들 앞에서는 말썽을 안 일으키는 아이들도 꽤 숨어 있다. 우리가 학교 다닐 때도 일명 영악한 아이들이 있었다. 그런데 사실 교사들은 잘 모를 수도 있다. 특히 여학생같은 경우, 1년이 거의 지날 때 어떤 아이들로부터 우연히 들은 얘기로 경악해 하는 교사들도 보았다. 그 샘들은 한결같이 "어쩌면 성적도 좋고, 발표도 잘하고, 그런 아이들이 뒤에 가서 그럴 수 있느냐"라고 토로하는 분들도 있다.

둘째는, 만약 학교폭력을 가한 아이들을 불러다 놓고 담임교사가 얘길한다. 그리고 교사는 교감, 교장샘께 얘길한다. 그러다 이 아이가 집에 가서 부모에게 얘길한다. 그럼, 그 다음에 어떤 결과가 벌어지는지?

이 부모는 그 다음날 학교정문에서부터 욕을 하며 교무실로, 교장실로 와서 학교를 발칵 뒤집는다. 교장, 교감샘께 손가락질하며 있는 욕, 없는 욕을 퍼붓는다. 그런 다음, 또 무슨 일이 생길까? 아무리 똥이 더러워 피한다지만, 그렇게 그 부모가 가고 나면 교사들과 교감, 교장들은 마치 폐허가 된 전쟁터속 같다. 그럼 교감, 교장샘이 억지로 웃는 척하며 담임교사를 부른다. 이런 상황을 모두 학교가 떠맡고 있는 실정이다. 저는 교장, 교감샘도 싫어하기에 30대 후반인데 승진도 포기했다. 올해 학교도 옮기려고 하는데, 매스컴을 보면 학교의 책임이 참 크다고만 나올 때

---

[39] 초등교사에요, 학교폭력을 담임의 시각으로, 수다쟁이 커피타임, tks12345 | 조회 1787 |추천 0 | 2012.01.12. 09:15

가 있다. 또 그렇게 무책임한 학교도 많은 것도 사실이다. 하지만 "모두 그런 학교다"라고 얘기하는 건 좀 그런 것 같다. 위에서 말한 상황을 보면 그 아이와 부모는 학교가 마치 씹다 뱉은 껌마냥 우스운 것이다.

그리고 참 많이 배우시고, 오래도록 연륜으로 다져신 그 교사들이나 교장, 교감샘들이 그렇게 당하는 그 모습들을 전교생이 다 본다고 생각해 보자. 그런데도 법적으로 전혀 어떤 방법도 쓰질 못하고, 심지어 체벌은 아예 금지, 수업중 뒤에 서있게 하면 안되고, 학생인권은 너무 소중한 우리나라 교육계의 현실이다. 초등교사로서 학교의 예를 간단히 들었지만, 이것보다 심한 학교도 많다. 인천이란 큰 도시이다. 미국 연수 다녀 오신 샘들께 들은 얘기지만, 미국은 자유가 꽤 많이 있는 것 같아도 이와같은 일이 전혀 벌어질 수 없을만큼 공권력도 크고 학부모님들도 학교를 긍정적으로 바라봐주고 한다. 잘못하고 있는 학교의 일, 비리, 남용되는 교권을 옹호하고자 이런 글을 쓰고 있는 건 아니다. 우리 학교 40대의 남자 연구부장님은(6학년 담임) 남자아이에게서 "그래서요?"라는 얘기도 듣는다.[40]

13. 자살 중학생 사건을 보며

어릴 때부터 나는 그런 선생님을 꿈꿨다. 소심한 아이의 말에 귀 기울여 주고, 창피한 상황에서는 최대한 지켜주고, 매를 들기전에 나를 먼저 돌아보고, 괴롭히는 아이에게서 보호해주고, 뜬금없지만 숙제를 적게 내는 내가 만약 그 아이의 선생님이었다면 난 어떻게 행동했을까?[41] 위의 바램처럼 난 그런 선생님일 수 있었을까? 얼마전에 내가 가르치는 아이가 자살하려고 했다는 말을 들었다. 이유는 반아이들에게서 받은 따돌림

---

[40] http://cafe384.daum.net/_c21_/bbs_search_read?grpid=dwWJ&mgrpid=&fldid=Io5&page-13&prev_page-12&flrstbbsdepth-00cDlzzzzzzzzzzzzzzzzzzzzzzz&lastbbsdepth=00cDJzzzzzzzzzzzzzzzzzzzzzzz&contentval=00cD0zzzzzzzzzzzzzzzzzzzzzzzz&datanum=146878&listnum=20&t_nil_issue3=txt&nil_id=1(2012.1.21)
[41] 마음으로 말해요, 조회 1639, 2011.12.30. 15:36

때문이었다. 바보같이, 나도 왕따를 겪었으면서 왜 나와같은 아이를 보살펴 주지 못한거지? 받은 상처가 아물어가면 갈수록 타인의 상처에 무감각해지는 내가 미웠다. 애야. "나의 방관에는 그런 과정이 있어야 성장하는 거란다"라는 암묵적 메세지가 담겨있는거야라는 걸 느끼게 해주고 싶었던 걸까. 죽음이라는 것이 너무도 가벼운 그 어리고 철없는 아이에게? 참 좋은 핑계겠다.

힘들어 하는 그 아이에게 난 아무 것도 할 수 없었다. 아니 하지 않았다. 자살한 아이를 보며 많이 울었다. 미안했다. 얼마나 아팠니, 얼마나 힘들었니, 혼자서 그 많은 짐을 어떻게 감당하고 지냈니. 사직서를 썼다.

눈물을 한번 훔치곤 이내 찢었다. 나같은 사람도 선생님이라 불러주는 아이들이 있다. 그런 아이도, 나의 아이도 다시는 일어나지 않도록 내 몸 다 바쳐라도 지켜내고 싶다. 못난 사람이지만, 지켜주고 싶기에. 아이들아 사랑한다.42)

---

42) http://cafe443.daum.net/_c21_/bbs_search_read?grpid=ABpp&mgrpid=&fldid=80BA&page=10&prev_page=11&firstbbsdepth=0082Dzzzzzzzzzzzzzzzzzzzzzzz&lastbbsdepth=0081kzzzzzzzzzzzzzzzzzzzzzzzz&contentval=0082Pzzzzzzzzzzzzzzzzzzzzzz&datanum=30901&listnum=20&t_nil_issue3=txt&nil_id=2(2012.1.21)

제2장 학교폭력의 실태와 사례

1. 국무총리실 명예기자단의 학교폭력 실태보고서

우리 사회에 학교폭력의 실태는 갈수록 심각해지는 반면, 이에 대한 뚜렷한 대책이 마련되지 않고 있다. 청소년폭력예방재단에서 학생들에게 폭력으로 인한 피해시 학교폭력전문상담기관의 필요성을 묻는 질문에 '필요하다와 매우 필요하다'가 61.6%로 조사됐다. 그만큼 피해를 당한 학생들이 도움받을 곳이 없다는 반증일 것이다. 현재 학교 및 청소년 상담기관이 운영되고는 있으나 교육과학기술부에서 지원하는 학교폭력 SOS 지원단 이외에 학교폭력상담지원을 받을 수 있는 곳이 굉장히 미미한 실정이다. 학교폭력전문상담기관의 16개 시도별 확대와 지원강화가 시급하다.[43] 학교폭력의 가해 이유에서 '장난'이 1위, '상대학생이 잘못해서'가 2위, '오해와 갈등'이 3위로 조사됐다. 2009년 연구에서도 '장난'이 가해 이유의 1위로 꼽힌 바 있다. 이렇듯 지속적으로 나타나는 학교폭력은 학교폭력이 서로간의 기본적인 인권존중과 배려의식이 부족하다는 것에서 그 원인을 찾아볼 수 있다. 향후 예방교육과 가해학생 선도프로그램으로 이에 대한 인식교육과 타인에 대한 배려심을 키울 수 있는 프로그램 등이 개발되어 예방교육에 포함되어야 할 것이다.

1) 학교폭력의 가해 이유

재학 중 학교폭력 가해 유경험자 중 최근 1년간 학교폭력을 멈춘 학생을 대상으로 그 이유에 대해 질문을 한 결과 '스스로 나쁜 행동임을 알게 되어서'가 1위, '학교 담임선생님의 지도'가 2위라는 결과가 나왔

---

[43] 국무총리실 명예기자단] 학교폭력 실태 보고서 2. 학교폭력 예방 교육의 필요성 건강사회 만들기 / 국무총리 이야기 2011/12/23 10:22,
http://blog.naver.com/pmo_1/130127079324

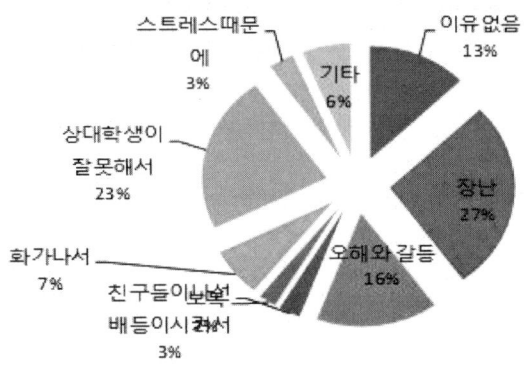

자료: http://blog.naver.com/PostView.nhn?blogId=pmo_1&logNo=130127079324
(2012.1.13)

다. 이어 '학년이 올라갔거나 학교졸업 등의 환경이 바뀌었다'가 3위였다.
 하지만 이외에도 '학교폭력 예방교육을 받고 생각이 변했다'는 응답도 나타났다. 조사결과를 들여다 보면 가해학생 입장에서 스스로 나쁜 행동임을 알게 될 때 폭력을 멈추게 됨이 가장 높은 것을 알 수 있었다.
 학생 스스로가 학교폭력의 심각성을 깨달을 수 있게 독려하고 교육해 사전에 예방하는 것이 근본적인 대안이 될 수 있음을 시사하고 있다.

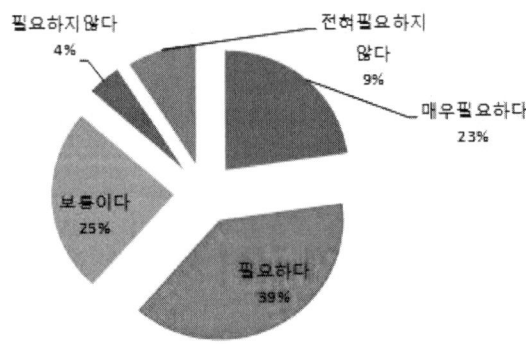

자료: http://blog.naver.com/PostView.nhn?blogId=pmo_1&logNo=130127079324
(2012.1.13)

학생들은 최근 1년간 학교폭력 예방교육을 받지 않은 경우가 받은 경우 보다 많은 것으로 나타났다. 현재 예방교육의 방법으로는 주로 '단순한 비디오나 영상물 시청', '학교폭력 전문상담기관 선생님의 강당 강의', '학교폭력전문상담기관 선생님의 방송 및 시청각 강의' 순으로 나타났다. 주로 시청각 자료를 활용해 학생들에게 교육하는 만큼, 학생의 성별과 연령대별로 다양한 시청각 자료를 개발하여 보다 심층적인 교육을 할 필요가 있을 것이다. 예전에 학교폭력의 피해자들 중 최근 1년간 학교폭력을 당하지 않은 학생들을 대상으로 학교폭력 극복방법을 물어본 결과, '부모님 도움을 받았다'는 답변이 가장 많았고 '학교 담임선생님께 도움 요청'이 두번째로 많은 답변이었다. 그 외에 '혼자 힘으로 해결했다'는 답변도 있었다. 사전 예방교육률이 이전보다 높아졌음에도 불구하고 학생들의 상당부분은 학교폭력 전문상담기관의 도움이 필요하다고 대답했다. 폭력을 당한 뒤 이를 해결할 수 있는 창구가 없어 학생들이 직접적으로 도움을 받을 수 있는 곳이 없다는 것을 알 수 있다.

2) 학교폭력 전문상담기관 필요성의 여부

학교폭력를 받은 이후 자살 생각을 '지속적(10회 이상)으로 한 적이 있다'고 대답한 학생 중 도움을 요청한 학생(5.7%)보다 요청하지 않은 학생(9.3%)의 비율이 높아, 자살을 지속적으로 생각하지만 주변의 도움을 요청하지 않는 것으로 나타났다. 도움을 요청하지 않은 이유로는 '일이 커질 것 같아서'라는 대답이 1위, '이야기해도 소용없을 것 같아서'가 2위로 꼽혔다. 폭력사실을 알리지 않을 경우 폭력이 장기화되는 등 사태가 심각해짐을 인식시키고 학생들이 실질적인 도움을 받을 수 있는 시스템이 필요하다. 또한 학교폭력 피해시 도움을 요청하는 방법에 대한 홍보, 예방교육 강화, 도움 요청 후 보호체계 강화가 시급해 보인다.[44]

---

44) http://blog.naver.com/PostView.nhn?blogId=pmo_1&logNo=130127079324(2012.1.13)

2. 학교폭력의 실태 및 현황

최근에 광주 중학생의 자살사건으로 인해 학교폭력이 도마에 올랐다. 죽은 중학생의 유서의 내용에는 전깃줄로 목을 졸라 짐승 취급을 했다거나 작은 심부름과 폭력, 심지어 물고문까지 일삼는 가해자의 행동이 적혀있어 전 국민을 충격에 빠뜨렸다. 광주 중학생 뿐만 아니라 대전 D여고에서도 한 여학생이 집단 따돌림으로 인해 괴로워하다가 스스로 목숨을 끊어 많은 이들을 안타깝게 만들었다. 그 외에도 많은 학교폭력이 도마 위에 올라오고 있다. 네티즌들은 이와같은 학교폭력의 실태를 보면서 분노를 표하였지만 학교나 정부에서는 아무런 대책없이 속수무책일 뿐이었다.[45] 학교폭력의 현황으로는 인터넷으로 조사한 결과 학생 10명 중 2명이 재학 중 학교폭력 피해경험을 겪고 학생 10명중 2명은 재학 중 학교폭력 가해경험을 할 정도로 실태는 심각하다. 또한 다른 나라와 비교를 해보면 일본은 28%, 중국은 38%인 것에 비해 우리나라는 절반에 가까운 무려 49%가 폭력을 경험한 것으로 나타난다. 이 통계로만 보아도 심각성은 말할 필요도 없다. 아무런 대책도 없이 이대로 방치를 해둔다면 피해자는 물론 가해자가 끊임없이 늘어나 사회분위기를 험악하게 만들 것이다.

학교폭력의 사례가 급격하게 늘어난 이후 이에 대한 대책들이 쏟아지고 있다. 경찰은 학교폭력과의 전쟁을 선포했고 교육과학기술부는 이달 안에 대책을 내놓겠다며 부랴부랴 자문위원회를 구성했고 심지어 형사처벌 연령을 14살 이상에서 12살 이상으로 낮추자는 이야기도 나왔다.

이런 확실하게 정해지지 않은 대책방안을 보며 어떤 한 기사가 생각이 났다. 학교폭력으로 고통을 받다가 숨진 한 피해자의 부모가 자신의 심정을 밝힌 인터뷰 내용이었는데 그 부모는 자신의 자식을 죽인 가해자와 도와주지 않은 주변 친구들을 원망하기 보다는 사회를 지적하며

---

[45] 조원경 | 조회 62 | 추천 0 | 2012.01.08. 10:33

비판을 하였다. 나는 그 부모의 넓은 시각을 통해 진정한 문제점을 집어내는 그 행동에 놀랐다. 지금까지 우리는 일시적으로 가해자만 탓하고 비판하며 그냥 거기서 분노를 식히기만 했을 뿐 제대로 된 원인을 간파하지 못했다. 우리도 한번쯤은 보이지 않는 따돌림을 당하는 학생을 모르는 체하는 가해자와 같은 역할을 했을지도 모른다. 이 문제점의 대책방안을 위해서는 우리는 넓은 시각을 통해 원인을 찾아 문제점의 해결방법을 찾아야 한다. 큰 사회를 고치기는 힘들겠지만 우리는 차근차근 사회의 흐름을 바꿔 놓아야 한다. 학교폭력의 실태와 현황에 대해 조사하면서 심각성을 절실히 느꼈다. 앞으로 나도 이 문제점에 작은 도움이라도 보탬을 주고 싶다.[46)47)]

3. 교과위의 학교폭력 부실대응 추궁

국회 교육과학기술위원회의 12일 전체회의에서는 학교폭력 문제에 대한 교육당국의 부실대응이 도마에 올랐다.[48)] 야당은 주로 이명박 정부의 경쟁 위주의 교육정책에 비판의 초점을 맞추면서 교육과학기술부 이주호 장관의 사과를 요구했다. 민주통합당 김상희 의원은 "일제고사와 자율형사립고 확대, 교원평가 등으로 학생들 사이의 경쟁만 강조한 탓에 이 정부들어 학교폭력이 급증했다"면서 "명백하게 교육정책 실패에 대한 사과가 있어야 한다"고 주장했다. 같은 당 김유정 의원도 "경쟁과 서열위주 교육으로 아이들이 어떻게 망가졌는지에 대한 장관의 사과가 전제돼야 한다"고 말했고, 무소속 유성엽 의원은 "군이나 경찰에서 이런 일이 벌어졌으면 장관 사퇴 이야기가 나왔을 것"이라고 지적했다. 한나라당 역시 교육당국의 안일한 태도를 비판하면서 근본적인 대책마련을

---

46) Daum Communications Corp.
47) http://cafe.daum.net/Realvividdream/OlkB/1?docid=1OuO7|OlkB|1|20120108 103340&q=%C7%D0%B1%B3%C6%F8%B7%C2%20%C7%F6%C8%B2(2012.1.14)
48) 서울=연합뉴스, 황철환 기자

촉구했다. 김세연 의원은 "보다 일찍 학교폭력 실태를 인지하고 선제적 대책을 세웠다면 이러한 비극적 상황을 맞지는 않았을 것"이라며 "전국 모든 학교에 상담전문인력을 배치해야 한다"고 말했다. 조전혁 의원은 "대책을 마련하려면 정확한 현황을 파악해야 하는데 교과부와 각 시·도 교육청에서 나오는 학교폭력 관련자료는 사회가 실제 느끼는 것과 차이가 크다"고 꼬집었다. 그는 "솔직히 해머질, 공중부양질, 심지어 최루탄 폭력까지 등장한 국회의 일원으로서 학교폭력에 대한 대책을 촉구하는 게 정말 죄송하다는 생각이 든다"고 말해 눈길을 끌기도 했다. 관할구역에서 자살사건이 발생한 우동기 대구시교육감은 "기성세대와 고민을 못 알아주는 교육계 전체에 던지는 철저히 계획적인, 사회와 가해학생에 대한 보복이자 간절한 메시지"라며 학교폭력을 억제할 제도적 장치를 마련해 달라고 촉구했다. 또 이주호 장관은 학교폭력 문제에 교사 여초현상이 일조했다는 지적에 "당장은 여성교사들이 학생생활지도를 할 때 필요한 매뉴얼을 만들어 보급하고, 장기적으로는 지역단위 교사채용 등 분권화가 되면 훨씬 더 성비 고려가 원활히 될 것"이라고 말했다. 교과위 소속 여야 의원들은 2월 임시국회 처리를 목표로 조만간 학교폭력관련법 정비 논의에 착수할 방침이다. 이날 회의에는 16개 시·도교육감 거의 전원이 참석해 지역별 학교폭력 현황과 대책을 보고했으며, 방청객 신분인 현직 전문상담사가 비정규직 신분 때문에 학교폭력에 대한 책임 있는 상담 및 관리가 어렵다고 토로해 관심을 모았다.[49][50]

4. 학교폭력 피해자의 가해학생·학교 고소

청주의 한 중학교에서 학교폭력 피해자 부모가 가해학생과 학교를 고소해 갈등을 빚고 있다.[51] A씨는 아들(16.중3)이 B중학교 2학년이던

---

49) hwangch@yna.co.kr, 연합뉴스, 2012/01/12 16:15 송고
50) http://www.yonhapnews.co.kr/bulletin/2012/01/11/0200000000AKR20120111192352001.HTML?did=1179m(2012.1.14)

2010년 11월 어느 날 청소시간에 같은 학년의 C군에게 폭행을 당했다며 11일 C군을 경찰에 고소했다. A씨는 또 "사건 직후 학교측은 가해학생한테 출석정지 징계를 내렸다고 했으나 관련 서류에는 `교내봉사'만 시킨 것으로 돼 있어 의혹이 생긴다"면서 학교를 상대로 고소장을 냈다. A씨는 "지난해 6월에도 아들이 다른 학생한테 맞아 돌발성 난청에 시달리고 있다"며 "이 사건을 겪으면서 2010년 사건의 가해학생 징계처리에 문제가 있었다는 사실을 최근 알게 됐다"고 말했다. A씨는 "작년 사건 때 학교가 미온적으로 대처해 가해학생을 고소했는데 보호처분 1호 결정이 떨어지자 학교측은 가해학생한테 `서면사과' 징계만 내렸다"면서 "학교와 교육당국은 피해학생과 학부모한테 문제가 있어 폭력이 발생하는 것처럼 왜곡하고 있다"고 주장했다. 그러나 해당 학교측은 "학교폭력이 발생한 것은 안타깝지만 사후처리에는 문제가 없었다"며 "2010년 폭행사건이 발생한 직후 격리조치가 필요하다고 판단해 가해학생에 대해 등교정지 조치를 했다"고 해명했다. 이 학교의 한 관계자는 "피해 학부모와 가해 학부모가 원만히 합의했다는 말을 듣고 `학교폭력대책자치위원회'에 상정하지 않았다"며 "그러나 가해학생한테 교내봉사 1주일의 징계를 했고 가해학생 어머니도 함께 화장실 청소 등을 했다"고 설명했다.[52)53)]

5. 교실은 무법천지와 대책없는 학교폭력

서울 강서구에 사는 임모군(13)은 지난해 3월 K중학교에 입학했다. 초등학교를 졸업하고 새로운 친구들과 선생님을 만날 기대에 부풀었던 임군은 입학날부터 끔찍한 경험을 하기 시작했다. 바로 동급생들의 집단 따돌림과 폭행이었다. 정모군(13) 등 가해학생들은 임군의 바지를 벗기

---

51) 청주=연합뉴스, 번우열 기사
52) bwy@yna.co.kr, 2012/01/11 17:27 송고
53) http://www.yonhapnews.co.kr/bulletin/2012/01/11/0200000000AKR20120111149200064.HTML(2012.1.14)

고 성기에 전기 충격을 주고 교실에서 다른 학생들이 지켜보는 가운데 성행위를 하는 흉내를 내기도 했다.54) 또 임군을 학교 인근 골목길로 데려가 머리를 때리고 발로 배를 차기도 했다. 이 사실을 알게된 임군의 아버지(49)는 정군을 불러 야단을 치고 학교에 진정을 넣었다. 이 사실을 안 정군의 아버지가 임씨 집으로 찾아와 난동을 부리며 임군을 위협했고 임군 가족은 두려움을 떨치지 못해 경기 남양주의 한 교회로 몸을 피했다. 임씨는 거동이 불편한 지체장애인인데다 집안형편도 어렵지만 아들을 위해 현재 이사를 준비하고 있다. 또 서울 서초경찰서는 지난 10일 쇠파이프 등 흉기로 후배들을 무자비하게 폭행하고 배후 조종해 강남권 일대 20여개 중·고등학교 학생 700여명으로부터 3년여에 걸쳐 수천만원의 금품을 상습적으로 갈취해온 이모씨(21)와 김모군(18) 등 10대 청소년과 중고생 50여명을 검거했다. 이들은 강남권 일대 동네 또는 학교 선후배 사이로 윗선에서 상납을 지시하면 이를 재하청주는 방식으로 조직을 결성했다. 경찰은 현재 파악된 피해금액만 수천만원이지만 미파악된 피해내용을 추가하면 억대에 이를 것이라고 밝혔다. 김군은 후배들이 말을 듣지 않으면 자신의 오피스텔 등에서 주먹, 쇠파이프 등으로 온몸을 구타하기도 했다. 또 후배들에게 설거지, 방청소 등의 집안일도 시키고 학교에 가지 못하도록 수시로 불러냈다. 김군은 현금 뿐만 아니라 의류를 상납받기도 했다. 이러한 방식으로 김군은 이씨에게 상납금을 바쳐왔다. 이씨는 학교 또는 동네 후배인 김군 등 4명에게 주기적으로 금품을 상납할 것을 요구했다. 이씨는 이들이 요구에 따르지 않을 경우 대리석 바닥에 엎어치기를 하거나 헤드기어를 착용시킨 후 맨주먹과 발로 피투성이가 되도록 무자비하게 폭행을 가했다. 그는 폭행 후 신고하면 보복하겠다는 등 협박도 서슴지 않았다. 이씨와 김군은 소위 학교에서 말하는 '일진'들이다. 이들은 졸업을 하고 학교를 그만둬도 학교 주변을

---

54) 머니투데이|뉴스|입력 2012.01.13 13:30|수정 2012.01.13 13:30|, (서울=뉴스1) 박상휘 기자

맴돌며 폭력을 대물림하고 성인조폭 뺨칠 정도로 그 수법이 잔혹하고 대담했다.

1) 학교폭력 피해건수 갈수록 증가

2011년 12월 20일 대구 수성구에서 동급생들의 폭력에 못이겨 K군이 자살한 이후 학교폭력 문제가 사회적으로 큰 이슈가 되고 있다. 또 이같은 추세에 따라 그동안 수면 아래 숨겨져 있던 학교폭력 사례들이 봇물 터지듯 불거져 나오고 있다. 통계에 따르면 학교폭력 피해건수는 해마다 늘어나고 청소년 자살률도 증가하고 있다. 또 폭력유형과 금품갈취 수법도 나이만 어렸지 성인들의 행태와 별다를 것이 없다. 경찰과 관련전문가들은 청소년들의 폭력과 범죄가 날로 진화하고 그 수법도 대담해지고 있다고 설명한다. 정부와 사법당국이 손을 놓고 있는 사이 학생들은 학교안에서 범죄를 저지르고 있었던 것이다. 교과부와 청소년폭력예방재단에 따르면 최근 3년간(2008~2010년) 전국 초중고에서 자체 심의한 학교폭력건수는 2009년에 들어 감소했다가 2010년 증가세로 돌아섰다. 학교폭력 자체 심의건수는 지난 2008년 8813건(초 207건·중 6089건·고 2517건)에서 2009년 5605건(초 151건·중 3846건·고 1608건)으로 감소했다. 그러나 2010년에는 7823건(초 231건·중 5376건·고 2216건)으로 다시 증가세를 기록했다. 가해학생수는 지난 2008년 2만4018명, 2009년 1만4605명 등에서 2010년 1만9949명이었다. 피해학생수는 2008년 1만6320명, 2009년 1만1708명, 2010년 1만3748명 등이었다. 통계청에 따르면 최근 4년간(2006~2009년) 15~19세 사망률도 계속된 증가세를 보였다.

지난 2006년 10만명당 6.2명이던 사망률은 2007년 7.9명, 2008년 8.0명, 2009년 10.7명 등으로 4년새 급격한 증가율을 보이고 있다.

또 2008년 조사자료에 따르면 학생들이 학교폭력을 경험한 장소 중 가장 높은 비중을 나타낸 곳은 교실이었다. 교실은 전체 폭력피해 장소 중 43.8%를 차지했고 복도 9.3%, 운동장 8.1%, 학교 화장실 5.3% 등 대부분 학교폭력 장소는 학교내에서 이뤄진 것으로 나타났다. 학교폭력 피해시간도 휴식시간 36.7%, 점심시간 10%, 수업시간 4.7% 등으로 대부분 학교에서 생활하는동안 폭력이 이뤄졌다. 학생들이 공부와 일상생활을 해야 하는 공간에서 대부분 폭력행위가 벌어진다는 점은 매우 심각하게 받아들여진다. 특히 임군처럼 교실에서 폭력을 당한 학생들은 학교를 옮기더라도 그 정신적 피해에서 쉽게 벗어날 수 없다. 또 새롭게 옮긴 교실에서도 똑같은 일이 벌어지지 않을 것으로 장담할 수도 없다. 대부분의 전문가들은 교실이 두려움의 장소가 되는 현실을 우려하며 학교의 책임있는 조치가 있어야 된다고 지적한다. '학교를 사랑하는 학부모 모임' 관계자는 "현재 국내청소년 사망원인 중 자살이 제1순위로 꼽히고 자살충동을 느껴본 경험이 있는 청소년수도 늘고 있는 추세로 파악된다"며 "교육당국과 지자체, 가정, 학교, 시민사회 등이 지역사회 안전망을 구축하기 위한 근본적인 대책마련에 나서야 한다"고 말했다. 경찰관계자는 "교실안까지 공권력을 행사하기에는 무리가 있다"며 "1차적으로 학교당국의 책임있는 대책이 필요하다"고 말했다.

2) 관계당국 대책마련 고심

교육과학기술부는 학교폭력 사태가 심각해지자 근본적인 학교폭력 근절 종합대책 마련에 나선다는 방침이다. 이주호 교과부 장관은 지난 11일 전문상담교사, 전문상담사, 학생상담 자원봉사자 등과 함께 학교폭력 관련토론회를 갖고 1월말이나 2월초에는 종합대책을 발표하겠다고 밝혔다. 또 교과부는 지난해 말 매년 3월과 9월에 모든 초중고에서 피해실태를 조사하고 일선학교에 전문상담사 1800명을 배치하겠다고 밝혔다. 정부와 여당도 이번 사태의 해결방안으로 학교폭력 신고상담 전화를 117로 일원화한다는 방안을 발표했다. 그러나 이 대책으로 학교폭력이 근절될 수 있을지는 미지수다. 장기간 뿌리깊게 박힌 학교폭력이 단기간에 개선되기는 어렵기 때문이다. 손충모 전국교직원노동조합 대변인은 "신고상담 전화 117은 전체적인 종합대책 중의 한 방안으로 발표돼야 할 문제"라며 "지금 내놓은 방안만으로는 실효성을 논하기가 어렵다"고 밝혔다. 손 대변인은 "학생들이 학교폭력을 신고한다고 해도 이를 어떻게 조정하고 운영해 나갈지 주체와 방식을 정하는 일은 결코 쉽지 않다"며 "단편적·분절적 방식보다는 학교와 교사가 역할을 할 수 있는 큰 그림의 방안이 마련돼야 할 것"이라고 지적했다. 또 "관계당국이 내놓는 대책이 대부분 사후처리에 중점적으로 맞춰져 있다"며 "좀 더 예방차원 중심의 대책이 나와야 할 것"이라고 말했다. '학교를 사랑하는 학부모 모임' 관계자는 "현재 학교는 학생과 교사, 학부모와 교사가 소통할 수 있는 기회가 더 많아져야 하는데 이것이 턱없이 부족한 실정"이라며 "연령대별로 아이의 특성에 맞는 교육적 대응방안이 필요하다"고 말했다. 김혜숙 연세대학교 교육학과 교수는 "이번 학교폭력 사태에 대해 폭력이라는 한가지 부분만으로 접근해서는 안되고 결국은 학교 자체에서 문제를 풀어야 한다"고 설명했다. 대응방안으로 "현재 교사의 평가기준이 학교폭력과 같은 사태가 얼마나 일어나지 않는가에 촛점이 맞춰져 있다"며 이와같은 기준을 교사가 이런 문제를 얼마나 많이 찾아 해결했느냐하는 시스템으로 바꿔야 한다"고 말했다. 다음으로는"학교폭력과 같은 문제가 발생하면 우선 담임교사와 학생부 교사를 중심으로 팀을 만들어 피해학생과 가해학생 모두 상담하고 지속적인 관심을 가져야 한다"고 설명했다. 김 교수는 "현재 우리 사회가 학생들을 너무 방관하고 있다"며 "적극적인 개입과 관심만이 학교폭력을 줄일 수 있는 방법"이라고 덧붙였다.55)56)

---

55) '돈이 보이는 리얼타임 뉴스' 머니투데이
56) http://media.daum.net/society/view.html?cateid=1067&newsid=2012011313300 6298&p=moneytoday(2012.1.13)

6. 성적 폭력 급증과 동영상 유포의 심각성

지난해 6월 학교수련회를 갔던 고등학생 A군은 당시 같은 숙소에 있던 학우들의 강요와 협박에 못이겨 이들 앞에서 자위행위를 해야 했다.

당시 이를 영상으로 찍고 "신고하면 영상을 공개한다"는 가해학생들의 말에 입을 다물 수밖에 없었던 A군은 수련회 후에도 교내에서도 똑같은 행위를 수차례 해야 했다.[57] 그러나 약속과 달리 A군의 자위행위 동영상은 학교 안팎으로 퍼져 나갔다. A군은 학교 내에서 남·여학생을 불문하고 자신에게 보내는 모멸의 시선을 견뎌야 했다. 오랜 기간 이같은 폭력속에 노출된 A군은 결국 성적 수치심과 이에 대한 무기력함에 심각한 정신장애를 갖게 됐다. A군을 괴롭혔던 학생들에게 학교는 출석정지 10일이라는 솜방망이 처벌만 내렸을 뿐이다. 13일 청소년폭력예방재단(청예단), 학교폭력피해자가족협의회 등에 따르면 최근 벌어지고 있는 학교폭력의 다양한 양상 가운데는 A군의 사례처럼 성적 수치심을 주는 경향이 강해지는 것으로 나타났다. 학교폭력피해자가족협의회는 A군의 사례처럼 자위행위를 시키거나 심지어 남학생들끼리의 성행위 강요 사례도 학교 내에서 종종 발생하고 있다고 밝혔다. 이같은 경향은 고등학교 뿐만 아니라 중학교로도 이어져 지난해 서울의 한 중학교에선 가해자들이 한 학생에게 성기를 자극하는 성적 행위를 수차례 강요했던 사실도 밝혀졌다. 당시 학생을 상담했던 전문상담교사는 "매년 이같은 충격적인 일이 한 학교에서만 1~2회 정도 벌어지고 있다"고 밝혔다. 이에 대해 전문가들은 성적 수치심을 자극하는 폭력행위가 일반적인 물리적 폭력보다 더 큰 충격과 심한 후유증을 남길 수 있다고 우려했다. 김붕년(소아정신과) 서울대 의대 교수는 "성적인 학대는 신체적 폭행보다 더 지속적인 자존감의 저하를 가져올 수 있다"며 "이같은 학대가 타인에

---

[57] 피해학생 정신장애 고통… 가해자는 솜방망이 처벌, 문화일보 | 박준우 기자 | 입력 2012.01.13 14:01

대한 성폭력을 행사할 수 있는 위험요인이 되기도 하고 장기적인 우울 문제도 더 많이 일으킬 수 있다"고 지적했다.58)59)

7. "다 무릎꿇어", "교무실로 와"의 왕따학생 위험성

학부모 ㄱ씨는 지난해 7월 중학생 딸을 잃었다. 딸은 같은 반에서 왕따를 당하는 친구의 피해 사실을 알리는 편지를 교사에게 전달했고, 바로 그날 저녁 아파트에서 뛰어내려 스스로 목숨을 끊었다. "오전에 편지를 읽은 선생님이 2교시 수업시간에 들어와 반 전체 학생을 책상 위에 무릎 꿇리고 벌을 줬대요. 이후 학급 분위기가 어떻게 돌아갔을까요."

ㄱ씨는 왕따를 주도한 학생들이 보복을 암시하며 겁을 준 것이 결국 딸을 죽음으로 내몰았다고 짐작할 뿐이다. "선생님이 하루 종일 우리 애를 그 무서운 교실에 뒀다는 걸 생각하면 가슴이 아픕니다. 어떻게 벌만 주고 사후처리를 안할 수가 있습니까."60) 용기를 내어 학교폭력 사건을 학교에 알린 학생이나 학부모가 교사들의 미숙하고 무성의한 대응으로 보복을 당하는 등 위험에 노출되고 있다. 피해학생 또는 피해학생을 도와주고자 하는 학생이 학교폭력 사실을 신고했을 때 가장 중요한 것은 은밀한 조사다. 신고한 학생을 가해학생의 보복으로부터 보호해야 하기 때문이다. 한편 인천의 한 중학교 교사는 "피해학생의 신분이 노출되기 쉬운 교무실로 불러 조사를 하다가 이를 본 가해학생들이 협박을 하는 바람에 피해학생이 조사를 끝낸 직후 학교 옥상에 올라가 투신한 경우도 있다"고 말했다. 해결 의지를 갖고 있어도 미숙한 대응으로 사건을 더 꼬이게 만드는 일도 많다. 경기지역의 한 초등학교 교사는 "교사들이

---

58) 박준우 기자 jwrepublic@munhwa.com, munhwa.com '대한민국 오후를 여는 유일 석간 문화일보'
59) http://media.daum.net/society/cluster_list.html?clusterid=494797&clusternewsid=20120113140111929&t_nil_news=uptxt&nil_id(2012.1.13)
60) 한겨레 | 입력 2012.01.11 21:30 | 수정 2012.01.11 23:10, [한겨레] 은밀한 조사로 피해자 보호를

우선 학부모부터 만나고 보는 경우가 많은데, 교사가 물증도 없이 학부모를 만나면 대개 가해 사실을 부인한다"고 말했다. 청소년폭력예방재단의 '2010년 학교폭력실태조사'자료를 보면 피해학생들은 도움을 요청하지 않는 이유로 △일이 커질 것 같아서(28%) △이야기해도 소용없을 것 같아서(19%) △보복당할 것 같아서(13%) 등을 꼽았다. 조정실 학교폭력피해자가족협의회 대표는 "또래상담의 경우 교사가 아이들의 특성을 제대로 파악하지 않으면 중재를 맡은 아이를 큰 위험에 노출시킬 수 있어 유의해야 한다"고 말했다.[61)62)]

8. 전주 자살 고교생 유족 "1년동안 학교폭력 당해, 담임 알고도 쉬쉬"

지난 4일 전북 전주에서 투신자살한 고교생의 형이 "동생은 학교폭력의 희생자로 학교측이 사건을 덮기에 급급하다"고 주장해 논란이 예상된다.[63)] A(17·고교 1년)군의 형(23)은 13일 "동생이 1년간 급우들의 시달림과 언어폭력을 당해 자살했고 담임교사는 이 사실을 알면서도 쉬쉬했다"고 주장했다. 그는 "동생은 학교에서 심한 괴롭힘을 당했고 방학이 끝난 뒤 등굣길에 스스로 목숨을 끊었다"며 "동생의 한 친구가 장례식장에 와서 이런 사실을 알려준 뒤 지켜주지 못해서 죄송하다고 말했다"면서 억울함을 호소했다. 그는 "동생은 교사들에게 도움을 요청했으나 묵살당한 채 하늘나라로 갔는데 학교는 진실을 은폐하려 한다"면서 "특히 담임교사가 같은 반 급우들에게 입단속을 시키고 무언의 압력을 넣었다"면서 정확한 진상조사를 주문했다. A군은 지난 4일 오전 7시50분 경 전주시 평화동 한 상가건물 5층에서 스스로 몸을 던져 목숨을 끊었다. 현장에서 유서는 발견되지 않았다. A군은 건물에서 뛰어내리기 전 친구에

---

61) 진명선 기자 torani@hani.co.kr, 한겨레신문사
62) http://media.daum.net/society/cluster_list.html?clusterid=494797&clusternewsid=20120113140111929&t__nil_news=uptxt&nil_id=8(2012.1.13)
63) 동아일보 | 입력 2012.01.13 11:29

게 "그동안 잘 대해줘서 고맙다"고 말한 것으로 조사됐다. 이에 대해 학교측은 A군이 폭력이나 왕따같은 학교폭력을 당하지 않았다고 밝혔다.

경찰은 A군의 같은 반 학생들을 상대로 설문조사를 하는 등 학교폭력이 있었는지를 조사하고 있다. 경찰의 한 관계자는 "A군의 투신 원인과 학교폭력의 연관성은 확인되지 않았고 교사와 학생 등을 상대로 면밀히 조사하고 있다"고 말했다. 한편 최근 전북도교육청 인터넷 홈페이지 '교육감에 바란다' 코너에는 도교육청과 학교가 학교폭력을 숨기거나 서둘러 덮으려 한다는 학부모들이 글이 잇따라 올라와 적극적인 진상조사와 재발방지대책이 필요한 실정이다.64)65)

9. 2010년 학교폭력 실태 발표 및 대책강화 촉구 기자회견 - 실태현황 및 특징

1) 학교폭력 피해율, 가해율의 지속 및 심각화

2010년 실태조사에서 학교폭력 피해율은 11.8%, 가해율은 11.4%로 조사되었다. 피해율의 경우 2009년 9.4%와 비교해 볼 때 증가한 것으로 나타났으나, 가해율은 2009년 12.4%로 비슷한 경향을 나타냈다. 학교폭력 피해율은 지속적으로 나타나고, 가해율 또한 비슷하게 반복적으로 나타나는 것에, 신종 학교폭력의 등장과 저연령화, 폭력의 잔인화 등 학교폭력이 다른 양상으로 계속 학생들의 사이에서 심각한 문제로 나타난다고 볼 수 있다. 또한 가해학생들의 학교폭력에 대한 인식이 무뎌지고, 일상화되어 폭력으로 인식하지 못할 수 있다고 볼 수 있다. 학교폭력의 심각

---

64) 디지털뉴스팀, 동아일보 & donga.com.
65) http://media.daum.net/society/cluster_list.html?clusterid=494797&clusternewsid=20120113140111929&t__nil_news=uptxt&nil_id=8(2012.1.13)

성 추이분석은 지속적인 연구와 심층적인 경향분석을 통해 신중히 이루어져야 하고, 이에 따라 연구결과를 학교폭력예방 및 정확한 인식확산을 위해 적절히 활용할 수 있어야 할 것이다.

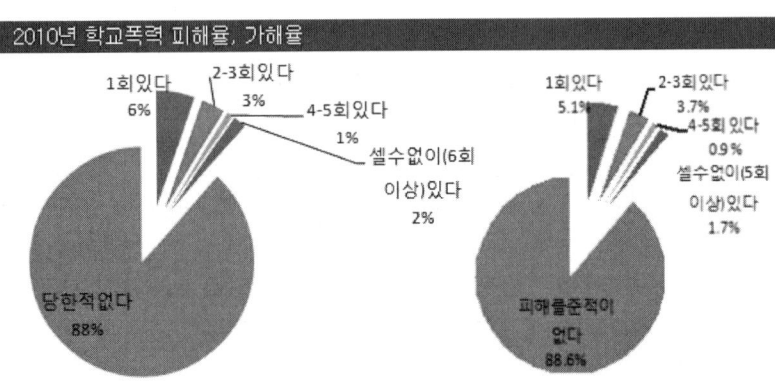

〈그림 1〉 2010년 학교폭력 피해율, 가해율

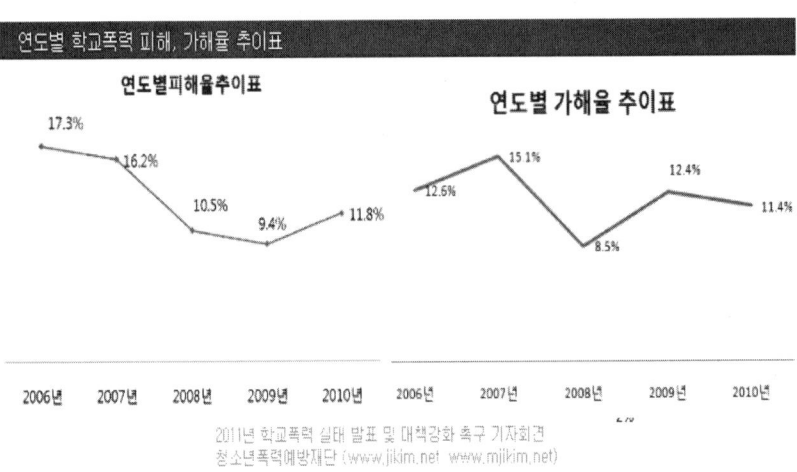

〈그림 2〉 연도별 학교폭력 피해, 가해율 추이표

〈표 1〉 연도별 피해율, 가해율

	피해율	가해율
2006년	17.3%	12.6%
2007년	16.2%	15.1%
2008년	10.5%	8.5%
2009년	9.4%	12.4%
2010년	11.8%	11.4%

2) 학생 10명 중 2명은 재학 중 학교폭력 피해경험, 저연령화

재학기간 동안의 학교폭력 피해경험을 묻는 질문에 대해 22.6%가 학교폭력 피해경험이 있는 것으로 응답하여, 10명중 2명은 학교폭력 피해경험이 있는 것으로 드러났으며, 이 중 53.6%는 초등학교 때 처음으로 학교폭력을 당한 것으로 나타났다.

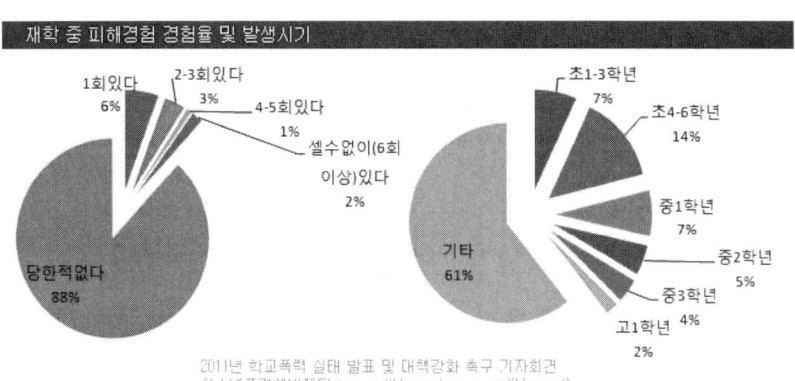

〈그림 3〉 재학 중 피해경험 경험율 및 발생시기

3) 학생 10명 중 2명은 재학 중 학교폭력 가해경험, 저연령화

재학기간 동안의 학교폭력 가해경험을 묻는 질문에 대해 20.9%가 학교폭력 가해경험이 있는 것으로 응답하여, 10명중 2명은 학교폭력의 가해경험이 있는 것으로 드러났으며, 이들 중 31.1%는 초등학교 때 처음으로 학교폭력을 가한 것으로 나타났다.

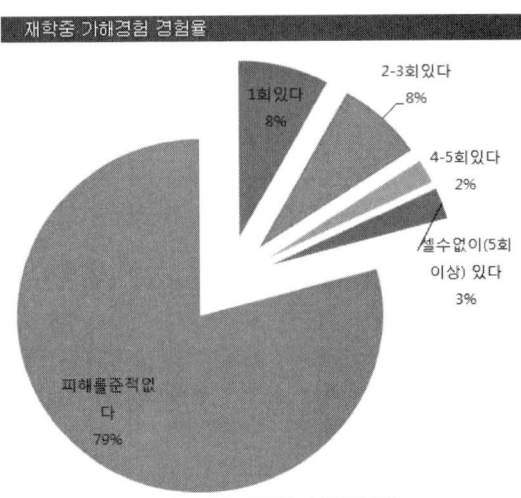

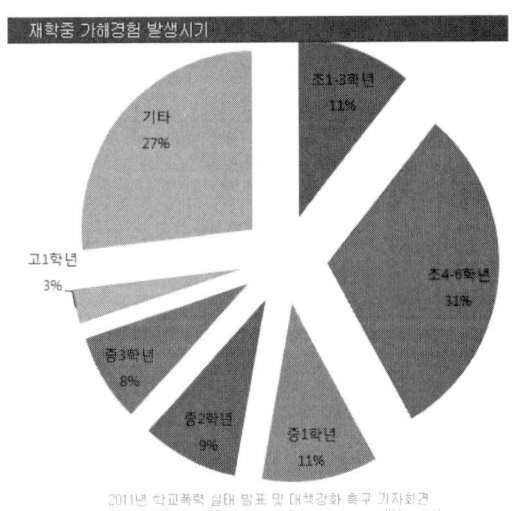

〈그림 4〉 재학 중 가해경험 경험율 및 발생시기

4) 학생들의 학교폭력 심각성에 대한 체감도 지속적 증가

이번 조사에 참여한 학생 중 38.1%가 학교폭력 문제를 심각하게 생각하고 있는 것으로 나타났다. 이는 2009년 32.8%에 비해 증가한 수치이며 학생들이 지속적으로 보다 학교폭력을 심각하게 인식하고 있음을 알 수 있다.

〈표 2〉 연도별 학교폭력 심각성 인식도

연도	심각성 인식도
2008년	28.6%
2009년	32.8%
2010년	38.1%

2011년 학교폭력 실태 발표 및 대책강화 촉구 기자회견
청소년폭력예방재단 (www.jikim.net www.mjikim.net)

〈그림 5〉 연도별 심각성 인식도 변화추이

5) 폭력의 둔감화 : 신종 학교폭력 유형 인식 저조(졸업빵, 계급층, 사이버폭력)

최근 이슈화된 졸업빵, 계급문화, 빵셔틀에 대해 심각성 증가와 관심이 높아지고 사이버 폭력이 널리 이슈화되어 큰 사회적 문제가 되고 있

음에도 불구하고, 학생들 사이에서는 이것이 이미 일상화되어 폭력으로 인식하지 못하고 있는 것으로 나타났다. 인식도가 낮은 항목별로 살펴보면 빵셔틀(46%), 졸업빵(35.7%), 홈피욕설과 악성댓글을 다는 것(34.9%), 성적인 모욕감을 주는 것 (20.7%), 원하지 않는 행동을 강요하는 것(30.9%)이 학교폭력인지 모르는 것으로 나타났다. 이는 학생들이 자신의 행동이 학교폭력인지 아닌지 조차 모르는 상태로 학교폭력을 가하고 있음을 보여준다. 본 실태조사 결과 학교폭력 예방교육은 인식도 개선의 효과가 큰 것으로 나타났으며, 따라서 인식도의 개선을 위해 더 많은 학교폭력 예방교육과 인식전환에 대한 근본적 대책이 필요할 것으로 보인다.

그리고 학교에 학생간의 권력을 구분짓는 귀족, 양민, 천민 등의 계급이 존재하는지에 대한 질문에 '그렇다'(15.2%), '아니다'(47.3%), '모르겠다'(37.5%)로 나타났다. 권력과 계급 존재여부에 대해 15.2%의 학생들이 서로간의 계급이 존재한다고 생각한다는 이 결과는 학생 사이에 나타나는 폭력의 색다른 양상과 지속적으로 반복되는 저변문화를 나타낸다고 볼 수 있다.

6) "죽을만큼 고통스러워요"(학교폭력 이후 피해고통 호소)

학교폭력 피해로 인한 고통에 대한 분석결과 3560명 중 416명이 응답한 내용 중, '죽고싶을 만큼 고통스러웠다+많이 고통스러웠다+고통스러웠다'(60.8%)로 나타나 학교폭력 피해로 인한 고통이 심각한 것으로 나타났다. 2009년의 결과 64.4%와 비슷한 수준으로 나타나 여전히 학교폭력이 심각한 것을 알 수 있다. 성별에 따른 고통정도를 살펴보면 남학생의 경우 '죽고싶을 만큼 고통스러웠다'(10.4%), '많이 고통스러웠다'(19.7%), '고통스러웠다(29.8%)', 여학생의 경우 '죽고싶을 만큼 고통스러웠다'(23.3%), '많이 고통스러웠다'(20.7%), '고통스러웠다(19.8%)'로 나타나 여학생이 남학생에 비해 학교폭력 이후에 훨씬 고통스러워하고 있음을 알 수 있었다.

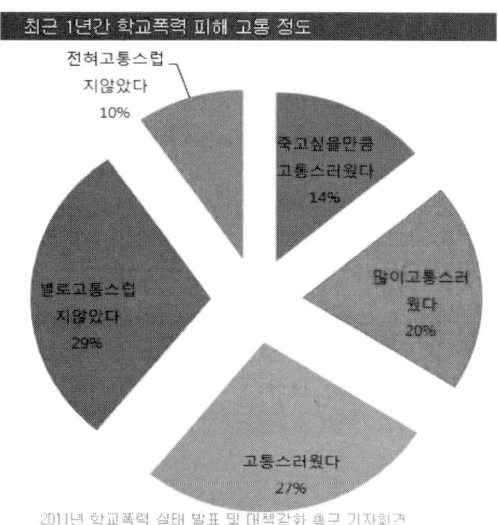

〈그림 6〉최근 1년간 학교폭력 피해 고통정도

〈그림 7〉성별에 따른 학교폭력후 고통정도

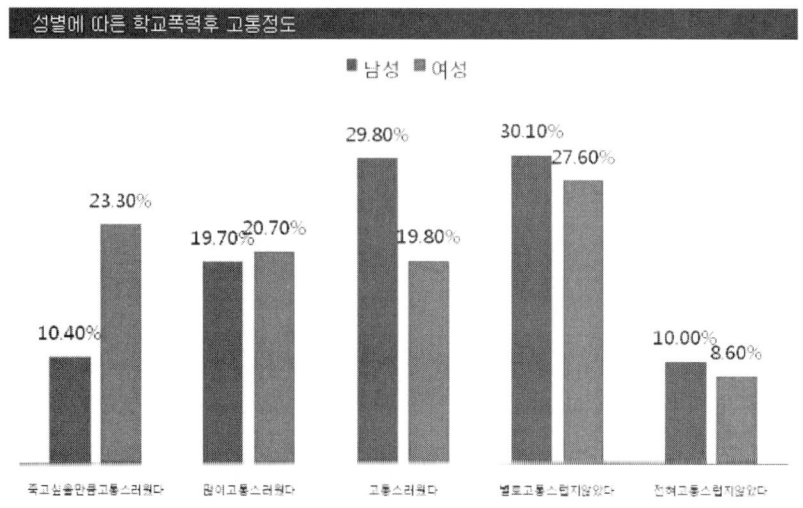

제2장 학교폭력의 실태와 사례

7) 학교폭력으로 인한 죽음의 고통(자살, 자살충동 여부의 심각성)

학교폭력을 체감하고 있는 학생들이 느끼는 고통에 대하여 자살생각 여부에 대해 3,560명 중 415명(11.65%)이 응답한 것을 분석한 결과, '전혀없다'(69.2%)를 제외하고 '일년에 1-2번'(14.7%), '한달에 1-2번'(4.6%), '일주일에 1-2번'(3.9%), '지속적으로(10회있다)'(7.7%)로 나타났다. 성별에 따라 보면 남학생은 '전혀없다'(74.2%)를 제외하고 자살생각을 최소 '일년에 1-2번 이상'(25.8%), 여학생은 '전혀없다'(55.6%)를 제외하고 자살생각을 최소 일년에 '1-2번 이상'(44.4%)으로 나타나 학교폭력을 당한 피해자의 고통의 수준이 심각한 수준이라고 볼 수 있다. 따라서 이러한 학교폭력 피해자에 대한 치료적 지원이 필요할 것으로 보이며, 이를 국가적으로 제도화하고, 가정, 학교, 학교폭력 전문기관의 유기적 위기개입 및 지원체계를 더욱 강화할 필요가 있어 보인다.

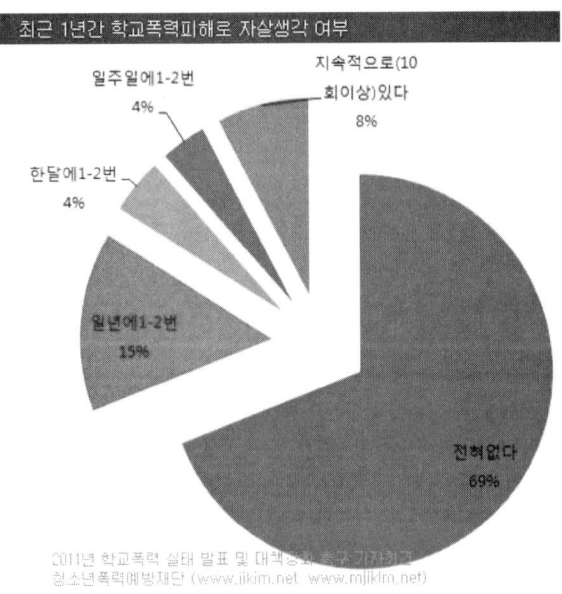

〈그림 8〉 최근 1년간 학교폭력피해로 자살생각 여부

8) 학교폭력으로 인한 일상생활의 어려움(등교거부의 심각성)

학교폭력 피해로 인한 등교거부 충동여부에 대한 분석결과, 3,560명 중 416명이 응답하였다. 등교거부에 대한 분석결과, '전혀없다'(47.8%)를 제외하고 '일년에 1-2번'(23.1%), '한달에 1-2번'(9.1%), '일주일에 1-2번'(8.4%), '지속적으로(10회있다)'(11.5%)로 나타났다. 학교폭력 피해에 대한 심각성을 나타내고 있으며 학교폭력에 대해 학교에서 학생에 대한 일차적 보호와 상담, 지원 및 개입이 필요하고, 가정, 학교, 학교폭력 전문기관의 유기적 위기개입 및 지원체계를 더욱 강화할 필요가 있어 보인다.

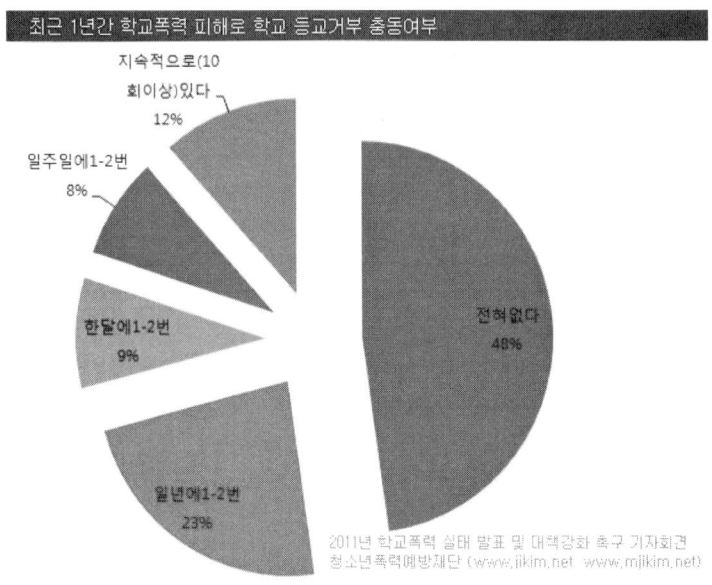

〈그림 9〉 최근 1년간 학교폭력피해로 학교 등교거부 충동여부

9) 학교폭력 피해유형(성별 차이에 따른 피해대책 및 차등적 예방 필요)

학교폭력 피해유형을 살펴보면 '맞았다'(1위), '욕설이나 모욕적인 말

을 들었다'(2위), '말로 협박이나 위협을 당했다'(3위) 순으로 나타났다.
이러한 피해유형은 전년도 연구에서도 마찬가지로 '맞았다'(1위), '욕설인 모욕적인 말'(2위), '돈이나 금품갈취'(3위) 순으로 비슷한 순위를 나타났다. 덧붙여 이번 연도의 성별 차이분석에서 남학생의 경우 '맞았다'(48.3%)가 가장 높은 분포를 보인 반면, 여학생의 경우 '욕설이나 모욕적인 말을 들었다'(33.6%)가 가장 높은 분포를 보여 남학생과 여학생의 학교폭력 피해유형이 다른 것으로 나타났다.

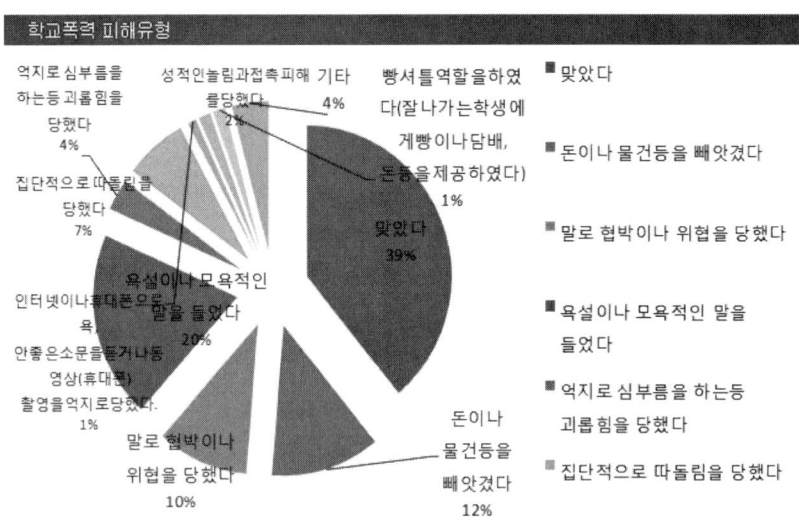

〈그림 10〉 학교폭력 피해유형

10) 학교폭력 피해와 가해경험이 모두 있는 학생의 현황

전체 학생 3,560명에서 피해와 가해를 모두 경험한 학생은 366명으로 분석되었다. 이러한 결과를 토대로 학교폭력 실태에서 피해와 가해경험이 모두 있는 학생의 비율이 10.28%라고 추정해 볼 수 있다. 성별로 나누어 보면 남학생(71.2%)이 여학생(28.8%)보다 많았다. 이런 결과를 토대로 피해와 가해를 모두 경험하는 학생이 존재한다는 것을 확인하여 향후 이들에 대한 다각적인 예방과 개입방안이 마련되어야 할 것이다.

11) 실제적 도움과 지원체계 강화 시급

학교폭력 피해시 도움요청 여부를 살펴보면 '요청함'(42.5%), '요청안함'(57.5%)으로 요청안함이 더 높게 나타났다. 성별에 따른 학교폭력 피해 후 가장 도움이 컸던 유형을 보면, 남녀 모두 '부모님께 알려 도움을 요청했다'(36.8%, 38.9%)가 가장 많았고, 남학생의 '학교 담임선생님께 알려 도움을 요청했다'(24.0%)가 2순위였으나, 여학생의 경우 '친구들에게 알려 도움을 요청'(20.8%)으로 2순위를 나타냈다. 특히 학교폭력 피해 이후 자살생각을 '지속적(10회 이상)으로 했다'고 한 학생 중 도움을 '요청'(5.7%)한 학생보다 '요청하지 않음'(9.3%)의 비율이 높아 자살을 지속적으로 생각할 정도로 심각하지만 주변의 도움을 요청하지 않는 것으로 나타났다.

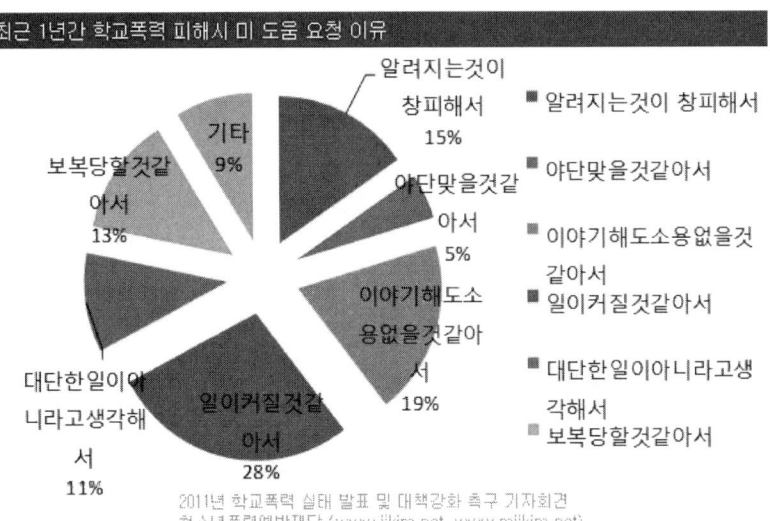

〈그림 11〉 최근 1년간 학교폭력 피해시 미 도움 요청 이유

도움을 요청하지 않은 이유로는 '일이 커질 것 같아서'(1위), '이야기 해도 소용없을 것 같아서'(2위), '보복당할 것 같아서'(3위)로 주변에 도움을 요청하여도 학교폭력이 적절히 해결되지 못할 것 같다고 인식하는 것으로 볼 수 있다. 이에 따라 올바른 교육과 미 도움 요청시 문제의 해결보다는 폭력이 장기화되는 등의 사태가 심각해짐을 알릴 필요가 있으며 학교폭력 피해시 도움요청방법에 대한 홍보, 예방교육강화, 도움요청 후 보호체계 및 전문기관 강화 등이 시급하다고 볼 수 있다.

12) 폭력에 대한 일상화와 관대적 문화 및 가해행동의 심각성

학교폭력의 가해이유에서 '장난'(1위), '상대학생이 잘못해서'(2위), '오해와 갈등'(3위)으로 나타났는데, 2009년 연구에서는 '장난'(1위), '이유없음'(2위), '상대학생이 잘못해서'(3위)로 나타났었다. 이렇듯 지속적으로 나타나는 학교폭력 가해행동에 대한 결과는 학교폭력이 학생 서로

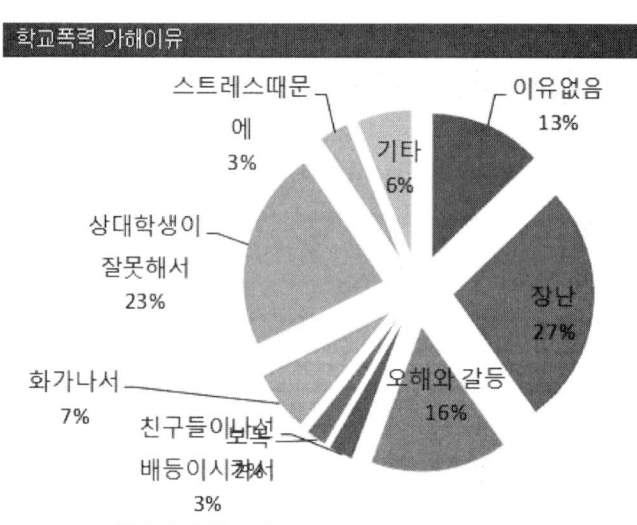

〈그림 12〉 학교폭력 가해이유

간의 기본적인 인권존중과 배려의식이 부족하며, 장난으로 타인을 괴롭히거나 상대학생이 잘못하더라도 폭력을 당연시하는 잘못된 인식이 학생들 사이에도 크게 작용하는 것으로 보여진다. 향후 예방교육 및 가해학생 선도프로그램에서 이에 대한 인식교육과 타인에 대한 배려심을 키울 수 있는 프로그램 등이 개발되어 활용될 필요가 있어 보인다.

13) "나만 아니면 된다." 학교폭력 방관하는 학생들

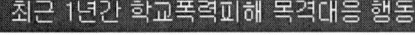

학생들이 학교폭력 목격시 '모른 척함'(62.0%), '함께 말렸음'(17.1%), '선생님께 알림'(9.9%)으로 나타났으며, 그 이유에 대해서는 27%가 같이 '피해를 당할 것 같아서'라고 응답해 타인에 대한 관심부족과 함께 생활하는 학생 사이의 개인화가 심각한 것으로 나타났다. 그리고 신고자에 대한 보호의 명확한 조치가 있어 학교폭력 신고를 유도하도록 함이 필요하며 학교폭력에 대한 위기의식과 잘못된 것을 바로 잡을 수 있는 기본적 인성교육이 강화될 필요성을 나타났다.

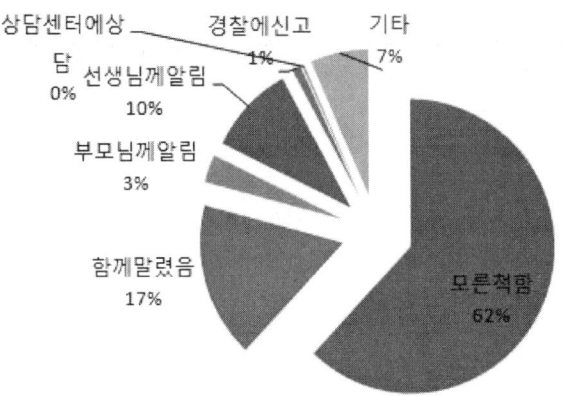

〈그림 13〉 최근 1년간 학교폭력피해 목격대응 행동

14) 실질적인 학교폭력 예방교육의 필요성, 대처방안 보급 필요

2010년 학교폭력 예방교육 참여여부를 살펴본 결과 '1회 있다'(37.7%), '2회 이상 있다'(34.0%), '없다'(28.3%)로 전반적으로 학교폭력 예방교육이 많이 이루어졌다는 것을 알 수 있었다. 학교폭력 예방교육 참여종류에 따른 학교폭력 피해 대응행동을 살펴보면 '모른 척함'을 제외하고 함께 말리거나 타인에게 알리는 경우를 살펴보면 '동영상을 활용한 학교 선생님의 교육'(46.6%), '경찰관 교육'(44.6%), '학교폭력전문상담기관 선생님의 방송 및 시청각 강의'(41.8%), '학교폭력전문상담기관 선생님의 강당 강의'(39.4%), '학교 선생님의 훈계 말씀'(35.8%), '단순한 비디오나 영상물 시청'(31.7%), '학교폭력전문상담기관 선생님의 학급 강의'(29.3%), '기타'(55%)로 나타났다. 이를 통해 학교폭력을 보다 잘 전달할 수 있는 예방교육 동영상 개발과 이를 기반으로 교육할 수 있는 교원의 역량강화가 필요함을 알 수 있었다. 뿐만 아니라 학교폭력 목격 후 미신고 이유에서 '어떻게 할지 몰라서'(24%)의 의견도 높은 것으로 나타나 학교폭력 목격시 대처방법을 알려주는 교육 또한 필요한 것으로 보여진다.

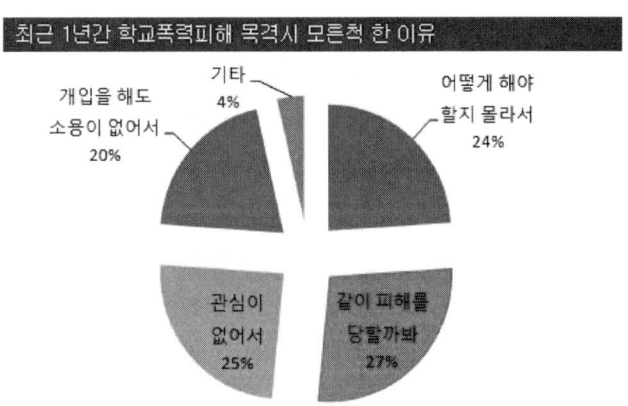

〈그림 14〉 최근 1년간 학교폭력피해 목격시 모른척 한 이유

15) 학생들 "학교폭력전문상담기관 필요하다" 절실

학생들에게 학교폭력 전문상담기관의 필요성 여부에 대해서는 '필요하다+매우 필요하다'(61.6%)는 의견이 많았다. 학교폭력과 관련하여 전문기관의 필요성에 대하여 느끼고 있는 것으로 나타났다. 최근 학교폭력 전문 시민단체들과 정부의 학교폭력 예방을 위한 노력들이 많이 이루어지고 있다. 학교폭력 전문단체들은 최근 10년 사이에 학교폭력 예방 및 대처를 위해 학생 및 학부모들을 대상으로 한 수십만건의 상담과 교육, 현장 개입, 치료 프로그램 실시 등을 시행해 왔고, 청소년 전문가, 교사들을 대상으로 학교폭력 전문성을 갖춘 인적 네트워크 확보에 주력해왔다. 또한 정부에서도 '학교폭력 예방 및 대책 5개년 기본계획(2005~2009년)'하에 관련부처 중심으로 학교폭력의 예방을 위한 민간활동을 지원하는 한편, '학교폭력 자진신고 기간운영', '스쿨 폴리스제', '피해학생 신

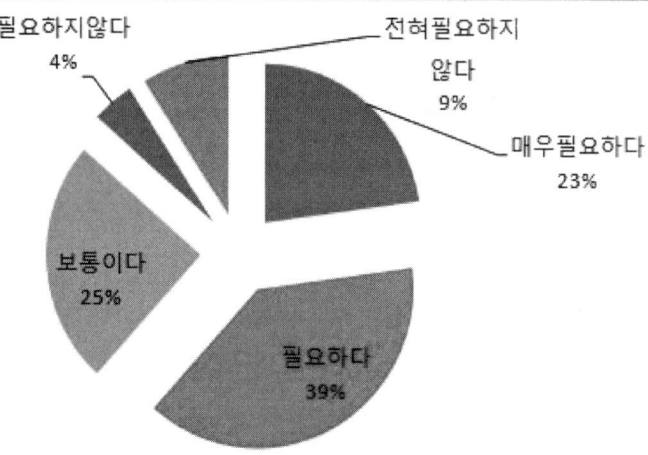

〈그림 15〉 학교폭력 전문 상담기관 필요성 여부

변보호 제도', '원스톱지원센터 운영' 등 다양한 대책들을 꾸준히 시행해왔다. 덧붙여, 학교폭력 예방 및 대책에 관한 법률 시행(2004년) 및 개정(2008년), 소년법 개정(2008년) 등도 학교폭력 피해학생 보호와 가해학생을 선도할 수 있는 구체적인 대안 마련과 실행의 움직임이라고 평가할 수 있을 것이다.

T: 585-0098 , F:585-0038, 직통전화 070-7165-1059
E-mail : bakbht@naver.com 홈페이지 www.jikim.net / 블로그 www.mjikim.net
(153-803) 서울 금천구 가산동 470-8번지 KCC웰츠밸리 602~3호
청예단(청소년폭력예방재단)은 UN경제사회이사회에서 특별지위를 부여받은 청소년NGO이다.

청예단 (bakbht)
학교폭력상담전화 ☎ 1588-9128(구원의팔)
학교폭력예방ARS후원 ☎060-700-1479(천사친구)
학교폭력에 아파하는 아이들에게 힘이 되어주세요.

[출처] 2011년 학교폭력 실태 발표 및 대책강화 촉구 기자회견 - 실태현황 및 특징
|작성자 청예단66)

---

66) http://blog.naver.com/PostView.nhn?blogId=bakbht&logNo=127377763(2012.1.14)

10. 보복폭력과 학교폭력의 위험성

1) 학부모 대처방법의 소개

내 아이가 학교폭력 피해자인가? 보복폭력은 안된다('NO'). 많은 학부모들이 자신의 자녀가 학교폭력의 피해자라는 것을 알게 되면 당황하고 또 분노한다. 매뉴얼은 가해학생에 대한 형사처벌을 요구하거나 참지 못하고 보복폭력을 행사하는 경우 또 다른 폭력을 부를 수 있다고 조언한다. 또 신체적, 심리적 충격에 대해 과도한 보상을 요구하거나 학교 앞에서 가해학생을 기다리는 등 스토킹 형태로 괴롭히는 것도 잘못된 대처방법이라고 소개했다.67)

올바르게 대처하기 위한 방법으로는 먼저 자녀의 고통을 함께 나누고 마음의 상처를 어루만져 주라고 조언했다. 자녀를 안심시키고 신변보호를 위해 등하교시 함께 동행하거나 위치추적 서비스를 받는 등 적극적인 보호가 필요하다고 강조했다. 또 자녀에게 피해 사실을 입증할 수 있는 자료나 증언해 줄 수 있는 사람을 만나 진술을 받아 증거자료를 확보한 뒤 담임교사에게 알리라고 전했다. 또 교사의 입회 하에 가해학생 부모에게서 재발방지 약속과 사과를 받고 피해학생에 대한 꾸준한 관심을 잊지말라고 충고했다.

2) 가해학생의 무조건 감싸기 금지

가해학생 학부모의 경우 자신의 자녀가 가해학생이라는 것을 쉽게 인지하지 못하는 경우가 많다. 가해학생은 자신의 부모에게 가급적 자신에게 유리한 변명을 하게 되는데 이를 무조건적으로 믿는다. 더구나 부모가 다 해결할테니 기죽지 말라고 안심시키며 아이가 사건을 재발하는 것에 대해 겁내지 않는 경우도 있다. 오히려 우리 아이도 피해자라며 억울하다고 호소하거나 피해학생 부모가 돈을 뜯어내기 위한 수법이라고

---

67) [학교폭력-③]" 내 아이 맞았다고 보복폭력?…학교폭력 더 커진다. [뉴시스, 서울] 2012년 01월 13일(금) 오후 12:00, 이현주 기자

확대 해석하기도 한다. 더큰 학교폭력을 예방하기 위해서는 자녀가 어떤 마음으로 그런 행동을 했는지 묻고 자녀의 잘못을 인정하는 등 가해사실을 수용해야 한다. 교사와 친구들에게 가해행위를 확인하면 잘못을 인정하고 피해학생에게 사과 및 재발방지를 약속해야 한다. 피해학생에 대한 신체적 및 정신적 치료에 꾸준한 관심을 보이고 경제적 지원을 해야 한다. 또 자녀에 대한 지속적인 관찰과 자녀가 자기행동의 결과에 대해 책임질 수 있도록 처벌을 수용하는 자세를 보이고 이를 성장의 기회로 만들 수 있도록 노력해야 한다.[68)][69)]

11. 학교폭력 '0건'의 통계적 허구성

서울 어느 고등학교의 학교폭력 관련정보 공시현황에서 이 학교는 5건의 학교폭력 사례에 대한 처리결과를 공개하고 있다. 그런데 전국적으로 지난 1년간 한 학교당 학교폭력건수가 초등학교 0.06건, 중학교 2.26건, 고등학교는 1.32건으로 되어 있다. 이런 통계수치를 어느 누가 믿을까?[70)] 12일 국회 교육과학기술위원회에서는 이주호 교과부 장관과 16개 시·도교육감이 출석한 가운데 학교폭력사태에 대한 긴급 현안보고가 진행되었다. 이주호 장관은 사과를 연발했고, 시·도교육감들 역시 고개를 들지 못했다. 학교폭력 문제는 단연 최고의 교육현안으로 떠올랐다. 이날 보고에 인용된 자료에 의하면 2006년 학교폭력건수가 4000여건에서 올해 1만건이 넘었다고 한다. 정반대로 광주교육청에서는 2008년 이후 계속 학교폭력건수가 줄어들고 있다는 자료가 공개되었고, 대구교육청의 우동기 교육감은 학교와 경찰(스쿨 폴리스)에 의해서 학교폭력건수가 줄어들고 있다고 말했다. 교과부 자료대로라면 학교폭력건수 1만건

---

68) lovelypsyche@newsis.com, 뉴시스통신사, 이현주(기자)
69) http://kr.news.yahoo.com/service/news/shellview.htm?articleid=20120113120 04814180&linkid=4&newssetid=1352(2012.1.13)
70) [오마이뉴스] 2012년 01월 13일(금) 오후 05:36, [오마이뉴스 김행수 기자]

은 전국의 초중등 학교가 1만1000여개이니 학교당 채 1건 정도 발생하지 않았다는 의미이다. 이 정도의 학교폭력을 갖고 온 사회가 호들갑을 떤다는 결론이 나오는데, 이에 동의하는 국민은 없을 듯하다. 학교폭력 건수의 폭증이라는 자료에 놀라고 있을 게 아니라 오히려 지금이라도, 이 정도라도 공개된 것이 문제해결을 위해서는 다행으로 받아들여야 할 듯하다. 학교폭력이 이 지경에 이르게 된 큰 이유 중의 하나는 역설적이게도 폭력 사실이 제대로 공개되지 않았기 때문이다. 학교폭력은 어느 날 갑자기 생겨난 게 아니라 이전에도 있었다. 그리고 학교폭력은 우리나라에만 있고 다른 나라에는 없는 것이 아니다. 그런데 지금에 와서 이것이 더 크게 문제가 되는 것은 그 숫자가 많아졌고, 양상도 과격해졌기 때문일 것이다. 독버섯은 햇빛이 들지 않는 음지에서 자란다. 학교폭력이라는 독버섯 역시 세상에 더 많이 공개될수록 점점 더 자리를 잃고 해결책도 나올 수 있다. 이런 의미에서 학교폭력이 지금까지 축소 및 은폐되어 온 이유를 따져보는 것은 대단히 중요할 것이다.

1) 착한 교사들이 아이들의 미래를 위해서 은폐

언론은 하루가 멀다하고 새로운 학교에서 학교폭력을 찾아내 마치 '학교폭력 배틀'을 하듯 선정적으로 보도하고 있다. 학교폭력 사건이 이 지경이 되도록 제대로 알려지지 않은 이유 중의 하나는 아마 교사들이 아이들을 너무 사랑해서 일 수도 있다. 교사들은 생활기록부에 아이들의 단점적기를 꺼린다. 생활기록부만 보면 학업성적이 높든 낮든 상관없이 모두가 착한 학생이다. 공부를 잘하는 학생이면 "학업성적이 우수하고 품행이 방정하다"라고, 공부를 잘 못하는 친구면 "학업성적은 낮으나 품행이 방정하다"는 식이다. 징계기록도 생활기록부에 적지 않는다. 품행에 문제가 있다는 식으로 기록된 생활기록부는 아마 대한민국 역사상 단 한 명도 없을 것이나. 아이들은 싸우면서 산다는 생각으로 웬만한 사건은 징계위원회나 폭력자치위원회에 넘기지 않고 담임이나 교과교사가 자기 선에서 처리해온 게 사실이다. 학생 징계기록을 성인의 범죄전과 같은 것으로 여겨 학생의 미래에 굉장한 불이익을 가져올 것이라는 생각으로 공식화하지 못하는 것이다. 징계위원회에 회부된 학생에 대해서 대체로 담임교사들은 "학생의 미래를 위하여 선처해 달라"고 하는 것도 이런 이유이다. 교사들은 이것이 아이들의 미래를 위하는 길이라고 생각한다. 이런 교사들을 비난할 수는 없지만, 개인적 온정주의가 학교폭력에 제대로 대처하지 못하게 하고 나아가 은폐하는 부정적 결과를 가져온 것도 부정하기 쉽지 않다. 현재 교육기관의 정보공개에 관한 법률에 의하여 학교폭력관련 자료가 학교알리미에 공시되고 있다. 이 자료를 근거로 하여 언론들은 "서울에서 학교폭력이 가장 많은 학교는? 00교!"라는 식으로 학교 실명을 보도하기도 했다.

2) 교원평가의 역설, 원칙대로 하면 평가에 불이익

교사들이 착해서 아이들의 미래에 불이익을 줄까봐 학교폭력사건을 제대로 공론화하지 않는 것과 별도로, 또 다른 이유는 불이익에 대한 우려다. 자기 선에서 적당하게 처리하여 문제가 발생하지 않으면 그냥 넘어갈 수 있는데 괜히 학교에 알리면 무능하다는 소리를 듣고, 징계위원회나 폭력자치위원회에 출석해야 하고, 진술서를 써야 하는 등 귀찮아진다는 것이다.

게다가 교장이나 교감 등 학교의 관리자들에게 유형, 무형의 압력도 있다. 교사가 알아서 처리하면 될 것을 괜히 일을 키운다는 것이다. 징계를 받게 해서 아이에게 좋을 것이 없고, 학교에도 좋을 것이 없다는 것이다. 학교장 경영평가니 학교성과급 평가니 하는 것에서 불이익을 받아 교사 전체에게 손해를 끼칠 수도 있다고 은근히 압력을 넣기도 한다.

학교평가 뿐 아니라 교사 개인에 대한 교원평가에서도 징계를 받거나 심하게 꾸지람을 들은 학생들이 낮은 평가를 줄 것이라는 걱정도 든다. 실제로 생활지도교사들의 교원평가점수가 낮게 나오는 것도 현실이다.

생활지도를 제대로 하라고 도입한 교원평가가 생활지도를 제대로 못하게 하는 역설적인 결과를 가져오고, 학교경영을 제대로 하라고 도입한 학교장 경영평가가 학교폭력을 축소하는 부작용을 가져온 것이다. 이런 의미에서도 교원평가 폐지를 심각하게 검토할 필요가 있다는 의견도 있다. 학교폭력사건이 지금까지 은폐 및 축소된 더큰 이유는 신고해도 제대로 해결되지 않는다는 학생들의 불신과 보복에 대한 두려움 때문에 신고 자체를 꺼린다는 것이다. 이런 보복은 최근 대구와 광주의 자살사건이나 충남의 테이프 감금 폭행사건처럼 실제로 많이 볼 수 있다. 우리 사회에서의 많은 부정과 비리에도 내부고발이 드문 이유와 유사하다. 학교폭력 사건은 알려지는 동시에 신고자가 공개되는 특수성이 있다.

학교폭력 신고자는 피해자, 목격자 또는 피해자의 특수관계에 있는 사람으로 특정되기 때문이다. 어렵게 결심하여 학교폭력을 신고했는데 교사나 학교가 제대로 해결해주기는 커녕 신고자의 신원이 가해자에게 알려져 보복을 당할 것이라는 두려움이 생기는 건 당연하다. 신고된 학교폭력에 대해서는 반드시 해결하고 신고자의 신원이 절대로 공개되지 않으며 피해자 보호가 최우선이라는 믿음을 학생들에게 주지 못하면 학교폭력사건 공론화는 어려울 수밖에 없다. 사실 학교폭력 기초자료가 엉터리이면 처방이 제대로 될 리가 없다. 당연히 축소 또는 은폐되었다는 의미인데, 이것이 학교폭력을 현재 상황까지 몰고온 중요한 이유일 것이다. 독버섯은 햇빛이 들지 않는 곳에서 자라고 세균의 99%는 햇빛에 노출되면 죽는다. 학교폭력에 대한 정확한 실태를 파악하고 이를 밝혀내는 것이 학교폭력을 없애고 최소한 줄이는 시초가 될 수 있다는 의미다.

최근 학생들이 자살을 하고, 그동안 알려지지 않았던 학교폭력 사건이 봇물 터지듯 나오고 있다. 만약에 이 정도 사건이 학교가 아니라 군대나 경찰서에서 연쇄적으로 일어났다면 아마 당장 경찰청장이니 국방장관 퇴진 이야기가 나왔을 것이다. 학교폭력과 관련하여 교육당국이 서둘러서 해야 하는 일은 학교폭력사건을 음지에서 양지로 끌어내는 것이다.

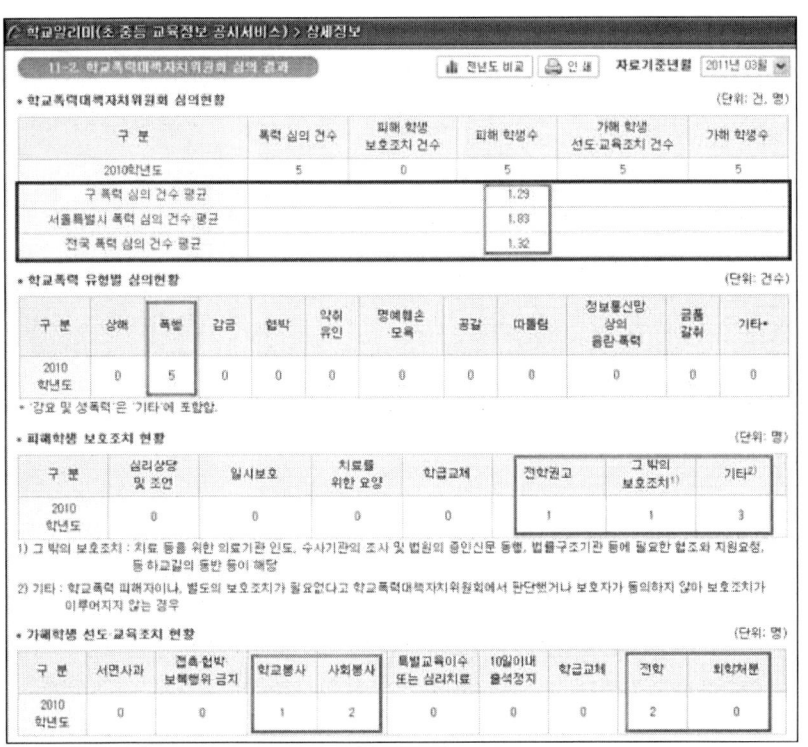

자료: http://kr.news.yahoo.com/service/news/shellview.htm?articleid=2012011317
360016124&linkid=4&newssetid=1352(2012.1.13)

학교폭력이 더 이상 축소 및 은폐되지 않도록 하는 제도적 장치를 만드는 것이 무엇보다 중요하며, 이를 위한 첫 번째 단계가 정확한 실태의 파악일 것이다. 중병일수록 많은 사람에게 알려야 치료방법을 찾을 수 있는 것처럼 학교폭력사건 역시 은폐 및 축소없이 그대로 세상에 드러내도록 하는 게 퇴치의 시작일 것이다.[71][72]

---

71) 김행수(기자)
72) http://kr.news.yahoo.com/service/news/shellview.htm?articleid=20120113173
60016124&linkid=4&newssetid=1352(2012.13)

12. 학교폭력의 '수술게임', 아이들의 '위험한 게임'

최근 학교폭력이 논란이 되고 있는 가운데 학교폭력피해자가족협의회와 한나라당 배은희 의원이 학교폭력예방 매뉴얼을 내용으로 한 만화책 '이 땅의 모든 학부모가 알아야 할 학교폭력 10가지 비밀'을 출간했다.

이 책은 학부모들이 미처 알지 못한 학교폭력 유형과 가해 및 피해학생의 징후, 학부모 대처방법을 사례별로 정리했다. 먼저 학교폭력 유형은 다음과 같다.[73]

1) 장난도 폭력

신체적 폭력은 학부모들이 가장 많이 아는 유형이지만 그만큼 다양한 유형이기도 하다. 가장 일반적인 신체적 폭력은 고의적으로 건드리면서 시비를 거는 행위이다. 물건, 흉기 등을 이용해 신체적 상해를 가하거나 학교 및 사람이 없는 골목길 등에서 폭행하는 행위도 신체적 폭력에 속한다. 전문가들은 신체적 폭력의 경우 범죄행위로 이어지는 경우가 많아 학부모의 지속적인 관심이 필요하다고 전했다.

2) '위험한 게임에의 강제 참여'는 게임 빙자 폭력

최근 아이들이 즐겨하는 게임 중에는 위험한 것들도 많다. 게임을 빙자한 폭력은 '재미'로 시작하지만 그 결과는 끔찍한 사고로 이어지기도 한다. '인증샷게임'은 얼굴에 낙서를 하거나 알몸 상태에서 동영상 및 사진을 찍어서 돌려보는 게임이다. '동전게임'은 동전에 구멍을 뚫은 후 낚시 줄을 매어 목 안에 밀어 넣고 꺼내기를 반복하는 게임이다. '그네게임'은 두 명이 한 조로 양팔, 양 다리를 붙잡고 흔들다가 집어 던진다. '기절게임'은 목이나 가슴을 눌러 기절하게 하는 게임이다. 이밖에 칼등으로 배, 팔, 다리 등을 그어 공포심을 조성하는 '수술게임', 컴퍼스나 볼펜 등으로 손가락 사이를 찌는 '컴퍼스게임' 등도 있다. 전문가들은 "처음에

---

[73] [학교폭력-①]'수술게임'…아이들 '위험한 게임' 아시나요, [뉴시스] 2012년 01월 13일 (금) 오후 12:00,　【서울=뉴시스】이현주 기자

는 재미로 하는 놀이라고 생각할 수 있지만 모른 척하고 지나친다면 아이의 생명까지 앗아갈 수 있다"고 강조했다.

3) '아이가 지갑에 손을 대면' 금품갈취 의심

대표적인 금품갈취는 돈이나 물건 등을 강제로 빼앗는 것이다. 가해학생은 자신의 낡은 물건을 강매하거나 생일을 빙자해 선물을 요구하기도 한다. 또 돈을 빌리거나 강제로 빌려주고 이자를 받으며 돈을 주지 않고 필요한 물건을 사오라고 하기도 한다. 나아가 보호비 명목으로 일정기간 돈을 상납하게 하는 경우도 있다. 전문가들은 "학교준비물 구입 핑계로 자녀가 돈을 요구하는 경우 바쁘더라도 준비물을 직접 챙겨주라"고 조언했다.

4) '약한 아이를 놀리는 것도 언어적 및 정서적 폭력

소위 '왕따'라고 불리는 집단 따돌림은 대표적인 정서적 폭력이다. 의도적으로 집단에서 소외시키거나 다른 학생과 어울리지 못하게 하고 면박을 주는 행위를 말한다. 또 메일, 문자, 쪽지 등으로 피해학생을 협박하거나 비난하고 친구의 비밀이나 인신공격성 소문을 낸다. 별명을 부르며 놀리거나 생김새, 개인적 특성 등을 들춰서 괴롭히는 언어폭력 역시 정서적 폭력과 연결된다. 전문가들은 "아이들은 약한 아이를 노리개처럼 생각하고 그 행동에 대해 대수롭지 않게 생각한다"며 "사소하지만 폭력이 될 수 있다는 것을 가르쳐줘야 한다"고 충고했다.

5) 인터넷 명의도용도 사이버 폭력

인터넷 등이 발달하면서 친구의 명의를 도용하는 아이들이 늘어나고 있다. 또 익명성을 무기로 사이버상에서 다양한 폭력을 가하곤 한다. 사이버 폭력으로는 인터넷 카페나 클럽 등에 협박글을 올리는 행위, 집단으로 채팅하며 협박하는 행위 등이 해당된다. 개인이 운영하는 미니홈피나 블로그에 욕설을 올리고 많은 사람들이 접속하는 메신저를 통해 헛소문을 내기도 한다. 트위터나 문자 등으로 협박을 하는가 하면 나아가 인터넷 아이디를 도용해 사이버머니 등을 빼가는 경우도 있다.74)75) 학교폭력 이야기로 세상이 떠들썩할 때 있었던 이야기다. 첫 번째는 이성에 눈뜨기 시작하는 남녀공학의 중학교 2학년반에서 있었던 일이다. 중학생들은 장난이 심하다. 특히 남녀공학반에서는 이성에 대한 호기심을 장난으로 애정표현을 하기도 한다.

(1) 얼굴에 상처내기

악의없는 개구쟁이들은 쉬는 시간만 되면 교실이 난장판이 되기 일쑤다. 어느 날 연필깎이 칼을 들고 장난을 하던 한 남자학생이 여학생이 예쁘다는 표현을 칼로 얼굴을 긋는 흉내를 내다가 얼굴에 3cm 정도나 찢어지는 사고를 냈고, 교실은 순간 수라장이 되고 말았다.

담임교사는 사고를 당한 학생의 부모와 가해학생의 부모에게 연락을 했고, 피투성이가 된 여학생을 담임선생님이 부랴부랴 병원으로 옮겨 응급수술을 받았다. 그런데 가해학생은 편모 가정에다 형이 중학교를 졸업하고 난 후 직장에서 일하는 돈으로 동생의 학비를 대는 소년 가장의 집안 아이였다. 반면에 피해 학생의 가정은 부모 모두 대학을 나오고 경제적으로도 여유있는 집안이었다. 당시의 분위기로 피해학생의 말 한마디로 가해학생은 병원치료비는 물론 폭력학생으로 형사책임까지 져야 하는 처지에 놓였다. 연락을 받은 가해자의 형은 사색이 되어 부랴부랴 병원으로 뛰어왔다. 곁에서 담임은 어쩔줄 몰라하며 상황을 지켜보고 있었다. 얼굴에 칼로 상처를 냈으니, 그것도 여학생의 얼굴을, 이런 경우 가해자의 가족은 사색이 되어 처분만을 기다리는 것이 통례다. 피해학생의 부모의 경우, 가해자의 멱살을 잡거나 욕설이 나오는 것이 통례다. 성인이 아닌 이상, 딸의 얼굴에 3cm 정도의 상처를 냈으니 어느 부모인들 곱게 넘어갈 리가 없다. 가해자의 형이 사색이 되어 병원 문을 들어서는

---

74) lovelypsyche@newsis.com, 뉴시스통신사, 이현주(기자)
75) http://kr.news.yahoo.com/service/news/shellview.htm?articleid=20120113120 03213680&linkid=4&newssetid=1352(2012.1.13)

순간 옆에서 숨을 죽이고 지켜보고 있던 담임도 자기 귀를 의심하지 않을 수 없었다. 피해학생의 아버지는 표정도 변하지 않고 가해학생의 형을 맞았다. 딸이 저 지경이 되어 누워있는데 어떻게 저렇게 침착할 수 있을까 의아심마저 들었다. 가정형편 이야기를 듣고 난 피해학생의 아버지는 "너무 걱정하지 마시오, 아이얼굴은 잘 치료하면 나을 것이니 치료비는 10만원만 마련하여 내시오" 물론 치료비는 100만원도 넘었다. 뒤에 들은 이야기지만 가해자의 가정 형편을 듣고 난 피해학생의 아버지는 가해학생의 심리적인 죄의식을 들어주기 위한 배려까지 했던 것이다. 담임 뿐만 아니라 이 소문을 들은 선생님들은 한결같이 '어떻게 그럴 수가, 내가 그 입장이 됐더라면 피해학생의 아버지처럼 할 수 있을까?'라며 피해학생의 아버지의 인간적인 배려에 칭찬을 아끼지 않았다. 필자는 그 후 인사이동으로 그 학교를 떠나 피해학생이 그 후 어떻게 됐는지는 알 수 없지만 이 사건을 아는 사람들은 당시의 피해학생의 부모에 대한 인간적인 모습을 잊지 않고 있다.[76]

(2) 주먹서열 정하기

어느 실업계 고등학교 입학식이 있고 난 후 한 달도 채 안된 어느 날, 새로 편성된 학급의 '주먹서열 정하기'를 하다가 물걸레 채로 경쟁자의 머리를 때려 피투성이가 된 것이다.

순간 교실은 수라장이 됐고, 피해학생을 병원으로 옮겨 머리를 15바늘을 꿰매는 수술을 받았다. 수술 후 가해자와 피해자 학생의 학부모가 달려와 서로 마주 앉았다. 피해자 부모는 가해자 학부모에게 백배 사죄하고 치료비를 내겠다는 이야기를 듣고 "저희들끼리 놀다가 다친 것을 가지고 문제삼을 것이 뭐 있느냐"는 투로 쉽게 넘어갔다. 그런데 정작 문제는 이튿날 다시 벌어졌다. 다친 학생의 학부모로부터 전화가 온 것이다. "아이가 열도 나고 해서 병원에 있기 때문에 학교에 보낼 수 없다"며

---

[76] 출처 : 울산시교육청 블로그에서

그냥 넘어갈 수 없다는 것이었다. 웬걸, 일이 어떻게 그렇게 쉽게 풀리는가 싶었는데. 뒤에 안 일이지만 피해학생의 어머니는 그냥 넘어가려고 했지만 친척 중에서 '요즈음 어떤 세상인데 폭력학생을 그냥 두느냐, 고발하면 구속까지 되는데 치료비라도 충분히 받아야 하지 않으냐'라는 얘기를 듣고 담임에게 전화를 한 것이다. 이번 사건의 가해학생의 부모는 경제적으로 너무 어려운 형편에 있었다. 가해학생은 자기 토지도 없이 소작으로 겨우겨우 생계를 유지하는 어려운 형편의 학생이었다. 피해학생의 어머니는 가해학생의 부모에게 300만원을 요구하였고 가해학생의 부모는 그 돈을 마련하느라고 동분서주 하다가 결국은 빚을 내어 주고 합의를 했다는 뒷 얘기를 들었다. 그런데 피해학생은 몇 달 후 친구를 폭행해 가해학생으로 둔갑하여 학부모가 학교에 몇 번씩이나 불려와 곤욕을 치르더니 결국은 가정불화로 가출을 하고 말았다. 가해학생은 학교생활을 견디지 못해 중간에 학교를 자퇴하고 말았다.

6) 학교폭력에 대한 시사점

위의 사례에서 볼 수 있는 학교폭력은 학교 안에서 일상적으로 일어나고 있다. 폭력없는 학교라고 하면서 때로는 문제학교라는 오명을 받기 싫어 쉬쉬하거나 학교차원에서 학부모끼리 해결하는 경우도 빈번하다.

학생들간의 언어폭력과 왕따같은 문제도 학교안에서는 빈번히 발생한다. 학교폭력은 왜 일어나는가? 학교폭력하면 학생 개인의 이기적이고 도덕적인 인성의 부재 등 개인의 문제로 치부하기 일쑤다. 정말 그럴까?

학교폭력은 현상만 학교에서 일어났을 뿐 그 원인은 제도적 한계와 문화적 요인, 환경적 요인이 결합한 복합적인 원인에서 찾아야 한다.

개인의 도덕성 결여가 원인 제공자가 아니라는 얘기다. 그러나 학교폭력문제만 발생하면 개인에게 책임을 묻고 다른 아이들은 그렇지 않은데 폭력학생 개인이 문제라고 책임을 씌운다.

7) 학교폭력의 해법

학교폭력을 걱정하는 사람들이 꼭 한번 들려 볼 곳이 있다. PC방이다. 아이들이 자주가는 PC방의 게임내용이 어떤 것인가를 아는 사람들이 얼마나 될까? 게임만 문제가 아니다. 아이들이 즐겨보는 영화나 만화는 어떤가? 여기다 경제적으로 어려운 가정에서 부모의 사랑을 받지 못하고 정서적으로 힘든 환경에서 자라는 아이들이 폭력에 대한 문제의식과 판단능력이 제대로 정립되어 있을까? 인간을 사회적 존재라고 하면서 문제만 생기면 개인에게 책임을 지우는 풍토는 문제해결을 위한 바람직한 태도일까? 학교지킴이가 어떻고 하지만 그런 건 문제의 근본적인 해결책이 아니라는 것을 모르는 사람들이 없다. 학교폭력을 근본적으로 해결할 길은 없을까? 해결책이 없는 것은 아니다. 그 방법은 학교가 교육다운 교육을 하면 된다. 그 교육다운 교육이란 일류대학 입학을 위해 문제풀이에 날밤을 새는 학교가 아니라 사회적인 존재로서 인간이 인간으로서 해야 할일과 해서는 안되는 일(철학)을 가르치는 학교를 만들면 된다.

'아랫돌 빼 윗돌 괘는 식'의 폭력대책으로는 학교폭력 문제를 해결할 수 없을 것이다.[77][78]

13. 등돌린 학교와 학교폭력의 원인

[앵커멘트]

학교폭력 피해학생들이 점차 늘어나는 데에는 학교측의 미온적인 대

---

[77] bluesky님 말씀 백번 옳습니다. 학교폭력을 반대하면서 체벌없애자면 마치 무슨 큰 일이리고 벌어질 것처럼... 반대하고 있느니...0211.01.06 06:23, 선생님! 체험에서 길어올리신 고견 잘읽고 배움얻어 갑니다..문화라는 것, 문명과는 다르지요..현대문명의 혜택들이, 도리어 독이 되어버린 사회의 구조적인 모순을 봅니다..정신문화의 상승을 위해 노력해야할 기성세대의 책임이 큽니다.. 고맙습니다.. 건안하시길요. bluesky|2011.01.05 12:10우리 자식이 중요하듯 남의 자식도 누군가에게 너무나 소중한 존재입니다. 현장의 체험이 담긴 생생한 글입니다. 칼촌댁|2011.01.05 09:46

[78] http://chamstory.tistory.com/422(2012.1.13)

처도 한 몫 하고 있습니다. 인권위가 학생들을 상담해 본 결과 학교측이 집단 따돌림이나 폭행사실을 알면서도 적극적인 해결의 노력없이 방치해온 것으로 드러났습니다.79) 이종원 기자가 보도합니다.
[리포트]
김미숙 씨는 지난 달부터 신경쇠약에 시달리고 있습니다. 1년 가까운 학교 친구들의 괴롭힘을 견디다 못해 김 씨의 중학생 딸이 지난 달 스스로 목숨을 끊은 겁니다. 목숨을 끊기 직전까지 김 씨가 딸을 구해달라고 여러 차례 학교에 매달렸지만 소용이 없었습니다.
[인터뷰: 김미숙(가명), 피해학생 어머니]
"조치 자체가 안되고, 교장실까지 가서 얘기했는데. 어떤 보호라는 게 신경을 써줘야 하잖아요. 그 반에서 일을 당했다고 말을 하면..." 딸이 목숨을 끊은 이후에도 학교측은 가족들에게 담임교사도 어쩔 수 없었던 것 아니냐는 반응을 보였습니다. 또 가해학생들에 대한 조사도 제대로 하지 않았습니다.
[녹취: 학교관계자]
"학교에서 조사할 수가 없죠. 왜냐하면 이미 경찰에서 조사하고 있는데 학교에서 왜 합니까? 학교폭력대책자치위원회 개최를 안한 이유는 뭔가요? 그 아이가 진술을 안하니까."
경찰 조사도 한 달 넘게 진전이 없자, 김 씨는 국가인권위원회에 진정을 넣었습니다. 이처럼 인권위가 학교폭력과 관련해 실시한 상담 중 절반 이상은 교사나 학교측의 수수방관을 문제삼은 내용들입니다. 교실에서 여중생이 머리채까지 잡히며 1년 넘게 폭행을 당해도 담임교사는 침묵했고 수업 중에 뛰쳐나올 정도로 왕따를 당했지만 3년 내내 방관해 온 고등학교도 있었습니다.
[인터뷰: 김대철, 국가인권위원회 상담센터장]
"피해사례를 얘기했음에도 불구하고 아무렇지 않게 방관하고 방치하

---

79) 나도한마디 (2) 2011-12-28 05:05

는 경우가 많았고요. 가해학생들에게 발생하지 않았다는 입단속도 시키는 경우도 있었습니다." 교육당국과 일선교사들의 안일한 대처가 학교폭력 피해학생들의 고통을 가중시키고 있습니다.[80][81] 어느 인터넷 기사의 일부분이다. 청소년폭력예방재단은 24일 지난해 11~12월 전국 초·중·고 64개교 학생 4073명을 대상으로 '학교폭력 실태'를 설문조사한 결과 "학교폭력이 일상화하면서 학생들이 '폭력 불감증'에 빠져들고 있고 가해율 증가 등 집단화 현상이 두드러졌다"고 발표했다. 예전에는 상대적으로 학교폭력이 적었던 초등학생과 여학생들까지 빠르게 확대되고 있는 것으로 나타났다. 학교폭력을 당한 학생들의 65%가 이미 초등학교에서 학교폭력을 당한 경험이 있다고 조사된 바도 있다. 여학생의 경우는 더욱 심각해 10명 중 7명이 초등학교 시절 폭력을 경험한 것으로 보고된다. 어느 초등학교에서는 한반의 대부분의 학생들이 단 한명의 학생을 왕따시켜 학교를 전학가게 된 경우도 있다. 무엇 때문에 초등학교 학교폭력이 이렇게 심각한 수준에 이른 것일까? 학자들의 다방면에 걸친 연구가 진행되고 있다.

그렇지만 뚜렷한 이유를 밝히지 못한 상태이다. 현재 폭력건수를 보면 초등학교는 초중고 전체 비율에서 3% 정도의 낮은 보고가 올라와 있다. 중학생이 72% 고등학생이 25% 정도이다. 중학교의 학교폭력이 가장 문제 거리로 올라와 있는 것이다. 그럼에도 초등학교 학교폭력은 시간이 지나면서 점점 상승곡선을 타고 있으며 고등학교와 중학교는 약간씩 낮아지는 현상을 보이고 있다. 이러한 통계들이 무엇을 말하고 있는지 아직 불확실한 것이 사실이다. 어느 초등학교를 방문했다가 초등학교의 폭력이 중학교처럼 매우 심각한 수준은 아니라고 할지라도 상당히 보편되었다는 것을 눈으로 직접 확인할 수 있었다. 어느 초등학생의 하교시간의 풍경이다. 그런데 갑자기 한 여학생이 한 남학생의 가방을 잡아 다니

---

80) YTN 이종원[jongwon@ytn.co.kr], health ⓝ Joy
81) http://www.ytn.co.kr/_ln/0103_201112280505062629(2012.1.13)

고 있다.

놀랍게도 초등학교의 폭력은 남학생보다 여학생들에 의해 의외로 많이 발생하고 있다. 이러한 여학생들의 학교폭력은 초등학교 시절 남학생보다 여학생들의 체력과 신장이 월등히 빨리 성장하기 때문인 것으로 보인다. 주먹으로 몇 대 얻어 맞고 울며 가는 남학생 그리고 여학생과 주변의 친구들은 재미있다는 듯이 구경하고 있다. 초등학교에서 학교폭력이 적게 보고되는 이유 중의 하나는 아직 폭력의 심각성을 인정하지 않기 때문에 우발적인 형태로 보고 교육청에 보고되지 않는 폭력사건들도 많다. 2007년에 전북에서 일어난 초등학교 학교폭력이 그 전형적인 예이다. 초등학교의 학교폭력은 아직 집단적으로 괴롭힘을 당하거나 의도적인 경우는 드문 편이다. 그럼에도 불구하고 초등학생들의 학교폭력은 심각할 정도로 빠르게 진척되고 있다. 초기에 적절한 대응을 하지 않을 경우 중학교나 고등학교와 같은 심각한 수준으로 넘어가는 것은 불 보듯 뻔한 일이다.[82]

14. 학교폭력에 대한 정부의 책임

이미 오래 전부터 일본에서는 '이지메' 현상이 문제가 되었다. 말하자면 '집단 따돌림'현상이다. 곧 우리나라에도 상륙할 것이라는 예상은 적중했다. 우리나라도 '집단 따돌림'이니, '왕따'라는 현상이 잦은 학교문제로 등장한지 꽤 오래되었다.[83] 학교폭력이나 집단 따돌림 현상은 워낙 은밀하게 이루어지고 겉으로 잘 드러나지 않기 때문에 지도가 더욱 어렵다. 그러나 세밀하게 살피고 인성지도에 좀 더 관심을 두고 노력하면 불가능한 일도 아니다. 무엇보다도 개별 학생에 대한 사랑과 관심이 급선무다. 좀 엉뚱한 대안이라고 생각될지 모르지만 각종 학교폭력이 빈번한 것은 사제 간의 인간적 교류가 제대로 되지 않은 데 기인하는 바가

---

82) http://inbusan.tistory.com/574(2012.1.13)
83) 윤종건(younjg) [2011-12-28 11:14:38] 조회 1642

크다. 다시 말해 교사들은 '학력향상'에만 관심을 두지 아이들의 인성개발이나 인간적 교감에는 관심을 두지 않는다. 관심을 둘 겨를도 없거니와 관심을 두면 '사생활 침해'니 하면서 곱지 않은 시선으로 본다.

그렇기 때문에 선생님들은 몸을 사리게 된다. 학생들에게 학교는 쉬는 곳일 뿐 공부하는 곳도 인격 수양의 장소도 아니다. 학원에서 때리면 '사랑의 매'지만, 학교에서 매를 들면 '폭력'이 된다. 선생님이 꾸짖으면 '네가 뭔데?'하면서 대드는 현실이다. '교권'이라는 말 자체가 실종되었다. 그것은 교사들 스스로의 자세에도 문제가 있다. 즉, 교직을 노동직으로 생각하고 '일한만큼 대가를 받는다.'라는 가치관을 갖고 있으며 전문성을 향상하기 위한 노력을 소홀히 한다. 그러나 그보다는 아직도 열악한 교육여건이 더큰 문제라는 사실을 위정자들이나 일반인들은 잘 모른다. 아직도 교사 1인당 학생수가 OECD 국가 중 가장 높다는 사실이 단순한 통계로 끝나는 것이 아니다. 그만큼 교사들은 학생들 개개인에 관심과 사랑을 베풀 기회가 줄어든다는 뜻이다. 뿐만 아니라 사사건건 지시하고 통제하는 교육행정체제도 문제다. 비리부정을 없앤답시고 촌지신고센터를 만들고 규제를 강화하는 데만 신경을 썼지 교원들의 전문성과 자율성을 강화하는 데는 인색하다. 왜 평가방식까지 규제하고 생활기록부까지 획일화해야 하는가? 국가의 교육정책은 대학입시제도를 고치고 또 고쳐 누더기로 만들면서 사교육비를 줄이는 데만 혈안이 되어 있을 뿐 교육 본래의 인간교육에는 눈길조차 돌리지 않는다. 이런 상황에서 교육이 실종되고 학교폭력이 난무하는 것은 당연하지 않은가?

학교가 학교답고 교육이 교육다우면 사교육비는 저절로 줄어들 것이다. 또한 대학입시문제도 자연스럽게 해결될 것이다.[84] 한편 다른 의견도 있다. 학교폭력은 미국 유럽에서도 많이 발생한다. 한국의 교육여건이 지금보다 훨씬 열악했던 70년대 80년대에도 학교폭력은 거의 없었다.

---

84) 윤종건, younjg

그 당시는 학급마다 학생수가 보통 80명이나 되었는데도 말이다. 지금은 한학급당 평균 30여명 정도이다 그럼에도 학교폭력이나 왕따가 발생하는건 게임같은 것에 빠져서 학생들이 자제심을 잃고 인간미가 부족해서지 교육여건을 운운하는 것은 말도 안되는 소리이다. 학생 개개인이 게임이나 인터넷에 빠지고 인간미가 사라지고 대화가 부족하고 그래서 저런 사건이 발생하는거지 교육여건과는 아무상관이 없는 것이다. 교육여건은 지금이 못살던 예전보다 훨씬 좋다.[85] 그와같은 내용이 뉴스에도 보도된다. 교육여건과 무슨 상관이 있는가? 한국은 세계에서 가장 인터넷과 아이티(IT)산업이 발전해서 게임과 인터넷에 빠진 학생들이 많다. 인너넷 도박도 만연해있다. 그런 것 때문에 이번 학교폭력도 발생한 것이지 교육여건으로 핑계대는건 말도 안되는 것이다 그리고 왕따는 일본인들의 문화가 아니라 한국에서든 미국에서든 유럽에서든 오래전부터 다있는 문제이다. 미국에서도 흑인학생과 소수민족학생은 따돌림 당한다.

유럽에서도 마찬가지이다. 그러니 일본의 조류 때문이라는 것은 아니다.[86][87] 내 탓은 아무도 없고 맨날 남의 탓만 한다. 학교에서의 학생들의 인성교육도 중요하지만 가정에서의 인성교육 역시 중요하다. 사교육이 늘어난 것은 정부 탓도 있지만 보내는 것은 부모들이다.

또 무엇인가 잘못하면 나무라기 보다는 아이 기죽는다고 그냥 지나치는 부모들이다. 그외에도 피해자보다 가해자의 미래를 더 걱정하는 사람들이 많다는 것이다.[88][89]

---

85) 2011.12.29 10:11:46, 강정애, kjoplake
86) 2011.12.28 22:06:19, 강정애, kjoplake
87) 2011.12.28 22:13:40, 심봉신, yongjkim9
88) 2011.12.29 01:17:07, 김희진, wattash
89) http://forum.chosun.com/bbs.message.view.screen?bbs_id=103100&message_id =828112(2012.1.13)

15. 학교폭력의 대책마련

한국은 기껏 신고 117 통일, 미국은 방관자도 강력 처벌. 정부와 한나라당은 11일 학교폭력 피해신고 대표전화를 '117'로 통합 운영하기로 했다. 지난 2일 한나라당 박근혜 비상대책위원장이 필요성을 언급한 뒤 내놓은 방안인데 학교현실과는 동떨어진 미봉책에 불과하다는 지적이 나오고 있다. 이주영 정책위의장은 당정협의를 마친 뒤 "학교폭력 및 청소년 폭력문제하면 바로 떠올리는 전화번호를 117로 설정하고 국민들이 쉽게 이용할 수 있도록 하자는 데 뜻을 모았다."고 설명했다. 기존의 교육과학기술부의 위(Wee)센터(1588-7179), 여성가족부의 CYS-net(1388) 등 부처별로 나뉘어 운영되던 시스템을 일원화하겠다는 것이다. 경찰청에서 운영하는 117은 서울 1곳에서만 운영되고 있었지만 이를 전국 광역단체별 17곳(경기 2곳)으로 확대할 계획이다. 국회 교육과학기술위원회 소속 의원들은 교사와 학교측의 적극적인 개입을 통해 폭력을 막을 수 있도록 교원 인센티브를 제공하는 방안, 학교폭력 가해학생에 대한 적절한 처벌 및 부모의 책임 연대의식 강화를 위한 동반 특별교육 등을 주문했지만 정부측에서는 검토하겠다는 답변만 내놓은 상황이다. 학교폭력을 근절하기 위한 실효적인 대책으로는 미흡하다는 비판을 의식한 듯 교과부 관계자는 "오늘은 중간발표일 뿐이고 이달 말쯤 종합적인 대책을 발표하겠다."고 밝혔다. 이에 비해 미국은 집단 괴롭힘 등 학교폭력의 가해자 뿐만 아니라 폭행을 방관하거나 신고하지 않은 이들까지도 처벌하는 초강력 '학교폭력방지법'을 추진해 주목된다. 미국 언론들에 따르면 민주당 프레데리카 윌슨(플로리다주) 하원의원은 이같은 내용의 법안을 곧 의회에 제출키로 하고, 연방 법부무 및 교육계 관계자들과 세부사항을 협의하고 있다. 법안의 핵심은 동료에게 신체적 상해를 입힌 가해학생은 물론 폭행에 가담하지 않았더라도 현장에서 말리지 않았거나 경찰에 신고하지 않은 학생을 처벌 대상에 포함시켜 학교폭력에 대한 경각심을 높이는 것이다. 심지어 피해학생도 이를 알리지 않을 경우 처벌하는 방안도 검토하고 있다. 윌슨 의원은 "집단 괴롭힘 현장에 함께 있었다면 직접 폭행했든 지켜보기만 했든 간에 죄는 같다."면서 "가해학생은 스스로를 무적으로 여기기 때문에 공포심을 심어주지 않으면 문제가 해결되지 않는다."고 강조했다. 조지아주는 집단 괴롭힘의 가해자를 학교에서 퇴출하는 법안을 논의 중이다.[90)91)]

16. 학교폭력 자살이 피해자의 부모탓인가

"학교폭력과 왕따 나아가 자살의 진짜 원인은 그 부모들에게 있다고 생각한다."[92)] "때리는 아이의 부모에게 문제가 있듯 자살하는 아이의 부모 역시 똑같이 문제이다."는 것이다. 포털사이트 야후에 지난 30일 게재된 '뉴스라이드' 1319화 '자살의 원인'. 윤서인 작가는 이 웹툰에서 이같이 내용을 주장하여 인터넷상에서 논란이 되고 있다. 윤 작가가 주장하는 내용의 요지는 만약 부모의 든든한 관심과 사랑이 있었다면 아이가 과연 자살을 선택했겠는가라는 주장이다. 윤 작가는 "많이 안아주고 많이 눈 마주하고 많이 대화하고 많이 사랑해 주세요"라며 "멀쩡한 부모 밑에서 자란 아이는 어디다 떨어뜨려놔도 멀쩡한 법입니다"라고 했다. 학교폭력 방지, 왕따 및 자살방지 등은 부모가 하기 달렸다는 주장이다. 아울러 윤 작가는 "아이에게 관심과 사랑을!! 제대로 된 가정교육을!!"이라고 했다. 윤 작가가 이런 내용의 웹툰을 올리자 네티즌들은 "편협한 시각", "피해자와 유가족을 두 번 죽이는 무책임한 발상"이라며 작가를 맹비난했다. 특히 지난 2일 친구들의 괴롭힘에 스스로 목숨을 끊은 대전 D여고 1학년 A양의 아버지는 한 매체와의 통화에서 "우리 아이도

---

90) 이순녀·허백윤 기사, coral@seoul.co.kr
91) http://www.seoul.co.kr/news/newsView.php?id=20120112001024(2012.1.13)
92) 유명 웹툰 작가 포털사이트에 올리자 네티즌 맹비난스팟뉴스팀 (2011.12.31 22:24:24)

거의 매일 엄마랑 문자를 하는 등 가족과 화목하게 지냈다"면서 "웹툰 작가가 학교폭력이나 왕따로 고립된 아이들의 상황을 잘 모르고 그림을 그린 것 같다"고 말한 것으로 알려졌다.

현재 해당 웹툰은 '김근태 의원 사망' 내용으로 바뀌었지만 네티즌들의 분노는 가라앉지 않고 있다.93)94)

17. 진화하는 학교폭력, 보이지 않는 폭력의 위험성

"내가 교실에 들어가면 아이들의 대화가 뚝 끊긴다. 그리고 자기 발밑에 침을 뱉는데, 그게 사실은 나를 향해 뱉은 것이라는 걸 느낄 수 있다."95) 손석한 연세소아청소년정신과 원장은 최근 집단 따돌림에 시달리다 병원을 찾은 한 청소년의 하소연을 전하면서 학교내 언어 및 심리적 폭력이 점점 지능화하고 있다고 우려했다. 대표적인 유형은 마치 상대방이 눈앞에 없는 듯 행동하는 '집단무시'다. 이 경우 피해자가 받는 심리적 상처는 매우 크지만 피해 사실을 입증하는 것은 사실상 불가능하다. 견디지 못한 학생들은 전학을 원하지만 가족이 이사를 하지 않는 한 이마저도 명백한 사유가 없다는 이유로 거절되기 십상이다. 교육과학기술부와 법무부는 이미 2008년부터 별명 부르기, 험담하기, 빈정거리거나 조롱하기, 나쁜 소문 퍼뜨리기, 위협적인 행동(여러 학생이 한 명의 학생을 향해 반복적으로 하는 윙크도 포함), 음란한 눈빛과 몸짓, 행동을 사진이나 동영상으로 찍어 수치심을 느끼게 하는 것, 인터넷 카페나 학교 게시판에 협박 글을 올리는 것 등을 학교폭력으로 예시하고, 이를 예방하도록 일선학교에 지침을 보냈다. 하지만 가해학생들은 대부분 "이런 행동을 학교폭력으로 인식하지 못했다"고 대답한다. 특히 청소년기

---

93) [데일리안 = 스팟뉴스팀], (주)이비뉴스
94) http://www.dailian.co.kr/news/news_view.htm?id=272734&sc=naver&kind=menu_code&keys=3(2012.1.13)
95) 정영오 기자 young5@hk.co.kr

에는 준거집단이 가정에서 또래집단으로 이동한다는 점을 감안할 때 이 시기에 학교 친구들부터 지속적으로 흉이나 욕을 듣게 될 경우 그 심리적 상처는 심각하다고 전문가들은 우려한다. 한국형사정책연구원의 '저연령 소년의 비행실태와 대책'보고서에 따르면 10~12세 청소년의 58.6%가 '친구가 내 흉을 본 적이 있다'고 답했고, 57.6%가 '친구가 나에게 욕을 한 적 있다'고 답할 정도로 언어폭력은 광범위하게 벌어지고 있다. 김승혜 청소년폭력예방재단(청예단) SOS지원상담팀장은 홀아버지 밑에서 자란 한 학생이 초등학교 때부터 지속적으로 집단 언어폭력에 시달리다가 중학교 때 '모든 친구들이 자기를 해치려 한다'는 망상으로 상태가 악화된 후에야 아버지 손에 이끌려 청예단을 찾았던 예를 들며 언어폭력의 심각성을 설명했다. 이 학생은 4년간의 지속적 상담을 거친 후에야 사회생활에 대한 자신감을 회복하고 대학진학에도 성공했으나 망상은 씻을 수 없는 상처로 남아 군대에 갈 수 없는 지경이 됐다. 손석한 원장은 "학교 체벌금지 이후 학생들 사이의 신체적 괴롭힘이 줄어들었으나 대신에 언어 및 심리적 폭력피해 청소년들이 병원을 찾는 빈도는 한 달에 2~3명 꼴로 늘고 있는 추세"라며 "언어 및 심리적 폭력의 심각성에 대한 교육이 시급하다"고 말했다.[96)97)]

18. 자살 중학생 학교폭력 못견딘 듯

경찰 뒤늦게 가해학생 조사, 부실수사 비난사, 학교측 하루 앞당겨 방학. 축소 및 은폐 의혹도 제기되고 있다. 광주의 한 중학생이 학교폭력을 견디지 못해 스스로 목숨을 끊은 가운데 경찰이 가해학생을 지목해 조사에 나섰다.[98)] 그러나 경찰과 해당 학교는 폭행사실을 확인하고도

---

96) 인터넷한국일보, 입력시간 : 2011/05/10 02:31:39 수정시간 : 2011/05/10 10:40:11
97) http://news.hankooki.com/lpage/society/201105/h2011051002313921950.htm(2012.1.13)
98) (광주=연합뉴스) 형민우 기자

성적 비관으로 숨진 것으로 보고 적절한 조치를 하지 않아 사건을 축소 은폐하려 한다는 의혹도 제기되고 있다. 사건을 수사 중인 광주 북부경찰서는 숨진 A(14)군을 상습 폭행한 것으로 의심받는 B(14)군을 불러 조사를 벌이고 있다. B군은 경찰에서 A군을 상대로 돈을 빼앗은 사실을 인정했지만, 사건 당일인 28일 교실에서 A군을 폭행한 혐의에 대해서는 부인한 것으로 알려졌다. 반면, A군의 같은 반 학생들은 "28일 오전 2교시가 끝나고 B군이 A군을 찾아와 교실에서 샌드백 패듯이 때렸다"고 폭로했다. 또 "B군이 A군에게 담뱃값을 마련하라고 협박했고 A군이 700원밖에 없어 친구에게 담배를 부탁하다 담임에게 적발됐다"며 "상습적으로 폭행을 당했다"고 덧붙였다. 학생들에 따르면 B군은 학내에서 싸움을 잘하는 '일진' 격에 흡연과 폭력으로 학교폭력위원회에 회부됐으며 담배를 안가져오면 한 개비당 500원씩 받는 등 횡포가 심했던 것으로 알려졌다. A군의 아버지도 "친구들이 영안실에 찾아와 B군이 아들을 괴롭혔다고 말했다"며 "아들도 많이 당했고 다른 애들도 엄청 당했다고 들었다"고 전했다. 그는 아들이 동급생의 괴롭힘으로 인한 스트레스가 큰 데다가 교사가 무리하게 다그치며 억울함을 제대로 들어주지 않아 자살을 선택한 것으로 보고 있다. A군의 가족은 폭행과 관련하여 친구들의 진술을 녹음해 경찰에 전달할 계획이다. 이처럼 지속적인 폭행이 학교 내외에서 자행되고 관련 학생들의 진술이 잇따랐지만 경찰과 학교는 사실을 감추기 급급했다는 비판이 나오고 있다. 실제로 경찰은 언론에 의해 폭행의혹이 제기되자 B군이 A군에게 담배 심부름을 시키거나 간혹 2천-3천원을 빼앗아 갔을 뿐 정신적인 고통이나 괴롭힘 정도까지 이르지 않는 '통상적인 수준의 행위'라고 보고했다. 학교측도 이날 예정된 방학을 하루 앞당겨 의혹을 부추기고 있다. A군은 28일 오후 교실에서 꿇어 앉아 있는 벌을 받다가 오후 5시40분께 학교에서 나온 뒤 5시47분께 집에 도착했으며 29일 오전 9시40분께 아파트 옥상에서 목을 매 숨진 채 발견됐다.[99][100]

19. 개학 한달 활발한 '무리짓기', 무리 결속된 뒤 집단따돌림 시작

신학기 중학교 교실에서는 무슨 일이 일어날까.101) 서울 동작구 흑석동의 어느 중학교 2학년 담임교사는 몇 년 전 새로운 실험을 해봤다. 담임교사는 개학 첫날 좌석배치를 해주지 않은 채 학생들에게 "자유롭게 앉고 싶은 친구와 앉으라"고 말했다. 이 학급의 재학생수는 36명이다.

학생들은 자리가 배치된 직후부터 삼삼오오 무리짓기(Grouping)에 열중했다. ㄱ군은 평소와 달리 새 옷을 입고 머리 스타일도 바꿔가며 외모 가꾸기에 열중했다. ㄴ양은 친구들에게 떡볶이를 사주고 상냥한 태도로 환심을 사는 데 열중했다. 어느 무리에도 끼지 못한 학생들은 풀이 죽은 채 눈치만 보고 있었다. 4월이 되자 교실에서는 몇 개의 그룹으로 편이 갈라졌다. 각각의 무리를 중심으로 집단따돌림 현상도 산발적으로 생겼다. 학생들은 친구의 나쁜 모습을 껴안아 포용하기보다는 처벌하려고 했다. 자신의 무리안에서 집단따돌림을 당한 학생은 다른 무리에도 끼기 어려웠다. 간혹 다른 무리에 끼는 경우도 있었지만 지속적인 선물공세를 펴야 가능했다. 학생들의 무리짓기는 '무리형성, 무리확정, 본성파악, 무리변화'의 4단계를 거쳐 6월쯤 마무리됐다. 한국교육개발원이 중학교 2학년 1개 학급을 대상으로 추적한 집단따돌림의 발생과정은 흥미롭다.

학교폭력의 주된 원인 중의 하나인 집단따돌림이 매 학년 초부터 '무리짓기'를 통해 시작된다는 결론이 나왔다. 학생들은 무리를 중심으로 사고 및 행동을 하기 때문에 무리 이외의 친구들에 대해서는 별다른 죄의식없이 집단따돌림에 동참하는 것으로 나왔다.

청소년문제상담사들은 "학교폭력에 제대로 대처하기 위해서는 단편적 정책 발표에 앞서 학생들 사이의 집단, 망, 권력관계에 대한 실태조사와

---

99) minu21@yna.co.kr, 연합뉴스, 2011/12/30 18:06 송고
100) http://www.yonhapnews.co.kr/society/2011/12/30/0701000000AKR20111230165800054.HTML?source=rss(2012.1.13)
101) 경향신문|이서화 기자|입력 2012.01.15 21:33|수정 2012.01.16 00:47|

학급 내 무리짓기(Grouping) 과정 (자료: 학생의 왕따 현상에 관한 연구, 1998)

무리 형성(3월 초~중순)	무리 확정(3월 중순~4월 중순)
어느 무리에라도 속하기 위한 학생들의 노력이 집중되는 시기	무리마다 윤곽 형성, 주도권자 부상

본성 파악(4월 중순~5월 말)	무리 변화(5월 말~9월 초)
같은 무리 내에서 아이들끼리 본성 파악. 집단따돌림이 나타나는 시기	무리의 변화·분화가 대부분 종결

자료: http://media.daum.net/society/view.html?cateid=1012&newsid=201201152133 19736&p=khan(2012.1.16)

이해가 우선되어야 한다"고 밝혔다.

당시 연구를 맡았던 곽금주 서울대 심리학과 교수는 15일 "집단따돌림이 생길수록 해당 무리집단의 응집력이 커진다"면서 "그런 면에서 집단따돌림은 무리의 단합을 위해 속죄양 즉, 남의 죄를 대신 지는 것을 만들어내는 현상"이라고 분석했다. 그는 "학생들은 무리짓기 이후 자신들은 사소하게 생각할지 모르지만 심각한 학교폭력을 조장하는 데 기여하고 있다"고 덧붙였다. 실제로 청소년예방재단이 전국 초·중·고등학생 3650명을 대상으로 실시한 '2010 학교폭력 실태조사'를 보면 학생들은 폭력행사의 가장 큰 이유가 '장난'(27%)이라고 답했다.

이어 '상대방이 잘못해서'(23%), '오해와 갈등'(16%), '이유없음'(13%) 순으로 나타났다. 또 학교폭력을 목격한 학생 1059명 중 과반수(62.0%)는 '모른 척했다'고 응답했다. 혼자가 되는 것을 피하기 위해 3~6명 가량의 소규모 무리에 끼기만 한다면 무리 외 모든 일은 남의 일이 돼버리는 것이다. 지난해 '학교내 청소년들의 권력관계 유형과 학교폭력 참여역할 유형'이라는 보고서(엄명용·송민경은)는 "학생들이 자신이 속한 집단안에서 갖게 된 자아상과 사회적 지위를 유지하기 위해 다른 학생들을 괴롭히도록 압력을 받고 있다"고 말했다. 보고서는 "학교폭력 예방 프로그램이 학생들 사이에 형성돼있는 집단, 관계망, 권력관계, 역할 등에 대한 이해를 바탕으로 해야 한다"고 밝혔다. 명신희 중랑청소년수련관 청소년상담팀장은 "학생들을 상담하다 보면 자신이 피해자가 될까봐 방관자로라도 가해에 참여하는 경우가 가장 많다"며 "학생에게 뭐가 옳고 그른지 기준을 세워 가해자와 피해자 모두의 입장에서 전체 상황을 이해할 수 있도록 도와주면 더 이상 집단따돌림에 참가하지 않는다"고 말했다.

경기도내 학생들이 학교폭력 예방과 갈등 및 고민을 스스로 해결하기 위한 '또래중재인' 교육실습활동을 벌이기도 한다.[102][103]

---

102) 일부 자료: 경기도교육청 제공, 이서화 기자 tingco@kyunghyang.com, 경향신문 '오늘의 핫뉴스', 경향닷컴(www.khan.co.kr)
103) http://media.daum.net/society/view.html?cateid=1012&newsid=20120115213319736&p=khan(2012.1.16)

제3장 학교폭력의 예방방법

1. 학교폭력의 심각성과 대처방법

어느 상담자의 상담내용을 살펴 보기로 한다.104) 요즘 들어 학교폭력과 관련된 뉴스를 하루도 빠짐없이 보게 되는 것 같다. 지난 해 연말 안타까운 대구 중학생 자살사건으로부터 시작되어 학교폭력의 실태가 서서히 드러나고 있는데, 뉴스를 볼 때마다 정말 충격을 금할 수가 없다.

과연 우리 아이는 학교에 잘 다니고 있는지 너무 무섭고 걱정된다. 그래서 오늘은 학교폭력과 그 예방법에 대해 알아볼까 한다.105)106)

1) 학교폭력의 심각성

우선 학교폭력이란 학교 안이나 밖에서 학생 사이에서 발생한 상해, 폭행, 감금, 협박, 약취·유인, 명예훼손·모욕, 공갈, 강요 및 성폭력, 집단 따돌림, 정보통신망을 이용한 음란·폭력정보 등에 의하여 신체·정신 또는 재산의 피해를 수반하는 행위를 말한다. 학교폭력의 유형으로는 상대방의 마음을 상하게 하고 모욕감을 주는 말, 별명 부르기, 위협, 악의적 헛소문 유포, 인터넷상이나 교실에서 공개적인 망신주기, 사이버폭력 등의 언어·심리적인 유형. 시비걸기, 때리기 및 폭행, 하고 싶지 않은 일 강요하기, 물건이나 흉기를 이용한 상해, 침 뱉기, 금품 갈취 등의 신체·물리적 유형, 고의적인 따돌림, 친구를 도우려는 행위를 막는 것, 소지품을 버리거나 감추기, 책상 숨기기 등의 집단 따돌림 3가지 유형이 있다. 아이들의 몸을 다치게 하는 신체적 폭력 뿐만 아니라 마음을

---

104) Ms.SSAM이 말하는 좋은 엄마 2012/01/13 09:00,
    http://blog.naver.com/naraedu0/40149354327
105) 안녕하세요. Ms.SSAM이에요.
106) ⓒ 경향신문 & 경향닷컴, 무단 전재 및 재배포 금지(2012.1.13)

다치게 하는 언어나 정서적 폭력까지 모두 포함된다는 사실을 꼭 알아두어야 한다. 우리 아이들에게도 맞는 것만이 폭력이 아니라는 걸 잘 설명해주고 그런 일이 있으면 꼭 도움을 청하라고 알려주어야 한다.

2) 우리 아이의 안전성

대구 중학생 사건에서도 알 수 있듯이 학교폭력에 시달리고 있는 대부분의 학생들이 주변사람들에게 이런 사실을 알리지 않는다. 자신이 폭력을 당했다는 수치심과 가해학생들의 보복이 무서워서 쉽게 알리지 못하고 주변의 도움을 받지 못하기 때문에 폭력에서 벗어나지 못하는 악순환이 반복되는 것이다. 그렇다면 어떻게 하면 우리 아이가 학교폭력에 시달리고 있는지의 여부를 알 수 있을까? 학교폭력에 시달리는 아이가 보이는 행동유형들을 제시하고자 한다.

(1) 말이 없어지거나 눈을 잘 맞추지 못한다.
(2) 방문을 걸어 잠그고 방 밖으로 잘 나오지 않는다.
(3) 밥을 잘먹지 못하고 잠도 잘못잔다.
(4) 갑자기 소리를 지르거나 폭력적인 행동을 한다.
(5) 학교가기를 싫어하고 학업성적이 떨어진다.
(6) 용돈을 더 달라고 한다.
(7) 얼굴에 상처나 멍 자국이 있는데도 체육시간에 공에 맞았다거나 장난하다가 다쳤다고 한다.
(8) 복장이 지저분하고 단추가 떨어지고 옷이 구겨져 있다.

아이가 위와 같은 행동을 보인다면 학교 선생님, 아이의 친구들, 아이와 얘기를 나눠서 학교폭력의 피해자가 아닌지 잘 파악해 보아야 한다.

그리고 무엇보다 중요한 건 부모님의 관심인 것 같다. 맞벌이 부부라고 하더라도 퇴근 후에 아이와 최대한 많은 대화를 나누고, 아이가 혼자 있는 시간이 없도록 잘 관리해 주어야 한다. 그리고 대구 중학생 부모님의 말씀이 생각난다. 아이와 함께 목욕탕에 가서 아이의 몸에 멍이 있는

지 잘 살펴보라고 한다. 아이와 함께 찜질방이나 목욕탕에 가서 다정한 시간도 보내고 아이의 몸도 살펴보면 좋을 것 같다.

3) 우리 아이의 보호방법

사실 학교폭력을 예방하기 위해서는 가정, 학교, 유관기관이 협력하여 근본적인 대책을 세워야 한다. 그렇지만 이런 대책방안이 세워지고 실행되기까지는 오랜 시간이 걸릴 것이다. 당장 우리가 아이들을 보호하기 위해서 할 수 있는 방법으로는 뭐가 있을까? 우선 정말 당연한 얘기지만 평소 아이와 충분한 대화를 나누어야 한다. 아이들이 부모님께 스스럼없이 무슨 말이든 할 수 있을 만큼 친밀한 관계를 유지해야 한다. 또한 학교선생님과도 꾸준히 연락을 해서 학교에서 자녀의 생활을 알아두어야 한다. 학교폭력의 대부분은 학교에서 일어나지만 부모님들이 학교생활을 알기란 쉽지 않다. 선생님과의 연락을 통해서 아이의 학교생활도 파악하고, 그러다 보면 선생님도 우리 아이에게 좀 더 주의를 기울여 줄 것이다. 그리고 아이에게 운동을 가르쳐 주어야 한다. 최소한의 자기방어를 할 수 있도록 태권도 등의 운동을 배우면 자기 몸도 보호할 수 있고 아이도 자신감을 갖게 될 것이다.

4) 우리 아이가 피해자일 경우의 대처방법

아이가 이미 학교폭력에 시달리고 있다면 우선 신고를 해야 한다. 경찰청에서는 증가하는 학교폭력에 대응하기 위해 다양한 신고방법을 마련해놓고 있다.

(1) 전화 신고: 117번
(2) 온라인 신고: www.safe182.go.kr
(3) 1:1 채팅 상담: www.safe182.go.kr에서 1:1 상담 선택
(4) 모바일 신고: m.safe182.go.kr
(5) 문자 신고: 학교폭력 내용을 작성하여 #0117로 문자

신고를 했다면 이제 아이의 다친 마음을 달래기 위해 전문가들로부터

상담을 받는 걸 추천하고 싶다. 학교폭력 피해자를 위한 많은 상담센터가 있는데, 아래 정보를 참고하여 도움을 받는 것이 좋다.
(1) 청소년폭력예방재단 02-586-0098
(2) 학교폭력피해자가족협의회 02-582-8118
(3) 왕따닷컴 1588-9128
(4) 청예단 학교폭력예방교육센터 02-598-1666[107][108][109]

2. 학교폭력을 예방하는 방법

학교폭력을 예방할 수 있는 방법은 크게 2가지로 요약될 수 있을 것이다.[110]

1) 부모의 무한책임

부모는 자식을 낳았으면 자식의 행동까지 책임지도록 하자는 것이다. 잘나신 학부모님들이 학교처분에 억울하다 반발하고 행동하니 이제는 아이들 문제를 학교에서 선도위원회나 징계위원회를 개최해서 처벌하는 게 아니라 사소한 건들 마저도 경찰에 이첩해서 법대로 처벌하고 법정 보호자인 그 부모들도 똑같이 처벌하도록 법조항을 개정하는 것이다.

2) 학교폭력 신고시

학교폭력이 발생한 학교의 교장, 교감, 학생주임, 담임교사들이 솔선수범하여 학교에서 발생하는 폭력문제를 경찰에 이첩시킬 때마다 가산점을 부여하여 인사고과에 반영하도록 하고, 은폐의혹이나 절차대로 학교에서 발생한 사건을 처리하지 않을시에 3번에 걸쳐 승진기회를 박탈

---

107) Ms SSAM (naraedu0) 아이와 함께 학습하는 엄마가 되기위해 좋은 교육정보를 주고 받고 싶은 Ms. SSAM이예요^ ^
108) [출저] 학교쏙력 예방하기 | 삭성자 Ms SSAM
109) http://blog.naver.com/PostView.nhn?blogId=naraedu0&logNo=40149354327 (2012.1.13)
110) 얌얌스무스 (rlag****), 조회 50 12.01.06 17:05

하는 것이다. 세부적인 세칙은 조정을 해야겠지만 큰틀에서 이것이 유지되고 처리가 된다면 학교폭력을 없앨 수 있다고 본다.[111]

3. 학교폭력 예방기법

1) 학교폭력에 대한 범위

학교폭력이란 학교에서 일어나는 모든 폭력을 말한다. 금품갈취, 집단따돌림, 욕설, 협박 등은 남의 몸과 마음에 상처를 남기는 폭력이다.

2) 학교폭력의 문제점

학교생활이 어려워진다. 그리고 스스로 마음의 문을 닫고, 우울증이나 심하면 자살까지 가능하다. 우리나라 많은 청소년들은 왕따나 학교폭력으로 자살했다고 한다.

3) 학교폭력 대처방안

학교폭력은 우리 학생들이 만드는 것이다. 인간은 서로 부족한 점을 채워주며 살아가야 한다. 친구를 이해하고, 서로 칭찬해주는 것도 좋을 것이다. 그리고 자신의 장점 및 단점을 너무 내세우거나 감추지 않는 것도 예방책에 해당한다. 심심하다고 친구를 괴롭히는 것도 잘못된 일이므로 하지 않아야 한다. 그리고 친구가 나에게 잘못을 했다고 하면 너그러이 용서해 주거나 어른에게 요청해 도움을 받는 것도 하나의 방법이다.

4) 추가적 필요사항

학교폭력의 발생은 중, 고등학교 뿐만 아니라 초등학교에 이르기까지 그 심각성은 날로 증대되고 있다. 학교폭력에 시달리는 학생들이 폭력에 견디지 못해 자살하는 경우도 있다.

학교폭력은 이제 남의 나라의 이야기가 아니라 우리 주변에서 일어나고 있는 우리의 이야기가 되었다. 정부와 학교의 노력으로 학교폭력이

---

111) http://bbs1.agora.media.daum.net/gaia/do/debate/read?bbsId=D003&articleId=4620993(2012.1.13)

줄어들었다고 하지만, 남아있는 학교폭력이 더욱 흉포화, 조직화, 집단화되었기 때문에 학교폭력은 오히려 우리와 아주 가까이 있다는 느낌을 떨칠 수가 없다. 또한 왕따로 불리는 집단따돌림과 같은 교실내에서의 정서적 폭력이 학교문제 뿐만 아니라 사회문제로도 심각하게 대두되고 있다. 일반적으로 폭력행위는 환경적 요인과 관련되므로 폭력적 환경에 노출된 학생은 폭력적 행동에 대해 무감각해지고 폭력을 자신이 직면한 문제해결의 수단으로 간주하게 되는 경향을 보인다. 처음에는 그와같은 행동을 하기 어렵지만, 일단 문제행동을 경험해본 자는 누구든 그 문제행동을 반복적으로 하게 되거나 문제행동에 대해 무감각해질 가능성이 높다. 이러한 문제 행동의 주체는 청소년 즉, 학생이고 이러한 문제가 날이 갈수록 심해지고 있는 것이 사실이다.

5) 학교폭력 예방 글짓기 예시

요즈음 뉴스 인터넷 등 여러 곳에서 학교폭력이나 새학년 신고식을 한다면서 고문이나 폭력을 가하는 경우가 많다. 이런 학교폭력을 빨리 예방해서 학교폭력이라는 단어가 하루 빨리 없어졌으면 좋겠다. 해를 거듭할수록 청소년 사이의 학교폭력의 심각성은 날로 증대되고 있는 가운데, 중·고등학생의 청소년 뿐만 아니라 초등학생인 어린이에 이르기까지 퍼져가고 있다. 요즘 문자, 음향, 영상, 전자매체 등을 통해 피해자 학생이 학교폭력을 견디다못해 자살했다느니 하는 이야기를 쉽게 접할 수 있다. 학교폭력은 더 이상 남의 이야기가 아닌 우리 주변에서 쉽게 일어나는 우리의 것이 되어버린 것이다. 국가의 수사기관이나 학교, 가정에서도 많은 노력을 기울이고 있으나 학교폭력의 흉포한 느낌만은 떨쳐버릴 수 없다. 그것은 학교폭력이 그만큼 집단화되었다는 근거이다.

어느 새 사회문제로 자리잡은 학교폭력의 정의, 원인, 실태 그리고 해설방안을 찾아보고자 한다. 학교폭력, 그것의 정의는 학교 내외에서 학생간에 발생한 폭행, 협박, 따돌림 등에 의하여 신체적, 정신적 또는 재산상의 피해를 수반하는 행위를 말한다. 학교폭력을 있는 그대로 설명하자면 학생과 학생간의 폭력은 물론, 학생의 교사에 대한 폭력과 교사의 학생에 대한 폭력이 포함될 수 있다. 그러나 현재 사회문제로 자리 잡아가는 학교폭력이라고 할 때에는 학생간의 신체적, 언어적 폭력을 말한다.

그렇다면 그런 심각한 학교폭력의 원인은 대체 무엇인가? 먼저, 신고제도의 문제를 따져볼 수 있다. 학교폭력 신고를 하면 어느 정도 비밀로 보장해주지만 신고당한 피의자는 누가 신고를 했는지 알 수 있다. 피해자에게도 문제를 따져볼 수 있다. 물론 학교폭력을 저지른 가해자가 피의자를 가해한 것도 문제이지만 학교폭력은 피의자가 어느 정도 소극적이었기 때문에 큰 문제로 일어났을 것이다. 과연 학교폭력의 실태는 어느 정도인가?

힘의 우위에 있으며 담배와 술 등의 비행을 일삼는 패거리들이 주변 학생들에게 욕설, 따돌림, 무시, 폭력 등을 행함으로 인하여 피해자가 심리적인 소외감을 느끼고 신체적인 상처를 입혀 피해자가 폭력을 원인으로 숨기는 경우가 있는가 하면 정신적 피해를 받아 자살한 경우 또는 후유증을 앓는다는 경우도 있다고 한다. 대한민국 어린이와 청소년을 죽음으로 몰아내는 학교폭력의 해결방안은 간단하다. 우리는 학교폭력의 의미를 바로 알도록 자기 자신이 노력해야 한다. 물론, 모든 학교폭력을 우리가 막는 것은 불가능하지만 욕설을 줄이고 친구의 마음을 친구의 입장에 서서 긍정적이게 생각해준다면 학교폭력이 서서히 줄어들 것이다. 무엇보다도 학교폭력을 당했을 경우에 꼭 선생님이나 부모님, 경찰 등에 알리는 조치를 취해야 한다. 또한 욕설이 나오는 불건전한 영화는 되도록 보지 않는 것이 좋다. 불건전한 영화의 한 장면마다 욕설과 폭력이 나오는데 그런 장면이 학교폭력을 더 끌어들인다. 그밖에 학교에서 남남인 1~6학년 아이들을 서로 짝지어 6남매를 만들고 서로 서로의 고민을 털어놓게 하여 고치거나 성인과 아동 사이에 상담을 한달에 한번 정도씩의 충분한 대화를 가지는 경우에 학교폭력예방의 성공결과도 있다. 우리 주변에 보다 간단하고 쉬운 해결방안이 있음에도 불구하고 집단화된 학교폭력! 우리가 늘 자신감이 넘치는 모습으로 다녀야 한다. 앞으로 현재의 청소년과 어린이로부터 둘러싸인 학교폭력의 불안감을 떨쳐버리고 깨끗하고 바른 유해환경을 만들어 나가고자 하는 마음으로 자유로운 의사토론의 장을 마련하고자 한다. 우리 현실 사회 곳곳에 문제점들이 많아 보이는 것은 이젠 더이상 놀라지 않게 될 정도로 흔하게 보도되고 있다. 이상하게도 사회가 발전하면 할수록 문제점들은 더욱 늘어나고 개선되어야 할 부분은 개선되지 않고 있다. 그 문제점들 중에 한가지를 기록하고 싶다. 이런 생각을 가지게 된 것은 학교폭력이라는 문제점이 관심과 흥미를 불러일으켰기 때문이다. 이 사회문제가 더 늘어가고 있는 것처럼 학교폭력 또한 매년 증가하고 있다. 증가하다 못해 학교폭력은 심각한 문제에도 불구하고 너무 흔한 소재가 되어버렸다. 이러한 학교폭력의 비율이 어느 정도 늘었는지에 대해 궁금하여 나름대로 조사해보았다. 학교폭력 경험학생의 비율은 2006년에는 26%, 2007년에는 30%, 2008년에는 36%로 실제로 학교폭력은 급격하게 증가하고 있었다.

그 이후 계속해서 피해학생수도 증가되고 심지어 우리 주위에서도 직접 귀로 듣거나 정보를 얻게 될 정도까지 이어졌다. 그렇다. 학교폭력은 우리 사회에서 신속히 해결해야 할 문제가 아닐까하는 질문들이 머릿속에서만 아니라 학교 자체 그리고 학생들의 머릿속에서 이 문제와 관련된 답을 생각해 볼 필요가 있다. 학교폭력이 심각해질대로 절정에 이른 만큼 학교폭력을 예방하기 위해서 노력을 기울이는 일도 점점 많아지고 있다. 그런데 학교폭력예방을 하면서도 점점 증가하는 이유가 무엇일까? 여러 가지가 있겠지만 예방방법에 문제가 더 있는 것은 아닐지 생각한다. 이 예방방법과 관련하여 나는 첫번째로 신고제도와 처벌에 문제가 있다고 결론을 내렸다. 만약 교내에 폭력을 당한 한 학생이 학교측에 신고를 했다고 상상해보자. 그 학생을 폭력한 학생은 그에 마땅한 처벌을 받게되겠지만 그런데 여기에서 문제가 발생하게 된다. 가해자는 피해자

학생에게 더 심한 폭력을 가할지도 모른다. 심지어 신고자가 피해자 학생이 아니더라도 가해자는 신고한 학생을 피해자로 오인하여 피해자 학생에게 폭력을 가하게되어 어처구니없는 상황이 만들어진다. 신고제도가 이렇듯 처벌에 관해서 말하고 싶다. 처벌은 대부분 학교봉사나 처벌기간을 짧게하는 것과 같이 약하게 지정되어있다. 물론 전학조치도 있지만 피해자 학생이 심하게 폭력을 받지 않은 이상 그런 조치를 취하지 않는다는 점은 정말 안타까운 현실이다. 그러한 조치가 진행되더라도 이미 피해학생이 받은 신체적, 정신적 피해는 보상받을 수 없을 뿐더러 시간이 지나서 피해를 당한 학생이 우울증이나 감정적으로 엄청난 병을 얻을 수도 있다는 문제점을 가지고 있다. 여기에 적은 문제점만 보더라도 학교폭력 예방방법은 좀더 효과적인 차원에서 바뀌어야 한다는 점을 생각할 수 있다. 하나는 학교폭력에 관한 처벌들이 강화되고 피해학생에게 어떤 식으로든 치료를 해주는 등 보상이 강화되기를 간절히 바라고 있다. 또 한가지 더 바라는 것이 있는데 그것은 학교폭력 예방교육이다.

단순히 학교폭력 가해자가 처벌되는 것과 학교폭력 피해자가 겪는 고통을 보여주는 교육은 오랜동안 효과를 나타내지 못하고 실제로도 그렇다. 그와는 대조적으로 학교측은 학교폭력의 근본원인을 찾아내고 그 근본원인을 이용한 원리로 교육을 해야될 것을 외치고 싶다. 이 학교폭력과 관련하여 아주 좋은 예가 생각난다. 학교폭력의 근본은 바로 역지사지이다. 역지사지는 남의 입장에 대해서 생각해보자는 의미를 가진 한자성어인데 '여우와 두루미'라는 이솝우화에서 아주 잘 나타나 있다.

어느 날 여우는 두루미를 자신의 집에 초대하여 접시에 담긴 고깃국을 내놓는다. 당연히 여우는 접시바닥까지 핥아 먹었고 두루미는 부리가 길어 먹지 못하고 부리 끝만 적시고 말았다. 그 다음날 쫄쫄 굶은 두루미가 여우를 초대하여 음식을 대접하였다. 두루미는 목이 긴 호리병안에 고기를 넣어 내왔다. 당연히 두루미는 긴 주둥이로 맛있는 고기를 빼먹었고 여우는 병 입만 핥고 말았다. 이 이솝우화가 강조했던 역지사지가 학교폭력 예방교육에 꼭 필요하다. 좀더 구체적으로 말해서 이 역지사지에 대한 동화나 캠페인, 선생님과의 대화 등 많은 교육을 실행하여야 한다고 말하고 있는 것이다. 이 제대로 된 학교폭력 예방교육은 어릴 때부터, 다시 말해 유치원에서 초등학생일 때가 교육하는데 있어서 아주 이상적인 시기라고 생각한다. 마지막으로 생각한 것이 하나 더 있다. 그것은 바로 폭력가해자에 대한 교육이다. 이 가해자를 전학시켜도 가해자가 달라지지 않는다면 전학의 의미가 사라지므로 교육을 필요로 한다고 생각되었기 때문이다. 결국 퇴학까지 이르고 가해자의 폭력사태를 막을 방법 또한 없어지게 되는 크나큰 상황을 만들어주게 되는 격도 되어 버린다. 학교폭력 예방은 폭력피해자를 보호하는 것에만 있는 것이 아니라 가해자 학생에게 알맞은 처벌방법과 책임을 일깨워 주고 그것을 몸소 느끼게 해야 한다. 폭력가해자 학생에게 폭력예방교육이 필요로 한다는 점을 더욱 강조하고 싶다. 드물기는 하지만 만약 폭력가해자 학생이 죄책감으로 피해자 학생 못지않은 정신적 고통을 받고 있다면 피해자와의 대화로 풀 수 있을 것이라 확신한다. 폭력을 예방하는 방법은 이외에도 훨씬 더 많이 있을 것이고 고쳐야 될 방법들도 많이 있다.

앞에서 말한 역지사지처럼 쉬운 방법도 있긴 하지만 앞에서 말한 모든 내용을 두글자로 요약할 수 있다. 그것은 바로 관심이다. 사람에 대한 관심은 사랑을 불러일으키고 그 사랑에서 그 사람의 고통을 치유하고 보호해 줄 수 있다고 믿고 있고 모든 사람이 그렇게 생각한다. 지금도 학교폭력은 이 세상 어느 곳에서 일어나고 있을 것이다. 그렇게 시급한 문제인만큼 하루 빨리 학교폭력이 줄어들고 심지어 해결된다면 정말 희망적인 미래 가운데 하나가 아닐까. 자신도 모르게 학교폭력을 일삼는 경우가 많다. 학교폭력을 예방하려면 먼저 알고 예방해야 된다. 학교폭력은 욕, 왕따, 폭력, 돈 빼앗기, 협박 등이 있으며, 피해자가 정신저 피해나 육체적 피해를 입게 된다. 학교폭력으로 피해자가 자살을 생각하고, 자살을 할 수도 있다. 그만큼 학교폭력은 큰 문제점이다.

그리고 일진회가 있는데, 일진회는 학교에서 권력을 갖고 있는 아이들의 모임이다. 일진회는 힘이 약한 아이들의 돈을 뺏고 때리는 행동들을 한다. 이것도 학교폭력이다. 일진회에는 절대 들어가서도 안되고 일진회를 발견하면 선생님께 말씀드리는 게 좋다. 그리고 화가 난다고 해서 폭력을 행사하면 큰 문제가 될 수 있다. 우리 모두가 학교폭력의 문제점과 학교폭력에 대해서 자세히 알고 관심을 가져준다면 학교폭력은 사라질 것이다.112)113)

4. 학교폭력 예방 및 대책

1) 기본계획
- 초등학생 등하교 안심알리미 서비스 제공
- 학년 단계별 맞춤형 예방교육 실시114)

교육과학기술부는 관계부처 합동으로 학교폭력 안전도 제고를 목표로 하는 2차「학교폭력 예방 및 대책 5개년 기본계획을 발표하였다.115) 크고 작은 학교폭력이 계속 발생하고, 최근에는 학교폭력의 저연령화, 집단화와 더불어 따돌림이 증가하고 다양한 유형의 강요에 의한 괴롭힘이 새롭게 등장하는 등 적절한 대책마련이 필요한 실정이다. 이에, 2차 학교폭력 예방 및 대책 5개년 기본계획에서는 학교폭력 예방 인프라 확충과 유치원·초등학교 단계 조기 맞춤형 예방교육 강화를 통해 학교폭력을 사전에 차단하고, 가피해학생을 위한 지역단위 전문진단-상담-선도시스템 구축과 학교와 지역의 책무성 강화를 통해 학교폭력 안전도를 높이는데

---

112) 2009-09-21 21:51 | 출처 : 네이버, 나무tree37님 11.09.28
113) http://k.daum.net/qna/view.html?category_id=QQM&qid=3vFjG&q=%C7%D0%B1%B3%C6%F8%B7%C2+%BF%B9%B9%E6&srchid=NKS3vFjG(2012.1.13)
114) 작성자 김양희 (-) 등록일 2010.05.10 오후 5:11:44 조회 2037, 첨부 학교폭력 예방 및 대책 5개년 계획.hwp
115) 학교폭력! 유·초등학교 단계부터 조기예방 강화, 학교폭력 예방 및 대책 5개년 기본계획(2010~2014) 발표

중점을 두고 있다. 발표된 학교폭력 예방 및 대책 5개년 기본계획은 6개 정책과제 78개 세부사업으로 이루어져 있으며 주요 내용을 살펴보면 다음과 같다.

(1) 학교폭력을 사전차단하기 위한 맞춤형 예방대책의 강화

(2) 폭력행위에 대한 적극적인 규정 적용과 지역단위 가 피해학생에 대한 전문 진단-상담-선도 시스템 구축

(3) 학교폭력 피해학생에 대한 적극적인 보호 및 지원

(4) 학교폭력을 예방하고 재발을 방지하기 위해서는 단위학교의 적극적인 대응과 지역단위 안전망이 무엇보다 중요하며, 이를 위해 단위학교와 시·도의 책무성 강화

매년 하반기에 시·도교육청과 단위학교에 대한 학교폭력 안전도 평가가 실시되어 안전도가 높은 학교는 학교폭력 안전학교로 인증되고, 안전도가 낮은 학교는 전문 컨설팅과 찾아가는 교원 및 학부모 연수가 지원될 예정이다. 생활평점제를 강화하여 내실있는 교육이 이루어질 수 있도록 철저한 지도가 필요하다.[116] 또 무엇보다도 선생님들의 생활지도능력을 함양시키는 노력이 필요하다. 훌륭한 리더십 과정 연수와 캠프과정을 마련하고 선생님들이 의무적으로 참여하여 생활지도능력을 향상할 수 있도록 해야 한다. 또한 학교나 교육청에서도 사후대책보다는 사전예방 및 안내교육이 필요하다. 최소한의 학교폭력 예방활동 가이드라인을 제시하고 장학 및 학교평가계획에 의무적으로 반영하는 것도 하나의 방법이다. 학교폭력대책자치위원회를 많이 했다고 학교폭력이 자주 발생하는 학교라는 인식도 버려야 한다. 학교폭력대책자치위원회를 많이 개최하는 학교가 학교폭력에 더 적극적으로 지도하고 대책을 강구하는 학교이다. 다 그렇지는 않겠지만 학교폭력대책자치위원회를 적게 개최하는 학교일수록 학교폭력에 둔감하다고 할 수도 있다.[117]

---

[116] 박희남 (-) 2010-09-14 오후 4:58:52
[117] 강익원(산곡남중) (-) 2010-09-14 오후 8:33:09

2) 친구들과의 친근감

학교폭력이 생기지 않으려면 친구들과 친근감이 있어야 한다. 그런데 그런 친근감이 없어서 친해지지 못하고 또 친해지지 못해서 친구들간에 갈등이 생긴다. 그러므로 친구들과 함께 할 수 있는 프로그램을 학교에서 운영하는게 좋은 것 같다. 이런 것을 실천하여 앞으로 학교폭력이 없어졌으면 좋겠다.[118] 학교폭력은 선생님들께서 모르는 장소에서 일어나기 마련이다. 그 장소는 학생들만 아는 장소에서 많이 일어나기 마련이다.

이러한 학교폭력이 일어나면 폭행당한 학생은 또 맞을까봐 겁이 나서 말을 못하고 학교를 못나가는 경향이 많이 있다. 학교폭력을 예방하려면 먼저 선생님께서 아이들에게 관심을 많이 가져다 주면 학생들은 마음이 편해져서 학교를 잘 다닐 수가 있다. 또 일주일에 2번 정도 한명의 학생과 면담(상담)을 하면 그 학생에 대해서 많이 알아갈 수 있으며 학생이 고민하는 것을 알 수 있을 것이다. 학교에서는 학교폭력에 대한 강의를 많이 하면 할수록 학생들이 짜증내기 마련이지만 계속해서 보여주면 학생들도 나중에 학교폭력이 안좋은 것이라는 것을 깨달을 것이다.

이렇게만이라도 학교에서 운영을 하면 학교폭력이 학교에서 아는 학교폭력사건보다 많이 줄어들었다는 것을 알 수 있을 것이다. 마지막으로 각 학교의 담임선생님께 한 말씀만 하겠다. 담임선생님께서 맡고 계시는 반아이들에게는 무조건 강력한 지도를 해주시면 학교폭력이 어느 정도 줄어들 것이라고 믿는다.[119] 학생상담체제를 구축하여 체계적이고 지속적인 학생생활지도가 필요하다. 학부모와의 긴밀한 협조체제를 통하여 사전예방지도를 활성화하는 것도 필요하다.[120] 학교폭력예방은 학교, 학부모, 학생 등이 모두 함께 노력해야 할 문제라고 생각한다. 특히, 학생들이 더불어 사는 바른 인성을 가질 수 있도록 학교와 가정이 연계된 품

---

118) 조용호(일신초) (-) 2010-09-14 오후 10:05:11
119) 박병근(운봉공고) (-) 2010-09-14 오후 11:35:52
120) 연규원-인천동방중 (-) 2010-09-15 오전 9:20:56

성교육이 필요하다고 생각한다.[121] 학교폭력은 가해학생의 협박과 위협으로 인하여 피해학생이 가족이나 선생님들에게 말하기 어렵고 또 꺼려하는 부분이 많다. 편하게 이야기할 수 있는 환경을 개선해주고 또한 학교폭력이 일어나지 않도록 충분한 예방교육실시와 더불어 철저한 생활지도가 필요하다.[122] 학교폭력예방은 학교에서 학생들만 대상으로 해서는 온전히 이루기 힘든 일이라고 생각한다. 학교, 학생 그리고 학부모 이 세 주체가 함께 노력해야 해결하고 예방할 수 있을 것이다.

학교에서 중요하게 해야 할 것은 학생들에게 다른 사람의 마음을 이해하고 더불어 사는 바른 인성을 가질 수 있도록 하는 것이라 생각한다.

또한 학생의 가정환경이 학생에게 미치는 영향이 큰 것으로 보아 학부모와의 의사소통 기회가 정기적으로 마련되어야 하며 학부모교육 프로그램이나 상담과정도 제공되어야 할 것이라고 생각한다.[123] 학교폭력예방교육을 위해서는 인성교육이 가장 우선시되고 가장 중요하겠지만 그 다음으로는 중요시해야 할 것은 초등학생을 위한 법교육이라고 생각한다.

초등학생들은 사회경험이 부족하고 인지발달이 성숙되지 않아서 옳고 그름의 판단이 미숙하다. 따라서 법규범에 저촉되는 행동을 죄의식이 없이 저지르는 경우가 많다. 그래서 초등학교는 어떤 면에서는 무법지대라고도 생각된다. 많은 학교폭력에 해당되는 사건들이 매일 수없이 많이 생기고 있는 실정이다.[124] 이러한 문제점을 해결하기 위해서도 초등학생을 대상으로 하는 법교육이 필요하고 이를 도덕시간이나 재량시간에서 정규교육과정시간에 편입하여 지도하는 것이 시급하다고 생각한다.

학교폭력 예방교육을 위해서는 인성교육이 가장 우선시되고 가장 중요하다.[125] 학교폭력을 예방하기 위해 가장 우선적인 것은 학생들의 인

---

121) 김현주(인천검단초) (-) 2010-09-15 오후 1:51:59
122) 심예시(북인천여중) (-) 2010-09-16 오전 10:54:21
123) 이문정(길주초) (-) 2010-09-16 오후 2:06:06
124) 김덕종 (-) 2010-09-16 오후 2:23:33
125) 김덕종(남촌초) (-) 2010-09-16 오후 2:29:58

식제고가 필요하다. 당사자인 학생들 스스로 학교폭력예방의 주체가 되어 활동하도록 학교에서 프로그램을 고안하여 운영하는 것이 중요하다.

학교안전지킴이 등, 학생들이 참여하는 학교폭력예방단이 있지만 많은 학생들이 참여할 수 있는 프로그램이 필요하다. 어느 학교에서는 전교어린이회장단, 명예경찰, 청소년단체 등을 유기적으로 조직하여 많은 학생들이 참여할 수 있는 학교폭력예방단을 조직 운영해 보았다. 그 결과 학교폭력에 대한 많은 인식 개선이 되었다는 사례가 있다.[126] 학교폭력을 없애려면 일단 친구들간의 사이가 좋아야 한다. 하지만 성격, 외모, 성적 등으로 친구들과 사이가 나빠지는 경우가 종종 있다. 이러한 경우에도 학교폭력이 생기는 것 같다. 그러므로 학교에서 용기있는 한 사람이 소외감을 느끼는 친구에게 다가가 서로 좋은 우정을 쌓으면 학교폭력을 대부분 예방할 수 있을 것 같다.[127] 초등학생을 둔 학부모이다. 아이가 점점 커갈수록 TV에서 나오는 학교폭력이 남의 일처럼 느껴지지 않는다. 여기는 다행히 시골이라 조용하고 학생수도 작아 왕따의 문제나 학교폭력이 거의 느껴지지 않지만, 안전한 사각지대는 없다고 본다. 학교앞 프랭카드를 보았는데 학교폭력옆에 친구사랑 주간이란 말이 있다. 마음에 와 닿는다. 어떤 말을 쓰느냐에 따라 보는 시각도 달라질 것이라고 생각한다. 학교에서도 학교폭력의 나쁜 점을 교육하는 것과 병행하여 친구의 소중함을 일깨우는 프로그램이 많이 이루어졌으면 좋겠다.[128]

3) 학교폭력 예방수업

학교폭력 예방을 위한 수업을 정규화하였으면 하는 생각이 있다. 지금까지의 수업처럼 폭력은 무섭다 혹은 처벌받는다 등의 경고성 전달이 아닌 폭력에 대해 생각하는 시간 그리고 학생과의 친교를 형성하고 강

---

126) 황차호(인천주원초) (-) 2010-09-16 오후 3:07:55
127) 박연아(경서초) (-) 2010-09-16 오후 3:28:48
128) 이 우(불은초) (-) 2010-09-16 오후 3:54:25

화할 수 있는 내용의 수업이 구성되었으면 한다.129) 학교폭력 중에서도 언어에 관한 것이 요즈음 특히 심하다고 생각한다. 인터넷상에서 떠도는 나쁜 말들과 어른들이 하는 말을 친구들간에 사용하여서 감정을 상하게 하는 경우가 많이 있다. 세종대왕께서 우리에게 물려주신 멋진 한글을 잘 사용하여야 하는데 말을 줄여서 하거나 이해할 수 없는 말들이 많아서 세월이 많이 흐르면 세대 간에 사용하는 말이 달라 의사소통도 안될 것 같다. 말로 친구들을 기 죽이고 기분을 상하게 하고 특히 욕이나 안 좋은 말을 일상언어처럼 쓰는 친구들이 많은 것 같다. 바른 언어의 사용을 권장하여 언어생활의 변화가 왔으면 좋겠다. 언어가 변화하면 행동도 변하고 친구간에 서로 고운언어를 사용하여서 바른 예절문화를 이루어 나가면 좋겠다. 한마디의 말이 친구에게 행복을 줄 수도 있고 한마디의 언어폭력이 친구를 절망에 빠지게 할 수도 있는 것 같다. 고운말쓰기 운동을 하여서 언어폭력이 없는 학교를 만들면 좋겠다.130) 상인천 중학교의 경우 문제학생을 선생님들과 학생 및 학부형간에 건전한 학교문화를 유지하기 위하여 선도부에 참여시켜 학우들과의 관계모색은 물론 후배 학생들을 올바른 방향으로 지도함으로서 학우들간의 폭력이 많이 줄었다. 예방교육도 좋지만 학생들을 효율적으로 활용하는 것도 하나의 방법이라 생각을 한다.131) 학교폭력은 없어지지 않을 것으로 본다. 폭력을 막을 수 있는 방법은 싸우는 원인을 없애는 것이다. 주로 원인이 되는 것은 주위 사람들의 부추김을 통해서 싸움이 시작되는데 이런 행동을 하지 않도록 교육이 필요하다고 생각한다. 또한 폭력을 일삼는 학생들과 전문적인 상담을 통해서 폭력을 막도록 해야 한다.132) 계획안 주요 내용 중 폭력행위에 대한 피해학생의 전문 진단-상담-선도 시스템을 구축한

---

129) 홍승녁(넌성중) (-) 2010-09-16 오후 3:58:42
130) 김예진(인천효성동초) (-) 2010-09-16 오후 4:24:59
131) 백영자 (-) 2010-09-16 오후 4:30:46
132) 남궁찬우 (-) 2010-09-16 오후 5:20:49

다는 사항을 뒷받침하는 방안이 체계적이고, 구체적으로 실행되어야 된다고 생각한다. 실질적으로 학교폭력의 피해학생이 받은 심리적 상처는 훗날 사회적 문제로 발돋움하고 있는 추세이다.

학교폭력의 피해학생에 대한 적극적인 보호지원이 이뤄질 수 있도록 현실 가능한 계획들이 세워졌으면 좋겠다 .또한 학교 차원에서 계획적인 법교육과 인성교육이 같이 이뤄진다면 더 실천적인 예방대책안이 될 것이라고 생각된다.[133][134] 학부모교육을 통해 가정에서의 훈육방법을 지속적으로 교육받을 수 있는 기회를 제공하고, 학교와 가정간에 연계지도할 수 있는 프로그램을 마련하면 좋을 것 같다.[135] 폭력을 당한 아이도 피해자이지만 폭력을 행하는 아이들도 어쩌면 피해자일지도 모른다.

사랑을 마음껏 받아야 하는 우리의 아이들이 사랑받지 못하고 부모와 선생님과 사회에서 무시당하거나 소외당해서 자신이 왜 그런지도 모르면서 폭력을 행하는 아이들이 있다. 어른들이 재미와 돈으로 만든 영화나 방송내용들을 통해 분별력없이 받아들이고 흉내내는 아이들도 피해자인 것 같다. 모두 다 우리 어른들 잘못인 것 같다. 지식만 배우는 것이 교육이 아니라고 본다. 일단은 폭력하는 학생도 사회속에서 보호받아야 하는 피해자라는 인식이 필요하다. 학생들의 심리검사를 일년에 두 번 정도 해서 정서나 심리적으로 불안한 학생들은 상담이나 치료를 적극적으로 해야 한다고 생각한다. 외국에는 각 학교마다 전문상담가를 두고 있다. 아니면 전문상담팀이 학교들을 순회하면서 검사와 상담을 해도 좋을 것 같다. 우리나라도 미래를 생각하면 이 정도의 투자는 해야 하지 않나 생각한다.[136]

---

133) 송경화(연일학교) (-) 2010-09-16 오후 5:33:08
134) 2010-09-16 오후 5:31:38
135) 김소정(난정초) (-) 2010-09-16 오후 10:18:58
136) 염경희(계양초) (-) 2010-09-17 오전 1:09:45

4) 배려와 희생의 결여

학교폭력은 요즘 아이들이 예전에 비해 남을 위해 배려하고 희생하려는 마음의 결여에서 오는 것이라 여겨진다. 학교에서 교과수업도 중요하겠지만 아이들이 남을 배려할 수 있게 인성수업이란 과목도 생겼으면 한다. 예를 들어 장애우단체나 양로원같은 봉사활동을 과목에 한달에 한 번이라도 넣어서 아이들이 남을 배려하고 아끼는 즐거움을 안다면 남을 괴롭히거나 놀리는 등의 행동이 얼마나 어리석은 행동인지 인지하게 될 것이라고 생각한다. 또한 자기자신이 얼마나 행복한 사람인지도 느끼는 계기가 될 것이라고 생각한다.[137] 학교폭력의 경우에 가해학생과 그 부모들에 대한 처벌 및 교육이 제대로 이루어져야 할 것이며, 가해학생과 피해학생 모두가 결국은 학교폭력의 피해자란 것을 정기적인 교육을 통해서 인식하도록 해야 할 것이다. 또한 가정과 연계하여 작은 폭력과 사소한 언어폭력도 결코 용납되지 않는 학교분위기 조성에 힘써야 할 것이다. 이것을 담임교사의 능력에만 맡겨서 운영하는 것은 안될 것이며 교육과정안에 포함되도록 하여 모든 학생들과 학부모들에게 교육시켜야 할 것이며 교사들을 대상으로 하는 학교폭력 예방연수에는 구체적인 예방지침 및 상담사례, 내용 등이 포함되어 있어야 할 것이다.[138] 학교폭력을 막으려면 우선 반학생들과 뛰어놀 수 있는 시간을 더 많이 만들어야 된다고 생각한다. 그렇게 하기 위해서는 점심시간과 쉬는 시간을 늘이고 수업시간을 줄여야 된다고 생각한다. 또 숙제를 줄여야 된다고 생각한다. 왜냐하면 숙제가 너무 많으면 친구들과 놀 수 있는 시간이 줄어들기 때문이다. 만약 아이들이 숙제가 없다고 집에서 컴퓨터 게임만 한다면 친구들과 1시간 놀기 숙제를 내주면 된다고 생각한다. 너무 무식한 것 같지만 이 폭력문제를 해결하려면 이 방법도 좋은 것이라고 생각한

---

137) 이정화(인천논현초) (-) 2010-09-17 오전 11:09:42
138) 박유연 (-) 2010-09-17 오후 2:24:16

다.139) 왕따나 폭력을 가하는 학생들을 보면 대부분 혼자서는 못하는데 군중심리에 의해 하게 되는 경우가 대부분임을 알 수 있다. 그런 아이들에게 가장 필요한 교육은 너희들도 똑같은 상황이 될 수 있다는 것을 알려주어 경각심을 일깨워 주어야 한다고 생각한다.

이 다음에 컸을 때 피해학생은 가해학생을 끝까지 그런 이미지로 남아있는 채로 사회생활을 할 것이다. 그만큼 피해학생은 평생 못잊을 것이다. 커서 만나게 될 수도 있다. 그러므로 가해학생들에게 필요한 건 성적보다 인성을 배울 수 있는 학교가 되어야 한다고 생각한다.

5) 편안한 상담교사의 필요성

예를 들면 아이의 눈높이에 맞게 대화하는 상담을 자유롭게 가질 수 있는 편안한 선생님이 계셨으면 좋겠고, 아침시간에 교육프로그램을 시청하는 것도 좋겠고, 너가 무심코 한말에 상처를 받을 수 있는, 배려할 줄 아는 바른 말을 사용하는 홍보도 적극적으로 시행했으면 좋겠다. 어느 학교는 저학년에게 "책 읽어주는 엄마" 활동을 하고 있는데 너무 아이들이 좋아하고 간접적인 독서로 아이들에게 도덕적으로 많은 도움도 될 수 있을거라 생각된다.

아주 사소한 것부터 너무 많은데 차근차근 실행해 나가면 미래를 짊어질 우리 아이들은 국민 행복지수 1위인 스위스보다 더 밝아질 것이다.140) 학교폭력의 발생빈도가 지역 및 학교에 따라 상당한 차이가 있는 것 같다. 어느 학교는 폭력이 거의 발생하지 않고 어느 학교는 빈번히 발생한다. 상황에 따른 지도가 필요하다고 보며 학교, 가정, 지역에서 삼위일체가 되어 교육해야 할 것이다. 폭력을 행사한 아동이나 당한 아동들의 교육도 철저히 시켜야 한다고 생각된다.141) 학부모로서 학교폭력이란 단어 그 자체가 가슴 아픈 일이다. 점점 학교폭력이 저연령화가 되

---

139) 추하영(부흥초) (-) 2010-09-17 오후 2:49:31
140) 김계선(개흥초) (-) 2010-09-17 오후 4:12:22
141) 심영수 (-) 2010-09-17 오후 4:20:01

는 요즈음 학교와 선생님들의 많은 관심이 가장 큰 예방책중의 하나라고 생각한다. 양지초는 교장선생님과 선생님들의 지속적인 학생들에 대한 관심 덕분에 학교폭력 안전학교이다. 학교폭력의 사전차단을 위해 예방대책교육을 강화해야 하며 선생님들과 학생들간의 지속적이 관심이 가장 중요하다고 본다. 하반기에 학교폭력에 대한 안전도 평가실시방안에 매우 긍정적이다.[142] 학교폭력예방 및 대책 5개년계획은 범정부차원에서 관심을 가지고 7개부처에서 협력하에 세워진 정책비전과 목표이다 보니 정책과제별 세부과제안에 그동안 우리 모두가 꼭 필요한 사안이라 생각된 모든 내용이 포함되어 있어 일단은 안심해 본다. 이제는 계획을 실행하는 일이 남아있다. 끊임없는 관심으로 우리 모두가 주체가 되어 책임있게 지도에 힘써야겠다. 우선 학교폭력예방을 위한 교육을 반복적으로 실행하여 아이들 스스로 '학교폭력은 안된다'라는 사고를 갖도록 하는 노력이 필요하다 생각한다.[143]

6) 학교폭력의 예방은 관심과 사랑

학교폭력의 예방은 서로에 대한 관심과 사랑이라고 생각된다. 나만을 생각하는 이기적임보다는 우리라는 생각을 할 때 폭력은 사라지지 않을까? 선생님은 학생에 대한 보살핌과 사랑을 학생들은 서로 서로가 관심을 갖고 이해하며 생활한다면 폭력은 사라질 것이라고 생각된다. 학교는 학교내의 전문적인 선생님과 상담실 운영을 통해서 피해자를 보호하거나 가해자를 지도하는 방법 또한 중요하다고 생각된다. 월례행사로 학교폭력 예방을 위한 프로그램 또한 필요하다고 본다. 학생 스스로가 서로를 존중할 수 있는 인격을 키울 수 있는 자체가 중요하다고 생각된다.

이것은 피해자와 가해자만의 문제가 아니라 인성을 가르치는 가정, 그리고 사회교육을 담당하는 학교에서 도와줘야 할 일이라고 생각된다. 더

---

142) 한영신(양지초) (-) 2010-09-17 오후 5:41:57
143) 조영순(경인여고) (-) 2010-09-17 오후 7:24:09

이상 힘이 없거나 친구가 없어서 폭력을 당하는 일은 없어져야 한다. 학교폭력은 사라져야 한다.144) 학교폭력은 학교가 아니라 가정에서 시작되는 것이라고 생각된다. 아이들을 방임하고 무관심으로 대하는 가정이 늘고 있다. 경제가 어렵고 힘들 때 일수록 자녀에게 관심을 사랑으로 표현하면, 밖으로 학교로 나와 폭력을 만들지 않을 것이라고 여겨진다.

　말을 안하고 있다고 자녀들이 학교생활을 잘한다고 여기지 말고 가장 중요한 시기인 10대들에게 인성교육은 부모가 먼저 시작하고 책임져 학교로 보내야 한다고 생각한다. 신광초등학교 운동회날이였다. 뜨거운 태양 아래 줄을 맞춰가며 장기자랑을 하는 모습이 그리 순수하고 이쁠 수가 없었다. 그 이쁜 모습에 어른들이 그림자를 드리우면 안된다고 생각한다. 먼저 다가가서 아이들을 보듬고 보듬은 아이들을 학교에서 다시금 품어주어 서로 상호관에 연계가 되어 학생을 이끌어가야 한다고 생각한다. 학교폭력은 아이들을 병들게 한다. 교사들이 하나하나 아이들에게 관심을 보이면서 서로의 끈을 만들어 폭력없는 교실, 폭력없는 학교로 만들어 가야한다고 믿고 싶다. 부모의 관심, 교사의 관심을 통해 어릴 때부터 아이들의 폭력을 치유하고 일어나지 않도록 예방하기를 바란다.145) 학교폭력은 학생들 스스로 막아야 한다는 생각을 갖게 만들어야 한다. 아무리 교사나 국가가 막으려 애써도 그것의 힘이 미치지 않는 그들까지 감시하기란 쉽지가 않다. 각 학교의 학생회를 중심으로 하여 학생들을 대상으로 학교폭력을 방지할 수 있는 표어를 공모하고, 거기서 우수한 작품이 나오면 학생들이 많이 몰리는 곳에 플랭카드를 만들어 학생의 이름과 같이 걸어 두면 효과가 있을 것이다. 물론 100% 학교폭력을 막을 수는 없겠지만 조금씩 학생들의 마음에 변화가 있다면 큰 의미가 있을 것이라 생각한다. 실제로 많은 학교에서는 위에 제시한 방법을 실천하고 있다.146) 학교폭력이 일어나지 않도록 학교 주변에 CCTV

---

144) 오유진(강화길상초) (-) 2010-09-17 오후 7:56:56
145) 문미혜 (-) 2010-09-17 오후 8:22:40

를 많이 설치했으면 좋겠다. 또 체육시간에 줄넘기와 같이 호신술도 가르쳐 주셨으면 한다.[147]

인천구산중학교 3학년 학생의 의견을 들어 본다. 가해자를 선도하는 해결보다는 양측을 모두 변화시킬 수 있는 효과적인 해결방안이 필요하다고 본다는 의견이다. 학교폭력이 일어날 때마다 가해자를 선도한다고 해서 피해학생의 소극적인 성격이나 열등감같은 학교폭력의 원인제공을 하는 요인들을 개선할 수 없다고 본다. 그렇기 때문에 가해자에게는 확실한 선도 프로그램은 물론이고 피해자에게는 전에 있어왔던 방식 이외에 또래친구들과 원만히 어울릴 수 있도록 실용성있는 프로그램을 계획, 접목해야 한다고 생각한다.[148] 사후처리보다는 사전예방책이 무엇보다 더욱 중요한 학교폭력을 근절하기 위해서는 많은 사람들의 연계를 통한 지원 및 더 나은 시스템으로의 지속적인 개선이 절실히 요구된다. 학교 차원에서는 학생들과 선생님간에 래포를 형성하는 노력과 전문적인 상담교사의 확장도입을 통해 시스템면에서 학생들이 쉽게 조언을 구하고 사전에 조치할 수 있도록 하는 것이 중요하다. 또 학생들간의 신뢰와 신의를 키우도록 인성교육을 다양한 방법으로 즐겁게 하도록 하는 것도 필요하다. 가정에서 역시 학교폭력을 학교에서만 일어나는 협소한 의미로 보지 않고 가정교육과의 연계로 학생들과 많은 대화를 나누며 관심을 갖도록 해야 한다. 그리고 지역사회에서는 스쿨존이 확실히 보호되고 있는지를 꾸준히 점검하며 아이들이 폭력에 쉽게 노출되지 않도록 교육환경개선에 힘써야 한다. 결과적으로 학교폭력문제는 지속적으로 많은 사람들의 관심하에 다루어져야 하며 다각적인 노력이 절실하다.[149] 의도는 좋지만 이에 맞추어서 실행이 가능해야 되고, 실행이 되어도 그 효

---

146) 조승연(세일고) (-) 2010-09-17 오후 8:40:51
147) 최근형 (-) 2010-09-17 오후 9:30:20
148) 최윤지(도화초) (-) 2010-09-18 오전 9:12:43
149) 양훈모 (-) 2010-09-17 오후 10:25:00

과가 오랫동안 유지되어야 한다. 요즘 심한 학교폭력에 대한 대책으로 적절한 것 같다.150) 학교폭력은 사후대책보다는 예방관리가 더욱 필요하며 가정교육과 병행하여 지속적인 학교생활지도가 되어야 할 것이다.

가정에서 자녀의 인성함양 및 교우관리 등 예방활동에 부모가 관심을 기울이고 학교에서는 학생폭력에 대한 학생생활지도에 대한 예방교육 강화와 지역사회와의 연계된 종합예방관리방안을 수립 및 시행할 수 있도록 토론이 필요하며 발생시 사후관리까지 포함된 사후관리방안까지 제정 시행되도록 관심과 의지가 필요하다.151) 청소년기 학생들에게 있어 학교폭력은 가해자, 피해자 모두에게 평생의 큰 상처로 남아 사회생활을 하는데 많은 문제를 야기함으로 반드시 추방해야 한다. 가정과 학교가 연계하여 맨투맨으로 상담활동을 강화하고 따뜻한 관심만이 학교폭력을 줄일 수 있을 것이다.

7) 지속적인 연수 및 상담활동

학교폭력예방에 대한 학생, 학부모, 교사들에 대한 지속적인 연수 및 상담활동을 실시하여야 한다. 또 학생 상호간, 교사와 학생 그리고 학생과 부모가 친목하고 대화하는 장을 열어가는 상담프로그램을 고안하여야 한다. 그리고 다양한 칭찬교육 프로그램을 통한 학생 인성교육을 강화함으로써 학교폭력을 예방할 수 있다. 그 외에도 예방 및 실천중심의 생활지도를 위한 획기적인 대책이 필요하다.152) 학교폭력을 예방하기 위해서는 선생님들과 부모님의 노력도 필요하다고 생각한다. 별로 친하지 않은 친구들이 있을 경우에는 더욱 더 친해질 수 있도록 칭찬릴레이나 마니또와 같은 활동들을 학교에서 한다면 좋을 것 같다. 쪽지상담도 좋다고 생각한다. 그리고 학교내에서 친구들과 친해질 수 있도록 친구가 많은 아이와 친구가 적은 아이가 함께 다닐 수 있는 학교내 캠프같은 프

---

150) 김희수(인송중) (-) 2010-09-18 오전 11:26:34
151) 강석희(은봉초) (-) 2010-09-18 오후 12:01:00
152) 김용완(인송중) (-) 2010-09-18 오후 12:37:04

로그램을 만들면 좋을 것 같다.153) 학교에는 체육대회, 동요제, 학예회, 줄넘기대회 등 여러 명의 친구들과 짝을 이뤄서 할 수 있는 활동이 아주 많다. 동요제도 독창, 중창, 합창 등 장르가 많아서 남녀 구분하지 않고 방과 후에 남아서 연습도 하고 간식도 먹고 아주 즐겁게 논다.

친구들과 놀다가 싸울 때도 있지만 금방 사과도 하고 화해도 한다. 친구들과 즐겁게 사귀고 친근해질 수 있는 기회를 학교에서 많이 만들어 주면 좋겠다. 활동을 하면서 친구의 다른 모습도 볼 수 있어서 좋았다.154) 학교폭력은 지속적으로 장기간에 걸쳐 일어나곤 한다. 한번의 다그침으로 끝마치지 않고, 더욱더 은밀하게 계속되어야 한다. 그래서 학생으로서의 의견은 학교폭력 발생시 가해학생에 대한 확실한 조치와 피해학생에 대한 보호와 휴우증을 버릴 수 있도록 도움을 줄 수 있어야 한다고 생각한다.155)

요즘 학교에 '빵셔틀'이라는 신조어가 생기며 친구에게 매점에 갔다오라고 시키는 등 신체적 폭력만이 아닌 여러 방법으로 폭력이 이루어지고 있다. 선생님들이 모르는 사이에 일어나는 많은 학교폭력들을 예방하기 위해서는 선생님들의 더 많은 지도와 관심이 필요하다고 생각된다.156) 솔직히 말해 학교폭력이라는 것은 처음에는 무엇이든지 사소하고 작은 것에서부터 시작된다고 생각한다. 그것을 초등부 혹은 유아부부터 조기예방한다는 것은 분명 좋은 취지이지만 그것에 대한 대안이 현 시점에서는 너무나 허술한 것은 어쩔 수 없는 사실이다.

무조건적으로 "그래서는 안된다"는 식의 강제적인 교육은 오히려 사방을 향해 날카로운 가시를 세운 아이들에게는 그 신경을 자극하는 것에 지나지 않을지도 모른다. 그렇기에 가장 먼저 시작되어야 할 것은 아이

---

153) 이혁(인전중앙초) (-) 2010-09-18 오후 12:53:56
154) 홍현재 (-) 2010-09-18 오후 6:56:55, 경인교대부설초등학교 학생
155) 관교여중(학생) (-) 2010-09-18 오후 10:32:43
156) 설호준(삼산고) (-) 2010-09-18 오후 10:59:10

들에 대한 관심부터가 아닐까? 예방이라는 것은 그 결과가 미약할 경우, 사실은 조금 무책임하게 다가올 수 있는 말이다. 서로가 서로에 대한 관심, 선생님이 아이들에 대한, 아이들이 아이들 스스로에게 대한, 부모가 아이들에 대한 그와같은 관심에서부터가 시작되는 것이라고 생각한다.

무조건적인 적대감이란 사실상 있을 수 없다. 아주 작은 시발점, 그것을 사전에 미리 방지할 수만 있다면 학교폭력이란 거대한 나비효과는 일어나지 않을 것이라고 생각한다. 그렇지만 비단 그것 뿐만 아니라 그 학교폭력에 대한 사전적인 예방과 그 후의 뒷감당도 물론 소홀히 해서는 안된다고 생각한다. 현 교육상황에서 하루 중 가장 많은 시간을 함께 보내는 것은 부모님도 선생님들도 아니다. 바로 아이들 자신이다. 그렇기에 그런 아이들이 날카로운 가시를 세우지 않고 서로에게 접근할 수 있는 기회를 많이 주고, 그러한 접근이 충돌이 되었을 때의 대안을 내주어야 할 것은 아이들이 아닌 부모님과 선생님들이라고 생각한다. 더 적극적인 교육, 더 적극적인 대책은 바로 그러한 체제에서부터 시작되어야 한다는 것을 명심하는 것이 필요하다. 우선적인 예방은 그곳에서부터 시작되어야 하지 않을까? 더 나은 내일은 멀리 있는 것이 아니다. 사실 바로 옆에 옆쪽으로 눈을 돌리고 대처하는 것, 자신의 바로 지척에 가장 좋은 해답이 있을지도 모른다. 그것을 잊지 않는 것은 비단폭력을 가하는 아이들과 그러한 폭력을 만들어내는 원인 그리고 그에 당하는 피해자 아이 뿐만 아니라 우리 모두가 짊어져야 할 짐이라고 생각된다.[157]

학교폭력은 아무도 모르는 곳에서 일어나기 마련이다. 우선 학교폭력을 가하는 친구도 잘못된 행위이지만 학교폭력을 막기 위해서는 무엇보다도 여러 선생님들과 친구들의 따뜻한 시선과 관심이 필요하다고 생각한다. 가해를 하는 학생도 사랑이 부족하기 때문에 저지르는 행위라고 생각된다. 우선, 부모님의 따뜻한 마음과 정성을 다해야 한다고 생각되

---

157) 김주연(경인여고) (-) 2010-09-19 오후 3:54:16

며 부모님 뿐만 아니라 선생님들의 지속적인 관심과 상담도 필요하다고 생각한다. 일단 그런 가해를 하는 학생의 마음을 바꾼다면 학교폭력은 많이 수그러들 것이라고 예상한다. 당하는 학생도 후에 닥쳐 올 피해가 두려워서 말을 하지 않는 일이 있을 수도 있지만, 그러한 학생에게 부모님과 학부모님들의 상담이 더욱더 절실히 필요하다고 생각한다.

상담이라는 소통의 관계가 가장 중요한 것 같다. 상담이라는 따뜻한 정성어린 관심으로 대화를 나눈다면 가해자나 피해자에게 올바른 의식이 심어질 것이라고 생각한다. 상담 뿐만 아니라 모든 학생들을 대상으로 학교폭력예방을 위한 강의도 많이 필요하다고 생각한다. 이것을 위해서는 모든 선생님들과 학부모님의 관심이 최우선인 것 같다. 학생들에게 많은 관심과 사랑을 주셨으면 좋겠다.[158] "학교폭력 예방 및 대책 5개년 기본계획"을 토대로 교육현장에서 이루어지고 있는 일들을 적극적으로 지도하여 학교폭력을 사전에 예방하며 친구를 사랑하고 학교생활의 즐거움을 느끼게 하여 자아실현과 삶의 질을 향상시키도록 일선 교육현장에서 계획대로 추진되어야 된다고 생각한다.[159] 초등학교의 경우 현재 배움터지킴이가 배정된 학교가 있으나 11월로 끝나는 것으로 알고 있다. 배움터지킴이가 연중내내 활동할 수 있도록 예산지원이 필요하다고 생각한다.[160] 학교폭력을 당해본 사람이 아니라면 논할 수 없는 문제라고 생각한다. 어떤 학생은 실제로 학교폭력을 당해봤는데 그는 학교에 오는 것이 무슨 지옥인 냥 항상 불안했고 매일을 눈물로 보냈다고 한다.

그 당시는 매우 괴로웠고 죽고싶었다고 한다. 이런 마음을 항상 갖고 있었던 어느 날 이대로는 도저히 살 수 없을 것이라는 생각이 들어 담임 선생님을 찾아갔다. 모든 내용을 설명하고 그 동안의 심정을 말하였지만

---

158) 박단비(부평여고) (-) 2010-09-19 오후 6:58:34
159) 김강민 (-) 2010-09-19 오후 7:54:55, 지희석 (-) 2010-09-14 오후 5:13:01, 문성정보미디어고등학교
160) 이용덕(송월초) (-) 2010-09-15 오후 1:33:36

그 분은 상담내용만 받을 뿐 본인도 애들을 직접 다스릴 수 없다며 미안하다고만 하셨다. 그 이후로 괴롭힘은 더욱 심해졌다. 해결이 안된 저로서는 직접 상담실을 찾아가 건의해보았다. 상담을 통해 모든 내용을 말하여 마음이 후련했고 정서적으로도 안정이 되었지만 상담만 했지 괴롭힘은 계속되었다. 하루하루 하늘에 의지하며 '오늘은 아무 일도 없게 해주세요' 라고 매일 기도하는 학생의 심정을 아는지. 언제나 괴로웠고 부모님에게 외국에 이민가서 살자고까지 했다. 결국 괴롭힘은 그냥 방치된 채 2학년으로 넘어갔다. 반이 해체되자 괴롭힘은 사라졌고 정상적인 생활을 할 수 있었다. 제가 괴롭힘을 당해본 결과, 상담은 절대적으로 필요하며 선생님의 관심과 노력만이 그 아이를 구원할 것이라고 생각한다.

8) 피해학생에 대한 안정책 강구

일단 괴롭힌 가해자를 처벌하는 것이 아니라 당한 이의 안정을 되찾아주는 것이 급선무이다. 또 담임선생님은 수시로 본인의 반에 확인하러 오시는 것도 좋다고 생각한다. 그 후에 학교폭력 가해자를 따로 불러 상담을 해야 한다. 상담으로 통제가 안되는 아이들이 대부분이란 것도 안다. 그러나 일단은 상담을 통해 본인이 무슨 짓을 하는지 일깨워 주어야 한다.

그래도 폭력이 발견되었을 시, 학교에서 폭력대책교육을 받게 해야 한다고 생각한다. 그런데도 나아지지 않았다면 부모를 소환하여 집중상담을 해야 한다. 그렇지만 무엇보다 중요한 건 관심과 사랑이다. 어떤 학생은 용기를 내어 스스로 상담하러 가지만 보통의 아이들이 이런 것을 당했을 때 숨기려고 하는 것이 사실이다. 따라서 선생님이 일일이 관심을 주고 관찰을 하며 '저 아이의 행동은 왜 저럴까'라고 의문을 갖고 상담하는 자세를 가져야 한다.[161] 요즈음 학교 내외에서 크고 작은 폭력이 일어나고 있다. 언론에서도 학교에서 일어나는 폭력사태를 보도한 바가

---

161) 이윤철(산곡중학교) (-) 2010-09-19 오후 8:00:50

있다. 이러한 불미스러운 일이 계속되면 폭력을 받는 학생은 학교생활이 더욱 힘들어지고, 괴로워질 것이다. 학교나 교육청 등에서 많이 관심을 가져야 이러한 사태를 막을 수 있다. '학교 폴리스 제도'도 그 중의 하나이다. 경찰을 학교에 상주시키어 폭력을 막는 방법이다. 학교 내외에서 교대로 경찰을 배치시킴이 좋은 방법이라고 생각한다. 또 폭력을 가한 학생은 상담을 통해 다시는 그런 행동을 하지 않게 고쳐가는 것이 좋다고 생각한다.162) 학생이 폭력을 행한다는 것은 그냥 하는 것이 아니라 그 학생의 주변환경 또는 선배의 영향이 크지 않나 생각한다. 친구들과 어울리지 못하고 잘못된 선배들과 어울림으로 인해 폭력을 배우게 되고 그 폭력을 친구들 또는 후배들에게 행하게 되는게 아닐까? 그럼, 애초에 폭력을 어디서 배웠을까? 가정에서 부모들의 영향력과 학교에서 선생님의 영향이 가장 크다고 본다. 아이들에게 무조건 해라 혹은 무조건 하면 안된다라고만 하는 사고를 가르치다 보니 나름대로의 스트레스로 인해 폭력이 해소책으로 될 수 있을까? 어린 시절에 넓은 운동장에서의 구슬치기, 연날리기, 팽이치기, 추운겨울에도 밤늦게까지 캄캄한 운동장에서 손등 부릅터가며 공차며 뛰워놀던 때가 생각이 난다. 그땐 폭력이란 단어가 없었던 것 같은데, 요즘 우리 아이들은 눈만 뜨면 공부! 공부! 뛰어 노는 시간은 24시간중 몇시간이나 될까? 공부하면서 받는 스트레스는 어디서 해소할까? 학교에서 체육활동시간을 좀더 늘리고 단합할 수 있는 프로그램을 만들어 보면 어떨까? 함께 뛰면서 서로를 이해하고 친구는 소중하다는 것을 깨닫게 만들고 때로는 작은 힘도 도움이 될 수 있다는 것을 스스로 깨닫게 한다면 폭력은 줄어들 것이라고 생각한다.163) 얌전했던 아이들도 고학년이 되면서 친구들과 어울려 다니면서 왕따를 시키거나 싸우기도 한다. 친구들과 학교에서 함께 어울려 활동을 하는 시간이 많고 선생님들도 그 활동에 함께 참여하여 모두 재미를 느낀다면

---

162) 김강민(인천남중) (-) 2010-09-19 오후 8:12:16
163) 김동군 (-) 2010-09-20 오전 12:27:29

서로서로 얼굴을 아니까 때리고 싶은 마음도 줄어들 것 같다.[164]

일단은 선생님들께서 관심을 많이 가져주셔야 한다고 생각된다. 내성적이거나 소극적인 친구들이 학교폭력을 당하기 쉬운데, 그런 친구들에게 관심을 가져주고 걱정해 주는 분들은 몇 분 되지 않는다. 학생들과 많은 대화를 나누어 보고 항상 주의깊게 봐야 한다.[165] 학교폭력은 우리 학부모들의 학창시절에도 발생했던 일들이다. 그러나 그때는 지금보다 학교폭력의 강도가 낮았으며, 그 연령도 지금보다는 높았던 것으로 기억한다. 폭력의 강도와 연령의 변화는 우리 사회가 고도화됨에 따라 사회의 최소단위인 가정과 인성교육기관인 학교에서조차도 성과주의 및 개인화되는 현상에서 초래되는 것이 아닌가 하고 생각해 본다. 2차 학교폭력 예방 및 대책 5개년 기본계획발표안에 따르면 학생보호를 위해, 그러나 모두를 감시하는 시스템인 학교내 CCTV설치, 배움터지킴이, 등하교 안심 알리미 서비스의 본격실시가 상당히 우선시되는 것 같다. 현재 전국적으로 발생되고 있는 학교폭력의 위험성이 높아짐에 따라 상기 시스템은 현재 상황에 미루어 볼 때 시급성에서는 우선순위가 높아야 하지만 좀더 근본적이고 장기적인 계획에 중점을 두어야 하지 않을까? 그리고 생활평점제의 경우, 학교의 모든 생활이 점수화되어 있어 우리 아이들을 더욱 더 점수기계로 만드는 것이 아닌가 생각된다. 또한 학교폭력에 대한 근본적인 해결방법으로 제시된 학교급별 맞춤형 예방교육의 일환인 유초등학교 단계 조기예방교육 실시를 통해 어린 학생들에게 연령에 맞도록 좀더 심도있는 학교폭력에 따른 피해상황을 보여줄 필요가 있다고 생각한다.

학교폭력을 줄이기 위해서는 누구나 알고 있듯이 가정과 학교의 연계가 가장 중요하다. 학교폭력은 보이지 않는 곳에서, 그리고 소수의 인원에 의해 발생되기 때문에 가정에서는 우리 아이가 이런 환경의 가해자

---

164) 김가연(옥련초) (-) 2010-09-20 오전 12:59:09
165) 강소연(인천서창중학생) (-) 2010-09-20 오전 8:49:16

인지 혹은 피해자인지에 대한 일상적인 관심이 필요하다.

이를 위해서는 학교를 통한 학부모교육과 사례연구 등이 필요하다고 생각된다. 또한 가정에서 우리 아이의 문제점이 파악되었다면 신속하게 학교의 도움을 요청해야 할 것이다. 선생님들께서는 지식의 전달에 앞서 인성지도와 함께 지속적인 관심과 학생들에 대한 배려가 필요하다고 생각한다. 저의 초등중학교 시절, 시골학교이기 때문에 혹은 학생수가 적어 가능했는지는 모르지만 담임선생님께서 최소 년 1회 이상 가정방문을 하셨다. 요즘과 같이 산업화가 고도화된 사회에서는 옛날과 같은 가정방문은 현실적으로 불가능할 것이다. 그러나 문제점이 발견된 학생들에게는 편견없이 좀더 관심과 배려를 통한 학생의 이해가 학교폭력의 근본적인 해결이 아닐까 생각이 든다.[166]

9) 학교폭력의 해결방법은 가정의 동참

학교폭력에 대한 예방은 생활지도 중에서 가장 해결하기 어려운 과제이면서 반드시 해결해야 할 난제라고 생각한다. 물론 학생들만 대상으로 해서는 안되고 근원적인 문제는 가정인 경우가 많으므로 학부모와 함께 상담을 실시하면서 학교, 학생, 학부모가 하나가 되어 노력해야만 좋은 결과를 얻을 수 있을 것이다. 학교 차원에서 할 수 있는 과제 중 가장 효과적인 사례는 전문상담교사를 활용한 상담활동 및 프로그램 운영이라고 생각한다. 물론 학부모와의 유기적인 상담이 이루어져야 더욱 효과적이라고 볼 수 있다.[167] 폭력은 내 마음의 표현이다. 마음의 여유가 있을 때 남을 배려할 수도 포용할 수도 있다. 쉴틈없이 돌아가는 삶이 결국은 폭력을 부른다고 생각한다. 학력위주로 움직이는 생활을 조금만 줄여서 인성교육을 위한 시간으로 할애한다면 폭력은 조금씩 사라질 것이라고 믿는다.[168] 폭력은 또다른 마음의 표현이다. 지치고 삶이 팍팍할 때 짜

---

166) 허현아(마장초등학교) (-) 2010-09-20 오전 9:50:12
167) 김희경(산곡중) (-) 2010-09-20 오전 9:55:22
168) 채연옥(연화중) (-) 2010-09-20 오전 10:09:18

증나고 화나듯이 학생들의 학교생활을 돌아보면 웃을 여유가 없는 것이 지금의 학교 현실이다. 사실 마음의 여유가 있어야 배려도 할 수 있고 포용도 할 수 있다. 학력위주로만 바쁘게 돌아가는 학교생활을 인성을 위한 시간으로 조금만 할애한다면 학교폭력은 점차 줄어들 것이라고 생각한다.169) 학생, 학부모, 교사들이 생각하는 학교폭력의 의미는 매우 다르다. 학교에서 지도하는 학교폭력은 일부에 지나지 않는다고 생각한다.

폭력의 심각성은 언론에 보도되는 잔인함에서 사사로운 친구를 무시하는 눈빛까지 범위도 크다. 다양한 각도에서 학교폭력에 대한 의식의 변화를 가져오지 않는다면 큰 성과는 어려워 보인다. 그러나 교사의 작은 한마디와 관심으로 자칫 잘못하면 위험에 빠질 수 있는 학생들의 폭력을 미연에 방지할 것이라는 것은 분명하다. 그래서 교사는 학생들에 대한 애정과 관심을 가지고 생활지도에 힘써야 할 것이며 학교에서는 교사의 전문적인 지도를 위한 연수와 예방교육을 실시하고 학교폭력자치위원회의 형식적인 대책이나 상벌이 아닌 학생들의 선도를 위한 대책 마련에 힘써야 할 것이다. 교육청 단위에서도 학교폭력이 자주 발생하는 학교와 지역에 대한 지원이 필요하다.(학교폭력이 자주 일어나는 학교는 학교폭력을 줄이라는 공문이 아닌 필요한 인력의 지원이 더 절실할 것 같다.) 국가단위에서는 학교폭력이란 전사회적인 관심을 이끌어 학교의 문제가 아닌 사회의 문제이며 사회단위의 기본인 가정에서의 기본생활에 대한 교육을 이끌 수 있는 방안이 필요하다고 생각한다.170)

학교폭력을 예방하기 위해서는 친구들과 사이좋게 지내고 서로 배려하고 이해하려는 노력이 필요하다고 생각한다. 학교에서 사소한 다툼으로 인해 하교 후에 형이나 오빠를 동원해서 위협을 가하는 일이 가끔씩 생기는 것 같다. 친구들과의 일은 친구들끼리 해결하도록 지켜봐주는 것도 중요한 것 같다. 그리고 언어폭력이 매우 심각한 것 같다. 특히 욕이

---

169) 채연옥(연화중) (-) 2010-09-20 오전 10:14:12
170) 박은영(미산초) (-) 2010-09-20 오전 11:34:10

나 안좋은 언어를 사용하는 친구들이 많은 것 같다. 각 학교나 가정에서는 고운말 쓰기를 권장하여 언어폭력이 없는 학교로 만들었으면 좋겠다.171) 초등학생 등하교 안심알리미 서비스를 현재 일부 학생들에게만 혜택을 주고 있는데 예산이 허락된다면 전체 아이들에게 서비스를 받게 하면 좋을 것 같다. 그리고 가끔씩 오작동이 있어 학부모님들로부터 연락이 오는 경우가 있는데 안심하고 믿을 수 있는 안전한 시스템 구축이 필요할 것 같다.172) 학교폭력도 예방이 가장 최선의 방법이고 이를 위해서는 아이들에게는 반복적 교육이 필요하다고 생각한다.

"아이들에게 10번 이상 말하지 않고는 말했다고 할 수 없다" 라고 한다. 유,초등 단계부터 연계교육이 체계적으로 이루어져야겠다.173) 집단으로 이루어지는 폭력은 상대적으로 죄의식을 느끼지 못하기 때문에 학교폭력이 줄어들지 않는다고 생각한다. 그래서 이제라도 학교폭력 예방 인프라 확충과 유치원 및 초등학교 단계별 조기 맞춤형 예방교육 강화를 통해 학교폭력을 사전에 차단하고 나아가 피해학생을 위한 지역단위 전문 진단·상담·선도 시스템 구축과 학교와 지역의 책무성 강화를 통해 학교폭력 안전도를 높이는데 중점을 둔다고 하니 정말 안전하고 희망찬 교육이 기대된다.174) 학교폭력은 갈수록 어려지고 집단화되며 성인사회를 모방하고 있는 추세로 보인다. 교육현장에서 학생과 교사가 서로 신뢰하고 사랑이 피어날 때 학교폭력은 충분히 예방할 수 있다고 생각한다. 그러기 위해서는 무엇보다도 먼저 인성교육을 할 수 있는 시간의 확보가 교육현장에서 시급히 요구되는 사안이 아닐까 생각한다. 학력 제일주의 교육현장에서 교사는 교사대로 학생은 학생대로 너무 분주한 하루를 보낸다. 서로 마주보고 대화를 나눌 여유가 교육현장에서 필요하다고

---

171) 이동호(백운초) (-) 2010-09-20 오후 1:53:28
172) 윤호숙(대화초교) (-) 2010-09-20 오후 2:16:09
173) 주은정(석암초) (-) 2010-09-20 오후 3:42:50
174) 김정원 (-) 2010-09-20 오후 4:08:22

생각한다. 또 하나는 폭력사건 발생시 가해자의 지도방법에 대해서 보다 더 실효적인 방법의 도입이 요구된다. 학교에서 어쩔 수 없는 학생의 경우 피해학생과 격리하여 적극적으로 지도할 수 있는 확실한 시스템적 프로그램의 도입으로 학교, 교육청, 사회 등 모두가 유기적으로 기능할 때 학교폭력이 줄어들 수 있다고 생각한다.[175] 요즘 학교에서 학교폭력 예방을 위한 여러 캠페인 등을 실시하고 있는데 실제로 학생들은 그것에 동참하지 않는다. 캠페인이나 예방교육 등은 지극히 표면적이라고 생각한다. 정말로 아이들의 마음을 움직일 수 있는 그리고 아이들의 수준에 맞는 교육이 시급하다.[176] 가끔 학교에서 학교폭력에 대한 설문조사를 하기도 하지만 실제로 폭력을 당한 학생들은 설문조사에 자신이 폭력당하고 있다고 쓰지 않는다. 그 이유는 자신이 학교폭력을 받고 있다는 것을 알렸을 때 행여 있을 보복과 친구들이 그 사실을 알았을 때의 두려움 때문이라 할 수 있다. 이러한 학생들을 위해서 가장 중요한 것은 주위 사람들의 관심이다. 학교선생님들은 한 아이에게 무슨 문제가 있어 보인다면 적극적으로 아이에게 상담을 해주었으면 한다.[177] 학교내의 학교폭력은 자신의 분노를 제어할 수 없어 어쩔 수 없이 가해지는게 아니라 장난스럽게 던진 눈덩이가 피해자에게는 눈사태가 되어 덮쳐오는 것이 큰 문제이다. 창피와 자존심 문제로 자신이 그런 눈사태속에서 고통받고 있다는 것을 아이들은 숨기고 싶어하는 것이 대부분이고 사춘기의 아이들이라면 더욱이 그런 행동을 취하게 된다. 이러한 사실을 교육청이 분명히 알고 있고 학교폭력 예방대책은 예전부터 꾸준히 이어져왔음에도 불구하고 피해자들이 늘어만 가는 것은 방법체계가 확실히 잘못되었다는 것을 우리에게 알려주고, 그것을 통해 이제 새로운 방법을 모색해야 한다는 것을 깨달아야 한다. 생각되는 새로운 방법이라함은 피해

---

175) 홍민기(만수여중) (-) 2010-09-20 오후 4:26:43
176) 북인천中 유재연 (-) 2010-09-20 오후 4:50:56
177) 전승윤(부원여중) (-) 2010-09-20 오후 6:25:39

자는 물론이거와 학교폭력의 주동자들에게 사랑을 주는 것이다. 교사부터 시작하여 학부모로 전달되어 가정에서도 이어질 수 있게끔이다.

학교에서 폭력을 가하는 아이들의 근본적 원인은 이미 그 아이들이 육체적으로든 정신적으로든 폭력을 받았다는 것이다. 남에게 상처받은 사람은 당연히 상처주는 법을 알게 되고 자신에게 처해졌던 것처럼 남에게 그 상처를 전해주며 악순환을 이어간다. 이 고통의 싸이클을 없애는 방법은 지금 제시되고 있는 방법들에 비해 매우 막연해 보일지 모르지만, 그런 학교폭력의 주동자들에게 진심으로 사랑을 주어 남에게 상처와 같은 폭력이 아닌 사랑을 주는 법을 알게끔 깨닫게 하는 것이다.

학교의 선생님들은 피해를 입은 아이들에게 더큰 관심을 보여주며 사랑을 주려 하고 폭력을 가한 학생들에게는 처벌과 비난의 목소리를 들려준다. 어찌보면 당연한 일일지 모르지만 앞으로 계속 폭력을 가할 아이들은 피해받은 아이가 아니라 여전히 폭력을 이미 가해본 아이일 것이다. 그러한 아이들에게 먼저 사랑을 주어 상처를 보듬어주지 않으면 악순환은 멈추지 않을 것이다. 물론 피해를 받은 아이들이 폭력을 가한 아이에게 받은 상처로 인해 그 아이 역시 남에게 상처주는 법을 배우게 되는 것도 간과할 수 없는 것은 마찬가지지만 우리는 현재 폭력을 가한 아이에게 먼저 사랑이 필요하다는 것을 확실히 깨닫지 못하고 있다는 것이다. 왜, 언제부터 그렇게 다른 아이들에게 상처를 주고 피해만 주는 학생으로 인식되어버렸을까. 꼭 보듬어 주었으면 한다. 폭력으로 인해 상처를 입은 학생들을 보듬어 주는 것은 여러번 봐왔지만 폭력을 가한 아이에게 사랑을 주려는 교사는 참으로 보기 어렵다. 혹시 나중에 교사가 되는 사람은 그렇게 남에게 상처줄 수 밖에 없는 존재로 인식되고 이미 그렇게 되버린 불쌍한 아이들 꼭 안아주어야 할 것이다.[178] 학교폭력은 학생들 사이에서 은밀히 이루어지는 경우가 많다. 그렇기 때문에 선

---

178) 박관수(상인천중) (-) 2010-09-21 오전 12:52:53

생님이 학교폭력을 미리 알아차리고, 이를 예방하기란 사실상 어렵다. 따라서 학생들 사이에서의 학교폭력 신고제도를 활성화시켜야 한다.

현재 실시되고 있는 학교폭력 설문은 교실내에서 이루어지기 때문에 사실상 공개적으로 실시된다고 볼 수 있다. 학교폭력을 예방하기 위해서는 이러한 제도를 수정하고 학교폭력 신고의 비밀을 보장하기 위한 방안을 마련해야 한다.[179] 학교폭력에 있어서 우선적으로 가져야 하는 것은 현실적으로 피해학생에 대한 많은 보호와 관심을 가져 피해학생들이 자신들에게 더 이상 추가적인 피해가 없다는 것을 알 수 있도록 하여 적극적으로 학교나 선생님들께 도움을 요청하도록 해야 하며 학교나 선생님들께서는 응급적 조치 뿐만 아니라 보다 강력하고 확실한 보호 및 제재방법이 필요하다고 생각한다.

실제로 현재 학교내에서 자신과 같은 학급의 급우들로부터 폭력을 당하고 있으면서도 말을 하지 못하는 피해학생들이 많을 것이다. 피해학생들이 선생님들께 말씀을 드려도 가해학생들이 말을 맞추면 상담하는 정도에서 그치는 경우가 많아 피해학생은 그 이후로 더욱 어이없는 이유로 괴롭힘을 당하게 된다. 그리고 이런 일들로 인해 근처에서 누군가 괴롭힘을 당하는 모습을 보아도 자신이 선생님들께 알려봤자 소용이 없다고 생각을 하고 오히려 자신이 가해학생들에게 괴롭힘을 당할까 못본척하고 지나가는 경우도 빈번할 것이다. 그렇기 때문에 학교폭력에 대한 응급조치 뿐만 아니라 보다 강력하고 확실한 보호 및 제재방법이 필요하다고 생각한다.[180] 학교폭력의 원인 중 대표적인 것은 사회분위기와 가정내 문제라고 생각한다. 사회분위기 중에서는 미디어의 영향이 아닐까 생각이 되는데 미디어에 의한 폭력에 대한 무감각은 미디어로 어느 정도 해결할 수 있다고 생각한다. 교육당국과 텔레비전 프로그램과 긴밀한 연계로 그 예전 어느 방송 프로그램이있던 느낌표, 단비 등과 같이

---

179) 김민지(신흥여중) (-) 2010-09-22 오전 9:49:50
180) 구본준(제물포고) (-) 2010-09-22 오전 10:46:58

많은 사람들 특히 유청소년들에게 큰 영향을 주는 프로그램의 계발로 사회전반적인 계몽이 효과적일 것이라고 생각한다.[181]

10) 인성교육의 필요성

학교폭력을 예방하려면 학교내에서 아이들을 지도하고 계시는 선생님들께서 관심을 가지고 생활지도나 수업시간에도 서로 친밀감을 느낄 수 있는 교육, 예컨대 모둠끼리 서로 협동해야 결과를 이룰 수 있는 것들을 하면 조금이라도 학교폭력이 줄어들 것이라고 생각한다.[182] 학교폭력예방 및 효율적 대처를 위해서 무엇보다 선행되어야 할 것은 학생들의 인성교육이라고 생각된다. 아무리 효과적인 제도와 시스템이 구축된다고 하더라도 이는 미봉책일 수 밖에 없다는 생각이 든다. 학생의 가정환경과 성장과정이 학교폭력과 밀접한 연관이 있다. 따라서 근본적 예방책을 마련하기 위해서는 학부모 교육을 비롯한 가정상담 등이 연계되어야 한다고 생각한다.[183] 최근 학교폭력 및 학교주변 아동성폭력은 커다란 사회적 문제가 되면서 그 어느 때 보다 심각성을 인지하고 예방하기 위해 각양각색으로 노력하고 있고 학교폭력은 개인, 가정, 학교 등 모두가 관계한다고 본다. 학교에 마련되어있는 wee클래스 운영으로 상담하는 등 담임선생님과의 면담은 학생들에게 도움이 될 것이며 학부모들의 자발적인 자원봉사로 학교주변을 순회하는 등 학생 개인은 2인 이상 같이 다니는 캠페인도 좋은 방법이라고 생각한다.[184] 학교에서 학교폭력 동영상을 보았는데 왕따로 피해를 당하는 아이의 이야기였다.[185] 주변에서도 보면 별일도 아닌 일로 친구들이 친구를 왕따시키자고 하고 또 왕따란 말을 너무 쉽게 아무렇지 않게 말하는 것을 보았다. 왕따를 당하는

---

181) 한상희(인천마장초) (-) 2010-09-24 오후 7:46:56
182) 김미옥 (-) 2010-09-26 오후 12:00:27
183) 강목형(인천대건고) (-) 2010-09-16 오전 11:12:11
184) 변진희(만수초) (-) 2010-09-18 오전 10:08:32
185) 남촌초등학교 5학년 5반 학생의 글

친구는 같은 친구에게 나쁜 욕을 듣고 핸드폰을 통해서도 협박을 받는 것 같았다. 왕따를 당하는 친구를 볼 때 너무 불쌍했다. 친구들에게 조금이라도 관심을 가져주면 좋을 것 같다. 학교에서도 재량시간에 친구들을 더잘 알 수 있는 프로그램을 만들었으면 좋겠다. 그리고 선생님과의 대화시간도 만들었으면 좋겠다.[186] 학교폭력은 사회 모든 분야에서 노력해야 한다. 학교에서나 가정에서는 학교폭력에 대한 교육을 지속적으로 해서 폭력에 대한 정확한 인식이 필요하다. 스스로는 장난처럼 여기는 작은 폭력도 당하는 사람 입장에서는 한 사람의 자존감을 완전히 무너 뜨리는 일이라는 것을 알게 해야 한다. 그리고 각종 매체에서 폭력을 다루는 장면의 심의를 더욱 강화해야 한다. 또한 멋진 배우들로 해서 폭력이 미화되거나 하는 일은 없어야 할 것이다.[187] 학교폭력은 학교선생님 뿐만 아니라 학부모, 지역주민 모두의 관심과 노력이 필요하다. 우리 모두가 조금만 관심을 기울이고 노력한다면 충분히 근절할 수가 있을 것이다. 폭력의 가해자나 피해자 모두는 우리자녀와 동일선상에 학생이라고 생각하면 문제는 간단하다.[188] 학생, 학부모, 교사들이 생각하는 학교폭력의 의미는 매우 다르다. 학교에서 지도하는 학교폭력은 일부에 지나지 않는다고 생각한다. 폭력의 심각성은 언론에 보도되는 잔인함에서 사사로운 친구를 무시하는 눈빛까지 범위도 크다. 다양한 각도에서 학교폭력에 대한 의식의 변화를 가져오지 않는다면 큰 성과는 어려워 보인다. 그러나 교사의 작은 한마디와 관심으로 자칫 잘못하면 위험에 빠질 수 있는 학생들의 폭력을 미연에 방지할 것이라는 것은 분명하다. 그래서 교사는 학생들에 대한 애정과 관심을 가지고 생활지도에 힘써야 할 것이며 학교에서는 교사의 전문적인 지도를 위한 연수와 예방교육을 실

---

186) 이민혁 (-) 2010-09-16 오후 3:27:27
187) 한인숙 (-) 2010-09-16 오후 8:08:39, 강화남중
188) 변진희(인천만수초) (-) 2010-09-18 오전 10:09:31, 관교여중(학부모) (-) 2010-09-18 오후 10:43:50

시하고 학교폭력자치위원회의 형식적인 대책이나 상벌이 아닌 학생들의 선도를 위한 대책마련에 힘써야 할 것이다. 교육청 단위에서도 학교폭력이 자주 발생하는 학교와 지역에 대한 실질적인 지원이 필요하다. 학교폭력이 자주 일어나는 학교는 학교폭력을 줄이라는 공문이 아닌 필요한 인력의 지원이 더 절실할 것 같다. 국가단위에서는 학교폭력을 전사회적인 관심으로 이끌어 학교에서 해결할 문제가 아닌 우리 사회가 함께 떠안아야 할 문제이며 사회단위의 가장 최소 단위인 가정에서의 기본생활에 대한 교육, 남을 배려하는 인성을 갖추어 줄 수 있어야 한다고 생각된다. 우리 아이들의 무너져가는 인성을 빨리 회복시켜 주어야 한다.[189]

요즈음에는 초등학생들 중에서도 인기가 있거나 힘이 센 친구들이 그 중에서도 권력을 가지고 있기 때문에 학교폭력이 많이 일어나는 것 같다. 그러므로 학교에서는 그런 친구들이 바른 리더십을 갖게 할 수 있도록 리더십 캠프같은 것을 만들면 좋겠다.[190] 학교에서의 예방교육도 중요하지만 아무리 학교에서 잘 교육시킨다고 하여도 가정에서의 자녀에 대한 관심과 사랑이 더 필요하다고 생각한다. 가정에서 이미 방치되고 상처받은 학생들은 학교에서 아무리 지도하여도 바뀌기 어렵다. 그리고 청소년들이 갈 수 있는 건전한 문화공간의 마련도 꼭 필요하다고 생각된다.[191] 연평도라는 섬은 모든 학생들이 가족같으면서도 선후배간의 규율이 엄격하다. 그래도 한 학급의 학생이 6명~10명 정도로 구성되어 학교폭력과 급우간의 왕따가 없는 학교이다. 앞으로 학교폭력에 대한 지속적인 계획으로 추진하면 효과가 있으리라고 생각한다.[192]

11) 예절교육의 필요성

부모들로부터 유교적 가치관과 예절교육을 받으면서 자랐지만 급격한

---

189) 박은영(미산초) (-) 2010-09-20 오전 11:46:26, 미산초 교사 박은영입니다.
190) 박혜빈(만수북초) (-) 2010-09-20 오후 2:38:18
191) 김미숙(병방초) (-) 2010-09-16 오후 2:13:34
192) 연평중(학생) (-) 2010-09-17 오후 2:41:26

사회변화와 경쟁구도, 물질만능주의의 팽배로 인해 자녀들에게는 유교적 가치관은 물론 변변한 예절교육조차 제대로 못하고 오직 자녀들이 사회에 진출해서 돈을 많이 벌 수 있는 것에 초점을 맞추어왔다. 그 좋지 않은 결과가 이제 나타나고 있는 것이다. 그렇다고 유교적 가치관의 주입과 예절교육이 해결방법이라고는 할 수 없다. 그것이 통하지도 않을 뿐더러 현대의 민주주의와 맞지 않는 부분이 많기 때문이다. 어떻게 학생들에게 바른생활을 하도록 이끌 것인가? 이제는 국가적인 차원에서 한국사회의 객관적이고 공감대가 이루어지는 에티켓 및 예절에 대한 표준화가 필요할 것이다. 각 세대별로 생각하는 예절은 범위와 표현방법에서 다르다는 것을 누구나 인정할 것이다. 이렇게 표준화된 에티켓 즉, 상대에 대한 배려를 어떻게 학생들에게 교육시킬 것인가? 생각하면 할수록 답답하다. 교육현장에서 느끼는 아이들은 자신들이 원하는 것이나 필요한 것이 아니면 들으려 하지 않으려 한다는 것이다. 에티켓 관련 교과를 편성하거나 기존 관련과목에서 이 부분을 중점적이고 지속적으로 다룰 수 있도록 교육과정에 반영하여야 하겠다. 또한 따분한 예절교육이 아니라 학생들이 즐겁게 참여할 수 있도록 프로그램을 개발하고 또한 생활기록부에서 인성에 대한 중요한 평가자료가 되도록 하여 학생들이 적극적으로 참여하도록 유도하여야 하겠다. 이렇게 하여 학생들이 기본 에티켓을 갖추고 타인에 대한 배려가 몸에 배일 때 학교폭력의 많은 부분은 저절로 해결되리라 생각된다.[193] 학교폭력이 이루어지는 이유는 서로 친구간에 애정이 없고 그 애를 왕따시키거나 나쁜 짓을 하는 것이 결국 폭력으로 번진다고 본다. 또 선생님들한테 말해도 선생님이 치료해 줄 수 있는 방안도 따로 없다. 그것을 자제하면 그 아이가 더 맞을 수도 있기 때문에 또 학교폭력에 대한 해결방법은 지속적이어야 한다.[194] 학교폭력을 예방하려면 학생들만 교육을 시켜서는 해결될 문제가 아니라

---

193) 최동규(강남중) (-) 2010-09-17 오후 7:42:08
194) 박상우(도화초) (-) 2010-09-17 오후 10:40:53

고 판단된다. 그러므로 언어폭력 등 학부모의 자녀교육 프로그램을 마련하고 학교, 학부모, 학생 등 모두의 노력이 필요하다. 그리고 수업과정에도 현재 진행되고 있는 것들도 좋지만 인성교육에 대한 학교 수업과정이 생긴다면 도움이 될 것 같다. 그렇지만 학교폭력은 없어지지는 않을 것이다. 하지만 이런 프로그램들이 생긴다면 지금보다 학교폭력이 많이 줄어들 수 있을 것이다.[195] 학교폭력은 해가 갈수록 늘어만 가고 있다.

물론 지금까지 여러가지 방안들이 나왔지만 학교폭력은 단순한 처벌강화로 끝날 문제가 아니라고 생각한다. 폭력 후의 처벌, 그 다음엔 가해학생들의 보복폭행이 이어진다는 것이다. 물론 모든 경우에 해당되는 말은 아니지만 많은 경우의 사례에 해당된다. 당연한 사실이지만 학교폭력의 주체는 다름아닌 학생들이다. 처벌강화의 방안도 중요하지만 늘어가는 학교폭력을 위해서는 학생들에게 학교폭력에 관한 제대로 된 인식을 심어주어야 한다고 생각한다. 폭력 후의 대책마련 보다는 평소 시간을 활용해서 학생들에게 인식시키는 방법, 전문강사를 초빙하여 학생들에게 보여주는 방법 등 많은 예방활동을 해서 학생들의 생각을 움직여야 한다고 생각한다. 자신의 의지보다 더 강력한 것은 없다고 했다.

학교폭력에 대한 예방방법은 처벌이 두려워 없어지는 폭력보다는 학생들이 진정 학교폭력에 대한 올바른 인식을 가지고 폭력사건을 일으키지 않는 것이 더 중요하다고 생각한다.[196] 사실 학교현장에서의 학교폭력은 생각보다 심각한 수준이다. 현실성있는 계획들과 실천들에 대해 학부모, 교사, 학생 등이 함께 노력하여 학교폭력없는 학교가 되길 바란다.[197] 먼저 학교폭력이 이렇게 심각한 상태에까지 왔다는 것에 대해 착잡한 마음과 일말의 책임감을 느낀다. 다 그런 것은 아니지만 학교폭력의 가해자의 경우 결손가정의 아이이거나 여건이 안되어 부모가 제대로

---

195) 김대경 (-) 2010-09-17 오후 10:50:07
196) 배민숙(논현고) (-) 2010-09-18 오전 1:09:40
197) 이영주(고잔초) (-) 2010-09-18 오전 8:58:37

돌보지 않는 경우가 많다. 예방대책을 개략적으로 읽어보니 좋은 내용들이 많이 있지만 인성에 기초한 교육을 선생님들이 해주셨으면 좋겠다.

억압과 통제에 의한 교육방식이 아닌 자율과 인성을 중시한 그러한 방식이었으면 좋겠다. 무엇이든 기초가 중요하다고 한다. 초등학교 저학년 때부터 이러한 교육을 자주하게 되면 자연스럽게 올바른 가치관이 형성될 것이고 이러한 학생이 많아지면 폭력 등을 행사하는 학생들도 줄어들 수 있지 않을까 생각이 된다.[198]

남학교에서의 학교폭력은 이미 너무 자연스러운 현상이 되었다. 다른 아이의 교과서를 가져간다거나 돈을 빌리고 안갚는 등 별일이 아닌 것처럼 보이지만 그 뒤에는 두려움과 무력함에 힘들어 하는 아이가 있다.

가정에서 기초적인 교육이 부재한 현실에서 학교에서 이러한 지도가 이루어져야 할 것인데, 요즘의 학교는 그럴 시간이 없다. 그리고 그러한 교육시간은 형식적이기까지 하다. 폭력행동에 대해 일부 잘 모르거나 지도의 부재로 발생한다고 생각한다. 그렇기 때문에 학교의 교칙에 자세한 사항을 첨가하여 학생들이 구체적으로 알 수 있도록 하는 것이 가장 쉬우면서도 효과적 방법이라고 생각한다. 그리고 그에 따른 적절한 처벌에 관한 제도도 필요해 보인다.[199] 학교내에서 선생님들이나 경찰관 등이 쉬는 시간, 점심시간을 이용해서 순회하셨으면 좋겠다. 학교에 배치되어 있는 '배움터지킴이' 활동을 보다 내실화하였으면 좋겠다.[200] 학교폭력이 학교가 아니라 가정에서 시작되는 것이라고 앞에서 언급했지만, 이 말이 옳다고 보는 바 가정에서 폭력으로 이미 얼룩진 우리 아이들에게 학교에서라도 교육과 더불어 보호받을 수 있는 선생님들의 도움이 필요하지 않나 싶다.[201] 우선 유치원생과 초등생들에게 조기적인 폭력예방

---

198) 이상목(옥련초등학교) (-) 2010-09-18 오전 11:55:51
199) 주현정 (-) 2010-09-18 오전 11:59:30
200) 천준범(논곡중) (-) 2010-09-18 오후 5:06:08
201) 이윤정(인화여중) (-) 2010-09-19 오후 5:59:03

교육을 하는 데에 있어서는 구체적이고 효과적인 교육이 이루어져야 한다. 무조건적으로 학교폭력이 해가 된다고 세뇌시키기보다는 학교폭력이 왜 이루어져서는 안되며 왜 우리 사회에 나쁜 영향을 주는지에 대한 충분한 이해가 필요하다. 또 학교폭력 신고에 대해 적극적인 태도를 가질 수 있도록 하는 것이 가장 중요하다. 등하교 알림 서비스는 좀더 쉽고 편리하게 이용할 수 있도록 시스템을 구축해야 하며 효과적인 홍보가 이루어져 많은 학부모들이 참여할 수 있도록 해야 한다.

그리고 학교마다 전문상담교사를 여러 명 배치하여 학생들의 학교폭력에 대한 고민과 신고절차 등을 도와주어야 하며 이를 활성화시켜야 한다. 학교폭력을 가한 학생에게는 강한 처벌을 내리기 보다는 적절한 처벌과 더불어 피해학생의 입장을 이해시키고 심리적인 상담이 필요할 것이다. 가장 중요한 것은 학교와 가정의 적극적인 관심과 더욱더 효과적인 방안을 마련하는 것이며 계획의 실천이 반드시 이루어져야 할 것이다.[202]

12) 업그레드된 교육을 통한 학교폭력의 감소

학교폭력은 학교에서만 이루어지는 것이 아니고 등.하교 하는 사이에도 일어나기 때문에 학부모나 선생님들의 더욱 업그레이드 된 교육으로 학교폭력을 줄이는 것이 최선적으로 이루어졌으면 좋겠다.[203] 학교폭력은 선생님의 회초리가 없어진 어느 날부터인가 학교엔 폭력이라는 무서운 단어가 자연스럽게 흘러나왔다. 잘못을 했을 땐 따끔한 충고가 필요하고 그보다 큰 잘못이 있을 땐 선생님의 회초리도 필요한데 선생님이 학생들을 마음대로 지도하지 못하는 현실이다 보니 학생들간의 작은 언쟁이 곧 폭력으로 이어지고 징계위원회까지 소집해야 하는 사태까지 발생할 때면 참 마음이 아프다. 짧은 생각일런지는 모르겠지만 학교엔 스

---

202) 엄미선(양촌고) (-) 2010-09-18 오후 8:42:53
203) 박찬민(신월초) (-) 2010-09-18 오후 8:46:36

승님의 회초리도 가끔은 필요한 것 같다. 감정이 섞이지 않는 사랑의 회초리 말이다.[204]

　학교폭력 예방이 가장 중요하겠지만 만약 사건이 발생했다면 학교폭력 피해학생에 대한 적극적인 보호가 필요하다. 가해자들이 경미한 처벌만을 받고 같은 학교에 계속 다닌다거나 전학을 가더라도 가까운 곳이라면 보복성 2,3차 피해가 있을 수 있다고 생각한다. 가해자에 대한 확실한 선도가 가장 중요하겠다.[205] 학교폭력을 예방하기 위해서는 가장 중요시되어야 할 것이 학생들의 인식이라고 생각하는데, 아직까지 학교폭력을 당해보지 않은 학생들은 학교폭력에 대해 중요하게 생각하지 않은 경향이 있기 때문이다. 이런 것은 학교내에서 크고 작은 교육을 자주 실시하여 학생들에게 '학교폭력'이란 것의 개념과 그 심각성을 확실하게 심어주어야 한다고 생각한다. 또한 담임선생님이나 상담선생님들의 세심한 보살핌도 필요하다고 생각한다. 학교를 다닐 때에는 누군가 마음을 기대고 털어놓을 수 있는 분이 있으면 힘이 된다고 생각하는데, 학교폭력을 당한 학생들같은 경우에도 폭력을 당해도 두려움이나 보복 등으로 인한 염려 때문에 잘 털어놓지 않는다. 그러므로 피해학생이 마음을 놓고 고민을 털어놓을 수 있도록 선생님들과 환경을 만들어주면 다시 학교폭력이 재발생되는 일을 좀더 효과적으로 막을 수 있을 것 같다.

　또한 가정에서도 확실한 지도가 필요하기 때문에 학부모님들에게도 폭력예방교육을 실시하는 것도 좋은 방법일 것 같다.[206] 가끔 학교에서 학교폭력에 대한 설문조사를 실시하기도 하지만 실제로 폭력을 당한 학생들의 경우에는 자신이 이것을 밝힘으로서 일어나는 또 다른 보복과 다른 아이들이 알았을 때의 두려움으로 아무에게도 말하지 않으려는 경향이 있다. 자신이 폭력을 받고있는 사실을 알리지 않는 아이들을 위해

---

204) 배순애 (-) 2010-09-19 오후 11:06:28
205) 정다혜(영선고) (-) 2010-09-20 오후 1:24:22
206) 함혜인(인천여중) (-) 2010-09-20 오후 5:36:08

선생님들은 학생들이 조금이라도 이상한 행동을 보인다면 그것에 관심을 가지고 적극 상담해주어야 할 것이다. 또한 학교폭력을 당하는 학생을 위한 상담실이나 상담쪽지 등이 더욱 활성화되었으면 한다.[207] 물론 저희 학교에서도 학교폭력은 일어나고 있는 것 같다. 하지만 학교폭력 대응공략중에 관심과 캠페인이라는 공략이 있는데 사실 생각하기에 따라서는 이런 캠페인과 관심으로는 잘 해결된다고 생각하지 않는다. 관심은 눈곱만큼도 없고 오히려 캠페인을 할 때 그 친구들과 어울려 학교폭력을 하거나 자고 친구들이랑 노는 학생이 대부분이기 때문이다. 그래서 구체적으로 선생님들께서 많이 바쁘시겠지만 좀더 관심을 가지시고 폭력이 일어날 수 있는 학교 구석구석을 다니시면서 안전하게 지켜주시고 그렇게 되면 적어도 학교안에서는 아이들이 겁을 먹고 그런 나쁜 행동을 하지 않을 것이다. 하지만 이런 선생님들의 노력에도 한계가 있을 듯 하다. 그러니 나쁜 폭력의 예를 보여 주고 스스로 본인들이 이런 행동을 하면 안되겠구나 생각하고 느끼게 해서 다시는 이런 행동을 하지 못하도록 하는 것은 어떨까 생각이 든다.[208] 일단, 각 학교에서 벌점제를 철저하게 시행하여 학교폭력을 범한 학생들은 그 댓가를 충분히 받을 수 있게 해야 할 것 같다. 그리고 학교폭력이 일어나지 않도록 그리고 그 폭력들이 주로 누구에 의해 일어나고 어디에서 일어나는지 이런 것들을 선생님들이 정확하게 알아야 한다. 그러기 위해서는 학생들에게 정기적으로 설문조사를 하여서 선생님들이 발빠르게 대처할 수 있도록 하면 좋을 것이다.[209] 학교폭력이라고 해서 꼭 신체에 가해지는 폭력만이 학교폭력이라고 생각하진 않는다. 이보다 더 무서운 폭력이 요즘 아이들에게 보여지고 있는 왕따 문제라고 생각한다. 요즘 아이들은 작은 일에도 흥분을 잘하고 감정표현이 바로바로 나타난다.[210] 그래서 그 표현을 자

---

[207] 전승윤(인천부원여중) (-) 2010-09-20 오후 6:18:05
[208] 조승민(검암중) (-) 2010-09-20 오후 6:55:12
[209] 조범진(인천동방중) (-) 2010-09-25 오후 5:31:59

기보다 못한 친구들에게 나쁜 방향으로 행해지는 것 같다. 내 아이는 괜찮을 것이라고 생각하는 부모님들이 대부분일거라 생각하지만 주변에서 보면 의외로 많은 아이들이 왕따나 정신적인 피해를 당하는 것 같다. 이런 일이 생기지 않으려면 학교, 선생님, 부모, 아이 등 모두가 많은 노력을 해야 할 것 같다. 학교나 선생님들께서는 아이들을 바라보는 눈길에 사랑과 관심을 가져주셨으면 좋겠다. 그리고 학교에서는 요즘 아이들의 정서에 맞는 인성교육과 피해를 당하는 아이들의 정신적인 치료부분까지 신경을 써주셨으면 좋겠다. 학부모들도 학교와 연계해서 좀더 적극적으로 아이들에게 관심을 가져야겠다고 생각한다.211)

13) 학생, 학부모, 교사의 공조 필요성

학교폭력의 근절은 학생과 선생님 그리고 학부모의 3박자가 조화를 이루어야 한다고 생각한다. 피해학생이나 가해학생을 중심으로 보았을 때 선생님께 필요한 것은 생활지도능력이라고 본다. 그러기 위해서는 학교폭력에 대한 선생님의 올바른 이해를 위한 연수프로그램과 학생과의 친밀감을 위한 정기적인 면담이 중요하다고 생각되어진다. 또한 학부모의 이해와 역할도 중요하기에 학교폭력에 대한 동영상을 제작하여 학교 홈피나 교육청 홈피에 띄워 부모님이 보게 하는 과제를 내는 것도 한 방법이라고 생각한다.212) 학교폭력은 근절되지 않고 있어 불안하기만 한데 구체적인 예방안은 나오질 않고 있는 것 같다. 학교폭력 예방 및 대책 5개년 계획을 세우기는 했지만 구체적으로 어떻게 관리할 것인지 의문이 든다. 학교울타리를 좀더 안전하게 강화하여 최소한 학교안에서는 문제가 생기질 않게 해주면 좋겠다.

선생님들께서 좀더 관심을 가지고 살펴주시면 좋겠는데 업무량이 너무 많은 것 같아 안타깝다. 학부모들이 좀더 관심을 갖고 선생님들과의

---
210) 남촌초등학교의 어느 학부모의 글
211) 조미경 (-) 2010-09-16 오후 3:03:35
212) 장문정(인주초) (-) 2010-09-17 오전 12:01:45

연계를 견고히 한다면 훨씬 좋아지리라 생각한다.213) 우선, 친구들과의 사이에서 소외감을 느끼지 않게 하는 선생님들의 역할이 가장 크다고 본다. 물론 선생님의 역할만으로는 학교폭력이라는 뿌리깊은 문제점이 뽑힐 리 없으니 학부모와 학생들과 힘을 합해서 거리감없는 반, 학교를 만드는 것이 가장 큰 대책이라고 생각한다. 거리감이 느껴지다 보면 자연스럽게 소외감이나 왕따같은 문제점이 생기기 마련이니, 친근감을 갖게 하는 것이 가장 큰 숙제인 것 같다. 어서 이 숙제를 풀어서 이 주제에 대해 토론하는 날이 안오기를 바란다.214) 학교폭력이 없어지려면 학생들의 관심을 끌어올려야 한다고 생각한다. 선생님들의 지도하에 학생들의 폭력이 단속된다면 언젠가는 지도받은 학생이 학교폭력을 당하던 아이에게 해코지를 할 것이다. 학생회장 또는 학교에 영향을 미치는 학생에게 학교폭력 단속을 맡겨야 한다. 학생들 사이에는 선생님들도 모르는 미묘한 관계가 있다. 상담을 할 때에도 학생들은 선생님에게 말하지 않는다. 그렇지만 학교의 선배나 친구는 그런 것을 빠르게 눈치챌 수 있다.

선생님들이 지도하는 것은 마지막 단계가 되고 우선은 학생들에게 자율적으로 맡겨야 한다고 생각한다.215) 학교폭력은 아이들의 무심코 내뱉는 언어폭력에서부터 시작된다. 그 현장은 대부분 선생님이 없는 곳에서 사소한 일에서 시작되니 무엇보다 아이들에 대한 선생님의 관심과 노력이 필요하다고 생각한다. 아이들에게 선생님이란 믿을 수 있는 존재여야 더이상 학교폭력은 일어나지 않을 것이다. 학생, 학부모, 선생님 모두 열심히 노력해야 학교폭력이 없는 학교를 만들 수 있을 것이다.216)

최근 학교내에서 친구간의 따돌림 문제로 인해 학생들이 학교에 적응하지 못하고 있는 현상이 증가하고 있다. 이러한 학교내 집단 따돌림 현

---

213) 김현정(인주초학부모) (-) 2010-09-17 오후 9:46:04
214) 인윤지-상인천여중 (-) 2010-09-18 오후 8:01:12
215) 덕적고 3학년 (-) 2010-09-19 오전 9:45:21
216) 손예지(인천고잔초) (-) 2010-09-19 오후 9:49:38

상을 해소하기 위해서는 집단 따돌림의 개념과 문제점을 파악시키고 자신의 소속감을 향상시키며 따돌림 문제를 극복하는 적극적인 행동을 취할 수 있도록 돕는 등 가해자, 피해자, 방관자까지 모두에게 그것의 문제점을 깨닫게 하고 교우간의 긍정적 관계를 형성하기 위해서 학교 외부에서는 물론 내부에서의 노력이 필요하다고 생각된다.[217] 미디어와 방송매체의 발달로 유치원에서부터 고등학교에 이르기까지 학교폭력은 해가 지날수록 늘어간다. 학생들을 올바르게 지도하기 위해서는 선생님들의 학생에 대한 많은 관심과 폭력이 이루어졌을 때의 적절한 체벌이 학교폭력이 줄어들게 할 수 있는 길이다. 학생들간의 상호 유대관계를 가지도록 여러가지 공동체 프로그램을 많이 진행하는 것도 좋은 방안이다.[218] 학교폭력은 친구들의 무관심과 따돌림속에서 시작된다. 학교폭력은 정말 무서운 것인데, 이것은 성인이 되어서도 큰 범죄를 저지르는 길로 갈 수 있다. 이를 예방하기 위해서는 아이들 스스로 알아야 하는 것도 중요하지만 학교에서 적극적으로 나서야 하는 것도 중요하다. 학교폭력은 대상자가 학교에 말하지 않는 이상 학교에서 알기는 어렵다. 현재는 많은 설문조사도 하지만 설문조사도 아이들이 말하기를 꺼려하고 그것이 밖으로 유출되면 혹시나 보복을 당하게 될까봐 두려워 말하지 못하는 경우가 많다. 이를 위해서 학교에서는 선생님들께서 학생들에게 많은 관심을 가져주시고 많은 대화로 더욱 친근하게 다가가면 좋을 것 같다. 이렇게 되면 아이들이 처음에는 부담이 되겠지만 조금씩 시간이 지나면 마음을 열고 말하게 될 것이다. 또한 친구들과도 서로 마음을 열고 친해질 수 있는 공간이나 학교행사도 생기면 좋을 것 같다. 이를 통해 적극적이지 못한 친구들도, 잘 어울리지 못한 친구들도 자신과 마음이 맞는 친구를 만나게 될 것이고, 가족에게 선생님께 말하지 못한 마음앓

---

217) 김양희 (-) 2010-09-19 오후 11:09:08, 박성진(동인천중) (-) 2010-09-19 오후 11:10:35
218) 김한슬(강화여고) (-) 2010-09-20 오후 3:30:38

이를 그 친구에게 말할 수 있는 좋은 기회가 될 것 같다. 학교폭력 예방의 최우선은 학교의 관심과 사랑이다.[219] 소규모 학교이기 때문에 학교폭력은 없으나 언제나 학부모 입장에서는 학교폭력은 없어져야 하는 시급한 문제이다. 5개년간 꾸준히 시행하면 좋은 결과가 있으리라고 생각된다.[220] 요즘 학교폭력은 심각한 상태이다. 여러가지 원인들 중에 아이들의 인성교육의 부족이 가장 큰 원인이라는 생각이 든다. 개인이기주의와 물질만능주의에 빠져 아이들은 부모님, 선생님, 친구들에 대한 예의를 모른다. 모두가 더불어 살 수 있는 세상을 위해 학교, 학부모, 학생 모두가 노력해야 될 것이다.[221] 학교폭력 예방을 위해서는 학교, 학부모, 지역사회, 학생 모두가 노력해야 하지만 학교폭력이 행해지는 요인을 보면 가정에서의 요인이 가장 큰 경우를 많이 본다. 학교에서 아무리 폭력예방을 위해 노력하지만 가정에서의 근본적인 원인이 해결되지 않는다면 효과는 미미할 수 밖에 없으므로 가정과 사회에서의 예방과 관심을 증대시킬 수 있는 시스템이 무엇보다 먼저 구축되어야 한다고 생각한다.[222][223]

5. 졸업식 등 대비, 학교폭력 예방활동 강화, 폴리스 타임즈

울산지방경찰청은 최근 왕따, 집단폭력으로 인한 자살사건이 연이어 발생하는 등 학교폭력 문제가 심각한 사회문제로 대두되고 있음에 따라 동계방학, 2월 졸업식, 3월 신학기 대비 학교폭력 예방활동을 강화할 계획이다.[224] 이번 예방활동 강화의 배경은 방학 중 보충수업을 위해 등교

---

219) 윤아영(명신여고) (-) 2010-09-20 오후 8:17:43
220) 연평중(학부모) (-) 2010-09-17 오후 2:37:57
221) 박정연(인천고잔초) (-) 2010-09-19 오후 9:30:33
222) 홍영미(청라초) (-) 2010-09-20 오후 4:22:21
223) http://bestedu.ice.go.kr/html/make/appointment_view.asp?B_CATEGORY=0&B_CODE=bChoice&IDX=16&gotopage=1&subImg=02(2012.1.13)
224) 울산지방경찰청, 동계방학, 졸업식 등 대비, 학교폭력 예방활동 강화 폴리스 타임

하는 학생을 괴롭히는 등 불안감을 주는 불량청소년을 선도하여 등하굣길의 안전을 확보하고, 강압적 졸업식 뒤풀이 예방 및 신학기초에 증가하는 왕따 및 집단폭력 등 학교폭력 예방을 위한 사회적 분위기를 조성하기 위해 실시된다. 경찰에 따르면 최근 대전과 대구에서 학생 자살사건이 연이어 발생하는 등, 왕따와 집단괴롭힘에 의한 학교폭력이 심각한 상황으로 이는 학생들이 보복이 두려워 피해사실을 신고하지 못하고, 신고를 하더라도 경찰이나 학교로부터 별다른 도움을 받을 수 없다는 불신이 팽배하며, 학교폭력이 일회성 처벌위주로 끝나 가해학생과 피해학생이 다시 마주치는 상황이 발생하여 피해가 지속되는 악순환이 문제점으로 분석되고 있다. 이에 경찰은 경찰서장 직할하에 '학교폭력 안전Dream팀'을 운영하며 전국 경찰서별 '학교폭력 안전Dream팀'을 운영하여 신고접수시 경찰서장이 직접 모든 수사와 대응방안을 총괄지휘하고, 개별사건 접수시 찾아가는 범죄예방교육 강사, 추가 피해접수를 통한 조사관, 피해자 서포터를 즉시 지정하여 수사 초기부터 전방위적 대응체계를 갖출 예정이다. 이어 동계방학, 졸업식 등에 대비한 학교폭력 예방활동 강화방안으로 중·고생 보충수업 관련 등·하교 시간대 통학로와 학원가 등 학교폭력 발생 우려지역에 순찰차·경찰관을 배치하여 안전을 확보하고, 폭력·금품갈취 등에 대해 가해자는 입건하여 엄정 처벌하고, 집단적으로 몰려다니며 불안감을 조성하는 불량 청소년은 주의 및 현지계도하는 등 방학 중 등·하굣길 학교폭력 예방활동을 전개할 예정이다.

졸업식이 있는 당일 학교주변에는 경찰관(형사기동대, 경찰관기동대 등)을 배치하여 학생지도교사 등과 취약지역 합동순찰 실시 등으로 강압적 졸업식 뒤풀이를 근절하고 관련 행위자는 주동자 뿐만 아니라 단순 가담자도 엄정 처벌할 예정이다. 또한 개학 후 졸업식 전 중3·고1학생 대상 강압적 졸업식 뒤풀이 근절 및 왕따예방 등을 위한「범죄예방

즈 (PRESS) / 리뷰로그 2011/12/30 08:35,
http://blog.naver.com/06rnftkrrl/50130250954

교실」을 집중 실시할 계획이다.

또 옷 벗기기 및 찢기, 물에 빠뜨리기 등 강압·강요에 의한 뒤풀이가 폭행죄임을 교육시킨다. 개학 후에는 등·하굣길 통학로 및 학원가 등에 대해 순찰을 실시하며 학교 등과 협조하여 학교폭력 서클 및 가해학생 관련 자료수집을 강화하고, 배움터지킴이·아동안전지킴이의 연계로 근무시간·장소 효율적 조정을 통한 사각지대 최소화, 상·하반기 학교폭력 '자진신고 및 피해신고'와 '집중단속' 기간 운영, 각 학교별(232개교) 1:1로 지정된 학교안전 전담경찰관과 담당교사간 구축된 핫라인으로 왕따 등 학교폭력 관련자료 사전입수, 학교폭력 근절 및 예방활동에 만전을 기할 방침이다. 또한 절도·폭력 등 일반 소년범을 대상으로 운영하고 있는 『사랑의 교실』·『소년범 조사시 전문가 참여제』 등을 확대해 나갈 예정이다.

현재 울산지방경찰청은 경찰서별로 학교폭력 및 왕따 등 "위기아동·청소년 통합지원협의회"를 운영하며 상담, 교육, 치료, 복지 등 다각도의 맞춤형 상담지원활동을 하고 있는데 실예로 중부경찰서는 아버지의 폭행을 피하기 위해 가출을 시작하며 노숙과 함께 절도와 삥뜯기 등을 일삼으며 부산 양육원, 울산 단기쉼터 등을 옮겨 다니며 생활하던 A양(17세, 고2 중퇴)를 대상으로 울산청소년상담지원센터·울산직업능력개발원 등과 연계하여 진로지도상담 및 직원훈련 등의 지원을 통해 위기아동·청소년을 문제 상황에서 빠져 나오도록 도와줌으로써 근본적인 해결이 가능할 것으로 보고 향후 좀더 지원사례를 늘려나갈 계획이다. 또한 학생 눈높이에 맞는 피해신고 활성화를 위해 청소년들이 쉽게 접근할 수 있도록 온·오프라인상 "학교폭력 신고접수창구"를 다양화하고 범죄예방교육을 통해 학생들이 '친구의 아픔을 모른 척하는 것도 잘못'이라는 인식과 '친구를 위해서 신고를 해야 한다는 분위기' 조성을 주도해 나갈 계획이다. 또한 보복에 대한 두려움없이 피해신고를 할 수 있도록 피해자 및 친구·가족 등 누구나 익명으로 신고(Don't ask, Don't tell)가 가능하도록 하고, 신고 및 상담내용에 대한 비밀도 철저히 보장하며, 보복성 폭행에 대해서는 무관용 원칙(Zero-Tolerance)을 적용하여 학교폭력 자진신고 기간 중 선도조건부 불입건 대상에서 제외, 엄중 처벌할 방침이다.

울산지방경찰청은 학생들이 보복에 대한 두려움없이 손쉽게 신고할 수 있는 시스템을 개선·확충해 나가고 피해학생에 대한 보호대책을 지속적으로 강구하는 한편, 학교폭력을 뿌리 뽑기 위해 보다 강력한 의지와 정책을 통해 미래의 주역인 소중한 우리 청소년들이 안전하게 학업에 전념하고, 학부모가 더욱 안심할 수 있는 여건 조성에 총력을 기울이겠다고 밝혔다.[225][226] 어느 조간신문에서 학교폭력 예방과 관련된 좋은 글이 있어 함께 생각하면 좋을 듯하다. 신문에 실린 글의 요지는 '좋은 관계형성과 학생들에 대한 배려가 학교폭력을 예방한다'는 것이다. 너무나 공감할 수 있는 글이다. 우리는 그동안 학생들을 가르침의 객체 내지는 복종의 대상으로 생각하고 그렇게 학생들을 대해왔다. 그렇다보니 학교생활에 관한 규칙 등을 만들고 고치는데 학생들의 참여는 거의 없거나 형식적으로 참여가 이루어져 왔었다. 우리 어른들 사회에서도 대인관계를 잘할 수 있는 사람이 존경과 사랑을 받는 것처럼 학생들에게도 학우들과 좋은 관계를 형성하는 방법을 함께 얘기하고 학우들과 좋은 관계를 형성하는 학생을 공부 잘하는 학생보다 더욱 멋진 학생으로 인정해주어야 할 것이다. 학생들이 지켜야 하는 학칙을 만들 때 학생들이 직접적이고 실질적으로 참여할 수 있도록 해야만 학생들 스스로 자신들이 지켜야 할 규칙의 내용을 알 수 있고 나아가 그에 동의하고 지킬 수 있으며, 규칙위반에 대한 징계에 대해서도 불만이 없을 것이다. 그리고 학교폭력이 발생할 때 다른 학생들이 함께 대응할 수 있도록 하는 것도 고

---

225) [출처] 울산지방경찰청, 동계방학, 졸업식 등 대비, 학교폭력 예방활동 강화|작성자 옥장군 PRESS
226) http://blog.naver.com/PostView.nhn?blogId=06rnftkrrl&logNo=50130250954 (2012.1.13)

려해 볼 수 있는 내용이다. 그동안 우리는 공부 잘하는 학생을 만들기 위해 관심과 제도가 집중되어 있었다. 이제부터는 좋은 사람 즉, 타인을 배려할 줄 아는 인성을 길러주는 제도와 노력 그리고 인식전환이 꼭 필요하다. 지금은 공부 잘해서 좋은 직업을 갖을 수는 있을지는 모르겠으나 좋은 직업을 가졌다는 이유만으로 존경을 받지는 못하고 있는데, 좋은 직업을 가진 사람들에게 이타심이 부족하기 때문에 존경이 아니라 비난을 받게 되는 것이다. 이제 우리의 교육환경이 공부잘하는 학생을 키우는 것에서 존경과 사랑을 받을 수 있는 사람을 키우는 방향으로의 전환이 필요하다고 생각된다. 즐겁고 행복한 하루가 되길 기원한다.[227][228]

6. 2012년 학교폭력관련 교과부의 역할

교과부는 2011.12.26(월) 시·도부교육감 회의를 개최하여 최근에 학교폭력 등으로 발생한 학생자살 사건에 대하여 깊은 우려를 표명하고, 학교폭력 등 학생보호에 대한 철저한 대책을 마련하도록 당부하였다. 이 자리에서 이주호 장관은 최근 학교폭력으로 자살한 학생들에 대하여 깊은 애도와 함께 그 유가족에게 심심한 위로의 뜻을 표하고, 특히 학교폭력 사전예방 및 학생상담, 피해자 보호조치 등에 만전을 기할 것을 강조했다. 교과부는 학교폭력 예방 및 자살방지를 위해서 2012년부터 다음과 같은 정책을 추진하기로 하였다.

1) 전문상담인력 배치

학교폭력 전문상담사 1,800명을 일선학교에 배치하여 학생상담을 강화하고, 향후 지속적으로 이를 확대할 계획이다.

2) 공익근무요원 활용

시·도교육청별로 공익근무요원을 학교안전보호 보조인력으로 활용도

---

227) 트위터 더보기 페이스북 미투데이
228) http://blog.daum.net/icheonstory/75(2012.1.13)

록 할 계획이다.

3) 학교폭력 실태조사

매년 2회(3월과 9월)에 걸쳐 모든 초·중·고가 동시에 학교폭력 피해조사를 실시하는 방안을 시·도교육청과 협의하여 추진하기로 하였다. 이는 2차 보복피해 우려 때문에 신고를 기피하는 문제를 해소하고 피해학생을 적극적으로 보호하는 사회적 분위기를 위해서이다.

4) 학교폭력 예방 스마트폰 어플 활용 강화

2011.12.23 개발·보급한 '굿바이 학교폭력' 스마트폰 어플이 학교현장에서 널리 활용될 수 있도록 하고 학교폭력 예방 및 대처요령을 담은 '굿바이 학교폭력' 리플릿 자료를 모든 학생들에게 배포할 계획이다.

5) 학교폭력 신고센터 설치·운영

비밀누설, 보복에 대한 우려로 학교폭력을 해당학교에 신고하는 것을 기피하는 경향을 고려하여, 현재 교육지원청 단위에 설치되어 있는 126개 Wee 센터를 '학교폭력신고센터'로 지정하고 학교폭력 전담상담사를 배치할 계획이다.

또한 교과부는 학생자살방지를 위해서 '2011.12.26~27, 자살위기관리 및 학생생명존중교육담당자(교육청 담당자 및 교원 200명)를 대상으로 연수를 실시하고, 2012년에는 이들이 강사로서 전체 교원에 대해 자살방지연수를 실시하기로 하였다. 2012년 1월에는 학생교육용 자료인 '따돌림 예방 및 대처 프로그램'을 개발하여 신학년도부터 학교교육에 활용토록 할 계획이다. 앞으로 교과부는 관계부처 및 16개 시·도교육청과 함께 학교폭력 예방 및 자살방지 종합적인 대책방안을 마련하여 공동으로 추진할 계획이다.[229]

---

[229] http://if-blog.tistory.com/1503(2012.1.13)

7. 학교폭력에 대처하는 학교의 역할

안민석 민주통합당 의원은 학교폭력에 대처하는 학교의 역할을 강화하고 가해학생에 대한 실효성있는 조치가 가능하도록 하는 '학교폭력 예방 및 대책에 관한 법률' 일부개정법률안을 국회에 제출했다고 밝혔다.[230] 개정법률안은 학교폭력이 학교내에서 은폐되거나 축소되는 사례를 적발하고 학교폭력자치위원회, 학교폭력전담기구 등이 제대로 운영되도록 시·도 교육감이 연간 2회 이상 실태조사를 실시하도록 하는 내용을 담고 있다. 안민석 의원은 "학교폭력에 대한 단호하고 신속한 대처를 통해 학교의 역할을 높이고, 법의 실효성을 확보하는 것은 학교폭력으로 상처받고 불안해하는 학생들과 학부모들을 위해 시급하게 추진해야 할 일"이라고 말했다.[231][232]

8. 학교폭력 예방은 고양이 목에 방울달기식

언론 매체와 심야토론을 보고 갑자기 이솝에 나오는 한 우화가 생각났다.[233] 쥐들이 모여서 회의를 하는 중이었다. 고양이가 나타나 쥐들을 공포에 떨게 하니 그 해결책을 위한 회의였다. 많은 시간이 흘러가고 있었지만 뾰족한 해결책은 나오지 않았다. 그런데 한 구석에서 한 쥐가 외쳤다. '고양이 목에 방울을 달자. 그러면 고양이가 나타나면 금방 알 수 있다!" 이렇게 외치자 사방에서 박수소리가 터져나왔다. 와, 좋은 해결책이 나왔다고 하면서, '그런데 누가 고양이 목에 방울을 달거야?' 이런 소리가 들리자 삽시간에 사방이 조용해졌다. 쥐 죽은듯이. 학교폭력의 문제를 듣다보니 정말 점점 고양이목에 방울달기 이야기처럼 느낀 것은 왜일까. 두서없이 그냥 스쳐가는 생각을 써 보고자 한다.

---

230) 이데일리 유용무 기사
231) 유용무 (winner@edaily.co.kr)
232) http://blog.daum.net/osan21/7827975(2012.1.13)
233) Agenda (asw***), 조회 28 12.01.10 02:10

1) 우리나라에는 학교폭력 예방 프로그램 부존재

물론 상담자는 어느 정도 갖추었을 지 모르지만 피해자는 그저 답변만 하든지 즉흥적으로 대답하는 정도라는 느낌이다. 내가 받은 피해가 무엇이고 그 정도면 어느 정도의 가해를 당한 수준인지, 한참 흐른 뒤 외상 후 스트레스 증후가 있어도 대처하기에는 이미 늦었다.

교육당국은 왜 이렇게 학교폭력이 난무하도록까지 학교폭력에 대한 대처 매뉴얼 프로그램 등이 없는지 알고 있을까. 조그만 발전소도 위험수위에 따라 행할 지침이 있고 핵발전소같은 경우는 어마어마 하리라고 본다. 지금 아이들이 핵처럼 터져 연간 학생자살이 37명이었고 또 폭력에 시달리는 학생수는 부지기수다. 이는 학생도 알고, 교사도 알고, 학부모도 알고, 교육에 관한 위정 책임자들도 다 아는 사실이다. 아이들이 터져나가 죽고 있는 것이다.

2) 가해자를 순진하게 보는 태도는 잘못됨

우연한 충돌적인 사안외에는 집단 따돌림, 지속적인 폭력을 행사하는 가해자들은 소위 말하는 조직화되어있는 경우가 많다. 예컨대 짱이 있고, 행동대장이 있고, 수집책, 정보 스파이까지 역할분담을 하는 경우가 허다하다. 짱이 지시하면 행동대가 나서서 피해학생을 갈취하고 폭행한다. 걸려서 상담받으면 돌아서면 끝이다. 짱은 뒤에서 여유만만이다. 모든 학생들은 사실 그게 뭔지 다 안다. 폭행 자체도 그렇지만 폭행을 당할지 모른다는 의식이 깔려있다. 사회 조폭을 닮아가는 이런 신계급에 어떻게 대처해야 할까. 상담으로만 끝날만한 상대들이 아닌 걸 직시해야 한다. 피해자도 제자요, 가해자도 제자라는 변이 있지만 좀더 깊이 들어갈 문제다. 미래의 예비사회인 과연 그들은 어떤 모습으로 사회에 진입할까.

3) 전학의 대안학교

대안학교 아니 폭력방지예방에 대한 대처 매뉴얼도 제대로 없는데 학교는 언제 세우고, 언제 애들을 모아, 언제 맞춤 프로그램을 만들 것인가. 설령 만들었다고 치자. 자기들끼리 모여 자기들만 아는 노하우를 전수한다고 하면 어떻게 하나. 저기 안양에 큰 빨간 벽돌집에서 그렇게 교도시켜도 또 들어오는 녀석들도 있잖아. 뭐 전학? 그럼 그날로 그 학교 학생들은 물론 거기엔 여기 학교보다 더 뛰어난 선생님이 계셔서 새 전학온 학생이 조용히 지내겠지. 하지만 말썽부리면 어쩌나?

4) 학교징계위원회의 견해 청취 필요성

전국에 8,000여개가 넘는 초중고가 있는데 직접 권한이 있는 교장선생님의 말도 듣고 싶다. 가명으로라도 말이다. 정말 구체적 사례, 처리, 결과 등. 왜 학교에 폭력예방이 힘든지.

교육부처에 어떤 요구사항을 할 수 있는지 참 궁금하다. 가해자, 피해자 그 다음 접촉이 이루어지는 것이 교사인데, 대처방안을 갖고 있는지 아니면 그럴 경우 대처할 지침이 있는지. 아니면 교사가 알아서 적절히 처리하길 바라는지. 학교당국의 안이한 대처에 비난하기도 하지만 그러나 학교장의 결재 도장은 무섭다. 퇴학을 시킬 수도 근신을 시킬 수도 있는 재량이다. 왜 이런 분들이 일사분란하게 침묵하고 있고 중고생을 별로 접하지 않는 대학교수만 나와 고군분투하는지 참으로 이상하다.

5) 방관하는 학생들

어떤 학생은 타켓이 자기한테만 안오면 된다고 한다. 친구가 끌려가 쥐터지고 와도 아무렇지 않다. 나에게만 그런 일이 없으면 된다. 이런 분위기가 팽배하다. 이게 뭐인지? 그러고 끝이다. 국영수 학과에 조금은 미친 나라, 종합점수가 잘 나와야 좋은 대학 간다고, 초등 때 잘시킨 교육 수능 카드만 들이대면 아이고 학부모도 거기에 올인한다. 김연아가 국어를 잘했나? 박찬호는 영어를? 장미란이 수학을 잘해서 역도를 번쩍? 영어공부 얼마나 해야되냐고 물으면 이런 소리한다. 우리나라 분인데 아주 잘하는 분이 있는데 그 분만큼만 하면 된다고 한다. 누구? 바로 유엔의 반기문 사무총장이다. 그 분은 세계인을 상대로 영어로 연설한다. 사실 솔직히 말씀드리면 발음은 좀 그런데 그래서 문제될 것 하나 없다. 방관자에게 충고스런 이야기하나 더 하자면 영국의 어느 학교에서 흡사 마피아처럼 동료학생을 괴롭히는 집단이 있었다. 그런데 어느 날 참다 못한 일반학생들이 노란 긴 리본을 하나씩 들고 등교했다. 그리고 교정의 나뭇가지에 하나씩 묶었다 멀리서 보니 그 나무는 온통 노란색으로 빛났다. 그리고 리본에 쓰인 말들은 '나는 폭력을 싫어한다' '난 폭력을 보면 제거하겠다' '폭력이 너의 살을 갉으리라' 등이다. 그 나무는 매일 거기에 노란리본을 달고 서 있었고 점차 폭력행위는 자취를 감추었다는 이야기이다. 어떻게 생각하나? 이게 바로 간디의 비폭력 저항같지 않은가? 인도의 독립을 이끌었던 간디는 아이러니칼하게도 영국에서 교육을 받았고 고국으로 돌아온 그는 영국으로부터의 독립을 쟁취해낸다. 물론 우리 윤동주 시인도 일본에서 공부하였고 그는 조국의 독립을 염원했다. 하지만 안타깝게도 친일세력의 득세에 대해서는 생략하기로 한다.

6) 보편타당한 사회적 기준의 필요성

잘 살아? 아파트 몇 평인데? 좀 예쁜데? 흔한 말로 차 뭐 몰고 다니는데? 하지만 이런 기준은 대한민국 밖에 내어 놓으면 이상한 질문이 된다. 공부를 잘해? 역시 초중고생한테 이런 것 묻는 것 이상하다. 왜 이런 것 꺼내느냐 하면 방과후 프로그램이 정말 인성, 예능, 체육, 공예, 춤, 연극, 도자기 만들기 등도 수능카드만 들이 밀면 사라진다. 학교폭력 그리고 해결을 위한 한 걸음, 그건 학생들이 지금 자신의 손아귀에 쥐고 있다. 다만 해결방안이 자신들의 손아귀에 있다는 사실을 모를 뿐이다.

때리고도 짓밟고도 잘 모르겠다는 학생, '친구'의 친구가 죽는 걸 본 모양이다. 맞고서도 다리 부러지고도 견디는 조용한 피해자, 나라의 독립을 위해 싸워야 했던 시대에 태어나지 않은 것을 다행으로 생각해야 한다. 친구의 얼굴에서 일그러진 모습과 피를 보고서도 수수방관하는 방관자 outsiders! 그대들은 가해자, 피해자도 아닌 방관자로 불리워서도 안 된다. 침묵하는 다수, 그대들은 비겁자들이다. 쉽게 말하면 겁쟁이들이다. 아니면 학교당국에 대책을 요구하고 교육부처에 청원을 내서 폭력방지 예방 프로그램의 구체적 메뉴얼을 요구하여야 한다. 휴지줍는 공공근로에도 예산을 쏟는데 프로그램 매뉴얼을 각계의 전문가를 모아 훌륭히 만들어 낼 수 있다. 여러분이 가정에서 편안히 사이트상의 메뉴얼과 대처방안을 보고 부모님과 상의하고 여러 조언을 받을 수도 있다. 확실한 변호사 한 명 쯤은 등에 진 것이다. 이런 날이 올까? 이거 정말 고양이 목에 방울달기인가? 아니면 폭력 거부의 노란리본을 교문에 한마디씩 써서 설어야 한다. 영국 아이들의 흉내를 좀 내면 어떤가. 1000장, 1500장, 3000장이 교문에 휘감겨 있다고 생각해 보자, 거기에 쓰인 아우성! 행동하는 지성인이 참인간이다. 그리고 여러분의 손아귀에 쥔 것 대단한 것이다. 그걸로 사회도 바뀌는데 폭력예방의 훌륭한 도구에 해당된다.

아니면 스스로의 방법을 찾아야 한다. 윤동주 시인의 시나 '아리랑'이 얼마나 큰 힘이 있는지를 생각하고 너무나 멋진 해결방안이 세상밖으로 모습을 드러내 여러분을 따뜻하게 감싸주었으면 하고 기원해 본다.[234]

9. 대구의 중학생 자살과 학교폭력 예방을 위한 전직 학생부장의 호소

친구들의 괴롭힘에 못 이겨서 크리스마스를 겨우 3일 앞둔 22일에 아파트에서 투신한 대구 중학생의 사건이 마음을 몹시 슬프게 하고 답답하게 한다.[235] 한 중학교에서 최근에 학생부장을 해보았던 현직교사로서 한마디 안할 수 없다. 중학생들은 한마디로 개념인식이 거의 없다.

초등학생처럼 연약하지도 않고 고등학생처럼 앞 뒤 생각할 능력도 없

---

[234] http://bbs1.agora.media.daum.net/gaia/do/debate/read?bbsId=D003&articleId=4623483(2012.1.13)
[235] 학교교사 (act****), 조회 439 11.12.26 19:58

다. 자기 행동이 어떤 결과가 될지에 대해 별 생각이 없고, 그저 영화에서 본 것들을 모방하는 것에 급급하다보니 기상천외한 일을 저지르기도 한다. 정말, 성인들에게나 볼 수 있다고 생각하는 모든 사건이 일어난다고 해도 과언이 아니다. 흡연은 말할 것도 없고, 집단괴롭힘, 잔인한 학대, 돈 갈취, 절도, 차량방화, 성폭행 등 도저히 어린 학생들이 할 수 있으리라고 상상하기도 힘든 일들이 자행된다. 그런데 막상 가해학생을 붙잡고 보면, 우리가 상상하는 것처럼 얼굴이 흉악하고 몸집이 거대하여 남에게 위협을 줄만한 아이들이 아닌, 순박하고 어린 중학생에 불과하다는 것에 더욱 기가 막히고 답답해지는 것이다. 한마디로 철이 없는 것이다.

그런데 이런 것을 막으려면 피해학생 상담을 늘려야 한다, 인터넷을 규제해야 한다, 폭력이나 포르노 영화를 규제해야 한다는 등의 말들이 쏟아지지만 이것들은 현실과는 너무 멀거나 바람잡는 이야기로나 들린다. 정말 교육전문가라는 사람들의 구름잡는 이야기를 들을 때마다, 이 나라는 교육전문가가 죽어야 교육이 살겠다는 생각이 들 정도이다. 그냥 현실적으로 이 불쌍한 학생들을 보호할 수 있는 당장의 대책이 필요하다. 학교현실에서 학교폭력을 억제할 수 있는 그 당장의 실현가능한 대책을 학생부를 중심으로 제시해 보기로 한다.

1) 학교폭력대책위원회의가 열린 횟수를 공시하라는 정책의 폐지

때릴 수도 없고, 퇴학도 금지된 중학교에서 유일한 징계는 학생들에게 일주일간 봉사시간 부여나 정학 10일이다. 그러나 그 징계의 결과보다도 학생들에게 정작 중요한 영향을 끼치는 것은 징계의 과정들이다.

학교폭력대책위원회(이하 학폭위)가 열리면 학생들은 자기 문제로 경찰이나 법조계 인사 등을 포함한 어른들 여러 명이 모여서 회의를 하고, 부모님이 소환되어서 대책을 논의하는 것 자체가 자기 행동에 어떤 결과가 생겼는지에 대해 성찰할 수 있는 기회이다. 그것은 가해학생들을 교사가 야단치거나 체벌하는 것보다 행동교정에 훨씬 영향을 크게 줄 것이다. 학생부장 시절에 일년간 무려 11번이나 학폭위를 열었다. 직전 3년간 열린 횟수를 모두 합친 것보다 많은 횟수이다. 일방적으로 친구 뺨 세대를 때린 학생도 모두 학폭위를 열어 징계처리를 했다. 그리고 사건이 발생할 때마다 전교생을 대상으로 방송교육을 했다. 그러자 폭력이 일상화되어있던 중학생들이 자제하기 시작했다. 오히려 친구가 때리면 오히려 가만히 맞고 신고하는 학생들도 생길 정도였다. 그런데 2009년도에 학폭위의 개최횟수를 인터넷에 공시하라는 공문이 내려오자, 모든 학교에서 학폭위 개최횟수가 갑자기 줄었다. 아마도 교육부는 학폭위 횟수가 준 것을 보고 학교폭력이 이 정책으로 대폭 줄어들었다고 생각하고 크게 만족해할지 모르나 이것은 대단한 착각이다. 학폭위 개최횟수에 대한 인터넷 공지는 결국 모든 학교로 하여금 자기 학교 이미지 관리와 관리자의 경력 보호를 위해 학교폭력대책원회의 개최를 극도로 꺼리게 만들었기 때문이다. 결국 웬만한 폭력사건은 유야무야 넘어가게 되고 피해자와 합의만 되면 좋은 게 좋다는 식으로 훈방조치를 하게 된다. 그리고 피해학생들은 보복이 두려워 결국 합의할 수 밖에 없다. 폭력학생들이 거의 두려울 것이 없는 세상을 만들어준 셈이다. 학폭위 개최횟수 공시정책으로 인해서 학교에서는 학교폭력을 효과적으로 잡을 수 있는 장치를 잃어버린 셈이다. 도대체 누구를 위해 학폭위 개최횟수를 인터넷에 공개하는가? 그게 어떤 결과를 가져올지에 대해 생각해보고 결정한 일인지 모르겠다. 당장 학폭위 개최횟수 공시제도를 폐지할 것이다. 학폭위의 개최횟수가 그 학교를 판단하는 기준이 될 수 있다는 것 자체가 어리석은 발상이다. 오히려 수백번을 여는 학교는 열심히 생활지도를 하고 있는 셈이고 오히려 성과급을 주어야 하지 않겠는가. 학폭위를 열심히 열면 관리자에게 가산점이라도 주어야 관리자들은 열심히 학폭위를 열기를 바라고, 그 결과 오히려 학교폭력이 줄어들 것이다. 그 공시제도 때문에 수 많은 학교폭력이 유야무야 넘어가고 있는 현실을 알고 있는지 모르겠다는 의견이다.

2) 중학생의 출석정지 범위를 재설정

사람들은 중학생이라고 하면 귀여운 소년 정도로 상상할 수 있는데 중학생들이 저지르는 일은 성인이 하는 모든 범죄를 다 할 수 있다. 이들을 다룬다는 것은 결코 쉬운 것이 아닐 것이다. 어떤 중학생들은 징계하면 징계를 거부하고 그냥 도망간다. 퇴학이 없는 중학교의 경우에는 징계를 거부해도 별다른 조처를 할 수가 없다. 중학생들은 개념인식이 없어서 당장 때리지만 않으면 절대로 겁을 먹지 않는다. 선생님이 때리지도 퇴학도 못시킨다는 것을 알고 나면 방자하기가 끝이 없어진다. 봉사시간을 내려도 봉사를 거부하고 전학을 권해도 거부하면 끝이다. 강제로 행하는 전학제도가 있지만 이게 교육청까지 거쳐야 하는 등 쉽지 않다. 중학교에서 가장 큰 처벌은 출석정지 10일인데, 이것도 1년간 통틀어서 10일 이내로 못박혀 있다. 이래 가지고는 절대로 중학생들을 선도하기 어렵다. 도대체 선생님들 손발 다 묶어놓고 그냥 대화로 사랑으로 지도하라고 하는데, 나는 그런 사람들에게 일주일만 중학교에서 학생부장 노릇 해보라고 말하고 싶다. 결국 큰 사고를 일으킨 학생을 처벌할 수 있는 유일한 길은 경찰에 신고하는 길 외에는 없다. 그런데 교사가 자기학교 학생을 경찰에 신고한다는 것도 못할 짓이라고 생각되며 설사 경찰에 신고해도 중2에 해당되는 14세 미만은 촉법소년으로 대부분 그냥 훈방된다. 중학교가 의무교육으로 퇴학이 불가능하다면 최소한 정학이라도 무제한으로 내릴 수 있게 하고, 그것으로 수업일수가 부족하게 되면 자동유급이라도 되게 해야 할 것이다. 그래야 개념없는 중학생들이 조금이라도 조심하게 될 것이다.

일부 교장을 비롯한 교육청 관리자들은 학생부장에게 학생들을 징계로 선도하려고 하지 말고 사랑으로 선도하라고 말한다. 좋은 말이다. 그러나 역할이 다르다. 사랑으로 선도하는 일은 담임이나 상담부에서 할 일이고 학생부는 징계를 통해서 선도하는 일을 하는 것이다.

사랑과 공의가 균형을 맞추지 못하면 이것도 저것도 안되기 때문이다. 선생님들이 학생부에 학생들을 데리고 오는 것은 해도 해도 안되니 데리고 오는 것이다. 선생님들에게 덤비는 학생들을 정신 좀 차리게 해달라고 학생부에 데리고 오는데, 학생부는 적당히 좋은 말해서 내보내면 질서가 엉망이 되고 교권은 무너지게 된다. 이런 경우를 당하는 연약한 교사들은 학교 자체가 교권을 지킬 능력이 없다는 것을 느끼고 잘못을 저지른 학생들에게 무관심하거나 일 크게 벌리지 말고 그냥 대강 넘어가자는 무사안일 보신주의에 빠지게 된다. 학교가 사랑으로 학생들을 다스리는 것이 원칙이라고 해도, 한편에서 잘못을 단호하게 징계하는 부분이 존재해야 하며, 그것이 바로 학생부의 일이다. 만일 징계를 없애고 사랑으로만 학생들을 다루라고 한다면 차라리 학생부를 없애고 상담부를 두배로 늘려야 할 것이다. 많은 경우에 있어서 사랑으로 다스리라고 주문하는 관리자들의 속마음은 정말 그런 교육철학을 가지고 있기 때문이라기 보다는 오히려 학폭위 개최숫자가 늘어나면 자신의 앞 길에 걸림돌이 될 수 있다는 사고 때문이라는 것이 바로 불편한 진실이다.

3) 학생부장에 대한 특별배려

대부분의 학교에서 학생부장은 기피 보직이다. 서로 하기 싫어하는데 억지로 맡게 되면, 그 사람이 열심히 할 리가 있겠는가? 어느 교사는 학생부장하면서 위궤양을 얻을 정도로 심리적인 고생도 많았고 조폭 출신을 자처하는 학부모로부터 막말 위협을 받기도 하고, 친구에게 가혹행위를 한 죄질 나쁜 학생의 학부모로부터 한 밤중에 말도 안되는 전화 협박을 받기도 했다. 그리고 학생부장을 하게 되면 수업에 들어갈 수 없을 정도로 끊임없이 일에 시달린다. 이 학생을 야단치고 있는데 또 다른 학생이 잡혀온다. 게다가 웬 공문은 그렇게 많은지, 학생 다루는 시간보다 공문처리 시간이 더 많을 정도이다. 과장해서 말하자면 학교폭력예방을 하는 시간보다는 학교폭력예방 공문처리하는 것이 더 시간이 많이 들 정도이다.

그러니 누가 학생부장직을 하려고 하겠는가. 학생부장이 학생들을 효과적으로 지도하려면 수업부담부터 줄여주어야 한다. 그리고 학생부장에게 가산점이라도 부여해서 의욕적으로 일할 수 있도록 해주어야 할 것이다. 그리고 욕심같아서는 학생부장들에게는 경찰과 비슷한 권리를 행사할 수 있는 특별법이라도 만들어서 보호해주었으면 한다. 그렇게 해주고 난 뒤 잘못된 결과에 대해서는 단호하고도 분명하게 책임을 분명히 물을 수 있을 것이다. 그리고 학생부장은 힘쎄고 강단있는 교사가 해야한다는 편견도 버려야 한다. 과거에는 잘 때리는 교사가 학생부장에 적격이었지만 요즘은 오히려 피해학생이 보복당하지 않게 일을 처리할 수 있는 분이라는 믿음을 학생들에게 심어주는 영리하고도 사려깊은 사람들이 맡아야 할 것이다. 정말 학생들이 어려움을 호소하는데도 무심하게 일을 처리하는 선생님들을 보면 화가 난다. 그런 면에서 이번 대구에서 자살한 학생이 다녔던 그 학교에 대해서 교장만 책임을 지고 물러나는 것에 대해 이해할 수 없다. 담임교사도 학생부장도 모두 책임져야 한다.

현직교사이지만 옹호하고 싶지는 않다. 옷까지 벗을 수는 없겠지만 지도하지 못한 것에 대해서는 어느 정도의 징계는 감수해야 할 것이다. 도대체 그 지경이 되도록 뭘 한 것인가.

이야기를 안해서 몰랐다고? 그것은 변명이 될 수 없을 것이다. 무엇을 했든간에 그 학생이 그 지경이 되도록 선생님께 알리지도 못하고 두려움에서 죽었다는 것은 그 학생에게 믿음을 심어주지 못한 책임이라도 질 수 밖에 없다. 더구나 그 학교에서 얼마 전에도 비슷한 사건이 또 일어났었다는 소식을 접하고는 이 학교생활지도에 근본적인 문제가 있다는 생각이 들지 않을 수가 없다. 교육청에서 지시한 범위에서만이라도 학교폭력 예방교육을 성실하게 했더라면, 정말 형식적이 아니라 성실하게 했더라면 분명히 어느 정도 예방이 가능했을 것이다. 그들이 설사 열심히 노력했다고 해도 도의적 책임은 면할 수 없다. 이번에 자살한 중학생의 학부모를 생각하면 가슴이 아파서 말이 나오지 않는다. 가해학생 학부모도 망연자실하고 비참함을 느낄 것이다. 가해자 학부모들도 피해자 학부모만큼 불쌍한 것은 마찬가지이다. 이런 일만 터지면 서로가 자신은 책임이 없다는 것을 보여주는 자료를 준비하는 공무원들의 속성을 모르는 바가 아니다. 앞으로 절대 발생하지 않도록 하려는 실제적 의지보다는 어떻게 해서든 책임을 모면하고 화살을 비켜가려는 사고로만 똘똘 뭉쳐있는 한 절대로 이런 비극적 교육현실은 바뀌지 않는다. 이번 일이 온통 자신의 승진이나 안위에만 관심있고 아이들의 고통에는 무관심하고 게으른 어른들의 작품같아서 너무도 미안하다. 결국 그런 시스템속에 포함되어 있는 사람이라는 생각할 때 모두의 마음이 너무 무겁다.

평소에는 관심없고 아무리 호소해도 꼼짝도 안하는 언론들이 이런 일이 터질 때면 마치 교육의 문제에 큰 관심이 있는 양 호들갑을 떠는 것을 보고 있으면 안타깝다. 이제라도 문제의식을 가지고 개선되었으면 좋겠다. 이런 저런 이유로 중학교 학생들의 생활지도는 심각한 국면을 맞이하고 있는데, 부디 더 큰 일이 생기기 전에 구체적 조치가 필요로 할 것이다.[236]

---

[236] http://bbs1.agora.media.daum.net/gaia/do/debate/read?bbsId=D110&articleId=955997(2012.1.13)

제4장 학교폭력 대책과 학교의 역할

1. 학교폭력 대책과 학교의 입장

　정부는 학교폭력 피해학생에게 등하교 때 민간 경호원을 지원하는 내용을 포함한 '5대 폭력 관계장관회의' 대책을 발표했다. 가해자와 피해자는 같은 학교 학생인 경우가 대부분이다. 재학생이 폭력과 공포에 짓눌려 경호를 요청할 때까지 학교와 교사, 교육 당국은 구경만 하자는 것이 아니라면 왜 이런 대책이 나와야 하는지 모르겠다.237) 학교폭력 피해 신고는 2005년 786건에서 2006년 1683건으로 두 배 이상 늘었다. 학교폭력 양상은 성인들의 조직폭력 못지않다. 피해학생들은 보복이 두렵고, 학교가 자신들을 보호해 줄 수 없을 것이라고 생각해 시민단체를 찾기도 한다. 학교폭력은 대부분 목격자가 있는 상황에서 일어난다.

　그런데 학교폭력의 피해자는 신고를 두려워한다. 학교가 신고학생과 피해자를 철저히 도와주지 않으면 학교폭력을 근절하기 어려울 것이다.

　학교폭력 사건이 시도교육청까지 알려지면 승진이나 학교 위신에 지장이 생길까 봐 쉬쉬하는 교사도 있다고 한다. 지난해 말 동영상 검색엔진을 통해 공개된 여중생들의 집단폭행의 경우, 그전에도 교사가 가해학생을 불러 '주의'를 준 데 그쳤다. 학생 선도의 일차적 책임은 학교에 있다. 학교의 적극적 노력이 없으면 어떤 대책도 효과를 내기가 어렵다.

　전체 교사가 함께 힘을 합해도 모자랄 판에 교내 폭력담당교사에게 가산점 부여를 모색한다는 식의 대책도 안이하다. 학교 부적응 학생을 '친한 친구 교실'에 따로 모으는 것도 현실성이 없는 대책이다. '친한 친구 교실'은 학생들 세계에서 '왕따반'이 되기 쉬운데 누가 들어가려고

---

237) 학교 폭력 대책, 학교는 구경꾼인가, 동아일보 | 기사전송 2007/02/28 03:13

하겠는가. 전교조 대의원대회에서 "교육현장으로 돌아가자"는 반성이 나왔다. 전교조는 국민의 마음에서 멀어져 조합원수가 줄어들면서 위기의식을 느끼는 모양이다. 전교조가 진정으로 반성한다면 공연히 이념형 투쟁으로 학부모들을 불안하게 할 일이 아니라 학교폭력에 적극적으로 대처하는 모습을 보여 주어야 할 것이다. 학교폭력은 학교 혼자 힘만으로는 해결하기 어려운 측면이 있다. 지역사회의 어른들까지 함께 나서야만 학교폭력을 근절할 수 있다.[238][239]

2. 학교폭력 대책과 '군 가산점' 부활 여부

12일 학교폭력 현황 및 대책과 관련해 이주호 교과부장관과 전국의 시,도 교육감들이 참석한 가운데 열린 국회 교과위 전체회의에서 이대영 서울시 교육감 권한대행과 임혜경 부산시 교육감, 우동기 대구시 교육감이 굳은 표정을 했다.[240] 이른바 '대구 중학생 자살사건'으로 촉발된 학교폭력 사태에 대한 근절 방안 중 교원임용고사시 병역가산점을 부활하자는 건의사항이 나오는 등 다소 황당한 대책들이 제기돼 논란이 예상된다. 12일 국회 교육과학기술위원회에서는 각 시도 교육감들이 모여 학교폭력 대책에 대한 현안을 보고하고 방안을 논의하는 자리를 가졌다.

우동기 대구광역시교육감은 "국회에서 교육활동을 통해 학교폭력을 근절시킬 수 있는 제도장치를 마련해주면 교육계에서 일차적 책임을 가진 선생님들이 더 잘 활동할 수 있다고 봐 건의사항을 말한다"면서 "교원임용시 남녀의 성별비율을 조정하고 교원임용고사시 병역가산점을 부활해 달라"고 말했다. 우 교육감의 이와같은 발언은 일각에서 현재 대다수가 여성교사들이기 때문에 학생들을 엄격하게 다루기가 어렵다는 지적,

---

238) "세상을 보는 밝은 창이 되겠습니다." 동아일보 & donga.com.
239) http://media.paran.com/news/view.kth?dirnews=435348&year=2007(2012.1.13)
240) 국회 교과위서 '황당대책' 제기, 현실파악하고 있는지, 조소영 기자 (2012.01.12 20:44:02), 데일리안 박항구 기자

들이 나오자 남성교사 채용의 문을 좀 더 넓히자는 것이지만, 학교폭력을 근절하기 위한 건의사항에 포함되기에는 다소 무리가 있다는 지적이다.

그는 또 "학습의 양을 줄이고, 난이도를 조정하고, 도덕과 윤리교육을 강화하는데 이것은 선택이 아닌 필수과목화를 건의드린다"고도 했다.

장휘국 광주광역시교육감과 임혜경 부산광역시교육감은 각각 교사의 상담전문화를 꾀하고 생활지도에 관한 강력한 권한을 부여토록 하겠다고 했다. 장 교육감은 "모든 교사가 연간 상담과 학교폭력관련 출석연수 30시간 이상을 이수하게 해 상담전문가 못지 않은 수준으로 높이도록 하겠다"고 했고, 임 교육감은 "모든 교사가 학생을 지도할 수 없지만 생활부장만이라도 학생생활지도를 책임지도록 권한과 시간을 부여했으면 한다. 교사가 수업을 안할 수는 없지만 생활지도부장만이라도 수업시간을 줄이고 생활지도에 많은 시간을 할애하도록 해달라"고 건의했다.

두 교육감의 제안은 교사가 '잡무'로 인해 본연의 할일인 학생들을 가르치고 돌보는데 시간을 뺏기고 있다는 지적이 나오는 상태에서 학교폭력의 대안이라는 구실로 교사들에게 일방적인 짐을 지운다는 비판이 제기될 가능성이 있다. 상대적으로 '이상적' 제안을 하는 교육감도 있었다.

고영진 경상남도교육감은 "학교폭력의 예방을 위해 2010년부터 전 학교에 △노래하는 학교 △운동하는 학교 △책 읽는 학교의 콘셉트를 제시하고 있다"면서 "학교에 30명이 있든 2000명이 있든 아이들이 좋아하는 음악을 강조하며 다같이 합창을 하게 하고 모든 학생들이 동시에 많이 할 수 있는 운동인 달리기를 통해 함께 뛰고 땀을 내고 운동하는 학교를 만드는 것"이라고 소개했다. 그는 '책 읽는 학교'에 대해서는 "아침에 등교하면 좋아하는 책을 10분 내지 30분 정도 읽을 수 있게 한다는 것"이라면서 "학교생활 정상화가 가장 중요한 답이라고 생각했고 이같은 컨셉을 통해 예방을 목적으로 학교폭력을 지도하겠다"고 말했다.[241)242)]

---

241) [데일리안 = 조소영 기자] 조소영 기자
242) http://www.dailian.co.kr/news/news_view.htm?id=274061(2012.1.13)

3. 학교폭력 대책, '수박 겉핥기식' 비난

연 2회 실태조사, "2년 주기 조사 횟수만 늘린 것", "사건을 덮는 데 급급한 학교풍토 바꾸는 것이 먼저"[243] 26일 이주호 교과부 장관이 16개 시도부교육감을 급히 불러 모았다. 가해학생의 거듭된 폭력으로 스스로 목숨을 끊은 대구 중학생 자살사건을 계기로 학교폭력을 근절하기 위한 대책을 논의하기 위한 자리였다. 회의가 끝난 후 교과부는 매년 3월과 9월 두 차례 학교폭력 피해 실태를 조사하겠다고 말했다. 교과부는 이에 대해 "신고를 기피하는 현실을 고려해 교육당국이 직접 조사에 나서겠다는 것"이라고 설명했다. 전문상담사 1천8백명을 일선학교에 배치하고 공익근무요원을 일선학교 안전보호 보조인력으로 활용하는 방안도 내놨다. 학교폭력에 대한 대처요령을 담은 소책자를 모든 학생에게 배포하고 2012년 1월에 따돌림 예방 프로그램을 개발, 교육하겠다는 계획도 밝혔다. 그러나 교과부의 대책이 발표되자마자 실효성없는 '맹탕' 대책이라는 비난이 쏟아지고 있다. 사회적 관심을 불러 모은 대형 학교폭력 사건이 터질 때마다 근절 대책을 발표했지만 발생건수는 오히려 늘고 있다는 쓴소리도 적지 않다. 교과부와 전국 시도교육청에 따르면 각급 학교의 학교폭력 심의건수는 2005년 2천5백건에서 지난해 7천8백건으로 해마다 크게 늘고 있다. 특히 같은 기간 피해학생수는 4천5백명에서 1만 3천7명으로 급증했다. 연 2회 학교폭력 실태조사 방침에 대해서는 2년 주기로 해오던 조사 횟수를 늘린 것에 불과해 근본적인 대책으로 볼 수 없다는 비난이 거세다. 전문상담사 배치에 대해서는 그 수가 턱없이 부족하다는 지적이다. 1만 1천곳이 넘는 학교에 1천8백명의 전문상담사 배치가 얼마나 효과가 있겠냐는 것이다. 일각에서는 "괴롭힘을 받은 학생에게 전문상담사가 배치된 근처 학교를 찾아가서 상담을 받으라는 얘

---

243) 교과부 대책에 "실효성 없다" 쓴소리, 2011.12.27 12:13 입력 | 2011.12.28 08:54 수정, [교육연합신문=양원석 기자]

기"라는 냉소적 반응도 나오고 있다. 공익근무요원을 학교 안전보호인력으로 활용한다는 계획 역시 현장의 지지를 받지 못하고 있다.

이미 상당수 학교가 공익근무요원을 행정실이나 교무실 보조인력으로 활용하는 상황에서 '대책 발표용'에 불과하다는 것이다. 학부모단체들은 "사건이 발생하면 쉬쉬하는데 급급한 학교풍토를 바꿔야 한다"면서 학교폭력예방대책위 운영개선, 전문상담인력 대폭확대, 가해학생에 대한 학교 밖 대안교육 프로그램 강화 등을 주문했다.[244][245]

4. 늘어가는 학교폭력, 대책의 실효성 여부

[앵커멘트]

친구들의 집단 따돌림과 괴롭힘에 못이겨 학생들이 목숨까지 끊는 일이 해마다 반복되고 있습니다. 뚜렷한 대책도 나오지 않는 상황에서 이같은 학교폭력은 발생빈도 또한 증가하고 있고 수위도 더욱 높아지고 있습니다.[246] 계훈희 기자가 보도합니다.

[리포트]

숙제 심부름에, 심지어는 물고문까지 당했다는 대구의 중학생. 일진이 천국인 세상이라며, 학교안의 계급문화와 왕따 신세를 비관한 대전의 고등학생. 다양해진 학교폭력으로 궁지에 몰린 학생들은 끝내 죽음을 택했습니다. 최근 학교폭력은 단순한 따돌림을 넘어, 빵 심부름을 도맡아 하는 이른바 '빵셔틀', 돈을 계속 갖다 바쳐야하는 '돈셔틀' 학생까지 생겨나고 있습니다.

[인터뷰: 최수지, 대일관광디자인고등학교 2학년]

"그렇게까지 해서라도 친구들하고 친하게 지내고 싶으니까 계속 돈도 갖다주고 빵도 사다주고 하는 것 같아요." 그 수도 증가해 최근 5년 사

---

244) 양원석 기자 yws@eduyonhap.com
245) http://www.eduyonhap.com/news/view.html?section=1&category=3&no=6800 (2012.1.13)
246) 나도한마디 (1) 2011-12-27 05:09

이에 학교폭력 피해건수는 무려 3배 넘게 늘었습니다. 하지만 피해학생들은 대체로 보복이 무서워서 적극적으로 대응하거나 어른들에게 도움을 청하지 못합니다.

[인터뷰: 최연화, 현대고등학교 2학년]

"처음에는 왜 안하냐고 욕으로 시작해서 점점 강도가 세지면서 가볍다고는 생각 못하게 폭행을 당하는 것 같아요." 그러다보니 극단적인 방법을 택하게 되는 겁니다. 한 재단이 최근 실시한 조사에서 학교폭력을 경험한 학생 10명 가운데 3명이 자살충동을 느끼는 것으로 나타났습니다. 학교폭력 때문에 죽을 만큼 고통스럽다고 답한 학생도 14%에 달합니다. 정부는 학교폭력이 발생할 때마다 학부모 감시단, 실태조사 강화 등의 대책을 내놓았지만, 별다른 효과를 발휘하지 못했습니다.

[인터뷰: 신순갑, 청소년폭력예방재단 사무총장]

"학교폭력 예방교육이 강화되어야 한다는 것이다. 담임선생님이 3개월에 1회 정도는 모든 학생들과 함께 면담을 해야 한다는 것이다." 이번에도 교과부는 매년 두 차례에 걸쳐 학교폭력 피해실태를 조사하겠다고 밝혔지만, 실태조사만으로 학교폭력을 줄일 수 있을지는 여전히 미지수입니다. 247)248)

5. 학교폭력 대책 법률개정안 통과

김기현 의원 "선·후배·친구 강제적 심부름 못시킨다" 한나라당 김기현 의원은 '빵셔틀'도 학교폭력으로 규정한 '학교폭력 예방 및 대책에 관한 법률 개정법률안'이 국회 본회의를 통과했다고 밝혔다. 김 의원은 앞으로는 '빵셔틀'같이 선후배나 친구 사이에 강제적으로 심부름을 시키는 행위도 학교폭력으로 규정돼 법적 처벌을 받게 됐다고 했다. 김 의원은 이번 학교폭력 법률개정안 제출 법안 통과는 최근 대구의 중학교

---

247) YTN 계훈희[khh0215@ytn.co.kr]
248) http://www.ytn.co.kr/_ln/0103_201112270509546300(2012.1.13)

학생이 친구들의 폭력과 강제적 심부름의 고통으로 자살하는 사건이 발생돼 학교폭력의 심각성이 사회적 문제로 대두되고 있는데 따른 것이라고 했다. 김 의원은 '셔틀'이란 중.고등학교에서 힘이 센 학생들의 강요로 빵 등을 사다 주는 잔심부름을 하는 사람을 뜻하는 은어로 빵을 사다 주는 '빵셔틀', 체육복을 빌려주는 '체육복셔틀', 휴대전화를 빌려주는 '핸드폰셔틀' 숙제를 대신해주거나 대리시험을 봐주는 '셔틀질' 등 다양한 종류가 있는 것으로 파악되고 있다고 했다. 김 의원은 특히 고등학생이 중학생에게 중학생이 후배학생에게 '피라미드' 형식의 조직문화로 이어가고 있는데도 학교의 전통으로 포장돼 있어 학교폭력이라는 인식이 낮고 그 대책도 부족한 실정이라고 했다. 김 의원은 "학업에 대한 스트레스를 받고 있는 학생들이 힘이 약하다는 이유만으로 힘이 센 학생의 요구를 무조건 들을 수밖에 없는 상태가 지속되면 부모 몰래 용돈을 훔치거나 거짓말을 하게 되며 정작 자신은 폭력에 무감각해져서 정신적 및 육체적으로 치유받기 어려운 상태로 몰릴 가능성이 높다"고 지적했다. 김 의원은 "학생들이 배움의 전당인 학교에서 '셔틀'과 같은 학교폭력에 시달리지 않고 자신의 실력과 미래의 꿈을 당당하게 키울 수 있도록 학교안전 시스템 마련을 서둘러야 한다"고 했다.249)250)

6. 친구야, 두려워마

폭력앞에 어떻게 쫄지 않을 수 있냐고? 하지만 세상에서 왕따를 당하거나 괴롭힘을 당해야 하는 사람은 없단다. 너에게도 똑같은 인간으로의 권리가 있어. 이젠 그것을 어떻게 지켜야 하는지 알려줄께. 미국은 강력한 왕따방지법을 시행한다고 하는데 우리나라는 이제 겨우 신고전화 117번으로 통합했을 뿐이야. 친구야. 만약 누군가 한 대라도 때리거나 왕따로 괴롭히면 무조건 담임선생님과 학교측에 알려야 해. 그리고 부모

---

249) [출처] 학교폭력 대책 법률개정안 통과ㅣ작성자 전건주
250) http://blog.naver.com/chonchu/110128039739(2012.1.13)

님에게도 알려야지. 보복이 두렵다고? 선생님과 부모님은 별 도움이 안 될 거라고? 친구야. 하지만 도움이 되는 경우도 있단다. 그리고 물론 도움이 안되는 경우도 있어. 그럼 지금부터 도움이 안되는 경우를 두고 이야기 해줄게. 만약 선생님께 알리고 부모님에게도 알렸는데 상황이 해결되지 않고 가해학생의 보복이 이어진다면 무조건 그곳을 탈출해서 교무실같은 안전한 장소로 피신해야 한단다. 학교에서 집에 올 땐 반드시 도움을 청할 수 있는 사람들이 많은 곳으로 다녀야 하지. 보복폭행이 발생하면 경찰에 신고해야 해. 폭행으로 고소하는거지. 만약 경찰에서 고소를 받아주지 않으면 고소하겠다는 의사를 강력하게 어필하고 요구해야 해. 만약 그 경찰이 고소를 받아주지 않으면 직접 검찰로 가서 고소를 하렴. 그렇게 하면 재판이 시작될 거야.

물론 그런다고 크게 변하지 않을 거야. 판사는 가해학생에게 매우 미약한 처벌을 내릴 거고, 너는 다시 학교에서 그 가해학생과 마주하게 되겠지. 그래서 너는 판사와 학교, 교육청에 가해학생과 격리될 수 있도록 요청을 해야 해. 그 다음 학교와 법원에서 격리를 시켜주지 않고 보복의 위협이 계속된다면 너는 경찰에 '신변보호요청'을 해야 한단다. 만약 가해학생의 부모가 위협을 해도 마찬가지야. 목숨이 위태롭다고 판단되기 때문에 경찰에 보호요청을 하면 경찰은 널 보디가드해 줘야 해. 그게 법이야. 하지만 아마도 경찰은 변명을 대면서 너의 요구를 들어두지 않을 수 있어. 그럴 경우에는 법적 대응을 해야 한다.251)

7. 학교폭력 피해를 입었던 20살 청년

학교폭력, 진짜 말로는 설명할 수 없을만큼 고통이다. 중2 때부터 중3 때까지 지속적으로 폭력을 당해왔고 다만 금품은 뺏기지 않았다.

인격모독도 내구사건보다는 훨씬 밀했나. 내일 앞사리에 앉아서 소위

---

251) http://go9ma.tistory.com/1044(2012.1.13)

일진들 자는 것을 가려주고, 빵돌이처럼 금품갈취는 아니지만 동급생이 시키는 심부름을 자주 해야 했고, 대구사건처럼 게임을 시키지도 않고 단순히 맞기만 했다.252) 그래도 참을만 했겠네. 그렇게 심하지도 않고 하시는 분이 있을지 모르지만, 그 2년동안의 기억이 20년 평생동안 제일 끔찍했다. 현재는 사교성도 좋아지고 자신감도 넘치고 정말 이게 나인가 싶을 정도로 달라진 모습 보이며 행복해하기도 하지만, 어느 사소한 것이든지 학교폭력과 관계된 것만 보이면 침울해지고 자신감이 무너지고 개그콘서트, 소위 개콘에서 학교폭력 풍자를 보며 남들이 웃을 때 풍자하는 그들마저 역겨워 그 자리를 피했다. 이제 법적으로 허락받은 20대가 되어 부모님과 마주해 술한잔을 하기도 하지만, 그때의 힘들었던, 차마 부모님께 말못했던 얘기를 꺼내며 아직도 그때는 그랬죠하며 운다.

　얼마전 밖에서 가해자 두명을 만났다. 내가 먼저 알아보고 가볍게 손인사를 했다. 이미 마음으론 모든걸 용서했다. 그런데 그 가해자들은 내 이름마저 모른다. 2년동안 있었던 일도, 정말 그들은 그 일을 대수롭지 않게 보고 있는 것이다. 나는 고등학교 시절 3년에 1년을 더해 4년이나 지났는데도 지워지지 않는 흉터인데 말이다. 개인적으로 이번에 대구 중학생 가해자 두명이 구속되었다고 했을 때 뛸듯이 기뻤다. 이 글에 대해 어떤 사람은 "님의 마음 조금이나마 이해갑니다. 저도 어릴적 놀림을 받은 기억이 있어서 전 2명에게 놀림을 좀 당해 봤는데 아직도 30대 후반인데 기억에서 사라지지 않더군요. 인격형성에 피해자는 영향을 미치는 가봐요"라는 대응글이 있다.253)254) 그리고 나는 성격을 고치려고 해병대에 갔고 일도 영업쪽으로 갔다. 지금은 많이 나아졌고 괜찮다. 그러나 이런 글을 보거나 하면 속에서 끓어 오른다. 만약 지금 다시 그 녀석을

---

252) roundv...(3240487)2012.01.16 21:28 조회 6960
253) 일로와(round4592) 2012.01.16 21:32:34
254) roundvbnm(3240487) 2012.01.16 21:33:15, 레인맨(show1997) 2012.01.17 01:23:38

만나면 용서보다는 벌금 낼 각오하고 패주고 싶다. 여차하면 그놈들을 불구로도 만들고 싶은 것이 들 정도이다.[255)]

8. 학급내 따돌림 극복사례

여름방학을 며칠 앞둔 학년 말 금요일 5, 6교시였다. 새 미술 단원을 안내하느라 교실은 약간 소란스러웠다. 아이들이 막 활동을 시작하려 할 때쯤 교실 뒷창문 쪽으로 두 분의 어른 모습이 아른거렸다. 아이들에게 활동을 안내하고 뒷문으로 나가 보았더니 얼굴이 닮으신 두 분이 흥분하신 모습으로 계셔서 상담실로 안내하였다.[256)] 어떻게 오셨냐는 질문에 "도저히 더는 참을 수가 없어서 왔어요. 000 때문에 우리 아이가 어제도 집에 와서 엎드려 울었어요. 선생님께서는 도대체 이 일을 알고나 계신 것인지요?"라고 하신다. 이런 일은 교장 선생님도 꼭 아셔야 한다고 하시며 불편한 감정을 감추지 않으셨다. 말씀을 듣고 담임인 나로서는 당황스러웠다. 다음 날 학급임원을 맡은 아이들에게 상황을 물었다.

아이들은 "이건 선생님께서 해결못해요!!", "그 아이는 선생님도 어떻게 할 수가 없을 거예요!" "집에서 엄마한테 욕도 한데요!"라고 어쩔 수 없다는 식의 태도를 보이는 정도여서 방학을 앞둔 상태에서 하늘이 무너지는 느낌이었다. 같은 학년 선생님들은 물론 이와 유사한 경험이 있는 분들의 학급운영을 주제로 하는 온라인 카페를 통해 의견을 구했다.

여러 사람이 '학급 따돌림' 문제로 보고 원칙적이고 적극적인 대처를 권했다. 우선 학급 아이들에게 ***(가해학생) 때문에 ○○○(피해학생)이 불편이나 어려움을 겪었겠다 싶은 일들을 보았거나 혹은 이와 관련있는 이야기들을 의견말고 사실만 쓰도록 하였다. 다행인지 불행인지 써낸 학

---

255) http://www.ohmynews.com/NWS_Web/re/add_view.aspx?cntn_cd=RE0057991
17&ovct_cd=A0001684871(2012.1.22)
256) 스크랩, 학급내 따돌림 극복사례(담임교사방), 송형호 | 조회 334 |추천 0 |
2011.12.24. 08:04

생들 중 삼 분의 일 가량이 이와 관련한 사실을 써주었다. 아이들의 사례 중 여러 아이의 일치되는 내용을 정리하여 가해학생에게 확인시켰고, 본인의 의견과 다를 경우 수정이나 보완할 수 있도록 하였다. 이를 마친 후 가해학생 부모님을 학교로 정중하게 모시고 사실확인서 및 학교폭력 대책 및 예방법률을 확인하도록 하였다. 이와 관련한 진행과정은 반 아이들에게 자치적응 시간을 통해 이야기하였고 '학교폭력대처법'에 대한 안내도 해주었다. 이렇게 방학이 다가왔다. 학급의 '왕따' 문제는 조금 안정된 것처럼 보였다. 하지만 눈에 띈 것은 '묘한 학급분위기'였다.

눈치를 본다든가, 친구 일에 개입하고 싶지 않다는 식의 방관과 무관심한 분위기이다. 어떻게 실마리를 풀어야 할지 참으로 난감하였다. 9월 하순에 학교행사로 '학예회'가 있었다. 모든 학급의 필수참여는 아니었지만 이런 학급분위기를 바꿀 방법은 없을까 생각하다가 두들기면서 표현하는 방법으로 기악합주는 어떨까 하는 생각에 우선 학교에 있는 모든 악기를 조사한 후 우리 반 아이들이 소화할 수 있고 재미도 느낄 수 있는 악보들로 꾸려보았다.

자료: http://cafe335.daum.net/_c21_/bbs_search_read?grpid=Pejt&fldid=JWXw&contentval=00091zzzzzzzzzzzzzzzzzzzzzzzz&nenc=&fenc=&q=&nil_profile=cafetop&nil_menu=sch_updw(2012.1.23)

의기소침해 있는 000(피해학생)이 속해있는 모둠에 큰북과 작은 북 역할을 주고, 또 ***(가해학생)을 의식적으로 피해 다니는 학생들 모둠에는 심벌즈와 트라이앵글 등을 배치해주었다. 곡 선정은 현재 5학년이지만 수준을 낮춰서 쉽게 익히고 즐길 수 있는 곡으로 연습을 시작하였다.

교사로서 학예회를 준비하다 보면 '더 완벽하게 하고 싶은 욕심(?)'을 물리치기가 어렵다. 가능한 '학급의 하나된 즐거움'에 초점을 맞추어 연습하고 격려하면서 3주 가량을 준비하였다. 정말 의외였다. 왕따 문제에서 피해학생들이 갖는 소극성이 이렇게도 극복이 될 수 있구나! 000이 작은 북을 잘치기 위해서 방과 후에도 남아서 연습하는 극성도 보였다. 집에서 학교생활을 이렇게 즐겁게 말한 적이 없다는 000학생 어머니의 말씀도 들었다. 반 아이들이 모두 주인공이 되는 연주를 기획하였다.

4개의 곡을 선정하면서 곡과 곡 사이의 시작부분을 다양한 악기별로 나누어 연주하게 하면서 성취감을 느끼게 하였다. 악기들의 합주가 제법 틀을 갖춰가면서 반 아이들의 입가에 자주 웃음이 번졌다. 막바지에 들면서 아이들이 '하고 싶은 악기'를 넣어도 되느냐는 제안이 들어왔고, 기타와 바이올린, 플루트까지 들어간 합주곡으로 마무리 지었다. 학예회 때 우리 반은 '하나되는 학급'을 위하여 모두가 열심히 연주하는 모습을 보여 주었다. 따돌림 문제도 어느 정도 해결되고 아이들도 활발한 분위기를 보여 안정되어 보였다. 중순께 다시 ***(가해학생)을 비롯하여 5-6명이 놀이동산에 간다면서 그에 끼지 못하는 몇 여자아이들이 서운해하는 분위기가 보이기 시작하였다. 난감 자체였다. 고민하다가 전체 학급 토론에 이 문제로 안건을 내놓았다. "놀이동산 가는 게 나쁘진 않지만 그에 합류되지 못하는 아이들을 어떻게 할 것인가?" 그날은 결론을 내리지 못해 생각정리를 과제로 내주었다. 수업이 끝나고 아이들이 하교할 때였다. 놀이동산에 가기로 한 ***아 몇 아이들이 찾아왔다. "샘! 이번엔 이렇게 되었지만, 샘이 걱정할 일은 일어나지 않을 거에요. 갔다와서도 잘할게요! 다음에 또 기회가 오면 그 친구를 꼭 함께 데리고 갈게요. 걱정하지 마세요!" 갑자기 구름이 걷혔다. 자기표현도 잘 안하고 가까이 오지않던 ***가 가까이 와서 이렇게까지 이야기를 해주니. 이제 걱정할 게 없다는 판단이 들었다.257)258)

9. 저희반 왕따사건 문제

애들과 소통도 잘되고, 학기초 성적도 제일 밑에 있던 애들을 사랑의 힘으로 2학기 기말성적이 앞쪽에 위치하게 했다.259) 학습태도나 인성이 바르게 되었다고 칭찬받던 반이 되었다. 그런데 문제는 학기초부터 있어서 저희반 왕따문제였다. 우리 반 반장은 정말 자기 일만 잘 하려고 하고, 우리반 애들의 사건사고에 대해서 묵인한 학생이다. 그러나 왕따애가 실수하면 그런 이야기만 저에게 와서 이야기를 했다. 친한 친구가 왕따애를 많이 괴롭힐 때는 묵인해준다. 반장에게 늘 학급에서 샘이 없을 시 일어난 일에 대해서 말해줘야 샘이 너희들을 더 잘 꾸려갈 수 있다고 돌려서 몇번을 이야기 해도 말을 듣지 않는다. 이번에 학급문고를 만들려고 애들에게 옆 짝꿍의 장단점에 대해서 쓰라고 했더니 그 왕따학생이 솔직한 나머지 단점을 너무 자세하게 썼다. 그런데 그 애가 행동도 느리고 학습장애가 많은 아이이다. 그래서 애들도 놀리고 그러는데 그런 글을 읽더니 반장이란 애가 그것을 친구들에게 귓속말로 욕하는 모습을 직접 보게되었다. 순간 화가 났지만 참고 돌려서 이야기를 해줘라고 했더니 기분이 안 좋은지 그 다음부터는 소심한 반항으로 보인다.

일부러 말도 들었는데 못본 척하고 인사도 안하고 애들도 반 분위기

---

257) 생활교육혁신, 교사·학생이 함께 웃자!, 출처 :돌봄치유행복교실 원문보기▶ 글쓴이 : etkorea, 댓글 4
258) http://cafe335.daum.net/_c21_/bbs_search_read?grpid=Pejt&fldid=JWXw&contentval=00091zzzzzzzzzzzzzzzzzzzzzzzz&nenc=&fenc=&q=&nil_profile=cafetop&nil_menu=sch_updw(2012.1.23)
259) 저희반 왕따 사건 문제로 오히려 애들과 저 사이가 멀어져버렸네요(담임교사방), 희망차니 | 조회 993 |추천 0 | 2012.01.01. 20:45

를 이상한 쪽으로 선동하는 것이다.

 너무 어이가 없었던 것은 그 주변 착한 친구들이 저에게 편지를 쓰는 란에다 1년동안 재미없었구요. 쩝하고 써놓은 거예요. 순간!! 다른 반 애들은 장문의 편지를 써서 감동을 줬는데 제가 사랑을 줘도 우리반에 더 줬을텐데. 너무 실망스럽고 눈물이 나더라구요. 애들에 대한 정이 뚝 떨어지는거예요. 질 안좋은 애들을 모범생으로 만들어 학기말 진보상 14명이나 타게 했고, 쿠폰제를 도입해서 수업태도 좋은 애, 학급 깨끗하게 정리한 애, 인사 잘하는 애, 지각 안하는 애 등 잘하는 애들에게 쿠폰줘서 일정기간 지나면 알뜰장터를 열어서 먹거리, 학용품으로 바꿔주는 일도 하고, 한달에 한번씩은 꼭 수업 때 잘하면 보상해주고, 학급편지도 한달에 한번씩 꼭 써주고. 다양한 이벤트로 애들과의 교류가 가장 좋았다. 그런데 반장의 잘못을 혼냈더니 반 분위기 안 좋아진 채 방학을 해버렸다. 풀 기회도 없이. 어떻게 해야할지 난감하고 잘해왔던 애들에게 실망해서. 학기초부터 학급카페를 열어 소통의 장으로 사용했는데 이번 일로 학급문고 만드는데 필요한 자료를 올려놨더니 애들이 쓰지를 않는다. 어떻게 이런 애들을 다뤄야 할지 난감하다.260) 이에 대한 해결방법을 강구하는 의견을 대응글을 통해 들어보기로 한다. 저도 전년도 담임반하면서 잘못뽑은 반장, 왕따로 결국 친구 자퇴시킨 무리, 교실서 제 욕을 달고 사는 아이들, 무례하기 짝이 없는 학부모부터 생각납니다."261) 얼마나 맘이 상했던지 아이들과 연락도 않고 관심도 끊고 이름까지 잊어가며 살았네요. 그런데 나중에 보면 그런 반에서도 저를 좋게 기억해주고 존경하는 착한 학생들이 있더군요. 너무너무 속상하시겠지만 이미 상황은 벌어졌고 수습하기도 어려우니, 지나간 일은 덮으시고 착한 아이들만

---

260) http://cafe335.daum.net/_c21_/bbs_search_read?grpid=Pejt&fldid=JWXw&contentval=00095zzzzzzzzzzzzzzzzzzzzzzzz&nenc=&fenc=&q=&nil_profile=cafetop&nil_menu=sch_updw(2012.1.23)
261) 오늘도 힘내자 2012.01.01. 21:51

보며 선생님 다친 마음 보듬으셔요. 가려져 있어 그렇지 분명히 선생님 싫어하는 학생들보다 좋아하는 학생들이 훨씬 더 많을 겁니다. 저도 비슷한 경험이 있었죠. 반에 몇몇 아이들이 분위기를 몰아 저를 따시키는 듯한 분위기였죠. 뭔가 잘못 돌아가고 있는 것 같아요.262) 많이 서운하시겠네요. 아이들은 아이들이에요. 순수하고 정 많은 선생님들일수록 아이들의 그런 모습에 상처를 많이 받는 것 같아요(그래서 저도 언제부턴가 아이들에게 적당한 선을 유지해요). 그래도 저는 '진심은 통한다'는 믿음을 여전히 갖고 있습니다. 반장의 비뚤어진 마음과 오해에서 비롯된 일이니 반장과 마음을 터놓고 이야기해보시면 어떨까요? 그리고 학급문고 일을 잘 도와줄만한 소수정예 몇명에게도 도움을 청하시구요. 아무튼 아이들은 아이들인지라 생각보다 단순한 동기로도 금방 마음을 풀기도 해서 생각보다 쉽게 분위기가 달라질 수도 있을 거라 생각해요.263) 물론 아쉬운 분위기에서 아이들과 헤어지게 될 수도 있겠지만요.

　윗분 말씀대로 분명 선생님이 1년동안 쏟아부은 정성을 기억하는 아이들도 많을 거라고 생각합니다. 아무쪼록 힘내시길!264) 어떤 분위기인지 너무 잘알 것 같아요. 저희반에서도 소위 일진의 가능성을 보이는 몇명 학생이 언젠가부터 그런 식으로 행동했거든요. 정말 기분나쁘죠. 완전히 못된 애들은 아니라 몇 번 그러고도 다시 와서 헤헤거리긴 하는데 정말 갈수록 학생들에게 정주기가 힘들어지네요.265) 이렇게 많은 도움의 글을 주실 줄이야. 이것만으로 힘이 생겨요. 저는 이런 일들은 첨이에요.

　그리고 지금 보니깐 우리 반 애들끼리 분쟁도 있는 듯해서 그것이 걱정이예요. 반장부모님과 상담해봤더니 내가 왜 혼냈는지 이유를 잘 모르고 있어요. 마냥 왕따애 편만 든다고 서운하다고 했다는 거예요. 정말

---

262) 하얀등꽃 2012.01.02. 00:09
263) HeiDi 2012.01.02. 12:40
264) 그런데 남은 시간이 얼마 없어서, HeiDi 2012.01.02. 12:41
265) 독수리가 날개치며 올라감 같이 2012.01.02. 22:56

한숨만이요. 이렇게 응원 글의 좋은 기를 받아서 잘 풀어가겠습니다. 감사합니다.266)267)

10. 경찰, 학교폭력 상습범 선별·특별관리

경찰이 학교폭력을 막기 위해 상습적으로 폭력을 휘두르는 학생을 따로 선별해 특별관리하기로 했다.268) 경찰청 생활안전국은 학교폭력 가해 학생에 대한 주기적인 사후 모니터링이 재범이나 보복범죄를 막을 수 있을 것으로 보고 특별관리방안을 마련했다고 24일 밝혔다. 이에 따라 경찰은 교내 일진회 등 폭력조직과 연관이 있는 학생, 학교폭력으로 2회 이상 입건된 경력이 있는 학생 등을 특별관리 대상으로 분류해 해당사건을 처리한 형사가 지속적으로 관리하기로 했다. 성폭력 및 상습상해, 보복폭행, 장기간 집단 따돌림 가해 등 죄질이 중한 학생과 가정환경이나 전문가 의견 등을 고려할 때 경찰의 보호가 필요하다고 판단되는 학생도 심각 등급으로 분류, 관리하기로 했다. 이를 통해 생성되는 문제학생 리스트는 추가적인 학교폭력 사건을 예방하기 위해 해당 경찰서가 자체적으로 관리할 예정이다. 이는 전과 등 형태로 경찰 전체에 공유되지 않으며 사후에 기록으로 남지는 않는다고 경찰은 설명했다.

경찰은 특히 관리대상 학생이 학교폭력사건에 또 다시 연루되면 조사 단계에서부터 보복폭행 여부를 엄정하게 조사하기로 했다. 특정범죄 가중처벌법상 보복폭행은 폭행·상해의 경우 징역 1년 이상, 폭행치사 및 상해치사는 3년 이상 징역형에 처할 수 있다. 경찰은 관리대상 학생 뿐만 아니라 학부모, 담당교사 등과도 주기적으로 연락을 취하면서 해당

---

266) 희망차니 2012.01.03. 04:35
267) http://cafe335.daum.net/_c21_/bbs_search_read?grpid=Pejt&fldid=JWXw&contentval=00095zzzzzzzzzzzzzzzzzzzzzzzz&nenc=&fenc=&q=&nil_profile=cafetop&nil_menu=sch_updw(2012.1.23)
268) 연합뉴스 기사전송 2012-01-24 08:33, (서울=연합뉴스) 박용주 기자

학생이 또 다른 학교폭력에 연루되지 않도록 할 방침이다. 문제 학생의 인성이나 가정상황, 친구관계 등을 파악해 선도나 교화를 하는 등 사후관리 체제도 갖추기로 했다. 경찰은 이와함께 학교폭력 피해자에 대한 보호조치도 강화하기로 했다. 신고는 가급적 전화나 이메일 등 비대면 매체를 활용, 익명성을 보장하고 사건접수 즉시 보복폭행 여부를 점검하기로 했다. 경찰은 신고 첫 주에는 매일 1회, 이후에도 일정 기간 주기적으로 보복폭행 여부를 살펴본다는 방침이다. 담당형사와 여경 등으로 학교폭력 멘토 인력풀을 만들어 피해학생과 짝을 지어주는 방안도 모색하고 있다. 경찰청 관계자는 "학교폭력 문제가 워낙 심각해 경찰이 적극적으로 나섰지만 기본적으로 교권을 존중한다는 입장"이라면서 "상황이 심각한 경우 엄정 처벌하고 사후관리에도 나서겠지만 상당수는 선도나 보호차원에서 접근하게 될 것"이라고 말했다.[269)270)]

11. 학교폭력 은폐한 교사·교장 엄중조치

앞으로는 학교폭력을 은폐한 교사나 교장을 엄중 조치하는 등 학교폭력에 적극 대응하지 않는 교사에게 책임을 묻는 방안이 추진된다.[271)] 또 학교폭력의 주요 원인 중 하나인 청소년의 인터넷 게임중독을 막기 위해 실효성있는 규제 방안을 마련하는 논의도 범정부 차원에서 시작된다.

이주호 교육과학기술부 장관은 19일 연합뉴스·보도전문채널 뉴스Y와의 공동인터뷰에서 "학교폭력을 적극적으로 해결하려는 교사에게는 인센티브를 주는 동시에 학교폭력을 알고도 은폐·은닉하는 교사와 교장은 기본 책무를 다하지 못한 것으로 보고 책임을 강하게 묻는 방안을 강구 중"이라고 밝혔다. 이 장관은 "부모, 교사, 또래친구 등 세 그룹에

---

269) speed@yna.co.kr, 연합뉴스
270) http://news.nate.com/view/20120124n01397?mid=n0403(2012.1.24)
271) 연합뉴스 기사전송 2012-01-19 04:31 최종수정 2012-01-19 09:56, (서울=연합뉴스) 조채희 기자

의존하는 학교폭력 해결에 교사가 제일 중요한데 여러가지 이유로 학교폭력을 은폐하는 좋지 못한 사례도 있다고 생각한다"고 지적했다. 다만 "교사가 너무 힘들어지게 해서는 안되고 지원시스템도 많이 강구하겠지만 체제가 갖춰지고 나면 교사의 기본 책무에 대해 책임을 물어야 한다"고 설명했다. 교과부가 학교폭력에 대해 교사의 책임을 묻는 방침을 밝힌 것은 처음이다. 이와 관련해 교과부는 교사가 학교폭력을 숨길 경우 성폭력·금품수수·성적조작·학생에 대한 폭력 등 이른바 '4대 교육비위'에 준해 엄중 제재하는 등 징계양정 기준을 높이는 방안을 검토 중이다. 교과부는 다만 폭력 사안별로 은폐·은닉 여부에 대해 시비가 일 수 있고, 경찰이 수사에 나서는 시점부터는 교사의 개입이 차단되는 점 등 현장의 어려움도 감안해 신중히 추진해 나가겠다는 입장이다.

　이 장관은 이와함께 "학교폭력과 밀접한 관련이 있는 청소년 인터넷 중독문제를 해결하기 위해 게임업계에 사회적 책무성을 묻고 국가차원의 규제도 공론화해서 게임의 폐해도 적절하게 규제해야 한다고 생각한다"고 말했다. 이어 "청소년이 외부와 소통하지 못하고 고립된 상태에서 밤새도록 게임을 하는 등의 게임중독에 빠지면 정서적으로도 큰 피해"라며 "우리나라는 게임강국으로서 게임산업을 육성해야 하지만, 청소년의 게임중독 문제에 대해서는 게임업계의 책무성도 물어야 한다는 생각"이라고 말했다. 교과부는 차관회의를 시작으로 문화체육관광부, 보건복지부, 방송통신위원회 등 관련부처와 이 문제를 논의해 이달 말이나 내달 초 발표할 범정부 학교폭력대책에 포함시킬 방침이다. 이 장관은 19일 오전에는 게임 피해학생·학부모를 만나고 오후에는 한국게임산업연합회를 방문한다. 이 자리에서 게임업계 종사자도 학부모인만큼 책임감을 갖고 사회적 부작용이 줄어들도록 불법 유해정보를 자율심의하고 개발단계에서 폭력성을 제한하며 연령인증이나 사용시간 준수관리에 동참해 달라고 당부할 예정이다. 이 장관은 가해학생의 학부모도 자녀와 함께 특별교육을 의무적으로 받도록 하는 가칭 '학부모 소환제'를 도입하는 방침도 확인하면서 학부모 교육 등도 확대해 나가겠다고 말했다.

교과부는 학부모가 교육이수에 응하지 않으면 교육감에게 통보해 과태료를 부과할 수 있도록 하는 내용으로 '학교폭력 예방 및 대책에 관한 법률'을 개정하는 방안도 검토 중이다. 이 장관은 아울러 "학생들 스스로 학교폭력 문제에 개입하고 해결하는데 도움을 주기 위해 '또래상담'이나 '또래중재', '학생자치법정' 등의 프로그램을 적극 장려하겠다"고 밝혔다.

이를 위해 교과부는 또래상담 운영학교를 2011년 573개교에서 올해는 3천320개교로 늘리고, 또래상담지도자도 2천320명에서 올해 6천명선으로 증원한다. 이 장관은 초4~고3 558만명을 대상으로 한 학교폭력 실태 전수조사의 회수율과 신뢰도 문제에 대해 "다양한 홍보방안을 마련 중"이라며 "학교에서 교사가 보는 앞에서 조사를 하던 것과 달리 가정에서 조사를 하면 가해학생을 의식하지 않아도 되고 학부모의 인식도 높아지며 가해학생을 위축시키는 효과도 있을 것"이라고 기대했다. 이밖에 논란이 있는 형사 미성년자의 연령을 만 14세에서 만 12세로 낮추는 방안 등은 법무부와 협의해 나가겠다고 말했다.[272][273]

12. '그린 마일리지' 제도로 학교폭력 잡기

<앵커 멘트>

나쁜 짓 하면 벌점 주고, 좋은 일 하면 상점을 주는 이른바 그린 마일리지 제도로 학교폭력을 뿌리뽑은 학교가 있습니다. 남승우 기자가 안내합니다.

<리포트>

충북 제천의 한 고등학교.

〈녹취〉교사 : "담배를 폈을 때, 첫 번째 폈을 때는 벌점 몇 점이지?"

〈녹취〉학생 : "30점요."

---

[272] chaehee@yna.co.kr, 연합뉴스
[273] http://news.nate.com/view/20120119n01845?mid=n0403(2012.1.24)

〈녹취〉교사 : "30점이지, 그렇지?"

학생은 벌점이 적힌 종이를 들고 담임과 생활지도교사, 교감 등 3명의 사인을 받습니다. 좋은 일을 해 상점을 받아도 마찬가지입니다. '그린 마일리지' 제도입니다. 몇 년 전만 해도 학교폭력이 심했었지만, 제도 시행 2년째인 지금은 '폭력 무풍지대'가 됐습니다. 흡연과 폭행, 금품 갈취, 왕따 등의 나쁜 행동과 자원봉사와 학교폭력 신고 등 선행을 세분화해, 상벌점을 엄격히 적용한 게 비결입니다. 특히 점수를 전산화하고, 벌점 사실을 학부모에 수시로 통보한 게 주효했습니다.

〈인터뷰〉제천 세명고 학생 : "벌점받으면 부모님들께도 죄송하고 학교에서도 망신되니까." 벌점 누적으로 3명이 퇴학조치되기도 했습니다. 반면 상점에 대해서는 입시에서 가점이 주어지는 교장 표창까지 주며 장려했습니다.

〈인터뷰〉정기준(세명고 교감) : "학생, 학부모, 교사가 함께 모여서 상벌점 제도를 만들기 때문에 다른 불협화음이나 반발이 전혀 없습니다."

학생과 학부모, 교사가 서로 관심을 갖고 소통하면 학교폭력을 막을 수 있다는 것을 이 학교는 잘 보여주고 있습니다.274)275)

13. 학교폭력, 어른들은 잘 모르는 아이들의 숨겨진 삶

어른들은 잘 모르는 아이들의 숨겨진 삶(마이클 톰슨 외 지음·양철북 펴냄)276) 지금 우리 사회는 학교폭력이 화두다. 지난해 12월 연이어 터진 중학생 자살사건 이후 기관마다 대책을 쏟아내고 있다. 형사처벌 대상 나이를 낮춘다느니, 스쿨 폴리스 제도를 확대한다느니, 학교폭력 핫라인을 개설한다느니 등의 물리적 해결책을 내놓고 있다. 전교조는 학교

---

274) KBS 뉴스 남승우입니다. 입력시간 2012.01.13 (22.01), 남승우 기자, KBS 뉴스는 http://news.kbs.co.kr
275) http://news.kbs.co.kr/society/2012/01/13/2419533.html(2012.1.14)
276) 뉴시스 기사전송 2012-01-14 06:12, 【서울=뉴시스】유상우 기자

폭력을 학생인권의 문제로 보고 장기적으로 학교 혁신운동을 결의했다.

서울시교육청은 교사에 초점을 맞춰 교원감정코칭 연수를 시행한다고 한다. 학교폭력은 이미 교사 개인의 힘으로는 어찌할 수 없는 단계까지 이르렀다. 그럼에도 교사교육이 필요하다면 단지 교사의 공감능력을 키워주는 정도가 돼서는 안된다. 심각한 사회적 문제로 드러난 학교폭력에 대한 깊이 있는 이해를 담거나 근본적인 해결책을 모색하는 데에도 턱없이 부족한 처방에 불과하다는 지적이다.

'어른들은 잘 모르는 아이들의 숨겨진 삶'은 또래집단의 문화와 구조의 속성을 통해 학교폭력의 본질을 밝히고 있다. 또래집단은 인기있는 아이들과 그 아이들을 추종하거나 부러워하는 아이들로 이뤄져 있으며 한 공간내에서 '또래문화'를 주도한다. 이른바 '멋진 것'으로 통용되는 것, '쿨'함, 태도, 패션에 대한 표준을 제공하는 것이 또래집단이다. 아이들은 이 표준에 자신을 맞춤으로써 또래집단의 일원임을 확인받고 싶어한다. '노스페이스 점퍼' 현상이 이를 방증한다. 집단에 인정받고 싶은 욕망, 또래들에게 비웃음을 당할지도 모른다는 두려움은 혼자 있다면 하지 않을 행동을 하게 만든다. 아이들은 무모해지고 판단력이 마비된다.

저자는 "학교폭력을 제대로 이해하려면 또래집단의 생리부터 이해해야 한다"고 지적한다. 아이들에 대한 사회심리학적 이해없이는 때린 아이는 가해자이고 맞은 아이는 피해자일 뿐, 피해자가 다시 자기보다 약한 아이에게 가해자가 되는 구조를 알 수도 없다는 설명이다. 아이들은 부모의 개입을 바라지 않는다. 비록 또래집단에 괴롭힘을 당하지만 그래도 또래집단에 소속되고 싶어하는 아이들의 모순된 심리를 부모들은 이해하지 못하기 때문이다.

아이가 괴로움에 떨 때 부모가 아이를 이해하고 안정되게 어른스러운 태도로 아이를 대하면 그것 자체가 아이에게 큰 힘이 된다고 말한다.[277)278)]

---

277) swryu@newsis.com, 뉴시스통신사
278) http://news.nate.com/view/20120114n01667(2012.1.14)

자료: http://news.nate.com/view/20120114n01667(2012.1.14)

14. 학교폭력 추방과 '사랑의 캠프'

[앵커멘트]
요즘, 왕따와 자살 등 학교폭력 문제로 떠들썩한데요. 겨울방학을 맞아 강추위속에서 아동복지시설 어린이 등을 초청해 훈훈한 정과 사랑을 나누는 캠프가 열렸습니다.279) 이정우 기자가 보도합니다.

[리포트]
겨울방학을 맞은 학생들이 야외로 나왔습니다. 학교폭력과 왕따 등 비행을 예방하기 위한 프로그램의 하나입니다. 서바이벌 게임을 통해 재미를 불어넣어 줍니다. 협동심과 체력을 단련시키는 PT체조, 힘은 들지만 재미와 추위를 이기는 데는 좋습니다.

[인터뷰: 양한슬, 초등학교 6학년]
"겨울이라서 추운데 뛰니까 따뜻하고 친구들하고 같이 해서 재미있어요." 올해 사랑의 캠프는 학교폭력을 줄이는 데 도움을 줄 수 있는 신체훈련, 지성훈련, 인성훈련 등 다양한 프로그램이 마련됐습니다.

[인터뷰: 이계능, 인성개발원장]
"학교생활에서 발생하는 문제, 폭력문제라든지 왕따문제, 학업스트레스 등의 문제를 해결하기 위해서 감성적 터치를 통한 인성개발을 하기 위해 본 프로그램을 계획하고 운영하게 됐습니다." 자라나는 어린 학생들에게 꿈과 희망을 심어주는 사랑의 캠프는 대학생들의 희생과 봉사가 밑바탕이 되고 있습니다. 재학생 250여명이 15주간의 교육훈련과정을 마친 뒤 겨울방학을 반납하고 봉사자로 참여해 사랑을 실천하고 있습니다.

[인터뷰: 정요인, 대학생]
"다른 친구들은 아르바이트를 하거나 자기계발을 하기 위해서 어학연수나 자격증 취득 같은 것을 많이 준비하고 있는데요. 저는 이곳에서 오히려 더 귀한 자기계발 시간을 보내고 있어서 너무 즐겁습니다." 사랑의

---
279) YTN 원문 기사전송 2012-01-14 03:09 최종수정 2012-01-14 03:23

캠프를 통해 대학생들은 선배에게 인성의 중요성을 배우고 미래의 자신감을 되찾아가고 있습니다.

[인터뷰: 이성영, 대학생]

"자격증이나 봉사시간 그런 것 때문에 왔는데 직접 참여해 보고 아이들과 만나고 교제를 통해서 제가 은혜받고 아이들에게 더 배울게 많은 것 같아요." '새 시대를 이끌어 갈 창조의 주역들'이라는 주제로 열린 사랑의 캠프는 전국 아동복지시설과 다문화가정 등 천여명의 어린이와 청소년들이 참가해 참다운 인성과 새로운 꿈을 다져 나가는 자리가 됐습니다.280)281)

15. 인천보호관찰소 학교폭력 가해학생 심리치료 '가족 상황극' 현장

"인기(가명)야. 너 중학교 때 학교도 그만두고 해볼 거 안 해볼 거 다 해 봤잖니. 나이도 들었으니 철 좀 들자."(아버지 역할의 가해학생 A군)282) "웃기고 있네. 언제 나한테 관심이나 두었어? 하던 대로 해."(아들 A군이 된 상황극 강사) 13일 오후 2시 인천 계양구 계산동에 있는 인천보호관찰소 서부지소 강당. 실제 상황을 방불케 하는 상황극이 한창이다. 무대에 오른 이들은 학교폭력의 가해학생들이다. 서부지소가 준비한 이날 행사엔 빈번한 폭력과 공갈 등으로 법원에서 보호관찰과 수강명령을 받은 청소년 14명과 그들의 부모가 참가했다. 무대에 오른 A(17)군은 이른바 '일진'이었다. 동네에서 걸리는대로 돈을 뺏고 주먹을 휘둘러 보호관찰소에 왔다. 고교 1학년이 될 나이지만 중학교도 마치지 못했다.

세상도 부모도 싫었다. 보호관찰 기간에 부모에게 불만을 느끼고 가출까지 했을 정도다. 무대 위에선 심리극 전문가인 김영한 별자리사회심리

---

280) YTN 이성우[ljwwow@ytn.co.kr], YTN & Digital YTN
281) http://news.nate.com/view/20120114n00965(2012.1.14)
282) [Weekend inside] 인천보호관찰소 학교폭력 가해학생 심리치료 '가족 상황극' 현장, 서울신문 원문 기사전송 2012-01-14 03:07

극 연구소장이 A군의 역할을, A군은 자신의 아버지로 분했다. A군은 아들이 된 김 소장을 보자마자 "이리 와서 앉아."라고 윽박질렀다.

그동안 A군이 느꼈던 아버지의 모습이다. 무대 위 A군은 경찰에게도 부모에게도 안하무인 격이다. 윽박지르는 것으로 해결되지 않자 아버지(A군)는 태도를 바꿨다. 그가 원했던 아버지의 모습이다. "사고쳐서 들어가는 소년원이 얼마나 무서운 곳인지 아니. 아빠도 예전에는 그런 경험이 있지만 그렇게 계속 사고치면 아빠처럼 살 수밖에 없다." 그렇게 스스로를 향해 한참을 훈계했다. 상황극을 마치고 무대를 내려온 A군의 얼굴엔 부모를 향한 분노나 반항을 찾을 수 없다. A군은 "얼마전까지 내가 저지른 일을 돌아보는 기회였다."면서 "이젠 다른 친구처럼 미래를 준비하며 살고 싶다."고 말했다. 옆에서 아이를 지켜보던 A군의 어머니는 아들을 꼭 끌어안았다. 이어 B(15)양이 무대에 올랐다. 화가 난다는 이유로 친구를 때려 폭력사범으로 보호관찰소에 온 앳된 소녀다. B양은 외박하는 딸아이에게 잔소리만 하는 어머니의 입장이 돼 상황극을 이끌었다. 부모의 말을 듣지 않는 딸아이에게 B양은 자기도 모르게 언성을 높이며 잔소리를 퍼부었다. 처음으로 엄마의 편에서 엄마의 심정으로 다가간 순간이었다. B양은 무대에서 내려와 "왜 한번이라도 어머니의 마음을 생각해 보지 않았을까 후회된다."며 눈물을 흘렸다. 적어도 상황극을 마치고 무대를 내려온 아이들은 평범한 10대일 뿐이었다. 김 연구소장은 "비행청소년들은 사실 가정에 문제가 있는 경우가 많은데 정작 부모는 항상 아이들이 변하기만을 원한다."면서 "부모의 태도가 먼저 바뀐다면 오늘처럼 아이도 바뀔 수 있다."고 말했다. 임명빈 서부지소장은 "보호관찰소는 소년원에 가기 전에 문제아이들을 교정하기 위한 곳"이라면서 "상황극에서도 볼 수 있듯이 부모와 아이가 소통하면 문제를 개선할 수 있다. 처벌만이 능사가 아니다."라고 말했다.[283][284]

---

283) 김진아 기자 jin@seoul.co.kr, 서울신문(www.seoul.co.kr)
284) http://news.nate.com/view/20120114n00819*2012.1.14)

16. 학교폭력이 어제 오늘 일이 아닌데

자살하는 아이가 최근에 처음 생긴 것도 아닌데 갑자기 언론이 호들갑이다. 덩달아 여기저기 호들갑이다. 이어서 내놓는 대책이란 것이 폭력예방교육 확대, 자살예방, 생명존중교육 실시, 폭력신고센타 설치, 폭력 가해학생과 피해학생 전학시키기, 남자교사 비율높이기, 교사 감정코칭 강제연수, 부적절대응시 담당장학사 문책, 폭력신고학교 인센티브 등 폭력대책이 더 폭력적이다.285)

17. 학교폭력, 교권도 위협 침해사례 4년간 4배 증가

최근 각종 학교폭력 사건이 잇달아 적발되는 등 사태가 일파만파로 번지며 온 국민의 관심사로 부각되고 있는 가운데 해마다 학교폭력에 따른 교권침해 사례도 계속 늘고 있는 것으로 나타났다.286) 특히 이같은 사례 중 학생이 교사의 수업권이나 생활지도권 행사를 방해하는 경우가 상당수여서 이에 대한 대책마련이 시급한 것으로 지적됐다. 또 일부 시·도 교육청에 추진하거나 추진 예정인 학생인권조례 등이 사실상 교권의 침해라고 있다는 주장도 제기됐다. 12일 헤럴드경제가 한국교원단체총연합회가 최근 5년간(2006~2010년) 발표한 '교권회복 및 교직상담 활동실적' 보고서를 분석한 결과에 따르면 교권침해 사례 중 학교폭력이 원인인 사례는 2006년 전체 교권침해 사례 179건 중 한건도 없었으나(비율 0%) ▷2007년 204건 중 6건(2.9%) ▷2008년 249건 중 15건(4.0%) ▷2009년 237건 중 15건(6.3%)로 계속 늘었고 2010년에는 260건 중 26건(10%)으로 급증했다. 3년 새 4배나 증가한 것이다. 이 때문에 실제로 전체 교권침해 사례는 ▷2001년 104건 ▷2006년 179건 ▷2010년 260건으로 10년 남짓 기간동안 2.5배나 늘었다. 이같은 학교폭력에 따르 교귀침

---

285) http://www.eboo0.com/zb4/zboard.php?id=afterschool&no=797(2012.1.14)
286) 헤럴드생생 원문 기사전송 2012-01-12 10:00 최종수정 2012-01-12 10:45

해사례는 교사들의 상황에 따라 차이가 났다. 2010년도 보고서를 기준으로 보면 교사 중 ▷남성(15건)이 여성(11건)보다 ▷국・공립(24건)이 사립(2건)보다 ▷유・초・특수학교(18건)가 중・고교(8건)보다 ▷평교사(16건)가 교장・교감(10건)보다 사례가 많았다. 교권침해의 원인이 학교폭력인 사례는 ▷피해학생과 가해학생 간의 폭력에 따라 교사의 수업권이 방해를 받는 경우 ▷학생인권조례 시행 및 체벌금지조치 등의 영향에 따라 가해학생에 대한 교사가 생활지도권을 사실상 행사할 수 없는 경우 ▷가해학생에 대한 징계를 위해 교사가 학교폭력대책자치위원회 개최를 요구할 때 해당 학부모가 이를 방해하는 경우가 있었다고 교총은 전했다. 이에 대해 김동석 교총 대변인은 "학교폭력사례에는 가해-피해학생 간의 사례만이 적시돼 있다"며 "학교폭력이 '학생・학부모에 의한 교사에 대한 폭언・폭행・협박' 등으로 이어지는 경우도 많아 이를 학교폭력의 범주에 포함시킨다면 학교폭력에 의한 교권침해사례는 더욱 늘어날 것"이라고 말했다. 이어 "특히 2010년 직선제 선거로 뽑힌 시・도 교육감 취임 이후 학교폭력 사례가 급증한 사례로 비춰볼 때 진보성향 교육감 증가와 학생인권조례 추진이 학교폭력에 따른 교권침해 증가 원인에 연결될 수 있다"고 추측했다.[287][288]

18. 경기도교육청, 성폭력・학생인권 보호에 적극 나서

경기도교육청은 22일 경기도내 25개 지역교육지원청의 생활인권지원센터 담당장학사, 인권옹호관, 상담사, 스쿨폴리스를 대상으로 학교폭력 예방과 학생인권보호 연수를 실시했다. 경기도 교육청은 이날 연수를 통해 ▲학생인권의 의미와 한계 ▲생활인권지원센터 운영 우수사례 발표 ▲학교폭력 실태 및 해결방안 ▲학교폭력 예방을 위한 감성교육 ▲학교

---

287) 신상윤 기자/ken@heraldm.com, 헤럴드 생생뉴스, 헤럴드경제 & heraldbiz.com.
288) http://news.nate.com/view/20120112n06560(2012.1.14)

폭력사안 대응사례를 살펴보는 등 실질적인 대응방안을 살펴봤다. 경기도교육청 학생학부모지원과 유선만 과장은 인사말을 통해 "지역의 생활인권지원센터를 중심으로 학생들의 생활지도 및 인권과 관련하여 즉각적인 대처와 지원이 중요하다"며 교사와 학생의 언어폭력 예방지도, 가정폭력 피해학생 인권보호에 대한 적극적인 대처와 노력을 당부하였다.[289] 이날 강사로 초청된 홍영미 전문강사는 "학교폭력은 공감능력의 부족과 같은 감성의 문제 때문에 발생한다"며 감성 위주의 예방교육을 학교폭력 예방을 위한 새로운 방안으로 소개했다.

현재 경기도교육청은 학교폭력 예방을 위하여 ▲25개 교육지원청 생활인권지원센터 운영 ▲학교 CCTV 100% 설치 지원 ▲배움터지킴이 1,077개교 지원 ▲Wee센터 18개소 구축 ▲Wee클래스 710교 운영 ▲안전강화학교 194교 운영 ▲학교폭력 피해학생 치유캠프 운영 등 다양한 사업을 전개하고 있다.[290][291]

19. 친구사랑 운동으로 바람직한 또래문화 형성

학창시절에 평생친구를 사귈 수 있는 기회를 제공하고, 친구와 우정을 깊게 할 수 있는 행사를 발굴하여 실행하므로써 학생 모두가 친구를 사랑하며 아울러 더불어 살아가는 지혜를 배울 수 있는 계기로 삼고자 「친구사랑운동」을 전개한다.[292] 도교육청은 「친구사랑운동」추진계획을 도내 초·중·고등학교에 통보하고 학교실정에 맞는 추진계획을 수립하여 지·정·의가 통합된 실천 위주의 공감하는 인성교육을 전개토록 했다.

그동안 지속적인 노력에도 불구하고 근절되지 않고 있는 학교폭력 문

---

289) 복만넷 2011/08/24 08:07, http://blog.naver.com/sun2bang/90121412204, 경기도 교육청 학생인권 연수, 경기도교육청
290) 복지만을 생각하는 사람들의 복지선분지 복만넷 http://www.bokjimanse.net, 경기도교육청, 학생인권, [출처] 경기도 교육청, 성폭력· 학생인권 보호에 적극 나서
291) http://blog.naver.com/sun2bang/90121412204(2012.1.14)
292) 담당부서: 경남교육청 공보담당(2005-04-26, 조회수 : 106)

제에 능동적으로 대응하고, 더불어 사는 사회, 인간성 회복 등 인성교육을 강화하기 위해「친구사랑운동」을 전개하여 '친구사랑운동 공감대 확산을 위한 친구 컨설팅 요원 구성·운영' '친구의 날 제정' '친구관련 노래 제작 및 친구관련 노래 모음집 발간' '친구관련 격언 및 예화자료집 발간' '친구사랑운동 우수사례 발표회' '우수사례집 발간' 등을 추진하여「친구사랑운동」을 지속적으로 펼쳐나갈 계획이다. 이에 따라 각급학교에서는「친구사랑운동」추진을 위해 '교과를 통한 친구관련 자료 추출' '친구 간 우정관련 감동, 감화, 사례, 토론시간 갖기' '친구에게 편지쓰는 날 제정' '친구 자랑하기' '친구관련 자료전시회' '친구관련 문화활동 및 발표회'가 개최되고, 친구와 사귈 수 있는 보다 많은 기회를 제공하기 위해 '동아리 활동의 활성화' '학급·학교 과제해결팀제 운영'을 실천하고, 친구와 좋은 추억을 만들 수 있는 기회를 보다 많이 제공하기 위한 '친구와 함께 극기훈련 체험' '친구와 공동 작품제작' '1일 친구 집 교환 방문생활하기' 등 다양한「친구사랑운동」프로그램이 추진된다.

고영진 교육감은 "지역마다 특성을 살려「친구사랑운동」을 창의적이고 능동적으로 실천하고「친구사랑운동」을 통해 경남의 청소년들 모두가 친구들과 원만한 관계를 유지하고 더불어 사는 지혜를 터득하여 학생 스스로 즐겁고 안정된 학교생활을 만들어 나가고,「친구사랑운동」이 전국으로 확산 승화되어 경남교육의 확실한 브랜드가 될 수 있도록 실천해 가자"고 강조했다. 도교육청은「친구사랑운동」이 최근 일진회, 불량서클 문제와 학교폭력의 근절을 위해 순찰활동을 강화하고 CCTV를 설치하는 등 단속중심의 방어적인 학생지도만으로는 한계가 있다고 판단하여 나온 시책으로, 이를 계기로 앞으로 보다 적극적이고 능동적인 학생생활지도로 전환하게 될 것으로 내다봤다.[293]

---

293) http://news.gne.go.kr/servlet5/pds2/BoardManager?cmd=view&id=280(2012. 1.14), 경남도교육청 자료

20. 학원폭력의 양상

학원폭력은 교육의 현장인 학교를 중심으로 발생되는 폭력을 말한다. 학교폭력이라고도 한다. 학원폭력은 신체적, 언어적, 정서적인 것일 수 있으며, 통상 특정 기간동안 되풀이 된다. 학교폭력은 한 무리의 학생들이 특히 한 학생을 나쁘게 이용하거나 고립시키고 다음 희생자가 되기를 꺼려하는 방관자들의 충성을 얻기도 한다. 그들은 그들의 목표로서 조롱하고 놀린 다음 육체적인 폭력을 행사한다. 학교폭력은 종종 이상하거나 또래와 구별되는 학생들을 표적으로 삼는 것으로 시작하고, 점차 수습하기 어려운 상황이 된다. 학생 한 명 또는 한 무리가 다른 학생이나 학생들을 괴롭힐 수 있다. 방관자들은 다음 희생자가 된다는 두려움으로 참여하거나 지켜볼 수 있다. 어쨌든, 많은 학생들이 학교에서 일어나는 급우에 대한 폭력을 부정적이거나 어른들이 일반적으로 생각하는 것처럼 용납되지 않는 것으로 평가하지 않을 수도 있고, 오히려 즐거워 할 수도 있으며, 어느 정도의 재미를 가져다 준다면 이를 막아야 할 필요성을 이해하지 못할 수도 있다는 일부 연구가 있다. 괴롭힘은 또한 교사들이나 학교체계 자체에 의해 행사될 수 있다. 체계에 내재하는 힘의 차이가 있어 감지하기 어려운 학대로 쉽게 발전할 수 있다. 이는 명시적으로 학원폭력에 대한 정책이 시행되는 중에도 그러하다.[294]

21. 빵셔틀 등 학교폭력 처벌

'강제 심부름'도 포함, 가해자 전학 땐 못돌아와[295] 법적으로 처벌받을 수 있는 학교폭력의 종류에 '빵셔틀' 같은 강제적 심부름이 포함된다.

'빵셔틀'은 중·고교에서 힘센 학생들의 강요로 동료가 빵이나 담배 등을 대신 사다주는 것을 말한다. 또 올해부터 학교폭력을 저질러 다른 학

---

[294] http://ko.wikipedia.org/wiki/%ED%95%99%EC%9B%90_%ED%8F%AD%EB%A0%A5(2012.1.14)
[295] 경향신문 원문 기사전송 2012-01-01 21:42 최종수정 2012-01-03 11:10

교로 전학 간 학생은 피해학생이 있는 학교로 다시 전학 올 수 없게 된다.

교육과학기술부는 1일 학교안전 강화와 교육선진화를 위해 추진해온 14개 법안이 지난해 말 임시국회 본회의를 통과, 이달 안으로 공포된다고 밝혔다. 학교폭력예방법 개정안은 기존 학교폭력에 '강제적인 심부름'을 포함시켰다. 이에 따라 '빵셔틀'도 학교폭력으로 분류돼 처벌받을 수 있다. 최근 늘어난 집단 따돌림의 심각성을 반영해 법안에 '따돌림의 정의' 항목도 신설했다. 학교폭력이 발생하면 학교장이 학교폭력대책자치위원회의 심의에 따라 가해학생 전학 등의 조치사항을 30일 이내에 발표토록 하고 가해학생이 전학갔을 때 피해학생이 있는 학교로 다시 돌아올 수 없도록 했다. 또 피해학생이 전문가와 상담하는 데 드는 비용 등을 가해학생에게 받을 수 없을 경우 학교안전공제회에 직접 청구할 수 있게 했다. 초·중등교육법, 교육공무원법, 유아교육법, 사립학교법 등은 미성년자를 상대로 성폭력을 저질렀을 경우 처벌을 강화하는 내용으로 일부 개정됐다. 미성년자 상대 성폭력 범죄로써 100만원 이상 벌금형 이상을 선고받은 사람은 국·공·사립학교 교원이나 유치원 강사 등으로 임용될 수 없고, 재직 중이면 당연히 퇴직된다. 또 유치원도 정보공개 대상 교육기관에 포함돼 유치원비 등의 정보가 공시되며 학생 건강검사에 정신건강 항목이 포함된다.[296)297)]

22. "교사 주도로 가해·피해 증거 확보, 학부모 협조로 문제해결"

조정실 대표가 말하는 '학교폭력 대처법', 진술서·설문조사도 필요, 가해학생 꼭 응당한 처벌[298)] "학교폭력을 해결하려면 교사가 주도권을 갖고 학부모의 협조를 이끌어내야 한다."

---

296) 정유진 기자 sogun77@kyunghyang.com, 경향블로그, 경향신문 & 경향닷컴 (www.khan.co.kr)
297) http://news.nate.com/view/20120101n13069(2012.1.14)
298) 한겨레신문 | 기사전송 2012/01/12 21:06

12일 서울 강서교육지원청이 연 '신규 임용교사 연수'에서 강사로 나선 조정실 학교폭력피해자가족협의회 대표는 지난해 봄 교단에 첫발을 디딘 새내기 초등학교 교사 35명을 대상으로 학교폭력 대처요령을 상세하게 설명했다. 조 대표는 동전을 낚싯줄에 매달아 다른 사람의 목구멍에 넣었다 뺐다하는 가학행위, 기절 직전까지 목을 조르는 기절게임, 돌아가면서 왕따를 시키는 왕따놀이 등 아이들의 폭력실태를 적나라하게 소개했다.

학교폭력, 학부모 이렇게 대처합시다

자료: 〈폭력없는 평화로운 학교 만들기〉

좋은 예	나쁜 예	
"얼마나 힘들었니, 널 지켜주지 못해 미안하구나. 이제 걱정하지 마. 반드시 가해자가 용서하게 만들게."	정서적 지지 / 무시와 비난	"누가 때렸다고? 그걸 가만히 두냐? 맞짱이라도 떠야지. 네가 가만 있으니까 맞는 거야."
피해 사실을 선생님께 알리고 도움을 요청하며, 해결 방법을 함께 상의한다.	보호와 알림 / 보복과 처단	"엄마가 당장 해결할게, 누구야?" (가해 부모에게) "애 교육 똑바로 하세요." (가해 학생에게) "너도 똑같이 맞아볼래?"
"네가 맞는 걸 본 사람이 있니? 너를 도와줄 친구는 누가 있을까?"라고 물으며 증거자료를 확보한다.	적극적 대처 / 분풀이	"누굴 닮아 저 모양인지 몰라. 당신은 지금 애가 저 지경인데 잠이 와?"
가해 학생과 부모에게 사과와 재발방지 약속을 받는다. 아이에게 "이번 일로 네가 성장하는 데 큰 힘이 될 거야"라는 믿음을 준다.	자존감 회복 / 자존감 상실	"내가 잘못 살았어. 자식을 잘못 키웠어."
아이 양육법을 바꾸거나 부모가 다르게 행동하는 시범을 보인다.	새로운 시도 / 포기	"할 만큼 했는데도 안 되니 그냥 조용히 살든지 이사하고 전학 가자."
"앞으로 너의 문제를 함께 해결할 수 있으면 좋겠어"라고 말하며 가족의 사랑을 확인한다.	성장 가능성 탐색 / 불안과 좌절	전학 가서도 그러면 어쩌나 불안해하고, 자신의 무능함을 비관한다.

자료: http://media.paran.com/news/view.kth?dirnews=132250&year=2012(2012.1. 14)

"복도에서 애들끼리 목을 조르는 시늉을 하면 장난이라고 해도 단호하게 금지시켜야 합니다. 또 수업시간에 교사가 질문을 하면 특정 아이에게 대답을 떠넘기고 그 아이가 대답하면 비웃는 경우, 급식실에서 또래 옆에 못앉게 막는 경우는 왕따를 의심해야 합니다." 조 대표는 왕따나 괴롭힘을 발견하더라도 우선은 아이들이 눈치채지 못하게 간접적으로 확인해야 한다고 조언했다. "곧바로 단짝 친구한테 물으면 안됩니다. 요즘 애들은 잘노는 친구들 사이에서 따돌림이 형성돼요. 믿기 어렵겠지만 친하다는 아이도 범인이 될 수 있어요." 그는 폭력 발생 뒤 며칠만 지나도 왜곡된 형태로 소문이 퍼지기 때문에 폭력 발생 당일 사실 확인을 하고 증거자료를 확보하는 게 중요하다고 조언했다. 대부분의 가해학생 부모는 사실을 인정하지 않으려고 하기 때문에 가해부모를 납득시키기 위해서라도 이 과정은 꼭 필요하다. 사실 확인을 할 때는 우선 피해학생을 안정시킨 뒤 진술서를 쓰게 해야 한다. 또 가해학생을 격리시킨 뒤 반 아이들에게도 설문조사를 해야 한다고 조 대표는 설명했다. "쓸 말이 없는 학생은 교과서를 베껴 쓰도록 해서 모두가 뭐라도 쓰게 하면, 다른 아이들에게 들킬까봐 사실대로 못쓰는 것을 막을 수 있어요." 조 대표는 학교폭력은 절대로 부모끼리 해결하려고 해서는 안된다고 강조했다.

　그럴 경우 대부분 싸움이 벌어지고 소송으로 번지는데, 이는 피해·가해학생 모두에게 나쁜 영향을 주기 때문이다. 조 대표는 교사가 문제해결의 주도권을 쥐고 부모들이 협조하게 만들라고 주문했다. "피해부모의 분노를 가라앉히고 가해부모에게는 부드러우면서도 단호하게 얘기해야 합니다. 아이들 처벌이 잘 안된다는 걸 믿고 '법대로 하라'는 식으로 버티는 부모가 있는데, 10살부터는 소년원에 들어갈 수 있다는 사실을 분명히 알리세요. 가해학생은 어떤 형태로든 벌을 받아야 합니다. 그래야 그 아이도 나중에 죄의식에서 벗어날 수 있어요. 그게 가해학생을 위하는 길입니다."[299)][300)]

---

299) 이경미 기자 kmlee@hani.co.kr, 한겨레신문사
300) http://media.paran.com/news/view.kth?dirnews=132250&year=2012(2012.1.14)

23. 서울시교육청 '교권침해 예방 매뉴얼' 제작

서울시교육청이 교권침해시에 상황대처법과 관련된 예방 매뉴얼을 제작한다. 서울시교육청은 초중고교 교원들이 학생·학부모의 폭행·폭언 등 학내 분쟁과 맞닥뜨렸을 때 원만하게 해결하는 방법 등이 담긴 120쪽 분량의 교권침해 예방 매뉴얼을 제작할 계획이라고 10일 밝혔다.[301]

교권침해 예방 매뉴얼은 3월까지 제작을 완료하고 각 학교에 배부할 방침이다. 학교폭력이 사회적 문제로 대두되는 가운데 교권침해의 부작용도 공공연히 드러나고 있기 때문이다. 국회 교육과학기술위원회 소속 주광덕 의원(한나라당)에 따르면 최근 5년간 전국 학교의 교권침해 사례가 1214건으로 평균 연 213건 정도 발생하고 있다. 구체적으로 살펴보면 지난해 1학기 교권침해 사례 중에는 교사에 대해 폭언과 욕설을 한 경우가 1010건으로 가장 많았고 상습적으로 수업진행을 방해해 징계를 받은 경우가 506건이었다. 교사를 성희롱한 경우가 40건, 학부모에 의한 교권침해가 36건, 교사폭행이 30건 등이었다. 즉, 교사에 대한 학생과 학부모의 폭행·폭언이 빈번하게 발생한다는 것을 알 수 있었다. 매뉴얼이 제작되면 학내분쟁 등이 발생했을 때 교사의 책임이 어디까지인지의 판단이 수월해진다. 매뉴얼에서 기존의 판례를 제시한다는 계획이다. 매뉴얼에는 교권침해의 개념, 유형별 교권침해 현황과 사례, 구제방안을 구체적으로 설명하고 무료법률상담제도, 학교안전공제회 등이 포함될 예정이다.[302][303]

24. 전국 중학교 3000여곳 전문상담교사 배치

정부와 한나라당이 학교폭력 근절을 위해 올해부터 전국의 중학교

---

[301] 메디컬투데이 | 기사선송 2012/01/10 17:20
[302] 메디컬투데이 문성호 기자(msh2580@mdtoday.co.kr), 건강이 보이는 대한민국 대표 의료, 건강신문, 메디컬투데이(www.mdtoday.co.kr)
[303] http://media.paran.com/news/view.kth?dirnews=104542&year=2012(2012.1.14)

3000여곳에 생활지도 전문상담교사를 배치하는 방안을 검토 중인 것으로 알려졌다.304) 임해규 한나라당 정책위원회 부의장은 문화일보와의 통화에서 "전체 학교폭력의 약 75%가 발생하는 것으로 추산되는 중학교부터 생활지도 전문상담교사를 전면 배치해 학생들의 생활을 지도하는 시스템을 만들어 각급 학교로 확산시켜 나가야 한다"고 밝혔다. 한나라당은 이같은 내용을 포함한 학교폭력 근절대책을 오는 11일 열리는 당정협의에서 확정할 계획이다. 임 부의장은 "폭력을 좌시하는 어른들과 교사 및 학부모의 태도가 학교폭력의 주범"이라며 "교과담당 교사들이 현실적으로 생활지도에 집중할 수 없는 상황을 감안해 전문상담교사들이 학생들의 생활을 모니터링하고, 학교폭력이 발생할 경우 신속하게 사후처리를 할 수 있는 시스템을 만들어야 한다"고 밝혔다. 한나라당은 현재 1000여곳의 중학교에 배치돼 있는 전문상담교사를 전국 3000여곳의 중학교로 확대하는 데 소요되는 연간 600억원의 비용을 올해는 교육과학기술부의 특별교부금으로 충당하고, 내년부터 예산에 반영한다는 방침이다. 이와 관련, 계약직으로 고용되는 전문상담교사의 처우를 무기계약 수준으로 개선해야 한다는 제안도 나오고 있다. 학기 단위로 학교와 계약을 해 4~9개월간 고용되는 전문상담교사들의 신분을 안정적으로 보장하고 방학 때에도 폭력상담을 받을 수 있도록 해 학생상담의 질을 개선하겠다는 것이다. 학교폭력 사태를 적극적으로 조사하고 사후대책을 마련하는 학교에 대해서는 학교폭력 대책활동 지원금을 지급하는 방안도 거론되고 있다. 정책위 관계자는 "각급 학교에서 운영되고 있는 학교폭력자치위원회 활동을 평가해 운영비를 지원하는 등 혜택을 주면 학교가 폭력사건을 은폐하는 경우를 줄일 수 있을 것으로 본다"고 말했다. 교육과학기술부도 성희롱 예방교육처럼 학교폭력관련 교육을 직장에서 실시하는 방안을 공공기관을 중심으로 추진하기로 했다. 교과부는

---

304) 문화일보 | 기사전송 2012/01/09 14:10

국립대학 등 산하기관 61곳과 16개 시·도 교육청에 금명간 직장에서 학교폭력 예방 및 대처법 교육을 연 1회, 1시간 이상 교육토록 하는 내용의 공문을 하달할 예정이다. 한편 조현오 경찰청장은 이날 "학교폭력에 대해 보복이 두려워서 피해학생이 신고를 하지 않는 일이 없도록 학교, 학부모, 경찰이 협조해서 적극 대처할 것"이라며 "특히 가해학생이 미성년자여서 처벌이 안되면 민사소송이라도 적극 이뤄지도록 할 것"이라고 말했다.305)306)

25. 학교폭력 대처 못배우고 교단에 서는 예비교사들

교직과목에 반영 안돼, "프로그램 개발 필요성 공감"307) 학교폭력이 교육현장의 고질병이 됐지만 정작 예비교사를 양성하는 대학에서는 이런 문제에 대처할 수 있도록 돕는 교직과목이나 교육 프로그램이 제대로 갖춰지지 않은 것으로 나타났다.308) 대부분의 사범대학이 학생지도 관련 교직과목을 두고 있지만 이론 위주의 교육에 그쳐 실제 학교현장에서 당면하는 학교폭력 문제를 대처하는 데는 별 도움이 되지 않는다는 비판이 나온다. 대학가에 따르면 대부분의 사범대학은 학생지도와 관련한 교직과목으로 '생활지도', '학교상담' 등의 강좌를 전공필수 내지 선택과목으로 운영하고 있다. 강좌의 강의목표를 살펴보면 실제 학교현장에서 학생들이 직면하는 학업, 진로, 인간관계, 일탈 등 여러 분야의 문제를 교사 입장에서 이해하고 상담·지도하는 법을 익히도록 하고 있다.

그러나 강의 세부내용을 보면 대부분 기초적인 상담기술이나 생활지도이론, 심리검사이론 등 이론적인 내용을 다루는데 그치고 있다. 이마저도 학생상담이나 지도에 관한 포괄적인 내용을 다룰 뿐 학교폭력이라

---

305) 김하나·장식빔 기자 hana@munhwa.com, munhwa.com
306) http://media.paran.com/news/view.kth?dirnews=86851&year=2012(2012.1.4)
307) 연합뉴스 | 기사전송 2012/01/05 07:41
308) 서울=연합뉴스 이지헌 김승욱 김효정 기자

는 민감한 상황에서 교사가 어떻게 대처해야 할지에 관한 내용은 없는 것이 현실이다. 그러나 몇년 후 교육현장에 실제로 나가야 할 사범대생들이 학교폭력 문제에 관해 갖는 고민은 훨씬 절박하다. 성균관대 컴퓨터교육과 김모(27·여)씨는 "가끔 수업에서 현장에 있는 교사들을 모셔와 이야기를 나누는데 학교폭력이 생각보다 심각하다는 이야기를 듣곤 했다"며 "인터넷 윤리교육이라는 과목에서 학교폭력에 관한 주제가 있지만 문제해결에 관한 내용이 중심은 아니다"라고 말했다. 한양대 영어교육과 양모(24·여)씨는 "지금 언론에 보도되는 학교폭력 사태를 지켜보면서 나름대로 고민하지 않는 사범대 학생은 없을 것"이라며 "남의 일이 아니라 가까운 미래에 바로 내가 당면하게 될 문제이기 때문이다"라고 말했다. 서울의 한 초임 중등교사(26·여)도 "학교폭력과 관련해서는 학교에서 배운 내용이 그다지 도움되지 않는다. 그나마 신규교사 연수에서 한두 시간 배운 것이 전부다. 실제 상황이 닥칠 때 내가 무엇을 해야 할지 모르는 상황에 부딪친다"고 어려움을 토로했다. 예비교사와 현직교사의 고민과는 달리 학교폭력 문제와 관련해 별도로 교육 프로그램이나 교과목 개설을 검토하는 대학은 거의 찾아보기 어려웠다. 학교폭력이나 인터넷 중독 등을 심각한 청소년 문제로 인식하고 이에 대비한 교육과정을 검토하는 대학은 극소수에 불과했다. 홍훈기 서울대 사범대 교무부학장은 "학교폭력 문제와 관련해 사범대에서도 교육 프로그램이 필요하다고 생각하며 동료교수 간에도 비슷한 얘기를 많이 한다. 하지만 어떤 사회이슈가 발생했을 때 이에 대응하는 과목을 개설하는 데는 시간이 소요되는 것이 일반적"이라고 말했다. 하지만 일각에서는 예비교사들에게까지 학교폭력 문제 대처법을 익히도록 주문하는 것은 다소 무리라는 의견도 있다. 김신영 한국외대 사범대 교수는 "학교폭력 문제는 상황별로 다르기 때문에 예비교사 프로그램에서 전적으로 다루기는 어려운 측면이 있다"며 "사태발생시 어떻게 대처해야 하느냐의 부분은 제도적인 매뉴얼로 개발할 필요가 있다고 본다"고 말했다. 이어 "교사 개인도 학

급안의 사회적인 역동에 관심을 가지고 대처할 수 있는 능력이 필요하다"고 덧붙였다.[309][310]

26. 학교폭력 당사자 부모의 대처법

내 인생의 책 출판사에서 보낸 메일의 내용이다.[311] 유념할 내용이 있는 듯해서 여기에 소개한다. 학교폭력 피해자의 부모가 되었을 때의 대처법은 다음과 같다.

(1) 현재 아이가 당하는 괴롭힘 뿐만 아니라 그 이후 즉, 아이가 고자질했다는 게 드러날 경우, 학교측은 추가로 발생할 수 있는 괴롭힘을 어떻게 막아줄 수 있는가를 먼저 체크해야 한다.

(2) 가해학생들의 교정을 위해 학교측은 어떤 조치를 취할 것인가를 선생님과 상의해야 한다. 선생님에게 시끄러운 부모, 극성스러운 부모로 찍히지 않도록 주의해야 한다. 문제해결을 위해 학교측과 협조할 필요가 있음을 명심하고 일을 진행해야 한다.

(3) 확실한 문제해결을 위해 학교측은 관리와 감독은 어떻게 이루어지는가도 살피는 게 좋다.

(4) 상황조사 또는 중재 결과에 대해 학교측은 학부모와 어떤 방식으로 의사소통을 할 것인가를 체크해야 한다. 그리고 학교선생님들에게 논의할 때 잊지 말아야 할 것은 밀당(밀고 당기기)이다. 학교측이 원하는 것은 밖으로 드러나지 않는 것이다. 다시 말해 비밀유지를 원할 것이다.

이때는 이렇게 자신의 의사를 밝힌다. "협조하겠다. 가해자도 학생인만큼, 보호받아야 한다. 그래도 우리 학생이 피해자다. 그러니 결과에 대한 통보를 받았으면 한다." 이 부분을 절대 놓쳐서는 안된다. 언제 통보

---

309) pan@yna.co.kr, ksw08@yna.co.kr, chomj@yna.co.kr, 연합뉴스 모바일앱 나운받기, 포토 매거진
310) http://media.paran.com/news/view.kth?dirnews=47572&year=2012(2012.1.14)
311) 참교육마음, 2012/01/09 16:39, http://blog.naver.com/yyhome53/60152381222

할 것이냐고. 우리 아들, 딸들도 지금은 학교폭력의 피해자가 아니더라도 잠재적인 가능성이 있다. 그러므로 우리 아이들에게 이런 점은 반드시 인식시켰으면 한다.

○○ 자살 중학생의 사건을 살펴보면, 처음에는 친했던 두 친구가 한 사람은 피해자가 되고 가해자로 나뉜 지점이 있다. 우리는 이 지점에 주목할 필요가 있다. 피해자 학생이 처음에 가해자의 학생의 부당한 대우에 적절하게 대응을 하지 못했음을 알 수 있다. 피해자 학생을 욕되게 할 의도는 없다. 다만 학교폭력의 고리를 끊어야 하기 때문에 예를 든 것이므로 이해해 주었으면 한다. 삼가 고인의 명복을 빈다. 우리는 우리 아이들에게 부당한 대우라고 느꼈을 때는 즉각적인 대응을 해야 한다는 것을 주지시킬 필요가 있다. 여태까지 학교에서는 이런 교육을 하지 않았다. 가해자의 키가 자신보다 크고, 덩치가 좋다고 하더라도, 세차게 저항하라고 아이들에게 교육시킬 필요가 있다. 그 싸움에서 이기라고 주문하는 게 아니다. 지렁이도 밟으면 꿈틀거리니, 다시는 함부로 자신에게 부당한 대우를 하지 못하도록 그 싸움의 승패와는 상관없이 반드시 세차게 저항해야 한다고 말해줄 필요가 있다. 다시 말하지만 이런 교육은 학교에서 안한다. 앞으로는 했으면 한다. 그러니 지금 당장은 우리 부모라도 우리 아이들에게 말해줘야 한다. 네가 네 친구와의 싸움에서 이기는 게 중요한 게 아니라 강하게 부당함에 맞서는 게 중요하다는 것을 주지시킬 필요가 있다. 학교폭력 가해자의 부모가 되었을 때의 대처법은 다음과 같다.

(1) 내 아이가 학교폭력의 가해자라고 담임선생님이 호출하면 당황하지 않을 부모는 없다. 하지만 침착해야 한다. 그리고 이성을 유지해야 한다. 무조건적으로 방어자세를 취하며 모든 것을 부인해서는 안된다.

부모가 사태를 진지하게 받아들이고 문제해결을 위해 노력할 것이란 태도를 보여줘야 학교도 아이를 위해 좋은 대안을 내놓을 수 있다. 이 점을 명심하자. 그러므로 학교와 맞서지 말고 협조하는 게 좋다.

(2) 아이에게 지나치게 불같은 화를 내서는 안된다. 당연히 화가 날 것이다. 누가 화가 안나겠는가? 하지만 지나치게 화를 내서는 안된다. 아이가 스스로 저지른 일의 심각성을 느낄 정도로만 화를 내라.

(3) 학교에 연락을 취해 가능한 한 빨리 만날 약속을 한다.

(4) 학교측과의 만남의 자리에서 피해자 학생과 선생님에게 자신이 저지른 행동에 대해 우리 아이가 사과하게 한다.

(5) 학교측과 논의를 거쳐 적절한 처벌을 마련한다.

(6) 이때 아이를 구하러 가서는 안된다. 아이의 잘못을 무마시키고 결과를 가볍게 하기 위해 말싸움을 벌이는 부모가 되지는 말자. 잘못된 선택의 결과를 아이가 고스란히 느껴야 교훈을 얻을 수 있다. 아이가 실수로부터 배울 기회를 빼앗지 말자.

(7) 영리한 충고가 아닌 현명한 조언을 할 것이다.

변호사를 선임해야 할 정도라면 신중하게 선택해야 한다. 훌륭한 변호사도 많지만 이상한 변호사도 많다. 문제는 변호사가 생각하는 승리와 아이의 인생에서의 최종적인 승리는 전혀 다른 별개의 문제라는 데에 있다. 명심할 것은 변호사를 사서 아이의 처벌을 면하게 해주는 게 진정한 승리가 아니라는 것이다. 오히려 최악의 실책이 될 수도 있음을 잊지 말자.

(8) 아이가 자신의 잘못에 대한 벌을 온전히 감당해야 아이는 그 잘못에서 자유의 몸이 될 수 있다는 것을 명심해야 한다. 그래야 당당한 자신의 삶을 다시 이어갈 수 있다.[312)313)]

27. 학교폭력 중의 왕따대처법

4년 전, 우리반에 집단 괴롭힘이 있다는 걸 알게 되었을 때 눈 앞이 노래지고 어떻게 해야 할지 몰라 심장이 얼어붙는 듯 했다. 오로지 질식

---

312) [출처] 학교폭력 당사자 부모의 대처법 | 작성자 목연
313) http://blog.naver.com/yyhome53/60152381222(2012.1.14)

함만으로 가해자와 가해자 부모, 피해자 아이와 피해자 부모 앞에 섰고 결국 큰 피해로 번지지는 않았다. 뭐든지 근본적인 문제부터 고민하기를 잘하는 나로서는 '인간' 존재에 대해 다시 생각하게 하는 기회가 되었지만 그 때나 지금이나 실제적인 대처법같은 것은 잘 모른다. 학급폭력 대처에 관한 지침같은 것이 필요하다. 그 때 이 글을 읽었다면 피해자 학부모님께 좀더 차분하고 실질적인 도움을 드릴 수 있었을텐데, 언제든 필요할 일이 있을 것 같아서 옮겨 놓는다.314)315) 왕따문제로 개인적으로 내게 자문을 구하면, 나는 부모가 적극적으로 나서는 것이 가장 좋다고 말한다.

부모가 가해자 아이를 직접 만나 담판을 짓는 것이다. 왕따는 짓궂은 장난이 아니라 피해아이에게는 크나 큰 정신적 상처를 남기는 문제행동이기 때문이다. 아이를 괴롭히는 주동자 아이를 조용히 알아내 학교 교문 앞에서 기다렸다가 만난다. "네가 철호지? 내가 누군지 아니?"하면 아이가 당황해서 "몰라요" 그럴 것이다. 그러면 소리를 지르거나 위협적으로 말하지 말고 단호하고 침착하게 "나는 민수 부모야. 내가 너를 찾아온 이유는 네가 민수에게 어떤 행동을 하는지 알고 있어서야. "너 왜 그런 행동을 했니?"라고 묻는다. 아이는 그냥이라고 대답할 수도 있고 아니라고 잡아 뗄 수도 있다. 이 아이에게 "우리 아이하고 앞으로 잘 지내라"라고는 말해서 안된다. 그렇게 해서는 절대로 해결되지 않는다. "내가 이 사실을 알고 있었지만 지금까지 기다린 것은 네가 지금 어리고, 반성할 시간을 주려고 했던거야. 이제는 더 이상 기다릴 수 없어. 이게 마지막 기회야. 다시 한번 그런 일을 하면 나도 너에게 똑같이 해줄거야. 똑같이 해주겠다는 게 쫓아다니면서 때린다는 것이 아니라 너도 그만큼 힘들어 할 각오를 해야 한다는 의미야. 학교를 못다니는 것은 말할 것도 없고 경찰에서 조사도 할거야. 학교폭력으로 신고를 할테니 각오하고 있

---

314) [펌] 학급운영   2012/01/03 10:16, http://lotusinheart.blog.me/20147331827
315) 에듀니티에서 퍼왔고, 원글은 82cook 사이트에 있던 것이라 한다.

어. 내가 오늘 너에게 한 말이 기분 나쁘다면 너의 부모에게 가서 얘기해. 우리집 알려줄테니까" 그리고 마지막으로 "앞으로 우리 아이하고 친하게 지내지 마라. 네가 좋은 마음으로 우리 아이 옆에 와도 이 시간 이후로는 무조건 괴롭히는 것으로 간주할테니까"라는 말도 해줘야 한다.

왕따를 시키거나 괴롭힘을 주도하는 아이들이 가장 잘 하는 말이 "친하게 지내려고 장난친 거예요"이기 때문이다.316)317)

28. 학교에서 괴롭히는 아이 대처법

학교에서 괴롭히는 아이, 어떻게 대처해야 하나요? 힘을 길러 힘으로 맞서야 하나요. 선생님이나 아니면 다른 누군가와 상의를 해야 할까요? 어떻게 해야 좋을까요?318) 학교에서 괴롭히는 아이라면 2가지 경우가 있겠다.

1) 장난으로 괴롭히는 아이

기회를 보아 크게 혼내준다. 힘으로 당하기 힘들다면 나무막대기나 신문지를 단단하게 말아둔 것을 준비했다가 사용하여야 한다.

2) 폭력을 쓰는 아이

뭐라고 하든 신경쓰지 않는다. 아무 반응도 없으면 재미없어서 그만둔다. 절대 반응을 보이지 말고 억지로 참는 것은 아니고 때리면 '아야' 정도 표현하고 말은 절대 하지 말아야 한다. 아무 일도 하지 말고 그냥 멍하게 있는 것이 좋다.

폭력은 습관이다.319) 지금 그 아이는 자기보다 약하다고 생각하는 존재에게 폭력을 행하는 걸 즐기고 있다. 그런 아이에게는 자기보다 더 큰 힘이 있다는 것을 보여주어야 한다.

---

316) [출저] [학교폭력]오은영교수의 왕따 대저법[펌]|작성자 연꽃코끼리
317) http://lotusinheart.blog.me/20147331827(2012.1.14)
318) binee48, 2007.03.16 10:48 답변 2, 조회 258
319) 답변 cel633, 2007.03.16 12:54

그냥 인간의 양심에게 호소하기는 불가능하다. 선생님에게 말하여도 선생님은 귀찮아서 대충 벌을 주실 것이다. 부모님께 말씀하시는 것이 가장 좋다. 그 아이의 부모님께 직접 말씀하시거나 아이를 통해서 말해야 한다. 그러면 100% 해결된다. 장담을 한다. 한번 뜨끔한 맛을 보여줘야 한다. 꼭 그 아이의 부모님께, 그 아이의 행동을 말해야 한다. 그러면 한번에 고쳐질 것이다.[320]

29. 대전서 후배 집단 성폭행 중학생 7명 검거 3명 구속

도를 넘어선 청소년들 일탈행위, 특단의 대책 필요[321] 대전에서 같은 학교 여자 후배를 집단으로 성폭행한 중학생들이 경찰에 붙잡혔다.[322]

최근 잇따른 학교폭력에 집단 성폭행 사건까지 발생, 도를 넘어선 청소년들의 일탈행위에 대한 특단의 대책이 필요하다는 지적이다. 대전 둔산경찰서는 같은 중학교 후배를 성폭행하고 자신의 친구들에게 소개해 성추행하도록 한 혐의로 대전 모 중학교 3학년 A(15) 군 등 7명을 검거, 3명을 구속했다고 13일 밝혔다. 경찰에 따르면 A군 등 2명은 지난해 9월 1일 여자친구의 집에서 술을 마시던 중 여자친구에게 후배 B(14) 양을 집으로 유인하도록 한 뒤 술을 먹여 번갈아 성폭행한 혐의를 받고 있다.

A군 등은 또 B양이 경찰에 신고하거나 학교측에 알리지 않자 같은 달 19일 B양을 학교 인근 공원으로 불러내 친구들과 함께 성폭행하려다 미수에 그치고 성추행한 혐의도 받고 있다. 경찰 관계자는 "성폭행 후유증을 앓고 있던 B양이 학교측에 상담을 요청하면서 이같은 사실이 뒤늦게 알려지게 됐다"고 밝혔다. 경찰은 A군 등 2명의 남학생과 B양을 유인한 여자친구 등 3명을 특수강간과 공모혐의 등으로 구속했다.[323][324]

---

320) http://ask.nate.com/qna/view.html?n=5485934&ht=p(2012.1.14)
321) 노컷뉴스 | 기사전송 2012/01/13 21:24
322) 대전CBS 김정남 기자
323) jnkim@cbs.co.kr, CBS 노컷뉴스(www.nocutnews.co.kr)

30. 퇴학이나 강제전학이 학교폭력의 대안 여부

 실질적 예방과 사후 대책이 학교폭력 예방의 '핵심325) 지난달 20일 대구에서 중학생이 친구들의 폭력과 괴롭힘을 견디지 못하고 자살하는 사건이 발생했다. 그 이후 전국 곳곳에서 봇물 터지듯 학교폭력 실상이 전해지면서 충격을 주고 있다. CBS는 학교폭력의 원인과 실태, 예방 및 사후대책의 실효성을 검토하고 학교폭력을 없애기 위한 방향 등을 일주일에 걸쳐 짚어 보는 시간을 마련했다.326) 지난해 지속적으로 친구들을 때리고 물건을 뺏어오던 중학교 3학년 A군은 특수교육을 받기 위해 한 센터에 방문했다.327) A군은 이내 그동안 숨겨왔던 속내를 털어놨다. 앞으로 자신의 삶을 상상하며 글과 그림으로 표현해보는 생애설계 시간이 되자, 경찰관이라는 꿈과 평범한 삶에 대한 갈망을 적어내려 갔다. A군은 '(항상) 1등 자리에 서고 싶었다. 마음을 비우러 등산을 갔고 여러 생각이 들어 머리가 복잡했지만 목표를 정하고 꿈을 향해 가니 밝은 미래가 기다리고 있었다'고 하며, 시상식 계단을 연상케 하는 그림 1등석에 '나'를 적었다. 학교폭력 근절의 핵심은 '마음 치료'이다. 이처럼 아이들은 '마음의 병'을 앓고 있다. 그러나 정부는 이같은 10대들 마음속 뿌리 깊은 분노는 무시한 채, 연일 처벌위주의 대책만 내놓고 있다. 교과부는 이달 말 발표할 대책에 가해학생에 대한 유급제 도입, 부모 동의없는 강제 전학, 위기학생 학부모 소환제 등을 담을 예정인 것으로 전해졌다.

 현 시점에서 중요한 것은 처벌이 아닌 '교육'이고, 징계가 아닌 '선도'라고 CBS 취재진이 만난 학생과 학부모·교사들은 입을 모았다. 아이들끼리 해결하도록 담임의 노력도 필요하다. 실제로 서울의 한 초등학교에

---

324) http://media.paran.com/news/view.kth?dirnews=144264&year=2012&p_eye=news''right''i01''media''major(2012.1.14)
325) 노컷뉴스 | 기사전송 2012/01/13 06:03, [학교, 폭력에 멍들다]
326) 편집자주
327) CBS 이지혜 기자

서는 1년 전부터 학생 전체로부터 따돌림을 당하던 이른바 '전따'였던 6학년 A(11)양이 남다른 교육철학을 지닌 담임교사의 노력으로 전따에서 벗어났다. A양을 향해 "지저분하다", "냄새 난다"며 놀리고 꼬집고 때리던 같은 반 남학생들은, 담임교사가 축구게임 전에 "승패에 상관없이, 너 때문이라는 말은 절대 하지 말라"는 말을 따르며 점점 변해갔다. 또 다른 반 B(11)양도 1년 전부터 '왕따'를 당하던 학생이었다. 주의력 결핍 과잉행동장애(ADHD)를 앓아 교사앞에서도 휴대전화로 게임을 하던 B양 곁에 아이들은 가지 않았다. 그러나 담임교사는 '학급회의'를 열어 아이들 스스로 교실규칙을 정하게 했고, 왕따문제를 공론화시켜 가해학생의 행동을 교실사회내에서 해결하도록 했다. B양은 친구가 생겼다. 전문상담교사도 '내방' 위주가 아닌 '현장' 위주로 담임교사 뿐 아니라 전문상담교사의 역할도 중요하다. 최근 이주호 교육과학기술부 장관은 현재 전문상담교사 1인당 책임 학생수가 3,000명 가량인 점을 감안해 일선 중학교부터 확대배치할 계획이라고 밝혔다. 하지만 상담교사들이 학생들의 '내방'에만 의존하고 있는 현실에서 정부 대책처럼 무조건 수만 늘리는 것은 능사가 아니라고 CBS 취재진과 만난 이들은 입을 모았다. 상담교사들이 직접 현장으로 뛰어들어 학생들의 고민을 체감할 수 있도록 하는 데 대한 고민이 먼저라는 뜻이다. 현행 교육평가 개선도 필요하고 이와함께 보다 근본적으로는 담임교사와 학교에 대한 평가방식이 바뀌어야 한다. 일선교사들은 학생성적과 '실적' 위주에 시달리고 있어 아이들에게 관심을 쏟을 여력이 없다고 하는 실정이다. 학교폭력 문제가 불거지자 현장에서는 교육당국이 학교폭력 문제 발생시 담임교사와 교장, 교감 등 책임자에 대한 징계를 하기로 했다는 이야기가 돌고 있다. 이에 대해 서울의 한 중학교 교사는 "시교육청이 내년부터 학교폭력을 평가에 반영하겠다고 하는데 중요한 것은 숫자가 아니라 평가방법"이라며 "방법을 잘못 택하면 문제가 더 수면 밑으로 가라앉았다가 몇 년 뒤 또 터질 것"이라고 말했다. 더군다나 교육과학기술부의 개별학교 안내시스템인

'학교 알리미'에 학교폭력 현황과 대처 등을 공개하도록 한 시스템도 문제로 시급한 개선책이다. 학교폭력 그 뒤, 사후 프로그램 강화도 절실하다. 장차 사회를 이끌어갈 또 한 명의 국민을 인생의 낙오자로 만드는데 대책의 초점이 맞춰져서는 안되기 때문이다. 서울 면목고등학교의 경우 지역아동센터와 연계해 학교폭력 가해학생 등 '고등위기' 학생들을 보내 초등학생들의 숙제지도 등을 도와주며 스스로 성찰할 기회를 제공하고 있다. 산만하거나 게임중독에 빠진 학생들에게는 관련 치료서적을 컴퓨터에 옮겨 적도록 하거나 담임교사에게 대응 매뉴얼을 주지시킨다.

꼭 필요한 경우 자퇴나 강제전학보다는 무단결석으로 변경 가능한 출석정지로 징계를 내린다. 송형호 학생부장은 "교내봉사는 청소하면 끝나고, 사회봉사는 다녀오면 끝나고, 특별교육은 위센터 등에 다녀오면 끝나는 식으로는 성찰이 이뤄질 수 없다"며 "자존감을 높여줄 수 있는 다양한 프로그램을 만들어 적극 활용해야 한다"고 말했다.

이와함께 가해학생 및 피해학생 가족에 대한 치유 프로그램은 거의 전무하고 학교폭력 당사자들이 아닌 같은 반 학생들에 대한 '집단상담' 프로그램이 부재한 현실도 검토가 필요하다. 서울 강남의 한 고등학교 교사는 "지난해 쯤 서울의 한 중학교에서 왕따를 당하던 아이가 교내에서 뛰어내리는 것을 같은 반 아이들 모두가 목격했지만 외상 후 스트레스장애(PTSD) 등에 대한 치유 프로그램은 전혀 이뤄지지 않았다"고 말했다. 생활속의 '분출구'는 사회가 마련해줘야 한다. 그렇다면 고통받고 있는 10대를 위해 사회가 제공해 줄 수 있는 건 무엇일까. 전문가들은 "아이들이 뛰어 놀 공간의 마련이 시급하다"고 입을 모은다. 청소년예방재단의 2010년 학교폭력실태조사에 따르면, 학교폭력 피해자의 11.7%가 '자살충동'이나 '등교거부 충동'을 비롯한 심각한 후유증을 겪었다. 가해자 역시 '스트레스'를 가해 이유의 하나로 꼽고 있다. 최연수 한빛청소년대안센터장은 "잇단 성폭행 사건으로 학교 운동장이 방과 후 폐쇄됐고, 주말에는 조기축구회장으로 변해버렸다. 공원이나 청소년수련관도 청소년들이 뛰어놀 공간이 아니고, 어른들을 위한 공간으로 활용되고 있다"며 안타까워했다. 열린 학교, 지역사회의 공조 등을 통해 해결 즉, 지역사회의 민간자원을 끌어들이는 방안도 거론되고 있다. 교내 상담교사를 늘리거나 위탁형 교육기관지원을 강화한다고 하더라도 '학생 전체'에 대한 상담을 기대하기는 현실적으로 무리이기 때문이다. 명지대 권일남 청소년지도학과 교수는 "상담교사들과 학교가 하지 못하는 부분을 지역사회 자원으로 보완할 수 있을 것"이라며 "이는 지금처럼 3일, 5일 단위가 아닌 최소 6개월 이상의 꾸준한 상담을 할 때 가능하다"고 강조했다. 학교폭력이 반복되는 악순환의 고리는 현장의 목소리가 정책에 반영되고 가정과 학교가 열린 태도로 학생들을 대할 때 끊길 수 있다. 어른들이 아이들을 음지로 몰아놓고 양지에서 희망을 찾으라고 강요하는 것은 아닌지 생각해 볼 대목이다.[328)329)]

31. 친구 '아픔'에 무감각

앵커 : 집단괴롭힘의 충격으로 치료받는 아이에게 같은 반 학생들이 편지를 보냈습니다. 위로와 격려를 예상했던 학생은 더 큰 충격을 받았는데요. 과연 어떤 내용이 있었을까요.[330)] 임경하 기자가 보도합니다.

기자 : 같은 반 학생의 집단 괴롭힘으로 정신과 치료를 받고 있는 중학교 1학년 이 모군. 담임교사가 같은 반 학생들에게 편지를 쓰게 했는데 편지를 받은 이군은 더 큰 충격을 받았습니다. 너는 소심하다면서 이겨내지 못하면 패배자다. 우리가 찾아가는 것보다 학교에 오는 게 좋을 것이라는 협박성 문장부터 너의 빈자리는 아이들이 애용하고 있다는 조롱섞인 내용까지. 위로와 격려를 예상했던 이 군과 가족들은 마음의 상

---

328) ppolory11@cbs.co.kr, CBS 뉴스, 노컷뉴스(www.nocutnews.co.kr)
329) http://media.paran.com/news/view.kth?year=2012&dirnews=133375&p_eye=news^right^f01^media^plus(2012.1.14)
330) MBC|임경아 기자|입력 2012.01.14 06:39|수정 2012.01.14 06:39|, [뉴스투데이]

처가 더 깊어졌습니다.

　기자 : 서로에 대한 배려나 공동체 의식을 배우는 도덕이나 체육수업은 무시되는 학교이다. 아이들이 남을 배려하고 아픔을 공감하는 능력을 잃어버린 것은 효율성을 앞세운 이런 입시 위주의 정책들 때문이라는 게 학교현장의 목소리입니다.

　인터뷰 : 시수를 줄이거나 또는 한 학년에 집중해서 이수해 버림으로써 이런 인성교육같은 것들을 할 수 있는 기회가 줄어들었다고밖에 할 수 없죠.

　기자 : 학교폭력을 근절하기 위해서는 친구에 대한 공감과 격려를 가르치는 인성교육이 시급하다는 지적입니다.[331)332)]

32. 불행하게 사는 법을 가르치는 우리의 교육현실

　우리는 왜 물을 마실까? 질문같지도 않은 질문이라고? 물을 마시는 이유는 갈증을 느끼기 때문인데 왜 이런 황당한 질문을 하는가.[333)] 하지만 곰곰이 생각해보면 물을 마시는 이유는 다양하다. 물을 많이 마셔야 예뻐진다는 말을 듣고 하루 1l 이상의 물을 마시는 여성도 있고, 변비 등 질병(?) 때문에 물을 많이 마시는 사람도 있다. 결과는 같지만 동기는 다양한 것이다. 심리학에서 동기는 인간이 어떤 행동을 하게 되는 근원적인 힘으로 이해되고 있다. 다시 동기는 내적 동기와 외적 동기로 나눠진다. 그럼 외적 동기는 무엇일까?

　공부를 예로 들어보겠다. 부모님들이 자녀에게 성적이 향상되면 선물을 준다거나(일종의 당근정책) 또는 반대로 체벌을 가하겠다는 '협박'을

---

331) MBC뉴스 임경아, MBC(www.imnews.com)
332) http://media.daum.net/society/view.html?cateid=100001&newsid=2012011406 3914930&p=imbc(2012.1.14)
333) [홍경환의 심리학 카페] 불행하게 사는 법을 가르치는 우리 교육 현실, (아시아투데이= 홍경환 기자 arme99@asiatoday.co.kr)

하는 모습을 흔히 볼 수 있다. 자녀가 선물을 너무나 받고 싶어서 또는 반대로 회초리가 너무 무서워서 공부를 한다면, 이 학생은 외적 동기에 의해 공부를 한 것이다. 그런데 이 학생이 공부의 즐거움 또는 공부를 통해서 본인이 원하는 일(슈바이처 박사와 같은 사람이 되겠다는 등)을 하기 위해서 공부를 열심히 한다면 이는 내적 동기가 발동된 것이다.

외적 동기유발은 쉽게 효과를 낼 수 있다는 장점이 있다. 하지만 단점 또한 너무나 선명하게 드러난다. 효과가 지속되지 않는다는 것이다.

또 처벌 위주의 외적 자극만 준다면 공부를 하는데 골몰하기 보다는 회초리를 피할 수 있는 방법을 찾는데 열중하게 된다는 단점이 있다.[334]

따라서 가장 효과가 좋고 교육적 효과를 거둘 수 있는 것은 내적 동기를 유발시키는 것이겠다. 이미 많은 심리학자들이 내적 동기가 최선의 대안이라는 것을 입증했지만, 우리 교육현장 종사자들은 이를 인식하지 못하고 있는 것 같다. 갑작스럽게 화제가 전환되는 느낌이 들기는 하다.

학교폭력을 근절시키려면, 외적 동기를 유발시키는 것이 효과적일까? 아니면 내적 동기를 유발시키는 것이 효과적일까? 이미 답은 나와 있다.

폭력학생에 대한 체벌 또는 형사처벌 등 외적 동기유발로는 학교폭력을 근절시키는데 있어 한계가 있다는 것이 미국 등 선진국의 많은 심리학자와 법조계 인사들의 연구를 통해 입증이 됐다. 오히려 학생자치법정 등 학생들 스스로 문제를 해결하는 것이 최선이라는 것이 학자들이 연구를 통해 내린 결론이다. 그런데 우리사회는 몽둥이 찜질이 최고라는 태도만 보이고 있다. 너무나 안타까운 것이 교사들 중에서도 이런 주장을 하는 분들이 있다는 것이다. 교육학은 심리학과 사촌과 같은 관계에 있는 학문이다.

교사분들은 교육학 이론을 배울 때 내재적 동기(내적 동기)이론에 대해 이미 충분히 배운 분들이다. 이미 충분히 알고 있으면서도 왜 학교현

---

[334] http://www.asiatoday.co.kr/news/view.asp?seq=479836

장에서는 적용시키지 못하는 것일까?

오늘 오랜만에 시간적 여유가 생겨서 '마음의 작동법'이란 책을 찬찬히 읽어봤다. 에드워드 L 데시라는 사회심리학자가 쓴 책인데, 이 저자는 동기이론에 대해 상당한 권위를 갖고 있는 분이다. 책을 읽다가 자주 눈에 띄는 부분이 있었다. 이 저자는 사람의 열망을 △외적 열망 △내적 열망으로 구분해서 설명한다. 외적 열망은 돈과 명예, 그리고 명예를 얻고자 하는 욕구이다. 반면 내적 열망은 자기자신의 능력을 인지하고자 하는 욕구, 자율적으로 움직이고자 하는 욕구 그리고 사람들과 관계를 잘 맺고자 하는 욕구를 뜻한다. 그런데 외적 열망이 강한 사람은 매우 불행하다고 한다. 돈에 대해 강하게 집착하는 사람은 돈만 많이 벌면 행복해질 것이라고 생각하지만, 정작 돈을 많이 벌어도 불행하다고 한다.

에드워드 L 데시 교수가 책에서 한 말을 우리 교육현장에 한번 대입시켜 보겠다. 우리 교육현장은 우리의 아이들에게 내적 열망을 어떻게 충족시키는지에 대해서는 하나도 가르치지 않는다.

오로지 외적 열망을 충족시키는 방법에 대해서만 가르치고 있다. 학교성적에 의해서만, 그것도 매우 획일적인 4지선다형 시험문제에 의해서만 좌지우지되는 학교성적에 의해서 학생들의 모든 가치가 평가받고 있다. 그리고 선생님들은 외적 열망인 돈과 명예를 얻기 위해서는 공부를 열심히 해야 한다고 가르치고 있다. 뿐만 아니라 공부만 잘하는 학생들이 선생님께 사랑을 받는 매우 모순된 구조를 갖고 있는 것이 우리 교육의 현실이다. 한마디로 말해서 우리 아이들에게 불행하게 사는 법만 가르치는 것이 우리 교육이라는 것이다.

문제학생은 어떻게든 강제전학을 시키겠다. 또 학생부에 그 기록을 남겨서 마치 전과자 조회를 하듯 '시스템'을 만들겠다. 교사들은 이런 대책을 말하기 이전에 "우리들 때문에 니희들이 불행해졌구나"라는 자기반성이 먼저 나와야 하는 것 아닐까? 우리나라에는 교사라는 직업만 있고 아이들을 바른 길로 인도해 줄 수 있는 선생님은 없는 것일까?

자료: http://news.korea.com/view/normalview.asp?cid=SO&scid=SO4&sn=49640
210(2012.1.14)

가슴이 갑자기 먹먹해지고 답답해진다.[335)336)]

33. 자살 고교생 유족 "학교측이 사건을 덮으려는 시도"

지난 4일 전북 전주에서 투신자살한 고교생 유족이 "동생은 학교폭력의 희생자로 학교측이 사건을 덮기에 급급하다"고 주장해 논란이 예상

---

335) '글로벌 종합일간지' 아시아투데이
336) http://news.korea.com/view/normalview.asp?cid=SO&scid=SO4&sn=49640210
    (2012.1.14)

된다.337) 자살한 고교생의 형(23)은 13일 "동생이 1년간 급우들의 시달림과 언어폭력을 당해 자살했고, 담임교사는 이 사실을 알면서도 쉬쉬했다"고 주장했다. 그는 "동생은 학교에서 심한 괴롭힘을 당했고 방학이 끝난 뒤 등굣길에 스스로 목숨을 끊었다"며 "동생의 한 친구가 장례식장에 와서 이런 사실을 알려준 뒤 지켜주지 못해서 죄송하다고 말했다"면서 억울함을 호소했다. 그는 "담임교사가 같은 반 급우들에게 입단속을 시키고 무언의 압력을 넣었다"면서 진상조사를 요구했다. 자살한 고교생은 지난 4일 오전 7시50분께 전주시 평화동 한 상가건물 5층에서 스스로 몸을 던져 목숨을 끊었다. 현장에서 유서는 발견되지 않았다.338)339)

34. 성주교육지원청, 학부모 만족도 등 3개 부문 '도내 1위'

성주교육지원청이 지난해 경상북도교육청의 각종 평가에서 학교정보공시, 학부모 만족도 조사, 전화친절도 조사 등 3개 분야에서 1위를 차지했다.340) 학교정보공시제도 평가는 지역내 학교와 교육지원청의 주요 현황, 학업성취도 등에 관한 각종 정보를 수요자들에게 얼마나 정확하게 공개하는지의 여부를 평가하는 것으로서 성주교육지원청은 99.992%의 정확도를 나타냈다. 학부모 만족도 조사는 도내 초·중·고 학부모 전체를 대상으로 학력향상, 인성교육, 방과후 교육, 사교육비 절감, 학교폭력 예방 등 9개 분야에 대한 만족도를 온라인으로 조사하는 것이다. 성주지역 학부모 3천942명 가운데 2천690명이 참여해 68.2%의 높은 참여율로 도내 1위를 차지했다. 또 도교육청이 사설전문기관에 의뢰, 비밀리에 한 전화친절도 조사에서도 성주교육지원청은 전화친절도 89.1점, 방문친절

---

337) 자살 고교생 유족 "학교측이 사건 덮으려 한다", 아시아투데이= 홍경환 기자 arme99@asiatoday.co.kr
338) '글로벌 종합일간지' 아시아투데이
339) http://news.korea.com/view/normalview.asp?cid=SO&scid=SO4&sn=49639945 (2012.1.14)
340) 매일신문 2012-01-13 12:02:00

도 88점을 얻었다. 성환이 교육장은 "주민들의 교육에 대한 높은 관심과 직무에 충실한 성주 교육가족들이 함께 이뤄낸 결과이며 앞서가는 성주 교육이 될 수 있도록 더욱 노력하겠다"고 밝혔다.341)342)

35. 조현오 경찰청장, 학교폭력에 적극적 대처

조현오 경찰청장이 13일 "경찰은 검찰과 상호 협력하고 때로는 견제하면서 국민의 인권을 보장하는 선진화된 형사사법체계를 구축해야 한다"고 말했다.343) 조 청장은 이날 경기도 용인에 있는 경찰대학에서 전국 지방경찰청장과 부속기관장, 경찰서장 등 333명이 참석한 가운데 '전국 경찰지휘부 워크숍'을 열고 수사구조 개혁과 관련해 이같은 견해를 밝혔다. 그는 "우리 사회가 학교폭력을 그냥 일부 학생들의 문제로만 치부하고 안일하게 접근해 온 것은 아닌지 반성해야 한다"면서 "경찰은 기존의 형사법적 사고에서 벗어나 좀더 적극적으로 대응하는 자세를 갖춰야 한다"고 강조했다.344)

36. '학교폭력 담당장학사' 학교별 배치

교육당국이 학교별로 '학교폭력장학사 책임제'를 운영하는 방안을 검토하고 있다. 모든 학교에 담당장학사를 지정해 학교폭력 예방부터 사후 처리까지 한 명이 책임지도록 한다는 것이다.345) 서울시교육청은 12일 국회 교육과학기술위원회에 이같은 내용의 학교폭력근절 대책추진계획을 보고했다. 먼저 모든 학교에 학교폭력 담당장학사를 지정해 그 학교

---

341) 성주, 정창구 기자 jungcg@msnet.co.kr, 매일신문사
342) http://news.korea.com/view/normalview.asp?cid=SO&scid=SO1&sn=49639431 (2012.1.14)
343) 아시아투데이= 홍경환 기자 arme99@asiatoday.co.kr), 2012-01-13 10:33:26
344) http://news.korea.com/view/normalview.asp?cid=SO&scid=SO1&sn=49639024 (2012.1.14)
345) 인터넷서울타임스 2012-01-13 08:39:04

를 책임지도록 하는 '학교폭력장학사 책임제' 도입을 추진한다. 학교폭력 예방에서 사후처리까지 일관성있는 장학지도를 할 수 있도록 하겠다는 것이다. 담당학교에 대한 책무성 부여를 통해 사안처리 은폐·축소를 방지한다는 취지도 담겼다. 연 2회 학교폭력 실태 전수조사를 실시하고 이를 학교폭력, 집단따돌림외 유형별 맞춤형 치유 프로그램 개발에 활용한다. 학급당 5~10명의 학생 옴부즈맨을 지정해 인권침해·학교폭력 사례를 수집·신고토록 한다는 내용도 들어있다. 모든 학교폭력 행위에 대해서는 불관용 원칙을 도입, 가해 주도 학생이나 성폭력 가해학생에 대해서는 강제 전학시킬 수 있도록 제도적 실효성을 확보한다. 학교폭력 유형에 맞춘 위탁형 대안교실은 지난해 23곳에서 올해 57곳으로 확대하고 학교폭력 치유프로그램 운영을 위한 Wee 스쿨 신설을 추진한다. 학부모를 대상으로 2~3월에는 학교폭력 인식 제고를 위한 연수 프로그램을 운영하고 학교별로 자녀와의 대화법, 분노조절, 자살예방 등을 알려주는 학부모 교실을 상시로 운영한다. 이를 위해 시교육청은 학교폭력 가해학생의 선도조치 결과를 학교생활기록부에 남기는 것을 의무화하는 내용의 법령정비를 건의한다. 학교폭력대책자치위원회의 개최 결과 교내봉사 이상의 조치를 받은 경우 학생부에 의무적으로 기록을 남긴다는 것이다.

단 졸업 1년후 해당 기록을 삭제하는 등 보완조치를 병행한다는 의견도 함께 제시했다. 가해학생 강제전학 실효성 확보, 사회봉사 및 특별교육 이수 학부모 동반, 학부모 소환제 의무화 등을 위해 '학교폭력 예방 및 대책에 관한 법률' 등 관련법령 개정이 필요하다고 전했다. 교육과학기술부는 서울시교육청을 포함해 전국 시·도교육청의 의견수렴 등의 과정을 거쳐 이달 말 또는 다음 달 초 학교폭력 근절 종합대책안을 발표한다.[346]

---

346) http://news.korea.com/view/normalview.asp?cid=SO&scid=SO0&sn=49638491
 (2012.1.14)

37. 경북교육청의 학교폭력 추방에 학부모 학교장이 앞장

경상북도교육청(교육감 이영우)은 10일 경상북도교육연수원에서 도내 직속기관장, 교육장, 고등학교장, 지역 학교운영위원회협의회장, 학생상담자원봉사자 회장단, 녹색어머니회 회장단 등 500여명이 참석한 가운데 학교폭력 추방을 위한 결의대회를 가졌다.347)348)

이날 참가자들은 학교폭력을 철저히 추방해 안전하고 행복한 학교를 만들기 위한 결의문을 채택하고 이를 지속적으로 지켜나가기 위해 결의대회를 개최했다. 참가자들은 최근 학교폭력이 저연령화하고 있고 집단화하는 학교폭력 발생의 원인과 문제점을 분석해 앞으로는 유치원, 초등학생부터 폭력예방교육을 실시함으로써 조기에 학교폭력에 대응할 수 있는 능력을 기르도록 하고, 학생속으로 스며드는 생활지도를 위해 담임교사의 주 1회 이상 학생생활 행동관찰일지를 기록함으로써 위기학생 일탈을 사전에 예방키로 했다. 또 학교폭력예방 모니터 강화를 위한 또래지킴이를 선발해 활용함으로써 교사와 부모의 시야권에서 벗어난 교실 내외에서 이루어지는 각종 학교폭력상황을 미리 예견하고 감지할 수 있는 시스템을 구축하기로 했다. 아울러 학생자살 위기관리를 위해 정신과의사, 전문상담가, 법률전문가 등으로 구성된 학생자살 예방전문가 그룹을 통해 학교로 찾아가는 자살예방 순회교육을 실시함으로써 고위기학생을 사전에 발견해 치유하는 프로그램을 운영하며, 학교폭력예방을 위한 학부모 중심의 학생 상담자원봉사자를 운영하는 등 학부모, 지역사회와 함께하는 학교안전망을 구축하기로 했다. 경상북도교육청 이영우 교육감은 "이번 결의대회를 통해 학교폭력 예방 인프라를 확충하고 맞춤형 예방교육을 통해 단위학교의 대응능력 및 책무성을 제고해 다시는 학교폭력이 없는 안전하고 행복한 학교를 만드는데 우리 모두가 앞장서

---

347) 아시아투데이 2012-01-12 15:52:33 기사원문보기
348) 아시아투데이= 황경호 기자 hkh10082002@asiatoday.co.kr

자"고 당부했다.349)

38. 따돌림 생중계 당하는 왕따, "사이버공간서 피눈물"

학교에서 '왕따'를 당하는 학생들이 '사이버폭력'에도 시달리며 피눈물을 흘리는 듯한 서러움을 겪는 것으로 드러나 안타까움을 사고 있다.350)

학교에서 왕따를 당하는 학생들은 맞는 장면이 다른 학생들로부터 스마트폰으로 찍혀 실시간으로 보여지기도 하고 개인 홈페이지나 블로그, 트위터 등에 욕설과 인신공격성 댓글로 채워지는 일도 빈번하다. 지난 11월 한 인터넷방송 사이트에서는 '울학교 찌질이 패기'라는 제목의 동영상이 올라와 클릭해보니 교실에서 불량학생들이 한 학생을 괴롭히고 때리는 장면이 고스란히 그려졌다. 이 동영상에는 따돌림의 대상이 된 학생을 때리도록 주위학생들을 종용하고 폭행을 가할 때마다 주위학생들의 웃는 모습이 담겼다. 지난해 10월 중학교 1학년이었던 A양은 친구들로부터 따돌림을 당하자 하소연할 공간으로 자신의 미니홈피에 일기를 쓰면서 하소연을 했다가 황당한 경우를 당했다. 자신을 왕따시킨 친구들이 일기장과 방명록에 공격성 댓글을 퍼부어 결국 자신의 홈페이지를 폐쇄하게 된 것이다. 한국정보화진흥원은 전국 초중고교생 1260명을 상대로 지난해 11월 설문조사를 진행한 결과 사이버 공간에서 욕설 피해를 입었다는 대답은 9.1%, 놀림과 따돌림을 다했다는 대답은 각각 7.8%, 4.1%, 나쁜 소문이 퍼졌다는 대답은 3.1%를 차지했다.

이와관련 김동섭 정보화진흥원 정보화 역기능대응부 수석은 "사이버 왕따 현상이 독립적으로 존재하는 게 아니라 현실의 학교폭력이 확대재생산되는 것으로 볼 수 있다"며 "한 피해학생이 학교 안팎에서 따돌림에 끊임없이 시달리고 있는 것"이라고 해석했다. 문제는 청소년의 35%

---

349) http://news.korea.com/view/normalview.asp?cid=SO&scid=SO1&sn=49637057 (2012.1.14)
350) 아시아투데이 2012-01-12 15:50:17, 따돌림 생중계 당하는 왕따, "사이버공간서 피눈물", 아시아투데이= 정윤나 기자 okujyn@asiatoday.co.kr

가 개인 홈페이지에 욕설이나 악성댓글을 다는 것에 대해 폭력이라 생각하지 않는다는 것이다. 한편 따돌림 생중계 영상이 공개되기에 앞서 지난해 대구의 한 중학생은 동급생들의 가혹행위와 학대를 견디지 못한 채 자살을 선택해 목숨을 잃었다.351)

39. 법보다 주먹, 신고학생 70% "보복당해"

　대구 북구의 한 중학교에 다니는 A군은 수개월에 걸쳐 동급생들로부터 괴롭힘을 당했다. 툭하면 욕설과 함께 주먹이 날아오거나 돈을 빼앗기는 일도 다반사였다. 견디다 못한 A군은 부모에게 속내를 털어놨지만 상황은 더욱 악화됐다. 학교측에 부모가 항의하자 학교측은 엉뚱하게도 가해학생을 A군의 '지킴이'로 만들었다. 다른 학생들이 A군을 괴롭히지 않도록 폭력가해자더러 지키라는 것이었다. 하루 종일 가해학생과 붙어 지내야 했던 A군은 더욱 심각한 폭력에 시달려야 했다. 부산의 한 중학교 2학년 B군은 학교폭력을 견디다 못해 지난해 휴학했다. 미국에서 살다 초등학교 6학년 때 한국으로 돌아온 B군은 중학교에 진학하면서 학교폭력의 희생양이 됐다. 급우들의 주먹질에 코뼈까지 부러졌다. B군의 아버지가 학교에 항의했지만 "'일진'에게 맞은 것이 아니니 학교폭력이 아니다"는 황당한 답변만 들었다. 결국 B군은 6개월간 정신과 치료를 받았고 1년간 휴학한 뒤 다른 학교로 전학을 가야 했다. 학교폭력 피해자에 대한 보호조치와 가해자에 대한 처벌이 제대로 이뤄지지 않아 2차 피해를 부르고 있다. 학교에서 법적으로 규정된 보호조치를 외면하고 있고 가해학생에 대한 징계가 '솜방망이 처벌'에 그치기 때문이다. '학교폭력 예방 및 대책에 관한 법률'에 따르면 학교폭력에 노출된 학생은 심리상담이나 일시보호, 요양, 학급교체, 전학권고 등 다양한 보호조치를 받을 수 있다. 가해학생의 보호자는 피해자의 치료와 요양에 들어가는 비

---

351) http://news.korea.com/view/normalview.asp?cid=SO&scid=SO1&sn=49637048 (2012.1.14)

용을 부담해야 한다. 그러나 학교에서 실제 이 규정이 지켜지는 경우는 극히 드물다.

학교폭력을 친구들간의 단순한 다툼 정도로 치부하고 덮기에만 급급하기 때문이다. 이 때문에 학교폭력을 신고한 학생들 중 70% 이상이 재폭력에 시달린다는 것이 교사들과 청소년 전문가들의 설명이다. 가해학생에 대한 처벌이 제대로 이뤄지지 않고 있는 점도 문제다.

가해학생은 서면사과나 학급 교체, 전학, 사회봉사, 심리치료, 출석정지 등 다양한 처벌과 징계를 받게 돼 있다. 폭력행위가 심할 경우 나이와 죄질에 따라 형사처벌이나 '소년법'상의 보호처분도 받는다. 그러나 전학의 경우 보호자가 거부하면 강제로 보낼 방법이 없고 오히려 피해학생이 전학을 가는 경우가 일반적이다. 피해학생은 1명인 데 비해 가해학생은 여러 명인 경우가 많기 때문이다. 심하게 폭력을 휘둘렀더라도 형사처벌이나 보호처분을 받는 경우도 찾아보기 힘들다. 대구지법 이재덕 공보판사는 "아직 미성숙한 학생들이고 자칫 예비범죄자로 전락할 우려가 있어 학교폭력만으로 형사처벌을 하는 사례는 거의 없다"고 말했다. 수사기관도 심각한 범죄가 아닌 이상 대부분 훈계하고 기소유예 처분을 내리는 경우가 일반적이다. 대구지역의 한 변호사는 "또래에게 맞아 갈비뼈가 부러진 중학생을 두고 해당 학교 교장이 '어떻게 하면 조용히 넘어갈 수 있겠느냐'고 문의한 적도 있다"며 "징계받을 것을 두려워하는 학교측이 사법기관까지 오기 전에 부모간의 합의를 유도하고 피해를 덮는 경우가 대부분"이라고 말했다. 학교폭력예방센터 김건찬 사무총장은 "학교폭력예방규정을 지키지 않으면 불이익을 주는 등 기존 제도를 강화하는 게 더욱 효과적"이라고 조언했다. 한편 교육과학기술부는 이달 중에 ▷가해학생에 대한 '강제전학제' ▷학교가 문제학생의 학부모를 강제로 부르는 '위기학생 학부모 소환제' ▷'학생부 폭력기록제' 등 한층 처벌이 강화된 '왕따폭력방지법' 법안을 발표할 예정이다.[352)353)]

40. 학교폭력 대처와 예방법

"내 아이의 학교생활에 관심가져야 학교폭력 해결"[354] 학교폭력 예방을 위한 교육당국의 노력에도 불구하고 학교폭력은 심각한 수준에 이를 정도이다. 학부모들은 아이가 다른 아이에게 맞고 오는지 혹은 괴롭힘을 당하는지 걱정이 많다. 학교폭력을 어떻게 예방하고 대처할 것인지는 학교와 학부모의 공통적인 고민이다. 학교폭력은 매우 광범위하다. 학교폭력 예방 및 대책에 관한 법률 제2조 제1호에는 학교폭력을 "상해·폭행, 감금, 협박, 약취·유인, 추행, 명예훼손·모욕, 공갈, 정보통신 폭력, 학교내 성폭력, 재물손괴 및 집단따돌림, 그 밖에 피해자의 의사에 반하는 행위를 가하거나 하게 한 행위"라고 명시하고 있다. 학교폭력의 범위는 신체폭력을 비롯해 언어폭력, 인터넷이나 휴대전화 문자폭력, 성희롱과 성폭행 등 거의 모든 종류의 폭력을 포함한다. 그만큼 학교폭력이 일반화되어 있어 많이 발생하기 때문에 법까지 만들어진 것이다. 학교폭력의 심각성으로 인해 지도에 어려움을 겪고 있는 가운데 학부모들을 대상으로 학교폭력 대처와 예방교실이 열렸다. 5·18기념재단과 참교육을 위한 전국학부모회 광주지부 공동주최로 최근 한국전산 3층 대강당에서 열린 학부모상담원 심화교육 첫번째 강좌에서 조현미 학교폭력상담사는 학교폭력 발생, 심리적 이해, 대처방법, 학교폭력 해결법 등을 설명했다.

학교폭력피해자협의회와 피해자 및 피해자가족 프로그램을 운영하고 있는 조 상담사는 부모의 양육방법에 따라 학교폭력에 노출되는 수준이 다르다고 했다. 아이들이 상처를 받고 이겨낼 수 있지만 가정과 학교라는 두 개의 환경에서 성장하기 때문에 가정에서 얼마만큼 대처하느냐에 따라 극복할 수 있다는 것이다. 조 상담사는 학교폭력은 사회문제로 공

---

352) 장성현 기자 jacksoul@msnet.co.kr
353) http://news.korea.com/view/normalview.asp?cid=SO&scid=SO1&sn=49636139 (2012.1.14)
354) 이석호 기자, 기사입력 2011.04.25 09:40 최종수정 2011.04.25 19:23

론화되기 보다는 개인적인 일로 치부되는 경우가 많다고 지적했다. 학교폭력의 특징을 보면 피해자와 가해자의 구분이 어렵다는 점이다. 또 집단따돌림이나 집단 괴롭힘이 주류를 이루고 있다. 피해 지속기간이 길며 보복의 두려움 때문에 신고를 하지 않은 것이 특징이다. 피해의 유형을 보면 1차 피해는 심신에 대한 직접적인 피해를 남기는 것이다. 2차 피해는 여전히 폭력과 관련된 피해가 노출되고, 3차 피해는 피해 사실이 알려지면서 피해학생에 대한 고정관념이 생긴다. 조 상담사는 "가해학생이 교실내의 주도권을 잡고 있는 상황에서는 피해자는 어떤 일이 발생했을 때 담임교사에게 안전하게 이야기할 수 없게 되고 피해는 장기화 될 수밖에 없다"며 "교사 중심의 교실 분위기에 따라 아이들 간에 파벌이 형성되고 피해학생과 가해학생 모두 학교생활에 적응하는데 힘이 든다"고 강조했다.

1) 학교폭력의 징후

학교폭력에 대한 효과적인 대처방법은 무엇일까? 조 상담사는 학교폭력으로부터 내 자녀를 지켜주기 위해서는 많은 관심을 기울이고 지켜봐야 한다고 조언했다. 학교폭력이 일어나기 전에 반드시 그 징후가 나타나게 되었는데 그 사실을 빨리 감지하고 조치를 취해주어야 한다는 것이다. 조 상담사는 "그동안 피해 학부모들과 상담을 해보면 폭력과 따돌림의 고통으로 자살한 아이들의 특징이 대부분 성적이 상위권이며 반장 등 임원활동을 한 학생"이라며 "사실을 알려도 문제가 해결되지 않고 보복폭행이 두려워 부모나 학교에 알리지 않는다"고 말했다. 학교내 처벌도 약하고 온정주의 법 태도에서 별다른 처벌이 뒤따르지 않은 점도 폭행이 멈추지 않은 원인으로 지적되고 있다. 또래로부터 괴롭힘이나 폭력, 금품 갈취, 따돌림을 당하는 피해학생들의 징후를 보면 △배가 아프나, 머리가 아프나며 학교가기를 싫어하고 △병원에서 난순한 스트레스성 진단이 많고 △방안에서 혼자서 하는 놀이를 즐긴다. 또 성적이 떨어진다거나, 특별한 이유없이 지각이나 결석을 하고 수업 중 주의 집중력이 떨어질 경우도 주의 깊게 살펴봐야 한다. 조 상담사는 학교폭력이 주로 발생하는 가정의 유형으로서 △맞지 말고 때리고 오라는 부모 △차라리 맞는 것이 낫다는 부모 △방치하는 부모 △따라 다니며 해결해 주는 부모 등을 들었다.

2) 학교폭력의 사례와 대처방법

학교폭력은 사건발생 이후 어떻게 해결해 나가느냐에 따라 엄청난 결과를 초래한다. 피해자와 가해자, 학부모와 교사가 학교폭력을 대처하는데 지나치게 극단적이고 중간지대가 없어 사건을 키우는 경우가 많다.

조 상담사는 "가해를 했을 경우 피해자에게 아이와 같이 가서 사과를 하는 것이 바람직하고 사과를 할 때는 진심을 보이는 것이 중요하다"고 강조했다. 가해부모는 정확한 사건의 진실을 파악한 후 전적으로 용서를 빌고 책임지는 자세를 보여야 한다. 이로 인해 내 아이에게 용서를 빌며 잘못을 뉘우칠 수 있는 기회를 제공하는 것이 현명하다. 피해부모도 객관적인 자료를 수집해 교사의 협조를 구해야 한다. 가해자의 사과와 재발방지 약속을 받아내고 2차 피해에 노출되지 않도록 하기 위한 보호망 구축이 필요하다. 이래야 피해자의 자존심 회복과 불안감이 해소돼 치료 회복이 빨라진다. 학교의 경우 문제를 드러내서 화해와 중재를 유도하고 가해학생에게 적절한 처벌과 전교생을 대상으로 폭력예방 교육을 실시해야 한다. 학생의 문제이지만 해결은 당사자와 학부모, 학교이기 때문이다. 조 상담사는 "학교폭력이 발생하면 학교는 당황하게 되는데 피해자, 가해자 부모측 모두가 학교를 불신하고 자신들의 주장을 앞세워 항의하게 된다"며 "학교폭력에 대처하는 기술부족으로 인해 학생, 학부모, 교사, 학교 등 서로에게 치유할 수 없는 고통과 상처를 안긴다"고 강조했다. 조 상담사는 학교폭력을 적극적으로 방지하기 위해서는 폭력을 숨기지 말고 이에 대한 방지책을 마련할 것을 주문했다. 그는 "맞벌이 부모를 위한 적극적인 교육이 필요하고, 아이들에게도 폭력예방 교육을 강화해야 한다"면서 "전문적인 상담원을 학교에 배치하고 학교폭력의 감시와 고발, 피해자 보호, 가해자의 재발방지교육도 구체적인 방안"이라고 말했다. 한편 광주시교육청은 학교현장에서 발생될 수 있는 학생인권 침해, 학교폭력을 예방하기 위해 전직 교원, 경찰, 군인 출신의 배움터지킴이를 배치해 운영하고 있다.

현재 배움터지킴이는 초·중·고 299개교(초 148개교, 중 79개교, 고 72개교)에 299명이 배치돼 있으며 학교주변 취약지역 순시 및 학교폭력 예방활동을 펼치고 있다. 시교육청은 또 다음달 15일까지 학교폭력 자진신고 및 피해자 신고기간으로 정해 신고를 받고 있다. 신고는 국번없이 117 또는 112로 하면 된다. 또 각 경찰서 여성청소년계(지역번호+경찰서 국번+0118)나 학교폭력 긴급전화(1588-7179), 청소년 전화(1388)로 하면 된다.355)356)

41. 중학생이 말하는 학교폭력 예방법

학교에서 일어나는 폭력은 아주 사소한 말의 폭력에서부터 큰 몸싸움까지, 예나 지금이나 바뀐 것이 없는 것 같다. 오히려 중학교에 들어와 심해진 것을 느낀다. 학교폭력 문제는 학교에서만 해결될 문제가 아니고, 사회 전체가 신경쓰고 고쳐야 할 점이 한둘이 아니라고 생각하며, 혼자만 잘해서는 고쳐지기 어렵다는 생각에 맥이 빠진다.357) 중학교에 들어왔을 때, 제 귀에 들려오는 소리에 깜짝 놀라고 말았다. 그것은 기대했던 것과는 달리, 주변에서 사나운 욕설들을 쉽게 들을 수 있었기 때문이다. 중학교로 올라가며 좀더 어른스럽게 변한 모습을 상상했었는데, 욕설의 장독 한 가운데 빠진 생쥐같은 기분이 들었다. 학생들이 자연스

---

355) 이석호 기자 observer@, 이석호 기자 observer@, '광남일보' (www.gwangnam.co.kr)
356) http://www.gwangnam.co.kr/news/news_view.htm?idxno=2011042509400320 298(2012.1.14)
357) 2011/06/20 06:00 IF의 시선

럽게 던지는 욕설에서, 몇몇 욕을 먹는 조용한 성격의 친구들이 받는 스트레스와 인격적 무시와 냉대의 모습이 떠올라 마음이 편치 못했다. 서로 간에 내뱉는 욕설은 자신이 그런 말을 들어도 별로 상관없다는 태도가 깔린 것 같다. 아직 어리지만 그래도 모두 귀한 인간인데, '너도 또한 하찮은 존재일 뿐이야!'라고 외치는 것 같아 쓰라린 마음이 든다. 그리고 더 큰 문제 중의 하나는 자신들이 내뱉는 욕의 뜻을 잘 알지 못하고, 습관적으로 내뱉는다는 것이다. 자기 자신과 타인에 대한 비하가 습관화된 것이다. 이렇게 무섭도록 깔린 자신과 타인이 하찮다고 여기는 마음은 도대체 원인이 무엇일까? 사실 학교에 다니면서 가끔 회의감이 들 때가 있다. 아이들이 늘 하는 말을 보면 친구가 아니라 서로 잡아먹지 않으면 잡아먹히는 야생, 아니 지옥에서 하는 대화를 듣는 것 같다. 입에 담기도 싫고, 듣기도 싫고, 기사에는 더욱 쓸 수 없는 끔찍한 말들을 밥 먹듯이 툭툭 내뱉는 우리 사회 아이들은 도대체 누구 때문에 이렇게 된 것일까? 그것보다 더욱 싫고 답답한 것은, 그 속에서 점점 그것에 내성이 생겨 받아들이는 자신이라는 점이다.

1) 경범죄를 소탕하고 대형범죄를 막는 "자동차 유리창 효과"

얼마 전에 우리 학교에서 초대한 어떤 검사님이 강당에서 학생들을 모아놓고 학교폭력 예방에 대한 강연을 해주었다. 아마 그날은 우리 지역 전체가 학교폭력 예방 차원에서 검사 또는 변호사를 초대하여 학교에서 강연하는 날이었나 보다. 검사님의 강연 중 기억에 남는 것은 미국이 아직 안정되지 않고 범죄가 넘쳐날 때 경범죄를 소탕함으로써 거대한 범죄를 막는 '자동차 유리창 효과'라는 현상이었다. 이 효과는 새로 산 차를 예로 들 수 있다.

사람들이 처음 차를 새로 살 때는 적어도 1주일에 3시간 정도는 차를 직접 손 세차하고, 관리하고 드라이브도 자주 한다. 그러나 차를 산 지 시간이 조금 되자, 이제는 3개월에 한 번 정도 세차장에서 물세차를 하고, 일부러 드라이브도 하지 않는다. '자동차 유리창 효과'는 이처럼 처음 자동차를 샀을 때에는 애지중지하다가 유리창이 깨지고 나면, 신경을 잘 쓰지 않는 인간의 심리를 뜻하는 것이다. 식물이나 동물도 안좋은 말을 들으면 기분이 상하고 성장에 방해된다고 하는데, 하물며 만물의 영장이라 하는 인간이 서로에게 욕설이나 내뱉으면 어쩌자는 말일까? 거친 말과 욕을 쓰는 습관만 고쳐도 아이들의 정서가 훨씬 안정되고 집단 따돌림, 절도, 폭행 등의 문제가 웬만큼 사그라지지 않을까? 강연 중에 국어 선생님께서 감독하시고, A4 용지 두 바닥이 되게 줄거리 정리와 감상문을 쓰게 하시지 않았더라면 대부분 아이들은 강연을 듣지 않고 수다 떨기에 바빴을 것이다. '학교폭력의 범위는 아주 넓다!'라는 말씀이 강연을 듣는 내내 맴돌았다. 특히 "여러분의 생활습관이 여러분을 감옥에 가게 할 수도 있다"라는 말을 듣고 매우 놀랐다. 아이들이 죄수복을 입고 감옥에 갇혀있는 그림이 나올 때, 어쩌면 지금 매점에서 돈 안내고 도망가는 아이들을 지명수배 명단에서 보게 될 수도 있다는 상상을 하니 씁쓸하다. 검사님은 학생들이 자전거를 훔치는 경우를 학교폭력의 한 예로 들었는데, 이 부분을 듣고 귀가 뜨였다. 자전거를 도둑맞은 적도 몇 번 있었고, 바로 얼마 전에는 사람이 아주 많은 대로에서 대낮에 중학교 상급반으로 보이는 형들이 자전거를 훔치는 현장을 직접 보았기 때문이다.

 두 명이서 거리에 침을 찍찍 뱉으며 걷다가, 길가에 주차된 자전거를 보고 "이거 좋아 보이는데?", "오늘은 이걸로 하지!" 하는 것이었다.

 그러더니 순식간에 자전거 자물쇠를 열어 마치 서커스를 하듯이, 한 사람은 앞에 타고 한 사람은 뒤에 서서 타고, 게다가 팔까지 넓게 벌려 십자가 모양을 만들어 "호워호~!"소리를 내며 쌩쌩 앞으로 내달렸다! 이 모습은 상당히 큰 충격이었다. 초등학교 6년 내내 도둑질하는 장면을 직접 본 적이 없었는데, 연필 한 자루도 아니고 자전거 하나를 순식간에 가져가는 순간은 정말 어이없게 짧았다. 이 형아들은 양심의 가책을 전혀 느끼지 않는 것일까? 그것도 몇 번 씩 해본듯한 능숙한 솜씨로 순식간에 자전거를 훔쳐내는 것을 그 형아들의 부모님은 알고 계실까라는 의구심이 들었다. 이런 충격적인 장면을 목격한지 며칠 후였다. 집에 가기 전 주머니안에 있는 물건을 확인해 보았는데 지갑안에 있던 돈이 없어져 있었다! 사실 6,000원 밖에 안되는 적은 돈이었지만, 그 돈이면 적어도 한 달 중 남은 기간을 풍족하게 보냈을 것이다. 사실 처음 중학교로 왔을 때, 이제 매일 아침 지하철에서 새우잠을 자고, 매일 저녁 온몸의 삐걱거리는 관절을 힘들게 이끌고 지하철을 타고 다니지 않게 된 것에 너무 감사했었는데, 많이 놀랐다. '내가 중심지로 와서 그런가?', '여기만 특히 그런건가?' 하는 생각이 들었고, 지하철에서 6개월동안 매일 아침과 저녁을 맞이했는데, 100원짜리 한번 안 잃어버렸는데 중학교 첫 한 달에 6,000원이 공기 중으로 사라지니 기분이 묘했다. 그 때부터 학교의 친구와 형아들이 태도가 조금 불량하고 거칠면 조금 두려운 마음에 경계심이 생겼다. 알고 지내는 아이 중에는 부모님 앞에서는 모범생에 착한 아이지만 학교에서는 아이들을 괴롭히고 선생님에게 예의바르게 하지 않아 벌점도 왕창 받는 아이도 많다.

2) 부모님의 관심과 학교의 적극적 대처가 필요

부모님들은 아이들이 학교에서 어떻게 지내는지 반이라도 아실까? 이것의 책임은 꼭 학생과 학부모만 있는 것이 아니라는 생각이 든다. 학교가 이런 문제에 대해 발벗고 나서서 적극적으로 뛰어든다면 좋겠다. 선생님들이 학생의 성적을 올리기 위해 신경쓰는 것도 중요하지만, 그것보다 학생의 마음을 파고 들어가 깊이 다가가는 게 우선이라는 생각이 든다.

어렵겠지만 지겹도록 아이들의 닫힌 마음에 관심을 두면 좋겠다. 지속적으로 돈을 뺏기거나 폭행을 당하는 아이들은, 쉽게 그걸 말할 용기를 낼 수 없다. 부모님께서 걱정하실 것도 걱정되고, 무엇보다 폭력을 가하는 아이들의 보복이 두렵기 때문이다. 옛날에 다른 곳에서 살 때는 언제나 눈이 시퍼렇게 멍이 들어서 다른 형아들 가방을 온몸에 두르고 다니는 고등학생 형아가 있었다. 그 꼴을 1년 내내 본 것 같은데, 과연 부모님은 알고 계셨을까?

학교생활에 대해 가끔 가족들과 이야기를 나눠본다. 대체 학교는 왜 다니는거지? 공부하고 좋은 성적을 올리려고? 그래서 남보다 낫게 살려고? 아니다. 그런 것은 아니란 생각이 든다. 학교에서 못났거나 잘났거나 친구들을 만나고, 선생님이라는 인생의 등대를 만나고, 그러는 가운데 서로 귀하게 생각하는 마음이 싹트고, 소중한 추억이 쌓이고, 그러한 곳이 학교가 되어야 하지 않을까? 그래야 공부를 잘하든 못하든 학교는 소중한 추억으로 모두에게 남아, 더 거친 세상으로 나갈 때 힘이 되어 줄 것이다.[358]

42. 학교폭력 실태와 예방법

[앵커멘트]

친구들의 괴롭힘에 시달리던 대구의 한 중학생이 스스로 목숨을 끊는 사건이 발생하면서 학교폭력의 심각성에 대한 논란이 또다시 일고 있다.[359] 교육과학기술부가 오늘 매년 2차례 정기적인 학교폭력 피해조사를 벌이겠다고 대책을 발표했다. 2차례 정기조사로 과연 고질적인 학교폭력을 잠재울 수 있는지에 대해서는 의문이 남는다. 자살까지 불러오는 학교폭력의 실태는 어느 정도이고 효과적인 예방책은 없는가.

[질문1] 친구들의 괴롭힘 때문에 자살을 한다. 잊을 만하면 접하게 되는 소식인데요. 학교폭력의 실태가 어느 정도 됩니까?

[질문2] 학생들이 자주 호소하는 피해사례로는 어떤 것들이 있습니까?

[질문3] 교실폭력이 공공연하게 벌어지는데도 학교나 가정에서 제대로 파악하지 못하는 이유는 뭘까요?

[질문4] 학교에서 괴롭힘을 당해도 부모나 선생님에게 고충을 털어놓지 못하는 경우가 많은데 학생들이 말하지 못하는 이유는 무엇 때문이

---

358) http://if-blog.tistory.com/1203(2012.1.14)
359) [신순갑, 청소년폭력예방재단 사무총장], 2011-12-26 17:06

라고 보십니까? 괴롭힘을 당하는 청소년들은 어떻게 도움을 요청하는 것이 좋겠습니까?

[질문5] '내가 가르치는 교실에서 폭력이 벌어지고 있다' 또는 '내 자식이 폭행당하고 있다'는 사실을 알게 되면 어른들도 당황할 수밖에 없을 텐데요. 학교폭력 사실을 알게 됐을 때 교사와 학부모는 어떻게 대처해야 할까요?

[질문6] 학교폭력이 하루 이틀 이야기도 아니고요, 기존에도 학교폭력을 막기위한 방지대책들이 있지 않았습니까? 제 역할을 못하고 있는 건가요?

[질문7] 오늘 교과부가 학교폭력 방지대책을 내놨죠. "매년 2차례 전국 학교에서 학교폭력 피해조사를 벌이겠다 전문상담사 천8백명을 일선학교에 배치하겠다"는 것이 골자인데요. 실효성을 기대해도 되겠습니까?

[질문8] 친구들과 뛰놀고 함께 공부하면서 성장해 나가야 할 우리 학생들이 학교폭력에 상처받고 있는 현실, 참 가슴이 아픕니다. 마지막으로 건전한 교실문화가 정착되려면 어떤 노력들이 더 필요하겠습니까?[360]

---

360) http://www.ytn.co.kr/_ln/0103_201112261706160098(2012.1.14)

제5장 학교폭력대책 관련법 및 해결방법

1. 학교폭력 예방 및 대책에 관한 법의 문제점 및 개정

1) 문제의 소재

학교폭력예방및대책에관한법률(이하 「학교폭력법」)이 작년 1월 29일 공포되었고 그로부터 6개월 후 시행되었다. 공포된지 1년, 시행된지 반년도 지나지 않은 시점에서 법률의 문제점이 거론되고 개정방향이 논의된다는 것은 누가 보더라도 비정상적인 일이다.[361] 왜 이러한 일이 전개되게 되었는가? 법률 공포 후 시행령의 제정과정에서 교육부 관계자들과 수 차례에 걸친 토론과 협상의 과정이 있었다. 교육부가 제시한 시행령안의 문제점을 지적하고 대안을 제시하였으며, 그 결과 많은 부분이 수정되는 성과를 올리기도 하였다. 하지만 그 과정에서 교육부의 「책임전가」, 「예산핑계」, 「무의지」를 확인하게 되었음은 대단히 안타까운 일이다. 즉, 교육부는 자기들보다 법률이 본래 잘못됐다며 국회의 입법을 문제삼는 「책임전가」, 올바른 정책을 요구하면 돈이 없으니 할 수 없다는 「예산핑계」, 그리고 무엇보다도 학교폭력을 가볍게 보고 해결하려는 뜻이 보이지 않는 「무의지」로 일관하였다. 학교폭력법은 부칙에서 시행일자를 "공포 후 6월이 지나 시행한다"고 규정하였다. 그런데 시행을 위해 제정되어야 할 시행령은 시행 당일인 7월 30일에야 공포되었다. 21세기 대한민국 정부에서 가히 「엽기현상」이 아직도 벌어지고 있는 것이다.

학교폭력법은 "학교폭력의 예방과 대책에 관하여 필요한 사항을 규정함으로써 피해학생의 보호, 가해학생의 선도·교육 및 피해학생과 가해

---

[361] 2008년 6월 25일 오후 1:56, 학교폭력 예방 및 대책 에관한 법의 문제점 및 개정방법, 자료분류 : 대학레포트 발행일 : 2005년 03월, 원문파일
http://www.reportnet.co.kr/detail/2082/2081933.html

학생간의 분쟁조정을 통하여 학생의 인권을 보호하고 학생을 건전한 사회구성원으로 육성"할 것을 목적으로 제정되었다(제1조). 하지만 엄밀하게 표현하면 현행 학교폭력법은 결코 학교폭력의 「예방과 대책」에 관한 법률이라 결코 할 수 없다.

 법률이 규정한 예방책이나 대책은 시행령 단계에서 유명무실한 것으로 전락되고 말았다. 학교폭력법의 가장 큰 주체는 피해학생이 되어야 한다. 그러나 시행령은 그들을 객체, 눈에 보이지 않는 「투명인간」으로 만들고 있다. 법률이 규정한 피해학생의 보호프로그램을 유효적으로 담보하기 위한 규정이 시행령에 단 한 조항도 없는 것이 그 단적인 예이다. 맷돌은 있되 손잡이는 없는 참으로 「어처구니」가 없는 일이 벌어지고 있다. 법 제정을 기화로 조직확대에 힘쓰는 교육부 관료들의 태도, 지식이나 활동도 없으면서 갑자기 전문가를 자처하고 나서는 지식인들의 파렴치함, 책무에는 변명으로 일관하면서 권한은 쥐고 놓지 않으려는 학교관리자들의 이중성, 전문성없는 프로그램으로 돈벌이에 나서는 자칭 청소년단체의 추태 등이 보여지고 있다. 학교폭력이라는 우리 아이들의 비극을 악용하는 악덕업자들이 아니고 무엇인가? 학교폭력 문제를 운운하기 이전에 먼저 자신들부터 되돌아 보아야 한다. 이 땅에서 생활하고 있는 사람치고 학교폭력 책임에서 자유스러운 자는 아무도 없다.

 이제부터라도 학교폭력법을 정립시키고 학교폭력없는 사회를 만드는 데에 진정으로 동참하여야 한다.

2) 법률의 개정방향과 패러다임

(1) 법 개정의 세가지 의미

 학교폭력법을 어떻게 개정해 나가야 할 것인가? 학교폭력법의 문제점에 대한 논의에 앞서, 개정방향에 대하여 우선 논의할 필요가 있다. 법률을 「개정」한다고 하지만, 그 의미는 다음 세 가지가 포함되어 있다고 본다.

첫째로, 「신설」이다. 학교폭력법에는 입법 당시에 예상하지 못하였거나 예상은 했지만 일단 법을 제정하고서 후일 개정하자는 전략 등으로 인해 규정하지 못한 정책이 다수 있다. 이들 정책을 법률에 신설할 필요가 있다.

둘째로, 「보완」이다. 학교폭력법에는 규정되어 있으나 시행령의 불비로 인해 실효성이 확보되지 못한 프로그램 및 대책, 법 취지는 좋으나 그 내용의 애매모호성으로 인해 혼선을 빚는 것들이 있다. 이들 프로그램과 대책을 위임명령 형식으로 교육부에 위임하지 말고 필요 최소한의 내용은 법률에 규정하는 것이 바람직하다.

셋째로, 「삭제」이다. 학교폭력법에는 법률의 목적과는 직접 연관성이 없거나 다른 법률에 규정해도 될 조문, 그리고 불필요한 내용들도 엿보인다. 이들 조항은 과감히 삭제하는 것이 바람직하다.

(2) 법 개정의 패러다임

법률개정에 직면하여 우리는 학교폭력법을 왜 제정했는지를 되돌아보고 개정에서 다시 한번 되새겨야 할 철학이 무엇인지 확인할 필요가 있다. 이를 패러다임이라고 한다면 향후 법개정 작업에서 반추하고 확인해야 할 패러다임을 다음과 같이 정리할 수 있다고 본다.

첫째, 「피해학생의 보호」이다. 학교폭력법의 가장 큰 핵심은 피해학생의 보호에 두어져야 한다. 피해학생의 보호야말로 기존에 여러 법률이 존재하고 있음에도 불구하고 굳이 학교폭력법을 제정하게 된 이유이다.

과연 현행 학교폭력법은 피해학생의 보호에 철저하며 시스템상 그 실효성이 확보되고 있는지를 재고할 필요가 있다.

둘째, 「사전예방」이다. 학교폭력이 발생한 이후의 대처보다도 미리 발생하지 않도록 예방하기 위한 노력이 필요함은 말할 나위가 없으며 학교폭력법도 몇가지 예방책을 제시하고 있다. 과연 현행 학교폭력법이 제시하고 있는 예방책이 올바로 실시되며 실효성이 있는지 확인하고 검토할 필요가 있다.

셋째, 「민력의 활용」 혹은 「민관협력」이다. 학교폭력법도 민간단체나 민간전문가의 활용을 여러 상황에서 전제하고 있다. 그런데 과연 현행 학교폭력법이 전제하고 있는 민력의 활용 혹은 민관협력이 제대로 활용될 수 있도록 시스템이 되어 있는지를 확인할 필요가 있다.

넷째, 「지역사회와의 연계성」이다. 지역사회(community)와 연계되지 않고 지역사회와 밀착되지 않은 프로그램이 실패한다는 것은 정설로 되어 있다. 학교폭력법도 제4조에서 국가와 「지방자치단체」의 책무를 규정하여 지역사회와의 연계성을 강조하고 있다. 그런데 과연 현행 학교폭력법은 지역사회와의 연계성을 확보하고 있는지 확인할 필요가 있다.

다섯째, 「개방성」내지 「투명성」이다. 학교폭력 발생 사실은 좀처럼 외부에 알려지지 않으며 학교현장에서도 가급적 은폐하려는 폐쇄성을 띠고 있다. 이에 대해 학교폭력법은 개방성 내지 투명성을 확보하기 위한 조치를 규정하고 있다. 과연 현행 학교폭력법이 개방성과 투명성을 제대로 확보하고 있는지에 대하여 검토할 필요가 있다.

여섯째, 「자율성」이다. 학교폭력법은 자치위원회로 하여금 학교폭력 분쟁을 조정하고 각종 정책을 심의하도록 하고 있다. 과연 현행 자치위원회가 자율성을 제대로 확보하고 있는지 검토할 필요가 있다.

(3) 구체적인 문제점 및 개정방향

이하에서는 이들 여섯 가지 패러다임을 바탕으로 현행 학교폭력법의 문제점을 지적하고, 그 대안을 제시해 보고자 한다.

가) 피해학생의 보호책

피해학생의 보호는 학교폭력법의 제정 이유이자 핵심이다. 피해학생의 보호에 대하여 학교폭력법은 ① 심리상담 및 조언, ② 일시보호, ③ 치료를 위한 요양, ④ 학급교체, ⑤ 전학권고, ⑥ 그 밖에 피해학생의 보호를 위하여 필요한 조치의 여섯 가지를 규정하고 있다(법 제14조 1항).

이 중 ④에서 ⑥까지의 조치는 학교 혹은 교육청 차원에서 해결하거나 해결 가능한 일이지만, ①에서 ③까지의 조치는 외부의 시설이나 전문가를 활용할 수밖에 없다.

 문제는 외부의 시설이나 전문가를 활용하기 위한 실효성있는 조치가 가능한지에 있다. 현행 학교폭력법 및 시행령의 규정으로는 ①에서 ③의 조치는 유명무실한 프로그램 규정에 불과하다. 그 이유는 다음과 같다.

 첫째, 먼저 전문가의 상담과 치료를 위한 요양 등에 필요한 치료비의 확보문제이다. 그런데 학교폭력법은 기획위원회의 기본계획에 「피해학생에 대한 치료 재활 등의 지원」과 「학교폭력의 예방과 피해학생 및 가해학생의 치료교육을 수행하는 청소년관련단체 또는 전문가에 대한 행정적 재정적 지원」계획을 수립하도록 하고 있을 뿐(법 제6조 2항), 구체적인 사안에 대한 치료비 부담에 대하여는 학교폭력법과 시행령 어디에도 규정되고 있지 않다. 그 결과 피해학생의 치료는 유명무실한 실정이다. 다음은 피해학생의 보호문제를 제기하기 위해 만든 사례이다. 이 사례에서 피해학생 A는 안타깝게도 치료받지 못한다.

 피해학생은 가해학생으로부터 학교폭력을 당하여 몇 주의 병원치료를 요하는 정신적 육체적 폭력의 충격을 받았다. 그런데 피해학생의 가정형편은 치료비를 지불할만한 입장이 아니다. 그런데 설상가상으로 가해학생의 보호자는 가해 사실 자체를 부인하며 치료비 지불을 거절하고 있다. 또는 가해사실은 인정하지만 치료비를 지불할만한 능력이 없는 경우도 마찬가지이다. 학교폭력과 같은 사건에는 현재 의료보험이 적용되지 않는다. 위 사례에서 바람직한 방안이라면, 일단 시·도교육청이나 사립학교가 치료비를 부담하고, 추후 가해학생측에 그 비용을 청구하는「구상권」을 인정하는 것이다. 그러나 교육부는 이에 대해 시·도교육청의 예산이 거덜난다, 법적 근거가 없다라고 하면서 완강하게 거부하였다.

 교육부의 논리에 따르면 학교가 책임을 지거나 피해학생을 방치하는 방법밖에 없는데, 문제는 학교에 비용부담 책임이 넘어갈 경우에, 학교의 장이 위원장을 겸임하고 있는 자치위원회가「치료를 위한 요양」프로그램을 학교의 장에게 요청하지 않을 가능성이 커진다는 사실이다. 시급히 치료비 담보를 위한 구상권 규정을 명문화시킬 필요가 있다.

둘째, 학교폭력법 제14조 제3항은 학교와 관련된 사항이다.[362] 청소년 범죄나 학교폭력, 청소년의 일탈행위(가출, 자살, 왕따, 부적응 등)이 해를 거듭할수록 폭발적으로 증가하고 있다. 여러 뉴스에서 나오는 학교폭력 사건에서 살펴보듯, 학생들의 일탈행동은 개인의 사소한 문제들이 아니라 매우 조직적이고, 정도가 심하다. 하지만 아이들은 아이들이다.

자신의 행동에 대해서 책임은 부족하지만 자신을 성장하기 위한 가능성을 가지고 있는 우리나라의 미래이다. 이러한 청소년들의 일탈의 원인을 살펴보고, 현재의 대처방안을 살펴보고, 청소년을 바르게 이끌 정책, 지역사회, 학교와 전문상담교사, 학부모의 역할에 대해 고찰해보겠다.

3) 학교폭력의 현황

2008년 경기도의 학교폭력은 1140건이 발생하였다. 이 중 767건이 중학교에서 발생하였다. 가해학생의 경우 2082명이 연류되었고 피해학생의 경우는 1434명이 피해를 입은 것으로 조사되었다. 경기도의 학교폭력의 경우 한해 194% 증가하고 있으며 전국 발생건수의 약 40%를 차지하고 있다. 예전의 학교폭력은 말 그대로 서로 때리고 괴롭히는 정도였지만 지금의 학교폭력은 폭행, 협박, 사기, 상해, 살인, 강간 등 성인범죄의 잔인성을 그대로 옮겨가고 있다. 이러한 강력한 흉악범죄에 해당하는 학교폭력이 전국적으로 3016건이 발생하였고, 한 해 증가율이 56.4%에 이르고 있다.

4) 학교폭력의 원인

(1) 가정의 해체

부모가 이혼을 했다고 해서 학교폭력이 곧바로 발생하지는 않는다. 소년원에 있는 학생들의 약 80%가 부모가 모두 있는 경우이고, 나머지

---

[362] http://blog.yahoo.com/_JRRMMYYOE3SJR7XCUTZ7IF52AQ/articles/864496 (2012.1.14)

20%만 부모가 없거나 한부모 가정이다.

하지만 가족의 문화나 분위기는 매우 중요하다. 통계적으로 나타나지는 않았으나 상담하고 있는 일진학생들의 경우, 가족의 불화, 두 분다 맞벌이로 자녀양육이 이루어지지 않은 경우, 아동학대, 가정폭력, 알코올 중독 등 정상적인 가정이라고 보기 어려운 환경도 많았다. 이러한 환경에서 학생들은 '우리 아이가 달라졌어요'에 등장하는 주인공이 그대로 큰 모습으로 분노와 적개심을 가지고 가족의 소속감을 느끼지 못해 일진을 형성하는 등의 일탈행동을 보이고 있다.

(2) 학생들의 정신건강

어느 학교의 경우 학생 10% 이상이 심한 우울증상을 보이고 있다. 청소년기 우울은 분노와 짜증, 돌발행동으로 나타나는 경우가 많았다. 자신도 모르게 쌓인 좌절이 우울하게 만들고 어떤 행동을 하던 그 우울에서 벗어나지 못해 스스로 자기파괴적인 행동을 보이고 있다. 청소년 자살율은 10만명당 3.7명으로 전체 자살자수의 3.5%를 차지하며 청소년의 35%가 자살충동을 경험하고 있다.

(3) 현재 정부의 대처사항

가) 전문상담교사 배치

정부는 2006년 학교폭력을 해소하고, 안전하고 행복한 학교를 만들기 위하여 전문상담교사의 배치를 계획하였다. 2011년까지 3,432명의 전문상담교사를 배치하여 학교폭력을 근절하고 예방하려고 하였으나 현재 전문상담교사의 수는 전국 582명에 불과하고, 전체 학교수 대비 5.6%에 불과하다. 한명의 전문상담교사가 담당하는 학교수는 25~50개나 되고 있다. 유일하게 경기도에서만 김상곤 교육감의 전문상담교사 574 배치 공략으로 인해 기간제 전문상담순회교사가 100명이 활동하고 있다. 하지만 대부분 4개의 학교를 순회하고 있어 양질의 서비스를 제공하고 있지 못하다.

나) Wee 프로젝트

정부에서는 학교폭력 및 학생들의 학교 중퇴를 막기 위해 Wee프로젝트를 시작하였다. 이에 정부에서는 단위학교에 Wee class, 시·도 교육청에 Wee센터, 시·도 교육청 단위의 Wee스쿨을 시행하고 있다. 전국에 총 11개의 위센터가 시행되고 있다. 고양시에서는 고양 Wee센터가 있으나 전문상담교사만큼 열악한 환경에서 근무하고 있다. 교육청이 아닌 임대사무실에서 전문상담교사 1명, 전문상담원 2명, 임상심리사 1명, 학교사회복지사 1명, 상담인턴교사 1명이 고양시 학생의 정신건강을 위하여 활동하고 있다. 또한 정부의 질 높은 서비스를 제공하기 위해 설치된 Wee class에도 인원 및 예산의 부족으로 전문상담교사가 배치되지 못해 양질의 서비스를 학생들에게 제공하지 못하고 있다.

(4) 대책

가) 정책적 지원

고양시 알몸 뒷풀이 사건이 발생하고 정부의 대책은 매우 단순명료하였다. 가해학생에 대한 전원 사법처리, 건전한 졸업식을 하는 학교에 대한 지원금 증정이 전부였다. 이명박 대통령이 교육에 대해 반성하고, 나부터 회초리를 맞아야 한다는 발언이 무색하리만큼 수동적인 사후대처를 하고 있다. 이러한 정책이 아닌 예방적이고 직접적인 원인에 대한 대책이 필요하다.

나) 학교상담관련법안 제정

현재 국회에서는 학교상담관련법안들이 계류 중에 있다. 이러한 법안에 전문상담교사 배치에 대한 의무조항, 전문상담교사와 사회복지 공무원, 청소년 수련원, 청소년 지원센터, Wee센터와의 연계, 전문상담교사의 직무와 기능에 대한 조항을 포함하여 조속히 제정될 필요가 있다.

다) 학교복지와 입시위주의 교육이 아닌 전인교육으로서의 정책

학생복지에 관련된 예산이 감축되면서 학생들이 받을 수 있었던 많은 것들이 줄어들고 있다. 또한 학생의 정서적 안녕을 위해 뽑았던 전문상담인턴교사의 수를 대폭 줄이고, 이 자리에 영어, 과학, 수학, 사회 등의

인턴교사를 활용하고 있다. 공부를 못한다고 학교폭력이 발생하는 것이 아니다.

라) 경기부양책

평택 쌍용자동차 사건이 있었을 때, 그 지역에서 전문상담교사로 활동하고 있었던 전문상담선생님의 말씀을 빌리자면 쌍용차 사건이 발생하자 학교 상담건수는 5배 폭증하였다. 아버지의 실직 후, 구직활동 실패 등으로 인한 우울감과 좌절감 상실로 아버지들이 알코올 중독의 길로 들어서고, 어머니와의 다툼이 늘어나며 가정폭력이 발생하면서 학생들의 정신건강이 파괴되는 모습을 보았다고 한다. 불안감으로 떨어가는 아이들이 친구들에게 집착하면서 집단따돌림이 심각해지는 모습을 보면서 가정의 경제적 안정이 학생정신건강에 지대한 영향을 알 수 있음을 깨달을 수 있다.

(5) 학부모 입장에서 노력해야 할 사항

가) 자녀와의 친밀한 관계유지하기

집단 따돌림이나 학교폭력 피해학생들이 피해사실을 부모에게 대체로 알리지 않는다. 그 이유는 부모님이 자신을 걱정하거나 비난하거나 실망할 것이라고 생각하기 때문이다. 자녀에게 지지적이면서 공부 뿐만 아니라 대인관계 정서적 부분, 진로 등까지도 터놓고 말할 수 있는 부모와 자녀관계를 구축한다면 학교폭력과 청소년 비행을 상당부분 줄일 수 있을 것이다.

나) 교사와 소통하기

자녀와 친밀한 관계를 유지하면서 각 반에서 따돌림을 당하는 피해학생의 이야기를 듣게되면 조속한 대처를 위하여 담임교사나 학교에 배치된 전문상담교사에게 알려주면 된다. 학교폭력도 처음에는 정말 사소한 장난에서 시작되는 경우가 상당히 많다. 그러므로 이러한 사건이 발생하면 조속히 학생들이 즐겁게 학교를 다닐 수 있게 관심을 기울일 필요가 있다.

다) 전문상담교사가 해야 할 일
① 체계적인 상담활동

많은 학생들을 상담하는 것 자체가 매우 힘든 일이지만 학생의 가족력, 발달사, 질환, 성적, 진로 등 체계적인 상담이 필요하다. 집단심리검사 또한 수시로 실시하여 전문적인 도움이 필요한 학생들을 돕는 것이 필요하다.

② 타기관과의 연계

일탈을 보이는 청소년들을 보면 안타깝게도 저소득층 아이들이 많은 것으로 밝혀졌다. 이들의 경우 특히 방과 후 방황을 하거나 분위기에 휩쓸려 범죄의 길로 들어서는 경우가 많다.

그러므로 상담 중 복지적 서비스가 필요한 경우 사회복지사와 방과 후에 보살핌이 필요한 학생의 경우 청소년수련관, 동반자 사업 등의 필요가 있다. 또한 정신질환이 있는 학생의 경우 정신보건센터와 연계하여 신속하고 정확한 도움이 필요하다. 이것을 위하여 전문상담교사는 지역사회와 연계될 필요가 있다.[363]

2. 긴급점검, 학교폭력 대책, "사랑한다" 아빠 한마디에 '폭행 아들' 눈물범벅

가해 학부모 연수 어떻게, 서로 무관심 부자심리극을 하며 '마음의 소통', "생활이 빠듯 할수록 참석률 저조, 예산확보를"[364] 부모들은 '내 아이가 가해자'라는 청천벽력같은 소식에 당혹, 현실부정, 원망 외면 등의 반응을 보인다. 생계유지만도 벅차 자신의 양육태도가 아이를 삐뚤어지게 한 것은 아닌지 돌아볼 기회를 못갖는 경우도 있다. 가해학생을 바꾸려면 부모부터 변해야 한다는 지적이 계속되자 당정은 "가해학생 학부

---

363) http://blog.daum.net/indra1712/5890236(2012.1.14)
364) [긴급점검, 학교폭력 대책] "사랑한다" 아빠 한마디에 '폭행 아들' 눈물범벅, 한국일보||입력 2012.01.14 02:39|수정 2012.01.14 07:09

모의 동반교육을 의무화하고, 연 1회 전체 학부모 대상 예방교육을 실시하겠다"는 안을 검토하고 있다. 방향은 맞지만 기존의 보호자특별교육명령제 활성화, 충분한 예산확보, 연령별 소규모 맞춤연수 등이 전제돼야 한다고 전문가들은 지적한다. 현재 보호자 특별교육은 어떻게 이뤄지고 있는지, 보완점은 무엇인지 특별교육 현장을 찾았다. 학교폭력으로 법원에서 보호관찰 처분을 받은 중고생과 학부모가 인천 계양구 인천보호관찰소 서부지소에서 폭력 피해학생의 마음을 이해하는 역할극 교육을 받는다.365)

1) 부모가 아이를 아프게 하는 행위

인천 계양구 법무부 인천보호관찰소 서부지소. 폭력비행 청소년 및 보호자 특별교육의 강사로 나선 김영한 별자리사회심리극연구소장이 분위기를 풀기 위해 "짠짠짜잔" 등 구호를 시키고 농을 걸었지만 학생들은 주머니에 손을 쑤셔 넣은 채 흉내만 냈고, 아버지들은 눈이라도 마주칠까 연신 입술을 깨물었다. 32명의 학생과 학부모는 폭력, 금품갈취, 절도 등 교내·외 폭력사건으로 소년부 판사로부터 보호관찰과 수강명령을 받은 중학생과 그 부모들이다. 심리극이 시작되자 분위기는 진지해졌다.

김 소장은 한 쌍의 부자를 무대 앞으로 불러 냈다. 아들 장모(14)군은 '기분 나쁘게 쳐다봤다'는 이유로 피해자를 폭행하고, 금품을 빼앗아 소년법정에 섰던 터였다. 아들, 아버지 등 상대역할을 대신하는 김 소장에게 각자 속마음과 당부를 꺼내놓는 사이, 부자의 문제도 조금씩 선명해졌다. 아들에게 직접 속내를 말해본 적이 없다는 아버지는 김 소장에게 "나 역시 엄격하고 내성적인 아버지 밑에서 자라 아들에게 살갑게 말을 붙이지도 못했다"며 "야간자율학습에 몰래 빠지고 나쁜 짓을 한다는 것을 알았을 때도 윽박만 지르고, 그래도 안되니까 말없이 기다리면 돌아오는 것으로만 생각하고 아들을 막지 못했다"고 털어놨다. 그가 "아빠가

---

365) 신상순 기자, sshin@hk.co.kr

표현을 못해서 그렇지, 너를 사랑하고 생각하는 마음은 정말 깊다"고 하자 고개를 돌려 얼굴을 찡그리던 아들은 이내 눈물을 쏟아냈다.

자료:http://media.daum.net/society/view.html?cateid=1067&newsid=20120114023909465&p=hankooki(2012.1.14)

　아들 차례가 됐지만 장 군은 "못하겠어요"만 되뇐다. 김 소장이 대신 "아빠 죄송해요. 실망하셨죠. 아빠가 늘 말이 없어서 제가 사고를 치면 무섭게 혼낼 줄 알았는데 사랑한다고 하시니까 정말 놀랐어요. 저 정말 앞으로 남들 때리지 않고 잘할께요"라고 했다. "어때, 네 속마음과 비슷하니?"라고 묻는 김 소장에게 눈물범벅이 된 장 군은 고개를 끄덕였다.
　김 소장은 "어른들은 이해할 수 없지만, 아이들은 혼나는 그 순간만이라도 어른들이 나에게 집중하기 때문에 나로 인해 다른 사람들이 곤란해지는 상황을 자신도 모르게 즐길 수 있다"며 "폭력 등 악행의 고리를 끊으려면 학생들이 부모의 관심과 지지속에 변하려는 동기를 키울 수 있어야 한다"고 조언했다. 부모가 관심을 갖는 것만으로도 가해행동 재발을 막는 효과가 크다는 설명이다. 이어진 심리극에서 "어릴 때 아버지에게 당한 심한 폭행과 나에 대한 엄마의 원망이 늘 마음의 짐이었다", "아빠가 골프채로 때리지 않았으면 좋겠다"는 아이들의 바람이 쏟아져 나왔다.

2) 가해학부모 교육의 의무화 검토와 예산확보

교육을 모든 가해학부모가 받고 있는 것은 아니다. 법원의 명령으로 보호자특별교육수강명령을 받은 경우에만 받도록 돼있을 뿐더러, 교육내용도 법무부 산하 전국 16개 보호관찰소 및 40개 지소가 각자의 역량에 따라 마련하고 있다. 따라서 각 기관담당자의 섭외·기획능력에 따라 교육내용과 질이 천차만별일 수밖에 없다. 이유진 한국청소년정책연구원 선임연구위원은 "부모가 '일당 받아 먹고 사는데 어떻게 교육을 받느냐고 하면 교육을 강제하거나 과태료를 물리기가 쉽지 않다"며 "교육참가비를 주면서까지 부모를 교육시킬 의지가 정부에 있느냐가 의문"이라고 말했다. 그는 또 "모두 가해부모 특별교육을 의무화하려면 전문강사를 초빙할 수 있는 충분한 예산확보가 관건"이라고 지적했다. 접근성이 높은 학교가 교육의 중심이 되어야 한다는 견해도 있다. 최미숙 학교를사랑하는학부모모임 상임대표는 "전체 학부모 대상 예방교육의 기본 거점은 결국 학교가 될 수밖에 없다"며 "교육당국이 강당식, 비디오식 교육이 아니라 연령별, 상황별 시뮬레이션과 역할극을 동원한 학부모 정례연수 프로그램을 각급학교에 도입하고 소규모 교사-학부모 면담모임을 활성화시켜야 한다"고 지적했다.366)367)

---

366) 인천=김혜영 기자 shine@hk.co.kr, 인터넷한국일보(www.hankooki.com)
367) http://media.daum.net/society/view.html?cateid=1067&newsid=20120114023909465&p=hankooki(2012.1.14)

3. 교실서 담뱃불 끄랬더니 "에이 씨.." 대든 일진

교사와의 대화: 교사 "어디서 욕이야" 일진학생 "표현은 자유예요" "혼나볼래?" "돈 많아요? 때려봐요"

1) 학생주임 8명이 밝히는 학교폭력 실상과 자기반성

한 중학교 일진학생이 수업 중 담배에 불을 붙인다. 교사가 담배를 끄라며 제지한다. 학생은 "에이 씨.."라며 책상위에 담배를 비벼 끈다. 교사는 다시 학생의 욕설을 지적한다.[368]

그러자 일진을 따르는 학생들이 "표현의 자유를 억압한다"며 항의한다. 교사도 "정말 혼나볼래?"라며 목소리를 높인다. 일진학생은 교사를 노려보며 말한다. "선생님 돈 많아요? 그럼 때려보세요. 애들아, 잘 찍어라!" 교사는 벌칙으로 수업종료 종이 울린 뒤에도 계속 수업을 했다. 그러자 일진은 옆 반 일진에게 문자메시지를 하나 보냈다. 연락을 받은 그 학생은 복도로 나와 수업 중인 교실문을 발로 쾅쾅 찼다. 수업은 그렇게 끝났다. 서울 A중 학생주임 김모 교사가 지난해 12월 초 교실에서 겪은 일이다. 교사는 한 명이지만 일진들은 일사불란하게 움직이는 점조직이고 수업마다 힘겨운 기싸움이 이어진다. '호랑이'로 통하는 김 교사 앞에선 그나마 얌전한 편이다. 여교사 수업 땐 일진들의 지시로 학생들이 수업을 통째로 거부하기도 한다. 성희롱도 다반사다. 김 교사는 "일진이 교사위로 군림하려 하는데 제재할 방법이 없어 어느 순간 자포자기하게 됐다"고 했다.

2) 학생주임들의 뒤늦은 반성

학생주임 교사, 일명 '학주'는 학교폭력을 관리하는 파수꾼이다. 동아일보는 학교폭력으로 악명이 높은 수도권 중학교 8곳의 학생주임 교사들을 심층 인터뷰했다. 이들은 "학교폭력사건이 터질 때마다 '몰랐다'고 잡아뗀 것은 무력감을 감추기 위한 자기방어였다"며 자성했다. 한 교사

---
[368] 동아일보||입력 2012.01.14 03:11|수정 2012.01.14 03:11|

는 "사안이 크면 은폐하기 위해서, 사안이 작으면 무덤덤해져 문제를 드러내지 못했다"며 "일단 문제제기를 하면 교장의 질책과 학부모들의 엄청난 항의를 받으며 혼자 싸워야 했다"고 말했다. 최근 가해학생들이 경찰에 구속되는 등 풍파를 겪은 경기도의 한 중학교 학생주임 교사는 '문제학교' 이미지를 바꾸기 위해 성적 향상에 집중하다 보니 학교폭력 문제는 간과했다고 털어놨다. 이 교사는 "학교 뒷산 등에 일진들의 아지트가 있다는 얘긴 들었지만 막상 가도 별도리가 없을 것 같아 가보지 않았다"고 말했다.

3) 학생주임이 본 실전 대책

교사들은 조폭 수준으로 진화한 일진그룹 등 학교폭력의 원천을 없애는 적극적 조치없이는 어떤 대책도 무용지물이라고 입을 모았다. 이를 위해선 일진 전수조사를 통해 가해학생들의 실체와 규모를 파악하는 게 급선무다. A중 김 교사는 "학교와 교육당국이 일진의 존재 자체를 인정하지 않기 때문에 현실과 동떨어진 대책만 쏟아내는 것"이라고 지적했다. 폭력사건 관련학생들을 신속하고 폭넓게 조사할 수 있는 권한을 부여해달라는 것도 교사들의 요구사항이다. 통상 가해자가 피해자와 다른 학급이거나 타 학교 학생인 경우가 많아 이런저런 절차를 거치다보면 그 사이 가해학생들이 말을 맞추거나 증거를 인멸하는 경우가 다반사라는 것이다. 서울 B중 이모 교사는 "전국교직원노동조합도 인정했듯 학생인권조례가 가해학생의 도피처가 되고 있다"며 "교사에게 일진들을 확실히 통제할 수 있는 권한을 부여하되 문제가 생기면 책임지게 하는 방식으로 가야 한다"고 말했다. 또 학교가 학교폭력문제를 적극 제기할 수 있도록 사건발생 자체에 책임을 묻기보다는 사후 처리과정을 평가해야 한다는 의견도 많았다. 교사들은 정치권에서 피해신고 전화를 117로 통합하기로 한 것에 대해서는 회의적인 반응을 보였다. 서울 C중 정모 교사는 "피해학생들은 자기들끼리 여러 번 회의를 거친 뒤 어렵게 나를 찾아와 '선생님, 저희 나가면 맞아 죽어요'라고 벌벌 떨었다"며 "번호만 준다고 신고하는 게 아니라 학교내에 신뢰가 두터운 관계를 많이 만들어주는 게 중요하다"고 지적했다.369)370)

4. 가해학생과 피해학생의 징후

1) 친구가 고가의 물건을 빌려줬다는 가해학생

많은 학부모가 자신의 아이가 피해를 입을 수는 있지만 다른 아이를 가해할 것이라는 생각은 하지 않는다.371) 가해학생은 집에서 부모와 대화가 거의 없고 반항하거나 화를 자주 내는 경우가 많다. 말도 별로 없고 부모에게 감추는 게 많다는 느낌을 준다. 고가의 물건이 있으면 친구가 빌려준 것이라고 둘러댄다. 씀씀이가 더 커지고 선물을 받았다고 하면서 못보던 물건들을 가지고 있는 경우가 있다. 공부도 안하는데 하위권 성적이 갑자기 상위권으로 오르기도 한다. 친구들 무리에서 항상 중심이 되는 한편 귀가시간이 늦어지고 불규칙한 생활을 한다. 이밖에 금품갈취, 절도, 집단폭력, 약물, 담배 등 비행 전력이 있는 경우에도 가해학생일 수 있다는 의심을 할 수 있다.

2) 학교가기 싫다고 전학보내 달라는 피해학생

피해학생들은 보복이 두려워서 또는 자존심 때문에 자신이 피해를 당한 사실을 어른들에게 알리지 않는 경우가 많다. 종종 몸에 상처가 있거나 옷이 찢어져서 집에 돌아오면 피해학생임을 의심해 봐야 한다. 이런 경우 아이에게 물어보면 별일 아니라고 둘러대기만 한다.

---

369) 신광영 기자 neo@donga.com, 황지현 인턴기자 경희대 행정학과 4학년, 동아일보 & donga.com
370) http://media.daum.net/society/view.html?cateid=1010&newsid=20120114031112565&p=donga(2012.1.14)
371) [학교폭력-②]"내 아이가 가해학생?" 이럴때 의심하라. 뉴시스|이현주|입력 2012.01.13 12:02|수정 2012.01.13 12:02|, 【서울=뉴시스】이현주 기자

수업시간에 불안해하고 집중을 못해 성적이 떨어진다. 학교 과제물, 교과서 등이 없거나 책상, 노트, 가방 등에 낙서가 되어 있을 때도 있다.

점심을 먹지 않거나 혼자 먹을 때가 많다. 쉬는 시간이면 교무실 주위를 배회하거나 다른 반을 돌아다닌다. 지각을 자주하고 무단결석을 쉽게 한다. 아침에는 학교에 가기 싫다며 전학을 보내달라고 조른다. 작은 일에도 예민하고 신경질적이며 쉬는 날이면 컴퓨터 게임에만 몰두한다. 용돈이 적다고 투정부리고 때로는 엄마아빠 지갑에 손을 대기도 한다.[372)373)]

5. 학교폭력의 실태분석과 대응방안

1) 학교폭력의 의의

(1) 학교폭력의 개념[374]

학교폭력은 폭력에 대한 대상이나 형태, 폭력의 정도에 따라 다양하게 나타날 수 있으므로 명확하게 정의하는 것은 쉬운 일이 아니다. 먼저 청소년폭력예방재단(상담자원봉사 교육자료집, 1996)은 "학교 내외에서 청소년들이 당하는 폭행, 금품 갈취 등 신체적 물리적 폭력과 협박, 따돌림과 같은 정신적 폭력 및 성적인 폭력을 포함한다."라고 규정하고 있으며, 청소년보호위원회(1998)는 학교폭력 또는 청소년 폭력을 "자기보다 약한 처지에 있는 청소년(12세 이상 19세 미만으로 주로 학생들)에게 학교 안이나 밖에서 신체적 심리적 폭력을 행사하거나 이를 반복적으로 실시하는 청소년간의 행동"으로 정의하고 있다. 또 한국형사정책연구원(1997)은 학교폭력을 "학생이 학교안이나 밖에서 일상적 생활과정에서 누군가(동료학생, 선배, 아는 사람 및 전혀 모르는 사람 등)로부터 당하는 유형 및 무형의 폭력을 말한다."고 정의하였다. 이상의 세 개의 기관

---

372) lovelypsyche@newsis.com, 공감언론 뉴시스통신사
373) http://media.daum.net/society/view.html?cateid=1067&newsid=20120113120214735&p=newsis(2012.1.14)
374) 김지환 외, 청소년 문제 행동론(학지사, 2002), p.184

의 정의를 볼 때 학교폭력은 학교에 다니는 청소년들 사이에서 일어나는 신체적, 물리적, 심리적 폭력을 모두 포함하고 있다.

  (2) 특징
   ① 지속성
  학교폭력은 일시적이거나 감정적인 것이 아닌 초, 중, 고교로 이어지는 연속적이고 지속적인 것이며, 단순한 물리적 충돌이 아닌 특정 대상을 골라 지속적으로 괴롭히면서 정신적으로까지 학대한다는 데 문제가 있다.[375]

   ② 불투명한 동기
  최근 들어 학교폭력의 특징 중의 하나가 뚜렷한 '동기'를 찾기 힘들다는 점이다. 가해학생들은 ' 말을 듣지 않는다', '재수 없다', '기분 나쁘게 굴었다'는 것 등을 폭력을 행사한 이유로 꼽곤 한다. 피해학생들의 자살과 인격파괴로까지 이어지곤 하는 학교폭력의 끔찍한 결과에 비하면 '하찮게' 보이는 내용들이다.

   ③ 비밀성
  학교폭력은 대체로 성인들에게 목격되지 않고 일어나는 특징을 가지고 있다. 교사들은 학교폭력이 알려지더라도 간접적으로 듣게 되고 학부모는 항상 가장 나중에 알게 되는 것이 보통이다. 아직도 사회적으로는 고자질이나 일러주는데 대한 부정적 시각이 존재하기 때문에 가해학생과 피해학생은 물론이고 목격자까지도 침묵을 지키는 경우가 많다.[376]

  <목차>
 1. 학교폭력의 의의
  1) 개념
  2) 특징
   ① 지속성

---

375) 김지화 외, 청소년 문제 행동론(학지사, 2002), p183
376) 이윤호, 현대사회와 범죄의 이해(삼경문화사, 2004), p.110

② 불투명한 동기
③ 비밀성
④ 가해자와 피해자의 양면성
⑤ 가해자와 피해자의 특성
3) 종류
① 학교폭력의 세계적 유형
② 국내 학교폭력의 유형
2. 학교폭력의 실태 분석
 1) 발생 현황
 2) 관련 사례
 3) 진행중인 대응방안
  (1) 학교폭력예방 및 대책 5개년 기본계획
    a. 보도자료
    b. 5개년 기본계획의 내용
  (2) 스쿨 폴리스 제도의 활용
    a. 스쿨 폴리스의 외국사례
    b. 스쿨 폴리스 제도의 시범실시
 4) 대응상 문제점
  (1) 경찰, 검찰의 대응방안의 문제
  (2) 학교환경 개선에 관한 문제
  (3) 가정에서의 대응문제
3. 학교폭력의 효율적 대응방안
  (1) 경찰, 검찰의 대응방안
  (2) 학교의 대응방안
  (3) 가정이 대응방안[377]

---

377) re: 학교폭력의 원인과 해결방안, dkdud9501, 2008.03.09 16:00

6. 학교폭력의 해결방안

1) 학교폭력의 현상

학교폭력의 발생은 중고등학교 뿐만 아니라 초등학교에 이르기까지 그 심각성은 날로 증대되고 있다. 학교폭력에 시달리는 학생들은 폭력을 견디지 못해 자살하는 경우도 있다. 학교폭력은 이제 남의 나라 이야기가 아니라 우리 주변에서 일어나고 있는 우리의 이야기가 되었다. 정부와 학교의 노력으로 학교폭력이 줄어들었다고 하나 그러나 남아있는 학교폭력이 더욱 흉포화, 조직화, 집단화되었기 때문에 학교폭력은 오히려 우리와 아주 가까이 있다는 느낌을 떨칠 수가 없다. 또한 왕따로 불리우는 집단따돌림과 같은 교실내에서의 정서적 폭력이 학교문제 뿐만 아니라 사회문제로 심각하게 대두되고 있다. 일반적으로 폭력행위는 환경적 요인에 의해 강화되는 것으로서 폭력적 환경에 노출된 학생은 폭력적 행동에 대해 무감각해지고 폭력을 자신이 직면한 문제해결의 수단으로 간주하게 되는 경향을 보인다. 처음에는 문제행동을 하기 어렵지만, 일단 문제행동을 경험해본 자는 누구든지 그 문제행동을 반복적으로 하게 되거나 문제행동에 대해 무감각해질 가능성이 높다. 이러한 문제행동의 주체는 청소년 즉, 학생이고 이러한 문제가 날이 갈수록 심해지고 있는 것이 사실이다.

2) 학교폭력의 정의

학교폭력에 대한 개념적 정의는 상당한 논란이 있어왔고 여전히 합의된 정의는 없다고 볼 수 있다. 학교폭력을 광의로 볼 때, 학교폭력에는 학생과 학생간의 폭력은 물론, 학생의 교사에 대한 폭력과 교사의 학생에 대한 폭력이 포함될 수 있다. 그러나 보편적으로 학교폭력이라고 할 때에는 학생과 학생간의 신체적, 언어적 폭력을 의미한다. 학생간의 폭력 중에서도 처음에는 학교 대 학교, 또는 학교내 집단 패싸움 등 신체적인 가해행위를 학교폭력으로 간주했지만, 이후 심리적 위협과 집단으로부터의 소외를 포함한 다양한 형태의 폭력을 포함하는 것으로 정의된다. 즉, 힘의 우위에 있는 패거리들이 주위 학생들에 대해 언어적 위협, 놀림, 소지품 은닉, 따돌림, 집단에 의한 무시, 신체적 폭력, 금품갈취는 물론 기물손괴 등의 행동을 하고, 공포분위기를 조성함으로써 심리적인 소외감과 극도의 불안감을 겪고 신체적인 상처와 물리적인 손해를 감수하고 있는 상태라면 학교폭력이 발생된 것으로 볼 수 있다. 여기서는 학교폭력을 교내 또는 학교 주변에서 학생들간에 발생하는 부정적인 의도를 지닌 공격적, 폭력적 행동으로 한 명 또는 여러 명의 학생이 힘의 불균형 상황하에서 자기보다 약한 상대나 집단의 암묵적인 규칙을 어긴 자를 괴롭히는 행동으로 본다. 즉, 신체적 폭력, 물리적 폭력은 물론 따돌림이나 괴롭힘을 포함하는 심리적 폭력까지 포함하는 것으로 본다.

3) 학교폭력의 발생원인

(1) 가정, 학교, 사회에서 폭력에 대한 직접경험

학생들은 성장해 가면서 가정에서 부모로부터, 학교에서 선생님으로부터, 사회에서 불량배나 어른으로부터 폭력을 당해왔다. 학교폭력은 가해자와 피해자가 무관하지 않으며 긴밀한 관계를 유지하고 있다.

(2) 매체를 통한 폭력의 간접경험

청소년기 이전부터 TV, 영화, PC 등의 영상매체나 폭력묘사 만화와 소설 등의 인쇄매체를 자주 접촉하면서 성장한 학생은 폭력행사 빈도가 높게 나타나고 있다. 학생들의 성장과정에서 매체로부터 폭력행사를 간접경험한 학생이 폭력행사가 많아 폭력발생의 원인이 되고 있다.

(3) 학생들의 문화시설과 여가 프로그램 부족

조사 결과를 보면 학교폭력 근절대책으로 조사 학생의 76%가 학교내의 여가 프로그램과 청소년을 위한 문화시설을 확충하는 것이 학교폭력을 근절시킬 수 있는 예방책이라고 응답하고 있다. 학교에서 친구, 선배, 후배와 이야기를 나누고 공동활동을 전개하여 상호간의 신뢰를 쌓지 못하므로 소속감의 연대가 형성되지 않고 우정과 인정이 생성되지 않는 것이 현실이다. 학생 문화시설 부족과 학생들의 여가 프로그램 부족이 학생폭력 발생의 한가지 원인이 되고 있다.

(4) 개인과 집단의 대립에서 오는 소외감

학생들은 학교안에서 다양한 생활을 하는 가운데 발생되는 대립문제를 해결하지 못하므로 소외감이 생기고 이 소외감에 의해서 폭력이 발생되기도 한다. 이를 테면 친구에 대하여 차별의식을 갖거나 편견을 갖기도 하고 멋대로 행동하는 학생은 그렇지 않은 사람과 대립하게 되며 이 과정에서 소외감이 생기기 마련이다. 특히 한 개의 학교에 평균 1-2개의 폭력집단이 있는데 이들과 대다수 학생과의 대립에서 소외감을 느끼게 된다.

(5) 사회적 요인

학교폭력을 부추기는 사회적 환경을 생각해 보자. 청소년의 일탈행동은 학습을 통한 사회화 과정의 잘못에 기인한 것으로 진단되는데 이는 지역사회의 철저한 상업주의가 도시 그 자체가 지니고 있는 악마적 성격과 상승작용을 함으로써 청소년의 감성과 덕성을 황폐화시킨다. 물질만능주의와 퇴폐주의의 팽배 등이 그 한 예이다.[378]

7. 폭력에 멍든 학교의 구제방법

지난달 20일 대구에서 중학생이 친구들의 폭력과 괴롭힘을 견디지 못하고 자살하는 사건이 발생했다. 그 이후 전국 곳곳에서 봇물 터지듯 학교폭력 실상이 전해지면서 충격을 주고 있다. CBS는 학교폭력의 원인과 실태, 예방, 사후대책의 실효성을 검토하고 학교폭력을 없애기 위한 방

---

[378] http://kin.naver.com/qna/detail.nhn?d1id=11&dirId=110307&docId=29185719&qb=7ZWZ6rWQ7Y+t66ClIOybkOyduA==&enc=utf8&section=kin&rank=5&search_sort=0&spq=0&pid=gxbpB35Y7uZsst%2B75uossc--306453&sid=TxGpj3KYEU8AAB@LD5Q(2012.1.15)

향 등을 일주일에 걸쳐 짚어 보는 시간을 마련했다.[379] 지난 6일 CBS 본사 사옥에서 학교폭력의 이해 당사자인 학생과 학부모, 교사, 정부, 국회의원이 참여한 가운데 폭력에 멍든 학교, 어떻게 살릴까에 대한 긴급 좌담회가 열렸다.[380]

1) 학교폭력의 심각성

배은희: 의원실 차원에서 자체 조사해보니 "폭력을 경험했다"는 답이 48%였다. 절반은 "초등학생 때 경험했다"였다. 폭력의 형태는 가해자가 2명 이상으로 집단화되는 경향을 보였다. "죽을만큼 고통스러웠다(14%)", "자살을 생각해봤다(30%)", "자살을 10번 이상 생각했다(7.3%)" 등 충격적인 조사결과도 있었다.

2) 학교폭력의 통계적 오류

지효: 통계상으로는 중학교가 더 높다는 조사도 있지만 과연 초, 중학교가 고등학교보다 더 심각한지 의문이다. 고등학교나 초등학교는 사립학교의 경우 은폐하는 경우가 많다. 고등학교의 경우 자퇴를 강제로 권유하거나 강제전학시키는 제도가 있는데 그런 방식으로 학교폭력을 막을 수 있다고 생각하는 것은 문제다. 학교폭력을 단순히 거리폭력으로 전락시킬 뿐이다.

배은희: 현실과 통계가 많이 다르다. 학교폭력대책자치위원회에 올라오는 건수만 교육청으로 올라오더라. 예를 들면 서울 시내 초등학교 왕따가 '0'건이었다. 놀라서 법 개정(학교폭력예방 및 대책에 관한 법률, 학

---

379) [긴급 좌담회] 폭력에 멍든 학교, 어떻게 살릴까? [학교,폭력에 멍들다] 전문상담교사 확대, 담임교사 역할 더 강화돼야, 2012-01-14 09:00 CBS 이지혜 기자
380) CBS 노컷뉴스는 14일 오후 5시부터 6시까지 FM 98.1MHz에서 보도될 특집 프로그램 내용을 정리했다. 일시: 2012년 1월 6일 오후 2시장소: 서울 목동 CBS사옥 3층, ■ 사회사 눈넝이 대시사, ■ 삼석사 배은희(한나라당 국외의원, 교육과학기술위원회) 조정실(학교폭력피해자가족협의회장) 지효(청소년인권행동 아수나로 활동가) 이사라(교육과학기술부 학교문화과 연구관) 이혜미(소사초등학교 교사, 전교조 따돌림사회연구모임 회원)

폭법)을 하게 됐는데, 정책 뿐만 아니라 앞으로 예산이 같이 가야 한다.
  교과부로부터 받은 특별교부금 내역을 보니 2010년 예산은 29억원, 2011년 57억원, 2012년 80억원이 배정됐다. 교육과학기술부에서 획기적으로 늘릴 계획인 것으로 알고 있다. 교육청이 예산편성을 할 때 우선 배정하는 것으로 알고 있는데 인식전환이 필요한 것은 이 때문이다.
  이혜미: 국가가 나서 실태조사부터 해야 한다. 지금은 외주형식으로 청소년폭력예방재단 등 단체에서 하는 통계자료만 국가가 언급한다.

3) 공권력 개입, 신종 '계엄령'

  조정실: 처벌만이 능사가 아니다. 힘없는 애들을 내세우는 '빵셔틀' 같은 피해자가 생길 수 있다. 우리나라는 소년부 사건의 경우 만 3년동안만 내부 기록을 남기고 삭제해야 하지만, 삭제 안되게 돼 있다. 많은 학생들의 기록을 남기게 된다면 불이익을 당할 수 있다. 좋은 방법이라고 보지 않는다.
  이혜미: 스쿨 폴리스는 교원이나 퇴직 경찰관을 동원하고 자치위원으로 선정하거나 선도위원 또는 예방프로그램을 맡긴다고 한다. 상담교사, 배움터지킴이와 역할이 중복되는 것 아닌가. 오히려 상담교사나 다른 제도를 강화하면 되지 왜 공권력을 개입시킨다는건지 이해할 수 없다.
  지효: 경찰이 대응하는 건 청소년이 스스로 보호하는 능력을 잘라낸다는 얘기다. 오히려 급우간 폭력에 취약해질 수 있다. 경찰이 학교에 상주하는 것은 일종의 '계엄령' 기분이 들 것 같다. 사각지대에서 학교폭력이 발생할 수 있다.
  배은희: 처벌이 어느 정도 필요하다. 가해학생은 1주일 정학하고 계속 다니고 피해학생은 전학가거나 제대로 학교에 다니지 못한다. 괴롭힘에 대한 이해를 교육하는 것도 필요하고 처벌의 강화도 필요하다. 경찰의 공권력 개입은 초, 중학생 싸울 때 경찰이 막아주는 의미이다. 물론 처벌에 뒤따라와야 할 것은 교육이다.

4) 말하지 못하는 아이들, '대처교육' 필요

조정실: 어른들에게 도움을 요청해봤자 도움이 안된다. 오히려 일을 크게 만든다. 부모에게 얘기하면 상대 부모에게 쫓아가 싸움을 한다. 그러면 가해학생은 더 교묘하게 피해학생을 괴롭힌다. 예방교육에 앞서 대처교육이 필요하다. 부모에게 말하는 걸 고자질이 아닌 신고라고 인식하게 교육해야 한다. 학부모, 교사 모두에 해당된다.

지효: 담임교사가 피해학생을 데리고 교실에 가서 가해학생을 지목하라고 하는 경우는 흔하다. 피해학생이 얘기하지 않는 게 문제의 본질이 아니다. 지목하라고 하면 누가 지목하겠나. 상담교사, 예방교육 등 모두 학교폭력 사건이 터질 때마다 나오는 주제다. 학생들은 신뢰할 수 없다.

5) 부모교육, 예방프로그램 강화

이사라: 학교폭력피해자가족협의회(학가협) 등 민간단체들에서 하는 부분이 있다. 학부모 교육을 담당하는 학가협같은 민간단체 지원 여부까지 설명하기 힘들다. 모든 교육은 시·도교육청 단위에서 이뤄진다. 교육은 예산이 중요한 게 아니다. 관리자 연수가 중요하다. 교감, 교장선생님의 마음가짐이 중요하다. 교사연수와 학생들이 태도의 방향을 결정하기 때문에 특효로 시·도교육청에 내려보내서 지역에서 교육하도록 한다.

이혜미: 교사가 학급을 운영하면서 예방교육이 이뤄질 수밖에 없다. 특별히 한 두 차례 외부전문가가 와서 교육하는 것은 실효성 없다. 오히려 학교폭력이 웃음코드로 돼 버린다.

조정실: 학교폭력 이후 피해학생과 학부모에 대한 치유프로그램이 이뤄져야 한다. 학생들 치료만 얘기하지만 가족안에서 또 다시 상처를 입는 경우가 대부분이다. 피해학생을 위한 치유프로그램은 사실상 없다.

또한 가해학생은 강제성이 있지만 피해학생은 강제성이 없다.

6) 교화 프로그램 실효성 확대필요

조정실: 지금 가해학생 프로그램 보면 변화를 위한 프로그램이 아니

다. 정보교류 장소를 제공할 뿐이다. 가장 올바른 것은 학교내 처벌이 강화되는 것이다. 사법기관이 아니다.

지효: 가해학생 프로그램은 애들을 모아둔다는 의미다. 사실 1980년대 조폭들을 따로 모아뒀던 삼청교육대와 다를 바 없다. 교육보다는 처벌이라는 생각은 문제아 집단이라는 낙인효과를 줄 뿐이다. 학교폭력은 학생간이 아닌 사회적인 문제다. 입시제도와 교사와 학생의 소통 문제다.

7) 학생인권조례 '정치적' 공방 불필요

지효: 학생인권조례 이전부터 학교폭력은 계속 존재해 왔다. 학교폭력의 원인으로 볼 수 없다. 학생인권조례가 오히려 급우간 폭력에 대해 학교가 적극 개입할 수 있는 의무를 담고 있다. 한 논문을 보면 체벌경험이 많을수록 폭력빈도가 많다는 얘기가 있다. 학생인권조례로 학교폭력을 막는다면 학생간 폭력도 줄일 수 있다. 일본의 경우 학생 사이의 폭력이 문제시된 90년대 '아동권리조례'라는 것을 제정했다. 학생인권조례로 학교폭력을 막을 수 있다.

이사라: 교사들의 교권추락이 원인이 아닌가라는 접근 정도는 가능하지만 확대하는 것은 옳지 않다.

8) 전문상담교사 확대, 담임교사 역할 강화

배은희: 전문상담교사는 한 학교에 1명은 배치돼야 한다. 목표를 세우고 가야 한다. 학교에 진학상담교사는 거의 다 있다. 초, 중학교에서는 진학상담이 아닌 심리상담교사들이 배치돼야 한다. 치료정도의 전문성이 없어도 어려운 일을 논의할 수 있는 창구가 마련돼야 한다.

이혜미: 교사가 학생의 갈등이나 폭력문제를 해결해주지 못할 때 권위가 깎인다. 아이들이 무시하게 되는 지점은 자신들의 문화와 폭력에 대한 민감성이 없다는 걸 느낄 때다. 얘기해봤자 소용없다고 생각한다. 직접 겪고 느꼈다. 학폭법을 포함해 전반적인 인식이 교사가 무능하니까 끼워달라는 식이다. 법에 담임교사의 권한이 없다. 교사도 왕따를 당한다.

이사라: 교사는 수업도 잘해야 하고 생활지도도 잘해야 한다. 그러나 지금껏 선생님들은 1순위를 수업지도능력을 기르도록 연수를 받아왔다.

현재로서는 학생들 얘기를 경청하는 기본을 갖추기 힘든 구조다. 담임교사가 폭력 등 모든 문제의 중심에 서게끔 교권을 회복하고, 어려운 생활지도를 할 수 있도록 연수자료를 제공하는 것, 특히 생활지도를 잘하는 교사를 우대하는 것이 이번 정책에 포함됐다.[381]

8. 대구서 '폭력없는 학교위한 추모집회' 열려

청소년교육문화공동체 (사)반딧불이, 대구학생인권연대 등 대구지역 학생·교육단체들이 13일 대구에서 '폭력없는 학교를 위한 합동추모집회'를 열었다.[382] 이들 단체 관계자와 학생 등 50여명은 이날 오후 대구시 중구 동성로 대구백화점 앞 광장에서 촛불을 든 채 폭력없는 학교를 기원했다. 참가자들은 지난해 대구에서 자살한 학생 등 학교폭력피해자들을 위해 묵념한 뒤 학교폭력의 원인과 대책에 대한 생각을 함께 나누고 추모공연을 지켜봤다.

행사에 참가한 한 학생은 "학교폭력이 계속되는 이유는 경쟁 위주의 학교교육 때문에 학생들이 소외되고 고민을 털어놓지 못해 그런 것"이라며 "폭력피해자 뿐만 아니라 그 외의 다른 학생들 모두를 위해 지금의 학교교육은 바뀌어야 한다"고 말했다. 참가자들은 학교폭력 근절에 대한 소망을 담은 메시지를 엽서에 적어 대구시교육감에게 전달하기로 했다. 오는 16일 서울에서도 이처럼 청소년들이 참가하는 합동추모집회가 열릴 예정이다.[383][384]

---

381) http://www.nocutnews.co.kr/Show.asp?IDX=2031545(2012.1.15)
382) 기사입력 2012-01-13 20:00, 대구=연합뉴스, 한무선 기사
383) mshan@yna.co.kr, 연합뉴스
384) http://news.naver.com/main/read.nhn?mode=LSD&mid=sec&sid1=102&oid=001&aid=0005466866(2012.1.15)

9. 김홍도의 풍속도첩, 서당도의 왕따

단원 김홍도의 풍속도첩에 '서당'이란 그림이 있다. 18세기 글방의 훈장과 학동(學童) 묘사가 빼어난 걸작이다. 아이는 방금 훈장한테 회초리를 맞았다. 눈을 내리깔고 서러움에 복받쳐 흐르는 눈물을 찍어내면서 바지 대님을 만지작거린다. 훈장에게 등 돌린 채다. 책상너머 아이의 등판을 물끄러미 내려 보는 훈장의 표정에도 수심이 가득하다. 귀여운 제자의 여린 종아리에 회초리를 댔으니 얼마나 마음이 아플까. 아이는 외워오라는 천자문을 못 외웠거나 글을 제대로 읽지 못했던 모양이다. 그의 뒤편엔 읽다만 책이 떨어져 있다. 요즘 학교체벌을 찬성하는 이들은 이 그림을 들며 '사랑의 매'는 교육에 꼭 필요하다고 입을 모은다.

그림처럼 아무리 자애로운 훈장이라도 어쩔 수 없이 회초리를 들어야 할 때가 있다는 것이다. 안타깝게 드는 회초리야말로 정녕 사랑의 매며 그걸 맞은 아이는 바짝 정신을 차려 학업에 몰두하게 된다는 것이다. 정말 그럴까. 그림엔 또 다른 아이들이 있다. 훈장 앞 왼쪽에 다섯 명, 오른쪽에 세 명이다. 회초리를 맞고 우는 아이는 이 여덟 아이들 가운데에 있다.

자료: 김홍도의 서당도

그런데 이 아이들, 표정이 웃긴다. 마냥 고소해하는 것 같다. 벌써 웃음을 터뜨렸거나 손으로 입을 가리고 웃는 아이도 있다. 친구가 매를 맞고 서럽게 우는데 신이나 웃다니? 좋아 어쩔 줄 모른다니? 아하, 그러고 보니 맞은 아이는 친구들에게서 따돌림을 받는 모양이다. 요즘 말로 '왕따'인 것 같다.[385]

10. 학교방화와 살인미수는 따돌림 때문에 발생한 사건

1) 왕따의 역사적 추세

학교에서의 집단 따돌림은 역사가 오래됐다. 18세기 서당에도 있었으니 50년전이라고 다를 바 없을 것이다. 1963년 5월, 서울 모 중학교 1학년생이 죄명도 으시시한 '위계에 의한 살인미수' 혐의로 경찰에 입건됐다. 위계란 계획적이란 뜻이다. 도대체 무슨 일이 있었기에 13살 소년이 살인을 계획하고 실행에 옮기다 적발된걸까. 어처구니없게도 학생들이 마실 물에 청소용 양잿물을 넣다 발각됐고 그 이유는 "따돌림에 대한 보복"이란 것이었다.[386]

소년은 그 일이 있기 전, 반 친구의 만년필을 몰래 가져간 적이 있었다. 잠시 빌린 것이라고 변명했지만 통하지 않았고 결국 15일 정학을 당했다. 문제는 그 다음에 일어났다. 반 아이들이 일제히 따돌리기 시작한 것이다. "도둑놈"이라고 말을 하면 그래도 나은 편이다. 아예 말을 않거나 눈조차 마주치려 하지 않았다. 그러는 사이 학교 대청소일이 다가왔고 소년은 교실바닥을 윤이 나게 닦음으로서 환심을 되찾으려고 했다.

부모를 졸라 때를 잘 빼는 양잿물을 학교에 가져왔다. 반 아이들에게 자신이 양잿물 묻힌 걸레로 마루를 닦아 윤을 내보겠다고 말했다. 그러나 이번에도 아이들은 들은 체 만체, 본체 만체 했다. 자기들끼리 쑥덕

---

385) 18C 조선시대 김홍도 그림 '서당도', 1983. 5. 9 [매일경제] 9면
386) 교육자는 어디 갔는가, 1963. 5. 27 [경향신문] 5면

대고 얘기를 하면서 소년은 그곳에 없는 것처럼 행동했다. 화가 머리끝까지 치민 소년은 아이들이 점심시간에 먹을 물을 끓이던 솥에다 양잿물을 쏟아버렸다. 또 1972년엔 초등학교 6학년 어린이가 학교에 불을 지른 사건이 일어났다. 역시 따돌림 때문이었다. 생모를 잃고 계모 밑에서 자란 A군은 사랑이 없는 집과 학교 모두에 관심을 잃었다. 특히 학교에서는 공부를 못한다고 손가락질하는 담임이나 반 아이들 모두를 미워했다. 자연히 점점 외톨이가 되어갔고 다른 아이들과 싸우는 일도 잦았다.

몇몇 아이들이 공부를 잘한다고 선생님이 칭찬하는 걸 보면 질투심에 얼굴이 붉어지기도 했다. 장기 결석을 하게 된 것도 그런 열등감 때문이었다.

그러던 어느 일요일 A군은 몰래 학교에 숨어들어갔다. 교실 뒷벽에 붙어있던 공부 잘하는 아이들의 그림을 한 장씩 뜯어내 불을 붙였다. 한 장 한 장 태울 때마다 희열을 느꼈지만 불은 어느 순간 갑자기 공작도구 상자로 옮겨 붙었다. 혼자 꺼보려 했지만 역부족이었다. 황급히 교실을 빠져나온 A군은 소방차가 오자 물을 퍼 나르며 진화를 도왔다. 그런데 이때 또 이상한 행동이 나타났다. 반 친구들을 보자 느닷없이 "시원하게 잘탄다. 저 불은 내가 낸거야!"라고 소리를 지르기 시작한 것이다. 왕따 당한 아이들이 사건사고를 저지를 때마다 언론은 교육부재를 한탄했다. 양잿물 사건 때는 소년이 물건을 훔친 행위를 교실에서 공개한 담임의 잘못을 지적했다. 아이가 집단 따돌림을 당해 마음의 상처를 받은 걸 알고도 방치한 것 아니냐는 의혹을 제기했다. 또 교실에 불지른 소년의 경우도 가정과 학교 모두 그에게 무관심했다며 특히 장기결석할 때 가정방문하지 않은 학교측 처사를 나무랐다. 그러나 이때만 해도 아이들 세계에 은밀히 번진 따돌림을 심도있게 추적한 것은 아니었다.[387]

---

387) 거의 왕따문제에 대한 매스컴 관련기사, 한 소년이 떨고 있다. 아니 모두, 1995. 7. 18 [경향신문] 25면, 80년대 이후 사회문제로 대두된 왕따 문제, 어린이들 빗나간 '끼리끼리 의식', 1986. 10. 10 [동아일보] 7면

학교에서의 집단 따돌림이 사회문제로 본격 대두된 것은 80년대에 들어오면서였다. 1986년 일본에서 '이지메'(힘센 학생이 약한 학생을 폭행하고 괴롭히는 행위. 집단으로 한 학생을 찍어 괴롭힘) 희생자인 중학생들이 잇달아 자살하는 사건이 발생하자 국내에서도 학교폭력 실태에 대한 관심이 급증했다. 그해 5월 경향신문은 일본의 이지메가 한국에 번져 "초 중학생들 사이에 학우들의 괴롭힘을 견디지 못하고 다른 학교로 전학하는 사태가 늘고 있다"고 폭로했다. 신문은 서울시 교위와 7개 교육구청이 월 40여건의 전학상담을 받고 있으며 대개 급우들에게서 집단구타, 따돌림, 비웃기, 낙서 따위로 괴롭힘을 당해 전학을 희망하는 것이라고 덧붙였다. 한 여학생의 경우 급우들이 책상 위에 이상한 쪽지를 붙여놓곤 하는데 일체 말은 않고 자기들끼리 웃기만 해 도저히 견딜 수가 없었다고 하소연했다. 다른 남학생은 단지 덩치가 크다는 이유만으로 상급생들로부터 집단구타를 당했다고 울먹였다. 동아일보는 어린이들이 주거 형태나 아파트 평수 등에 따라 끼리끼리 모이며 다른 아이들을 따돌린다고 주장했다. 특히 초등학교 4~6학년 여자어린이에게 이 '끼리끼리 현상'이 심한데 "어떤 아이가 유독 선생님의 귀여움을 받거나 '잘난 체' 할 때, 성적이 아주 좋거나 혹은 나쁠 때" 그 아이를 따돌리며 괴롭힌다고 했다. 가령 아파트 밀집지역에서는 단독주택에 사는 아이를, 부자 동네에서는 가난한 집 아이를 따돌리며 외모, 부모 직업, 성격, 옷차림 등 갖가지 핑계의 따돌림이 성행한다는 것이었다. 왕자병 공주병 아이들이 따돌림 대상이 되기 쉽다는 설명도 덧붙였다.388) 일본의 이지메 탓에 학교 따돌림이 재조명됐지만 사실 사건은 꾸준히 일어나고 있었다. 1982년 서울의 한 여중생이 급우들의 따돌림과 협박에 못견뎌 자살한 사건이 있었다. K양은 전해 크리스마스에 동급생 몇명이 남학생과 어울려 술 마시고 담배를 피웠다는 얘기를 들었다. 담임선생에게 몰래 그 사실을

---

388) 폭력교실, 도피 전학 잇따라, 1986. 5. 23 [경향신문] 11면, 청소년들의 큰 고민 '따돌림', 청소년 21% '이성 문제'에 고민, 1990. 1. 23 [경향신문] 9면

알렸는데 담임이 문제아들을 불러 추궁하던 중 K양이 실수를 저질렀다.
　문제아들은 개학하자마자 K양을 협박하면서 반 아이들에게도 "고자질쟁이와는 말도 하지 말라"고 윽박질러 왕따를 시켰다. 어떤 때는 K양에게 전화를 걸어놓고 말 한마디 하지 않고 끊는 경우도 있었다. 자살하기 전 K양은 학교에서 울며 돌아온 날이 많았다. 따돌림과 협박에 심한 압박감을 느끼다 결국 "나는 죽을 몸이다. 이제 그 계획을 시도하는 것뿐"이라는 유서를 남기고 스스로 목숨을 끊었다. 1985년 사랑의 전화가 서울의 중고생 7700명을 상대로 조사한 결과 "친구에게 따돌림을 받아 학교생활에 흥미가 없다"고 대답한 학생이 7.1%에 이르렀다. 1990년 10대들의 고민을 상담하는 '10대들의 쪽지'가 상담편지 2천건을 분석한 결과 자신의 문제, 이성문제와 함께 친구문제가 3대 고민으로 꼽혔다. 친구문제의 경우, '친구가 없어 외롭거나' '따돌림을 당해 고민'이라는 실토가 많았다.

자료: 폭력교실…도피 전학 잇따라, 1986. 5. 23 [경향신문] 11면

2) 왕따없는 교육풍토 가능의 시기

> "돈뜯고 집단폭행" 눈물의 遺書
> "弱者 얕잡아보는 日人 심성 탓"

자료: 日 '교내 폭력 이지메' 위험수위…힘약한 학생 잇단 자살 1994. 12. 18 [경향신문] 23면

    1994년 11월부터 3주 동안 일본에서는 또 중학생 5명이 이지메를 못 견뎌 자살했다. 학생들은 유서에서 자신이 이지메를 당한 실상을 낱낱이 폭로했고 일본 열도는 엄청난 충격을 받았다. 그해 마이니치신문이 초중학생들을 상대로 조사한 결과 42%의 학생이 자기 교실에 이지메가 있다고 응답했으며 29%는 자신이 직접 이지메를 당했다고 답변했다. 이웃 일본의 '폭력교실' 뉴스가 전해지자 깜짝 놀란 우리의 교육당국도 학교에서의 폭력이나 집단 괴롭힘을 샅샅이 뒤져 뿌리를 뽑으라고 긴급지시를 내렸다. 사실 그때쯤 우리나라에도 이미 왕따에 이어 '은따'(은근히 따돌림) '전따'(전교생이 따돌림)까지 등장해 국어사전에 등재돼 있었다.
    또 그런 모든 따가 폭력과 연계돼 있다는 것도 학교에서 공공연한 비밀이 돼 있었다. 거기다 일진까지 등장하며 교내폭력은 구조화되는 양상까지 보였다.389) 학교폭력, 따돌림을 없애 밝고 명랑한 교육풍토를 만들어보자는 바람이 불고 있다. 18세기 서당에도 있었던 왕따, 과연 없앨

수 있을까.390)391)

11. '학교폭력' 학생생활기록부 기록, 입시반영

◀ANC▶

학교에서 폭력을 휘두르면 앞으론 입시에 불이익을 받게 됩니다. 기소불욕 물시어인 내가 원하지 않는 것을 남에게 하지 말라는 거죠. 학생여러분, 친구에게 맞고 싶지 않죠? 그러니 친구 때리면 안됩니다.392) 전재호 기자입니다

◀VCR▶

학교폭력에 시달린 아이는 상처받고 우는데, 가해자는 오히려 큰소리치는 상황이다. 때로는 피해자가 폭력을 자초했다는 어이없는 주장을 내놓기도 합니다.

◀SYN▶ 00중학교 교사

"가해학생들의 특징 중의 하나가 남 탓을 많이 해요. "저 아이가 기분 나쁘게 해서 때렸어요"라고. 가해학생들의 부모님도 마찬가지세요." 징계를 받아도 막무가내로 거부하고 기록할 수도 없었던 게 현실이었습니다. 하지만 새학기부터는 달라집니다. 가해학생의 폭력기록을 낱낱이 학생생활기록부에 적기로 했습니다. 학교폭력으로 인한 전학이나 퇴학은 물론, 교내봉사나 사회봉사명령 그리고 피해학생에게 사과문을 쓴 경우도 모두 기록됩니다.

모든 초중고에서 일어난 폭력은 물론이고, 돈 빼앗기, 강요, 따돌림부터

---

389) 日 '교내 폭력 이지메' 위험수위, 힘약한 학생 잇단 자살, 1994. 12. 18 [경향신문] 23면
390) 글 민병욱 / 전 한국간행물윤리위원장, 1976년 동아일보에 입사해 편집국 사회1부장, 정치부장, 부국장, 논설위원을 거쳤다. 2009년 7월까지 한국간행물윤리위원장을 지냈다. 저서로는 〈들꽃 길 달빛에 젖어〉가 있다.
391) http://navercast.naver.com/contents.nhn?contents_id=3431(2012.1.15)
392) MBC|전재호 기자|입력 2012.01.15 20:45|수정 2012.01.15 21:03|

통신망을 이용해 피해를 입힌 것도 기록대상입니다. 초등학교와 중학교는 졸업 뒤 5년 동안, 고등학교는 10년 동안 기록을 보관합니다. 게다가 고교와 대학의 입시전형자료로 제공해, 입시에 반영하게 할 예정입니다.

◀ⅠNT▶ 육동한 국무차장/국무총리실

"학교폭력은 학교만의 문제가 아니라 사회 모든 분야가 총체적으로 변해야 해결될 수 있다." 또 형사처벌 연령을 낮추는 것과 학교폭력을 교사평가에 반영하는 방안도 검토 중입니다.393)394)

12. '강제전학' '학부모소환제', 학교폭력에 대한 정부대책

정부가 학교폭력 근절 종합대책 마련에 박차를 가하고 있는 가운데 각 시·도교육청에서 다양한 해법을 제시하고 있어 정부의 최종 대책에 어떻게 반영될지 주목된다.395) 각 지역 교육감들은 강제전학, 학부모소환제는 물론 학생폭력 전담교사에 대한 지원강화 등 각종 의견을 제시하며 법령정비 등의 필요성을 강조하고 있다. 정부는 과거 이런 사건들이 불거질 때마다 정책을 내놓긴 했지만 효과가 없었다는 비판을 의식, 이번만큼은 다양한 의견수렴을 거쳐 신중하고도 확실한 방안을 내놓겠다는 방침이다. 실제로 이주호 교육과학기술부 장관은 해외출장도 취소한 채 연일 학교, 교육청, 학교폭력신고센터 등을 전전하며 학생, 학부모, 교사, 상담사 등 다양한 의견을 청취하고 있다.

1) 처벌과 학생·학부모 의무 '강화'

가장 눈에 띄는 점은 법령을 정비해 처벌이나 학생·학부모의 의무를 강화하자는 견해다.

---

393) 전재호 기자 onyou@mbc.co.kr, MBC(www.imnews.com)
394) 　　http://media.daum.net/society/view.html?cateid=1067&newsid=20120115204513772&p=imbc(2012.1.16)
395) 뉴시스|이현주|입력 2012.01.15 06:02|수정 2012.01.15 06:02|, 서울=뉴시스, 이현주 기자

서울시교육청 등은 강제전학을 위해 법령을 개정해야 한다는 입장이다. '학교폭력예방및대책에관한법률'에 따르면 가해학생에 대한 조치로 '전학'이 있긴 하지만 의무교육 대상인 초중학생은 이를 거부해도 '출석정지'만 가능하다. 지속적인 학교폭력 가해자 등에 대해 학교장, 또는 지역교육장 차원에서 강제전학을 시킬 수 있어야 한다는 의견이 주를 이루고 있다. 학부모소환제를 법제화하자는 대책도 나왔다. 학생이 문제행동을 일으켜 학교가 학부모의 면담을 요청할 경우 즉시 학교에 와서 성실하게 응해야 한다는 것이다. 직장의 업무, 개인적 이유로 학교의 요청에 불응하면 부모의 책임을 방임했다는 이유로 경찰에 고발토록 한다.

　단, 학부모가 학교의 면담을 요청받고 응할시 직장에서는 유급휴가를 보장해야 한다는 등 제도적 지원이 필요하다고 덧붙였다. 가해학생 학부모가 동반교육, 봉사활동, 벌금 등을 이행해야 한다는 점을 법제화해야 한다는 견해도 나왔다. 형사처벌의 가능 연령을 낮추는 방안도 제시됐다.

　현행 '소년법'상에는 형사처벌 대상 연령이 만 14세이지만 이를 만 12세 이상으로 낮추자는 것이다. 가해학생 선도조치 결과를 학교생활기록부에 의무적으로 남겨야 한다는 의견도 나왔다. 학교폭력대책자치위원회 결과 교내봉사 이상 등의 조치를 받은 경우 학생부에 기록하는 것을 의무화해야 한다는 것이다.

2) 학교폭력 책임교사에 승진 가산점 부여

　대부분의 시·도교육청들은 연 2~4회 수준에서 교육청 주관으로 학교폭력 설문조사를 진행해 주기적으로 실태를 파악하겠다고 밝혔다. 서울시교육청은 모든 학교에 학교폭력 담당장학사를 지정해 예방부터 사후 처리까지 일관성있는 장학지도를 해야 한다고 건의했다.

　부산시교육청 등은 학교폭력 담당교사 지원 강화책을 내놨다. 학교폭력 지도를 위해 수업시수를 감축하고 승진 가산점 등을 부여하자는 것이다.

또 업무수당을 월 20만원 정도 지급하고 체벌권한을 부여하자는 의견도 제시했다. 인천시교육청 등은 사이버 익명 제보를 활성화하자고 제안했다. 학교 홈페이지에 익명 제보 배너를 설치해 운영하고 익명 제보 사안은 관리자인 학교장이 직접 처리토록 한다는 것이다. 경기도교육청은 단위학교 배움터지킴이 예산의 안정적 지원대책을 마련하고 초등학교 CCTV 통합관제센터 운영예산의 국고지원, 전문상담교사 배치 확대 등의 방안을 내놨다.

3) "처벌만 강화는 역효과 우려" 지적

처벌강화안의 효과에 일각에 대해서는 의문을 제기했다. 김형태 서울시의회 교육위원은 "강제전학은 가해학생을 학교 밖으로 내쫓는, 비교육적이고 비효율적인 방법"이라며 "전학을 가기 위해서는 전 가족이 타 학군으로 이사를 가야하는데 이것이 쉬운 문제냐"고 비판했다. 김 위원은 "어느 학교도 가해학생을 환영하지 않으므로 소위 '폭탄 돌리기'가 되는 셈이다. 폭탄의 뇌관을 제거하려는 노력은 하지 않은 채 다른 학교에 떠넘기려고 하는 것이 부끄러운 우리의 현실"이라고 우려했다. 학부모 최수경씨 역시 "가해학생 중에는 편부모나 조부모 가정 아이들이 많은데 이런 경우 이사가는 것이 여의치 않다"며 "또 전학을 간 뒤 앙심을 품은 가해학생이 피해학생을 찾아와 보복을 할 수도 있다. 근본적인 대책이 아니다"고 꼬집었다. 교과부는 시·도교육청 방안 등을 포함, 다양한 의견수렴을 거쳐 이르면 이달 말 최종 정부안을 발표할 예정이다.[396)397)]

13. 학교폭력 기록 3월부터 학생부에 기록

교육과학기술부는 3월부터 초·중·고등학생의 학교생활기록부에 학교폭력 가해사실을 기록할 방침이라고 밝혔다.[398)] 학생부에 기록되는

---

396) lovelypsyche@newsis.com, 뉴시스통신사
397) http://media.daum.net/society/view.html?cateid=100001&newsid=20120115060206993&p=newsis(2012.1.16)

| 2012년 02월 16일 ○○초등학교 제6학년 졸업 |
| 2012년 03월 02일 □□중학교 제1학년 입학(2011년 6월 20일 전출) |
| 2012년 06월 21일 △△중학교 제1학년 전입학 |

| 특 기 사 항 | 2012.06.20 학교폭력예방 및 대책에 관한 법률 제17조1항8호에 따른 전학 |

<학생생활기록부 출결상황 예시>

학년	수업일수	결석일수			지각			조퇴			결과			특기사항
		질병	무단	기타	질병	무단	기타	질병	무단	기타	질병	무단	기타	
1														개근
2	15		1											다리수술(10일), 감기(3일)
3		5									1			학교폭력예방 및 대책에 관한 법률 제17조1항6호에 따른 출석정지(5일)

<학생생활기록부 행동특성 및 종합의견 예시>

학년	행동특성 및 종합의견
1	
2	학교폭력예방 및 대책에 관한 법률 제17조1항3호에 따라 학교에서의 봉사 5일 실시함.
3	

자료: http://media.daum.net/politics/administration/view.html?cateid=1017&newsid=20120115093708855&p=yonhap&RIGHT_COMM=R6(2012.1.15)

---

398) 연합뉴스|임주영|입력 2012.01.15 09:37|수정 2012.01.15 10:33|, (서울=연합뉴스) 임주영 기자

학교폭력은 '학교폭력 예방 및 대책에 관한 법률'에 따라 교내외에서 학생 간에 발생한 상해, 폭행, 감금, 협박, 약취유인, 명예훼손·모욕, 공갈·강요 및 성폭력, 따돌림, 정보통신망을 이용한 음란·폭력, 정보 등에 의해 신체·정신 또는 재산상 피해를 수반하는 행위 등이다. 종전에는 학생부 '학적사항', '출결상황', '행동특성 및 종합의견'란에 학교폭력 가해 행위가 기록되지 않았다. 앞으로는 학교폭력이 발생할 경우 학교폭력대책자치위원회에서 결정되는 가해학생에 대한 조치사항이 기록된다.

조치기록은 졸업 후에도 초·중학교는 5년 간, 고교는 10년 간 보존된다. 이번 방침은 소급 적용하지 않고 3월1일 이후 발생한 학교폭력 사안부터 적용된다. 기록사항은 고교와 대학에 입시자료로 제공되며 입시반영 여부 및 방법은 해당 고교와 대학에서 자율적으로 결정한다.

한편 이주호 교과부 장관은 이날 오전 KBS TV 시사프로그램 '일요진단'에 출연해 이런 '학교폭력 학생부 기록제'를 비롯해 해결교사에 대한 인센티브 강화, 가해학생의 학부모 소환제, 또래상담·학생자치법정 등 또래문화 강화, 위센터 확충, 학부모교육 확대 등을 추진하겠다고 말했다.[399)400)]

14. 교육감들 강제전학·과징금·학생부기재 등 건의

학교폭력관련 국회 교과위에서 제도건의 봇물, 처벌연령 하향·격리수용·학부모소환제·징계수위강화 등도 제안[401)] 시·도 교육감들이 국회 교육과학기술위원회 전체회의에 참석해 학교폭력대책 마련을 위해 다양한 제도개선을 건의했다. 교육감들의 이날 건의에서는 생활지도관련 법령·제도의 개선, 인력 및 예산·시설지원, 교육과정 개편 등의 내

---

399) zoo@yna.co.kr, 연합뉴스
400) http://media.daum.net/politics/administration/view.html?cateid=1017&newsid=20120115093708855&p=yonhap&RIGHT_COMM=R6(2012.1.15)
401) 서울=연합뉴스, 임주영 기자

용이 대부분을 차지했다. 법령의 경우 학교폭력 가해학생 제재 및 피해자 보호를 강화하는 방향으로 개정해야 한다는 의견이 다수 제기됐다.

학교폭력 예방 및 대책에 관한 법률을 고쳐 가해학생에 대한 강제전학이 가능하도록 명문화하고, 초중등교육법 시행령상 가해학생의 징계 수위를 '1회 10일 이내, 2회 20일 이내, 3회 30일 이내' 등 점진적으로 높이자는 의견이 제시됐다. 강제전학에 따르지 않는 학생에 대해 출석정지 → 상급학년 진학 유예 등 단계별 조치, 학부모에게 과징금 부과 등의 아이디어도 나왔다. 소년법상 처벌대상이 되는 연령을 현행 14세에서 12세로 낮추는 방안, 학교생활기록부에 폭력기록 기재 의무화, 학생부의 '특기사항'란에 학생에 관한 조치 내용을 적으려면 본인 또는 보호자의 동의를 받도록 한 부분을 삭제하는 방안 등도 나왔다. 또 정신보건법상 심리치료를 받으려면 본인이나 보호자의 동의가 필요하지만 학교폭력으로 인해 심리치료를 명령받은 학생은 예외로 하자는 의견, 방송·인터넷 등의 선정성과 폭력성을 규제하는 법령 개정이 필요하다는 의견 등도 제기됐다.

교과부와 교육청 차원에서는 '학교폭력 근절 원스톱 지원센터'를 통해 폭력학생을 일정기간 격리수용, 학부모 소환제, 가해학생과 학부모가 함께 봉사활동을 하는 '공동처벌' 도입 등이 필요하다고 교육감들은 지적했다. 또 가해학생이 저지른 하나의 사유에 대해 '병렬조치'가 필요하다는 주장도 제시됐다. 서면사과 및 출석정지, 봉사명령 및 5일간 출석정지 등 두 개 이상의 처분을 함께 내리는 것이다. 가해학생이 보복할 경우 가중 처벌하도록 학교생활규정을 개정하고 생활교육분야 수석교사제를 신설하며 다음달께 교장·교감 인사를 조기발표해 2월말 1주일 가량을 생활교육체제 정비기간으로 확보하자는 의견도 나왔다. 아울러 'Wee(학교 부적응·일탈학생 상담)' 시스템을 강화해 학교-교육지원청-교육청이 각각 위클래스-위센터-위스쿨을 늘리고 교육과정 개편을 통한 인성교육 강화, 문·예·체 교육활성화, 도덕·윤리 필수과목화 등을 추진하는 것도 검토하자는 제안이 나왔다. 전남교육청은 일부 중고교가 도입한 '가변학급'을 늘리는 방안을, 경남교육청은 대안중학교 2개 설립과 현재 운영 중인 공립 대안고 1개 증설을, 광주시교육청은 신고전용 휴대전화 보급을 추진할 계획이라고 각각 밝혔다. 교과부는 국회의 지적과 시도교육청의 건의, 교육현장 및 전문가 의견 등을 수렴하고 관계부처협의를 거쳐 이달 말 또는 다음달 초에 학교폭력 근절 종합방안을 발표할 예정이다.[402][403]

15. 학생인권조례, 학교폭력 해결책 될 수 있어

학생, 교사, 학부모들은 "인권과 민주주의를 존중하는 교실문화의 형성이 학교폭력 문제의 근본적인 해법이 될 수 있다"고 말했다.[404] 이들은 2012년 1월 25일 서울 종로구 동숭동 흥사단 강당에서 열린 '학교폭력의 해법 모색과 인권친화적 학교문화 조성을 위한 집담회'에서 학생인권조례가 폭력적인 학교문화를 탈바꿈시킬 열쇠가 될 수 있다고 입을 모았다. 청소년인권행동 아수나로의 둠코(본명 김해솔) 활동가는 "끊임없이 경쟁해야 살아남는 지금의 학교에서 남보다 우위에 선 학생이 폭력을 휘두르는 것은 자연스러운 현상"이라고 진단했다. 그는 "절대권력자로서 교사가 분쟁을 조정하는 방식은 학생들의 무력감만 키우는 결과를 낳는다"고 말했다. 그러면서 "학생인권조례를 무턱대고 반대하기보다는 학생들에게 상황을 제지할 권한을 줌으로써 스스로 관계를 회복하게 할 수 있는 환경을 조성해야 한다"고 덧붙였다. 장애인이나 성 소수자라는 이유로 차별받고 상습폭력 피해자로 이어지는 구조를 끊기 위해

---

402) zoo@yna.co.kr, 연합뉴스, 2012/01/12 16:18 송고
403) http://www.yonhapnews.co.kr/bulletin/2012/01/12/0200000000AKR20120112152300004.HTML?did=1179r(2012.1.15)
404) 경향신문 원문 기사전송 2012-01-25 21:31 최종수정 2012-01-25 23:59, 교사·학생·학부모 집담회

서는 인권조례가 필요하다는 의견도 나왔다. 최석윤 함께가는서울장애인부모회 대표는 "교실에서 '놀잇감'으로 여겨질 정도로 차별받는 장애학생에게 가해지는 폭력은 사회적 관심도 끌지 못하고 있다"고 지적했다. 그는 "장애학생에게 인권은 생존의 문제"라면서 "학생인권조례가 이들의 인권을 보호하는 하나의 대안이 될 수 있다"고 말했다. 학생인권조례 성소수자공동행동의 호림 활동가는 청소년 10명 중 1명이 성 소수자라는 연구결과를 제시하며 "학생인권조례를 통해 성 소수자 학생에 대한 차별과 폭력을 줄일 수 있다"고 밝혔다. 집담회 참석자들은 또 "교육과학기술부, 시·도교육청, 경찰이 내놓은 대책들이 가해학생을 처벌하고 가시적·단기적 효과를 내는 데 급급하다"며 학교폭력을 보는 근본적인 시각이 달라져야 한다는 데 의견을 같이했다. 평화여성회 갈등해결센터 김선혜 팀장은 "학교에서 가해학생에게 '규칙을 어겼기 때문에 잘못'이라고 가르칠 게 아니라 친구에게 고통을 준 행위가 잘못이며 책임을 져야 한다는 것부터 가르치고 있는지 되돌아봐야 한다"고 말했다. 이영탁 참교육연구소 기획실장은 "학생들의 정신적 스트레스를 치유할 수 있는 교육 프로그램을 학교안에 마련할 필요가 있다"며 "피해·가해 학생들을 격리하고 배제하는 것은 또 다른 사회문제와 비용만 증가시킬 뿐"이라고 말했다.[405)406)]

16. 따뜻한 한마디, 고1 승현 · 중3 민수의 일진 탈출기

그날 이후 난 '일진'이 아니다. 승현이(17·고1·가명)는 한때 '잘나가는' 일진이었다. 학교보다는 당구장에서 노는 경우가 더 많았다. 어른들이 하지 말라는 짓은 다했다. 새벽에 술을 마신 상태에서 차를 훔쳐 달리다 사고를 내고 도망치기도 했다. 지난해 10월 승현이는 다른 일진 4명과

---

405) 정환보 기자 botox@kyunghyang.com, 경향신문 & 경향닷컴(www.khan.co.kr)
406) http://news.nate.com/view/20120125n99553(2012.1.26)

당구장에서 또래에게 8만원을 뺏은 혐의로 경찰에 붙잡혔다. 승현이는 '경찰서에 잡혀가는 게 한두 번도 아니니 이제 내 인생은 끝났구나' 하는 생각이 들었다. 유치장에 갇혔다가 소년원에 넘어가는 꿈도 꿨다. 하지만 조사를 맡은 담당경찰관은 "지금 많이 무섭고 힘들지?"라고 말을 붙였다. 혼부터 낼 줄 알았지만 "괜찮으냐"는 따뜻한 한마디에 승현이는 마음 한구석이 흔들렸다. 경찰은 "너희에게 주어진 기회가 얼마나 많은데 벌써부터 이런 데 와서 좋을 게 있느냐"며 "한 번만 더 걸리면 네 인생에 지울 수 없는 오점이 남는다"고 타일렀다. 경찰은 "다시는 나쁜 짓 안한다고 약속하라"며 돌려보냈다. 승현이는 기소유예처분을 받았다. 평소 승현이에게 경찰은 악마같은 존재였다. 자신을 벌레로까지 취급했다고 한다. 그러나 경찰의 따뜻한 말 한마디에 승현이의 생각이 변했다.

승현이는 "그때 처음으로 '이렇게 살면 안되겠구나'라는 생각이 들었다"고 말했다. 경찰서를 나온 승현이는 어머니에게 부탁해 애들에게 뜯어온 돈을 다 갚았다. 평소 자신을 경멸하는 눈빛으로 피하던 아이들이 승현이에게 "고맙다"고 말했다. 기분이 이상했다. 승현이는 일진에서 나왔다.

'삥'뜯기(돈 갈취) 대신 음식점 아르바이트를 시작해서 돈을 모았다. 시간당 5000원을 받지만 자신에게 필요한 돈을 직접 해결한다.

승현이는 아직 담배와 술을 끊지 못한 게 제일 걸린다고 했다. 민수(16·중3·가명)도 학교에서는 제법 센 축에 속하는 일진 중의 한명이다.

중학교 1학년 때부터 뜯기에 재미를 붙였다. 처음엔 "빌려달라"는 식으로 시작한 삥뜯기는 폭력으로 이어졌다. 중3 때 결국 문제가 됐다. 학교에서는 부모님을 불렀다. 그동안 뜯어온 돈을 물어주고 사회봉사활동도 했다. "이렇게 살면 안되겠다"는 생각이 들었다고 했다. 민수는 당시 선생님이 했던 말이 가장 기억에 남는다고 했다. 호통 대신 "앞으로 안 그러면 된다. 지금 있었던 일은 잊어버려라. 앞으로 그런 행동을 하지 않는 게 중요하다"고 했다. 민수는 이후 일진들과 연락을 끊었다. 선생님은 민수에게 "멋있다"며 대견해했다. 민수는 "이제야 인정받았다는 생각이 든다"며 으쓱해한다. 정부는 학교폭력이 사회문제가 되자 가해학생을 강제로 전학보내고 생활기록부에 남기는 방안을 검토 중이다. 폭력학생을 범죄자로 몰아 피해학생과 격리하겠다는 취지이다. 일진에서 벗어난 승현이는 "일진이 된 뒤 선생님들은 화장실에서 담배냄새가 난다거나 도난사고가 나면 저를 지목했다"면서 "누군가 '너 그러지 말라'고 다정하게 말해주는 사람이 있었으면 더 일찍 반성했을지도 몰라요"라고 말했다.407)408)

17. 학교폭력 바라보는 평교사의 '푸념'

전북의 한 고등학교에서 체육교사가 학교폭력에 무능력할 수 밖에 없는 평교사들의 비애를 설명하고 있다. "참담하죠. 이도 저도 할 수 없는 입장이니까."409)

최근 온나라가 학교폭력으로 들썩이고 있다. 이에 대한 대책마련을 위해 교육계는 물론 사회단체, 정치권까지 나섰다. 하지만 정작 일선교사들은 그저 두 손 놓고 바라볼 수 밖에 없다. 아이들을 제어할 최소한의 권위조차 잃었기 때문이다. 전북의 한 고등학교에서 체육교사로 재직 중인 김상웅(36·가명)씨는 학생들의 가정교육 부재가 지금의 학교문제를 만들어냈다고 일침을 쐈다. "아이들이 학생부에 와서도 주머니에 손을 넣고 말대꾸 하는건 다반사다. 스승과 제자라는 관계는 바라지도 않고 어른으로만 대해줘도 고마울 정도니까"라고 학생들의 인성과 태도에 대해 비판했다. "요즘 아이들이 전부 그렇다는 건 아니다. 하지만 영웅심리와 모방심리가 강한 시기이기 때문에 몇 명의 아이를 제어하지 못하

---

407) 류인하·남지원 기자 acha@kyunghyang.com, 경향신문 & 경향닷컴 (www.khan.co.kr)
408) http://news.nate.com/view/20120112n31265?mid=n0403(2012.1.26)
409) 뉴스제공 |입력 : 2012.01.27 11:53|조회 : 252, (전주=뉴스1) 박원기 기자 (2012.1.27)

면 전체로 퍼져나갈 수 밖에 없다"고 그는 전한다. 그는 이어 "학교의 '교칙'은 사회로 치면 '법'이기 때문에 아이들이 이를 준수하도록 교육하는게 중요하다"며 "하지만 교칙이 유명무실해진 것은 벌써 오래전 일"이라고 답답해했다. 학교폭력에 대한 입장도 명확하다. "폭력사건이 발생하면 가해학생의 행위에 대해 증명을 해야 한다. 하지만 아이들은 '장난이었다', 또는 '그런 적이 없다'라고 잡아 뗀다. 그러면 어떻게 할 도리가 없다"고 푸념한다. 특히 "사실관계를 알아내기 위해 이런 저런 이야기를 하다보면 농락당하는 느낌이 들어 감정이 상할 수 밖에 없다. 하지만 화를 내고 체벌이라도 하면 뒷감당이 안되기 때문에 포기하고 만다"고 전했다. 그가 말하는 교사의 위치는 어디서든 '을'이다. 학생들에게도 '을'이다. "학생들에게 설문조사를 한다. '담임이 누구였으면 좋겠냐'라는 내용이다. 아이들의 언행이나 태도를 지적하는 교사는 학생들에게 인기가 없다.

　이런 상황에서 어떤 교사가 아이들을 바로잡기 위해 전면으로 나서겠는가." 뿐만 아니라 아이들의 뒤에는 학부모가 있다. 학부모에게 교사는 '수퍼 을'로 전락한다. 그는 "학부모들이 예전에는 담임을 찾아와 이런저런 문제를 상담했다.

　하지만 요즘은 교장실로 직행한다. 문제가 발생했을 때는 전후 사정 알아보려고 하지도 않는다. 도교육청으로 직접 따지러 가는 일도 있다.

　교장과 교육청의 역할은 선생의 잘잘못을 관리하는 것도 있겠지만 교사들이 소신을 가지고 아이들을 지도할 수 있도록 힘이 돼줘야하는 것 아니냐"고 물었다. 학교 교장이나 교감이 승진 등을 염두한 인물이라면 평교사들의 운신 폭은 더욱 좁아진다는게 그의 설명이다. 교육청에게는 평교사와 학교가 다시 각각 '수퍼 수퍼 을', '수퍼 을'이 된다. 전북교육청은 30일 일선학교에 학교폭력과 성폭력에 교직원들이 어떻게 대처해야 하는지를 담은 매뉴얼을 배포했다. 평교사들은 학교폭력이 발생하면 도교육청이 배포한 매뉴얼에 따라 일을 처리하게 돼있다. 하지만 경미한 아이들끼리의 주먹다짐도 학교폭력으로 처리를 해야 하는 것인지 판단이 안선다는게 교사들의 목소리다. 사안이 큰 사건에 대해서는 학교측이 교사에게 가해자와 피해자간 중재를 종용한다는건 암묵적인 사실이다. 교육청에 학교폭력문제가 보고될 때 해당 학교는 좋은 평가를 받지 못하기 때문이다. 더큰 문제는 교육청에서조차 학교폭력 문제를 귀찮아한다는데 있다. 그는 "폭력이 발생했을 때 교육청 관계자는 '알아서 잘 처리하세요'라고 말을 한다"며 "어떻게 처리하는게 알아서 잘 처리하는 것인지 감잡을 수 없다. 특히 사건이 언론에 불거지거나 피해학생측이 문제를 제기하면 결국 뒷 책임은 우리 평교사들의 몫"이라고 답답해했다. 특히 교사와 연루된 각종 사건이 터질 때마다 교사들의 입지는 더욱 좁아진다는게 이들의 입장이다. "한 두 명의 잘못된 교사 또는 연세가 드셔서 예전의 타성대로 교육을 하시는 몇몇 교사들 때문에 전체 교사가 싸잡아 욕을 먹게 된다. 그럴 때는 숨죽이고 가만히 있어야 한다. 아이들의 스마트폰도 무서운 게 사실"이라고 암담해 했다. 그는 끝으로 "안정적인 직업이라는 이유로 교사를 택하는 예비교사들에게 한마디 하고 싶다. 교사는 직업으로 보면 안된다. 직업으로 생각한다면 최악의 직업 중 하나라고 생각해야 한다. 사명감이 전제돼야 한다"고 말했다.[410] 향후 학교폭력에 대한 교육계의 대응전략은 교원으로서의 철저한 사명감으로 무장하고 학생들에게 인간적 차원으로 다가서며 학부모들도 자녀의 인성교육은 물론이고 교원에 대해 존경심을 갖도록 해야 할 것이다. 교육청에서도 교원에 대한 시각은 을의 관계가 아니라 대등한 혹은 갑의 관계를 지닐만큼 존중의 대상으로 생각하고 각종 교육정책이 전개되어야 할 것이다.

18. 열네 살 어린 학생의 비참한 학교폭력 취재사례 인용

시사저널의 취재기자에 의하면 K중학교에 다니는 이 아무개군은 중

---

410) http://www.mt.co.kr/view/mtview.php?type=1&no=2012012711468286438&outlink=1(2012.1.27)

학교에 입학한 다음 날부터 끔찍한 고통의 나날을 보내야 했다고 한다.

학교에 등교하면 소위 '일진'으로 불리우는 같은 반 학생들의 지독한 괴롭힘과 폭행이 쉴 새없이 이어졌다.[411] 거의 매일 온몸을 맞고 심지어 여학생들이 지켜보는 가운데 성추행까지 당한 경우도 있었다. 그런데 책임자에 해당하는 담임교사는 이 폭력을 보고도 외면했다고 한다.[412]

이군은 이 모든 과정을 자신의 일기에 기록했다. 그의 일기에는 심지어 '죽고 싶다'라는 표현도 자주 나타난다. 시사저널은 이군의 일기를 입수해 학교내 '왕따폭행'의 실상을 공개했다. 이군의 부모도 아들의 일기장을 보면서 괴로운 심정을 표현했다.[413] K중학교는 지난 1950년에 설립된 공립학교이다. 처음에는 일진 한명이 그를 폭행하다가 점점 다른 학생들까지 가세하여 집단으로 폭행했다. 날이 갈수록 폭행의 강도는 점차 세져만 갔다.

물건을 빼앗기고, 따돌림을 당하고, 매일 온몸을 맞았다. 심지어 여학생들이 보는 앞에서 성추행까지 당한 경우도 있었다. 이군에게 교실은 더는 수업하는 공간이 아니었다. 폭행을 당하고 괴롭힘을 당하는 '폭력교실'이나 다름없었기 때문이다. 반 친구들은 이군을 때리고 괴롭히는 '가해자들'의 역할을 했다. 담임교사와 학교는 피해학생의 보호자가 아니라 방관자일 뿐이었다. 이군은 초등학교 때부터 일기를 썼다. 그날그날 겪은 일이나 생각, 느낌을 쓰는 것이 일기이다. 그런데 중학교 1학년인 이군의 일기는 이른바 '폭행왕따 일기'였다. 왜냐하면 아침에 학교에 등교해서 오후에 하교할 때까지 일진들의 괴롭힘과 폭행의 연속의 나날이었기 때문이다. 시사저널 취재진은 어느 공공 임대아파트에 거주하는 이군을 찾아갔다. 이군의 집은 넉넉한 형편이 아니었다. 1998년 외환위기

---

411) 본 내용은 시사저널의 열네 살 어린 학생의 '지옥에서 보낸 한철'중 학교폭력의 원인과 해결방법에 관련되는 부분을 재인용한다.
412) 시사저널|정락인 기자|입력 2012.01.13 10:08|수정 2012.01.13 10:08
413) 시사저널 유장훈

때 아버지가 운영하던 사업체가 부도나면서 가세가 급격히 기울었다. 그 충격으로 아버지는 간경화와 무혈성 괴사라는 지병을 얻었다. 지금은 목디스크까지 심해서 거동이 불편한 상태이다. 지체 2급 장애인 판정을 받고 기초생활수급과 장애보조금 그리고 후원금으로 근근이 살아가는 어려운 처지였다. 그래도 이씨의 가족은 행복했다. 집안의 희망격에 해당하는 이군이 있었기 때문이다. 이군의 부모는 "우리 애는 어려운 가정환경속에서도 상당히 밝고 착하게 자랐고 공부도 잘했다"라며 칭찬을 아끼지 않았다. 그런데 일진들은 "정전기가 나오는 총으로 내 온몸을 쐈다" 초등학교 6학년 때에는 지각이나 결석 한 번 하지 않는 모범생이었다.

성적도 상위권에 있었다. 초등학교 담임교사는 행동특성과 종합의견을 통해 '학습능력이 좋고 학습태도가 적극적이어서 전체의 교과성적이 매우 우수하다. 발표를 잘하고 발표내용도 좋으며 자기가 맡은 일을 성실히 수행한다'라고 적었다. 이군의 장래 희망은 '기자' 혹은 '인권변호사'가 되는 것이었다. 그 이유는 그런 직업인이 되어서 우리 사회에 억울한 사람이 없도록 하겠다는 훌륭한 뜻을 소유했다. 그래서인지 이군은 상급학교인 중학생이 된다는 기대감이 컸다. 학업에 대한 열망과 관심도 남달랐다. 하지만 입학한 중학교에서의 따돌림과 폭행은 그런 기대와 열망을 무참히 하루아침에 짓밟았다. '억울한 사람이 없는 세상'을 꿈꾸었지만 정작 자신이 그 피해자가 될 줄은 생각도 하지 못했다. 그런데 현실이 되었다. 학습의욕이 떨어지면서 상위권을 맴돌던 학교성적도 중위권으로 내려앉기 시작했다. 조퇴와 결석도 수시로 했다.

그런데도 이군의 부모는 아들이 '학교폭력의 피해자'라는 것을 전혀 모르고 있었다. 그러다 지난해 말경 청천벽력과도 같은 말을 듣게 된다. 아버지는 "그날은 기말고사가 끝나는 날이었다. 애가 점심을 먹고 집으로 와야 하는데 오후 1시가 넘어도 오지 않았다. 휴대전화로 전화했더니 학생부에 있다고 했다. 처음에는 기껏해야 친구들로부터 한두 대 맞은 것으로 생각했다. 그날 밤 애한테 자초지종을 묻고는 깜짝 놀랐다"라며 가슴을 심하게 두드렸다. 그만큼 아들을 지켜주지 못했다는 죄책감과 상처가 컸다고 한다. 이군은 그날 하굣길에 학교 근처의 아파트 단지 주차장에서 정 아무개군에게 폭행을 당한 것이다. 그리고 이군의 부모는 아들이 반 친구들로부터 상습적인 폭행을 당한 사실을 들었다.

그리고 폭행과 괴롭힘을 기록한 일기를 보고는 더욱 놀랐다고 한다. '일기'에는 그간의 폭행과정이 날자별로 자세히 기록되어 있었다. 한 장 한 장을 넘길 때마다 학교폭력이 얼마나 심각한지를 실감할 수 있었다.

시사저널은 일명 '왕따폭행 일기'의 원본을 입수하고 이를 공개해 학교폭력의 실상을 알리기로 했다고 한다. 이군은 중학교에 입학한 다음 날부터 괴롭힘과 폭행을 당했는데 처음에는 일진 대장으로 알려진 김 아무개군이 괴롭히기 시작했다. 이군의 짧은 머리를 빗대 놀리면서 연거푸 머리를 때렸다. 또 정군이 가세해 괴롭히다가 추후 안 아무개군을 포함한 7명이 일기에 등장한다. 학교폭력이 점차 조직화·집단화되었음을 알 수 있다. 일기의 내용중 일부를 재인용하면 다음과 같다.

오늘도 별 기대를 안하며 학교로 갔다. 안○○ 외 몇 명이 또 나를 괴롭혔다. 무서웠다. 무서워서 아무 말도 못하겠다. 쟤들이 정말 인간인가?

이런 생각도 든다. 내가 한심스럽고 정말 죽고 싶다. 머리를 치는 건 기본이고 분필도 교복에다 묻히고 욕하고 툭툭 친다. 사람의 외모를 가지고 놀리다니…. 나는 참을 수 없다. 김○○, 안○○, 정○○, 김○○, 최○○, 신○○, 박○○, 이런 애들은 정말 살 가치도 없는 애들이다.[414]

이군에 대한 친구들의 폭력 강도는 날이 갈수록 심해졌다. 그와 함께 가해 친구들에 대한 증오도 커져만 갔다. 친한 친구까지도 자신을 지켜줄 수 없다고 생각하자 깊은 상심을 하고 더욱 외로움을 느낀다. 그리고는 무기력한 자신의 처지를 비관하는 단계에까지 이른다. 오늘도 가자마자 김○○과 몇몇 아이들이 나를 괴롭혔다 이름은 김○○인데 하는 짓

---

[414] 이군이 폭행당한 사실들을 낱낱이 기록해둔 일기장이 있다. 시사저널 유장훈

보면 아주 짐승이다. 그리고 요즘에는 정○○이라는 애도 나를 만만하게 본다. 내가 동네북이라도 된 것 같다. 학교가는 게 너무 두렵고, 떨린다. 광활한 정글에 나 혼자 둔 것 같다. 무섭다. 여자애들 보는 앞에서 개처럼 머리, 가슴, 배, 엉덩이, 등을 아무런 반항도 못한 채 맞은 내가 참 부끄럽고 한심스럽다. 오늘은 드디어 이번 주의 마지막 날이다. 김○○과 안○○ 이런 애들은 계속 나한테 놀리고 때리고 그런다. 그리고 정○○은 나에게 분필을 묻히는 등의 심한 장난을 친다. 이제는 익숙해져서 아예 포기하면서 맨날 맞고 산다. 생각해보면 나도 참 불쌍한 인생이다.

<맞는 부위>
머리 : 심하게 맞는다. 최근 들어 감각이 사라진다.
가슴 : 맞으면 죽을 것 같다.
배 : 맞으면 설사 등 복통이 심하다.
엉덩이 : 제대로 앉지도 못한다.
등 : 몸이 깨질 것 같다.

나는 이런 애들을 죽어버렸으면 좋겠다는 마음까지 든다. 이군은 괴롭힘과 폭행을 당한 지 20여일만에 정신적인 공황상태에 빠진다.

즉, 점차 '내 기억력이 점점 흐려진다. 초등학교 때에는 어렸을 때 있었던 일도 기억이 났는데, 요즘은 하루 전 일도 기억이 나지를 않는다'라고 되어 있다. 또 '정○○이 쉬는 시간에 내 성기를 만졌다'라며 성추행을 당했다고 적고 있다. 이때부터 거의 매일 '성기를 만졌다' '성기를 가지고 장난친다' '성기를 찼다'는 내용이 나온다. 오늘은 정○○이 내 성기를 만지고 김○○ 서클과 같이 나를 때렸다. 머리, 가슴, 배, 등, 엉덩이 등이다. 그리고 김○○ 서클과 같이 분필을 던지고 머리에다가 묻히고, 최○○와 같이 욕해댄다. 나는 학교에 가기 싫다. 이군은 새로운 탈출구를 모색한다. 그는 "정말 죽고 싶다"라며 '죽음'에 대한 동경을 하는가 하면 같은 달 말일에는 "쉬는 시간, 점심 시간, 학교 끝나고 괴롭힌다. 이런 내가 쉴 수 있는 곳은 어디일까"라며 점점 자살 유혹에 빠져든다. 결국 "언어폭력까지 괴로운데, 정○○이 성추행까지 해서 더 괴롭다"라고 한다. 쉬는 시간에 김○○이 머리를 때리고, 김○○, 안○○, 신○○, 박○○, 정○○이 배, 가슴, 옆구리, 등, 엉덩이를 때리고, 최○○는 욕해대고 놀리고, 정○○이 끝나고 남으라 해서 이○○ 집에 억지로 끌려갔다. 가자마자 나한테 욕하고 엉덩이 걷어차고, 발로 배 때리고 눕혀놓고 때렸다. 그리고 이○○이랑 놀지 말라고 하고 각서를 쓰게 하고 따가운 정전기가 나오는 총으로 무릎이며 온몸을 쐈다. 집으로 가니 학원가는 날인데 늦었다고 아빠는 화냈다.

그런데 이런 엄청난 사실을 얘기할 용기는 나지 않았다고 한다. 이렇게 학교폭력이 난무했지만 담임교사는 큰 힘이 되지 못했다. 오히려 폭력을 보고도 외면했다고 한다. 이군은 이런 담임교사를 원망하기까지 했다. 김○○ 서클이 머리, 등, 가슴, 배, 엉덩이를 때리거나 찼다. 선생님도 교실에 있었지만 별다른 조치나 관심도 없고, 혼도 안내고 나를 안 도와준다. 원망스럽고 정○○은 내 오렌지를 먹었다. 짜증난다. 폭력과 성추행을 말하고 싶은데 용기가 안난다. 아빠는 수술해서 회복 중이고 엄마한테는 창피해서 말할 용기가 더욱 안난다. 복수할까봐 무서워서 그렇다고 한다. 이제 방학이 하루 남았다. 정○○의 주먹질도 성추행도 참아냈다. 버티자고 한다.

시사저널 기자가 입수한 진술서에는 지난 9개월동안 이군에게 협박·폭행했다고 인정하는 내용이 들어 있었다. 그런데 K중학교가 교육지원청에 보고한 문건에는 이군 아버지가 정군에게 '가해 사실을 진술하도록 강요해서 사실이 아닌 내용을 진술했다'라고 되어 있다. 사건 축소 의혹이 제기되는 부분이라고 판단한다. 가해학생들의 자필 진술서는 경찰에서 수사상 참고자료로 가져갔다. 해당 중학교 교장은 "조사결과가 나오는 대로 조치를 취할 것"라고 한다. 해당 중학교는 발등에 불이 떨어졌다. 이군 아버지가 관계기관에 진정서를 내고 일부 언론에 보도되자 뒤늦게 수습에 나섰다. 교장은 "지금은 모든 자료들이 경찰서로 넘어갔으니 객관적으로 조사할 것이다. 조사결과가 나오는 대로 학교도 조치할 예정이다. 지금은 아이들이 많이 놀란 상태이다. 피해자도 그렇고 가해자도 치료를 해야 한다. 학교에서 다시는 이런 일이 일어나지 않도록 철저히 예방활동을 하겠다. 지금 우리 아이들이 아픔을 겪고 있어 가슴이 아프다. 학교는 아이들이 안전하게 학교에 다닐 수 있도록 하는 것이 최상의 목적이다. 앞으로 아이들을 더 열심히 잘 가르치겠다는 생각 뿐이다. 다시 한번 죄송스럽게 생각한다"라고 강조했다.[415)416)]

시사저널의 기자에 의하면 학교폭력 피해자인 이 아무개군의 상태는 매우 심각한 것으로 되어 있다. 이군의 부모는 "하루 24시간 중 22시간을 잠만 잔다"라며 걱정했다. 밥 먹을 때와 화장실 갈 때 말고는 방 안에서 나오지도 않는다고 한다. 그리고 매일 밤 악몽을 꾼다. 잡으러 오는 꿈, 쫓기는 꿈, 죽는 꿈을 꾼다는 것이다.[417)] 가끔은 몸에 전기가 흐른다며 사시나무 떨듯이 떤다고도 했다.

전형적인 외상 후 스트레스 장애 증상라고 판단하고 있다. 이군에게 말을 걸기가 쉽지 않았다. 폭행의 기억을 떠올리게 해 충격을 줄까봐 걱정도 되었기 때문이다. 그래서 기자는 부모의 허락을 얻어 면담을 했다.

한동안 침묵이 흐른 후 굳게 닫혔던 입이 서서히 말을 하기 시작했다. 학교폭력의 절대적 피해자인 이 아무개군이 기자에게 매일 괴롭힘과 폭행을 당하다 보니 그렇게 폭행일기가 된 것이라고 실토했다. 머리를 하도 맞아서 멍하고 기억력도 희미해졌다. 일진회에 속한 학생들이 얼마나 되는가라고 질문했다. 그 결과 자기 반의 경우 여학생들까지 합치면 25명 중 15명 정도가 된다고 한다. 그중에서 친구들을 괴롭히는 일을 주도한 애들은 일곱 명 즉, 남자 여섯 명과 여자 한 명이고 나머지 일진회에

---

415) 정락인 기자 / freedom@sisapress.com, 시사저널(http://www.sisapress.com)
416) http://zine.media.daum.net/sisapress/view.html?cpid=178&newsid=20120113100805712&p=sisapress(2012.1.14)
417) 시사저널|정락인 기자|입력 2012.01.13 10:08|수정 2012.01.13 10:08

속한 애들은 일방적으로 주도하는 애들 편에 서서 괴롭히고 왕따를 시키는 편이라고 한다. 다음은 시사저널 기자의 질문과 이군의 대답을 재인용한다.

<괴롭히는 방식은?>

가지고 있는 물건을 빼앗고, 때리고, 별명을 부르고, 인격을 모독하고, 욕하고, 종종 분필이나 쓰레기를 던졌다. 심지어 성추행까지 당했다. 내가 체격이 왜소하고 욕을 안하니까 만만하게 보는 것 같았다. 다른 친구 집에 가서 야동을 보게 했지만, 나는 보지 않았다.

<폭행을 다른 사람들에게 말할 생각은?>

그와같은 사실을 말하고 싶었다고 한다. 그런데 자신을 주로 폭행한 애의 키가 1백80cm 정도되고 덩치도 크서 보복당할까 봐 무서웠다고 한다. 그래서 말하지 못한 것이라고 한다.

<폭력에 대한 담임선생님의 인지는?>

아니다. 모두 알고 있는 것으로 생각된다. 그런데도 사실 아무런 조치를 취하지 않았다. 아마 선생님이 자신에게 불이익한 경우를 당할까봐 그런 것 같다.

우리 학교는 '학교폭력 근절 캠페인'을 한다며 플래카드를 걸어놓은 적이 있지만 걸어놓기만 하고 실상은 아무런 노력도 하지 않았다고 한다. 왜냐하면 선생님들이 교실폭력을 다 보았다. 내 옷에 분필이 묻었고, 유독 나만 심하게 더러운데 그것도 모른 척했다고 한다. 그래서 선생님도 믿을 수가 없었다고 한다.

<상담받은 적은?>

한 번 받았다. 지난해 정○○한테 폭행당해서 상담선생님을 찾아가 울면서 말했다. '너무 심하게 괴롭힌다'라고 호소했는데 별로 달라진 것이 없다고 한다. 생활지도부에 말도 안하고 정○○ 등을 불러서 주의를 주는 정도였다. 후속 조치도 없었다.

<폭력을 주도한 애들의 처벌 수위는?>

주동한 애들은 학교를 다니면 안된다. 특히 김○○하고 정○○은 절대 용서할 수 없다. 김○○은 일진회의 대장이다. 학교에서도 문제가 많은 애였다. 그런데도 학교에서 그냥 놔두었다. 경찰에서 철저하게 조사해서 구속시켜야 하고 퇴학시켜야 한다는 심경을 토로했다. 적극적으로 가담한 애들도 마찬가지라고 생각한다고 했다.

<담임선생님에 대한 생각은?>

담임선생님은 담임을 맡을 자격이 없다고 본다. 폭행 사실을 알았으면 부모에게 연락했어야 하는데 그렇게 하지 않았다. 선생님을 믿고 따랐는데 배신감이 들기까지 한다. 지금도 걱정하고 위로해주는 전화 한 통화도 없고 문자도 없다고 하면서 서운함을 드러냈다. 학교는 쉬쉬하며 덮으려고만 했다. 학교가 오히려 폭력을 키우고 있는 것 같은 느낌이 든다고 했다.

<앞으로 어떤 생활을 하고 싶은지?>

나는 아직까지 욕 한번 안하고 착하게 생활했다. 그런데 나쁜 일진 애들을 만나 성격마저 변했다. 지금은 대인기피증까지 생긴 것 같다. 밖에 나가는 것도 싫고 사람 만나는 것 마저도 귀찮다고 했다. 또래 애들을 만나는 것도 무섭고 이 동네가 무섭고 학교도 싫다고 했다. 그는 다시는 학교에서 학교폭력이 발생하면 안되고 일진들이 없는 학교에서 다니고 싶다고 했다.[418)419)]

19. 학교폭력에 관한 우수도서 소개 및 서평

1) 폭력없는 평화로운 학교만들기

최근 학교폭력으로 자살한 학생의 유서에는 '학교폭력 예방교육보다 담임선생님이 쉬는 시간에 교실에서 우리가 무엇을 하는지 잘 살펴봐

---

418) 정락인 기자 / freedom@sisapress.com
419) http://zine.media.daum.net/sisapress/view.html?cpid=178&newsid=20120113
100812046&p=sisapress(2012.1.14)

달라'는 절박하고도 현실적인 내용이 담겨 있다. 이 사례를 보면 교사가 교실과 화장실, 복도에서 아이들의 행동에 관심을 기울인다면 충분히 학교폭력의 사전 징후를 발견하고 대처할 수 있음을 알 수 있다.[420] 친구를 괴롭히고 금품을 갈취하는 가해학생 이야기를 들을 때는 결손가정에서 성장한 경제적으로 곤란하고 공격적인 성향을 가진 비행청소년을 떠올리기 쉽다. 이러한 생각은 최근 발생하는 학교폭력의 가해학생 성향과 일치하기도 하고 다르기도 하다. 최근 학교폭력은 초등학교 저학년에서부터 시작된다. 또한 '여중생 알몸 구타 동영상'으로 알려져 있듯 여학생의 폭력이 늘어나고 있다. 피해나 가해를 예측해 주는 특성이 없고, 동성간 성폭력이 증가하고 있다. 뿐만 아니라 청소년 자살과 지속적이고 정신적인 괴롭힘이 증가하고 있다. 학교폭력은 지극히 난해한 복합현상으로 발생과정이 난해하고 복잡하기 때문에 그 대처에서도 복합적인 문제가 다양하게 발생한다. 따라서 학교폭력을 바라보고 대처하는 방법 역시 융통성있고 타당하게 마련되어야 한다. 이 책은 저자인 학교폭력피해자가족협의회 조정실 회장이 지난 10년간 학교폭력 현장에서 피해가족과 뛰어다니며 체득한 노하우를 바탕으로 만든 책이다. 현장경험에다 상담학자 차명호 교수가 이론적 틀을 제시하고 해결모형을 갖추는 데 도움을 줌으로써 학교폭력 해결을 돕는 전문서로 거듭나게 되었다. 학교폭력이 발생했을 때나 징후가 보일 때 당사자는 물론 가족과 학교 및 지역사회가 어떻게 대응해야 할지를 모르는 경우가 대부분이다. 이 책은 폭력의 피해를 사전에 발견하고 예방할 수 있는 방법을 제시하며, 피해자 가족이 더 이상 감정싸움으로 상처 뿐인 소송으로 치닫지 않도록 하기 위해 화해와 중재를 통한 원만한 해결방법을 상세하게 소개하고 있다.

특히 초기개입의 중요성을 강조하는데, 학부모와 교사가 초기에 적절하게 대처한다면 피해자와 가해자 모두가 피해를 최소화하고 성장할 수

---

[420] 조정실.차명호 공저, 학지사, 2010, 출판사서평, 학교폭력, 화해로 이끄는 절차와 대처기술 가이드북

있을 것이라고 말한다. 학교폭력에 관심있는 사람이라면 누구든지 이 책 속에 담긴 내용을 숙지하여 내 자녀가 피해자가 되었거나 혹은 가해자가 되었을 때 당황하지 말고 원만한 해결책을 찾기를 바란다. 아울러 학교현장의 교사가 교실의 주도권을 잡고 학교폭력에 단호하게 대처하는데, 그리고 현장 전문가가 유능한 해결중재자가 되는 데 유용한 지침서가 되기를 바라는 의도를 담고 있다. 학교폭력으로 어려움을 겪고 있는 모든 사람에게 작은 희망을 주는 지침서로서 학교폭력 피해학생 가족이 현장에서 체득한 경험적 지혜를 토대로 하여 피해학생과 가해학생, 부모와 교사 및 지역사회의 관점에서 대처할 수 있는 매뉴얼이다.

피해학생 부모 : 미안하다는 말만 했어도 법정까지 가지는 않았을 거예요!

피해학생 : 3년동안 아무도 내 말을 믿어 주지 않았어요.

가해학생 부모 : 우리 아이가 법적 책임을 질까봐 걱정되었어요.

가해학생 : 엄마만 아니었어도 미안하다고 말하고 싶었어요.

교사 : 나는 객관적으로 이 문제를 공정하게 해결하려 합니다. 못 믿겠으면 형사고발하세요.

학교 : 우리 학교에서는 이런 일이 일어날 수 없습니다.

이와같은 반응을 보이는 학교폭력에 관련된 사람들이 사건 발생 전과 발생 중, 그리고 발생 후에 어떻게 대응해 나가느냐에 따라 청소년에게 새로운 성장의 기회를 제공할 수도 있고, 또 다른 학교폭력 및 사회 문제로 확대시킬 수도 있다. 관련자 문제의 대부분은 학교폭력이 어떤 과정으로 진행되는지에 대한 이해가 부족하고, 또 사례를 통한 임상경험이 많지 않기에 당황하여 발생한다는 것이다. "처음부터 미안하다는 말 한마디만 했어도 이렇게는 안했어요!"라며 울분을 터트리는 피해학생 부모의 이야기는 학교폭력 대응방법 및 전략을 이해하는 일이 얼마나 중요한가를 극명하게 나타낸다." 사과하면 잘못을 인정하는 게 되잖아요. 우리 아이가 처벌받을 것 같아 걱정이 되어 사과할 수 없었어요."라는 가해학생 부모의 이야기는 폭력의 결과를 수용하는 데 엄청난 불안감을 갖고 있음을 보여 준다. 피해학생 부모와 가해학생 부모는 모두 자녀가 잘못될 것을 염려하면서도 효과적 해결책을 몰라 문제를 심각하게 만드는 경우가 많다. 피해학생 부모는 자녀가 평생 가슴에 상처를 안고 살까 봐, 가해학생 부모는 자녀가 범죄자가 되거나 '나중에 잘못될까'하는 염려를 가지고 있으면서도 개입 혹은 해결하는 방법을 몰라 답답해한다.

교사와 학교 및 지역사회도 유사한 상황에 놓이게 된다. 무엇을 어떻게 개입해야 할지 모르고 또한 개입하는 과정에서 스스로 더큰 문제에 연루될 것 같은 두려움을 갖게 된다. 그 결과 자신에게 모든 책임이 전가되거나 양쪽 부모로부터 상대편 입장만 옹호한다는 비난을 피하기 위해, 법적인 방법으로 문제를 해결하도록 은근히 바라게 된다. 학교폭력은 모두가 걱정을 하면서도 정작 외면하고 있는 문제다. 이는 폭력이 일어나는 심리적 과정을 알고 있는 사람이 드물고, 폭력을 다루는 방법을 아는 사람은 더욱 드물기 때문이다. 그렇기에 많은 사람이 폭력의 폐해를 알면서도 정작 폭력앞에서는 무기력해진다. 이런 상황이 반복되면 폭력이 미화되거나 일상화되어 폭력문화를 만들게 된다. 그리고 어느 정도의 폭력은 성장하는 과정에서 일어나는 '어쩔 수 없는 일'로 치부하게 된다.

그러는 가운데 '내 아이만 괜찮으면 된다.'는 편협한 생각에 빠지게 된다. 청소년기에 겪은 폭력의 피해는 그 후유증이 평생동안 지속된다. 올바른 가치관이 형성되기도 전에 입은 피해의식은 심각한 정신장애를 낳고 이는 개인의 일생에 걸쳐 걸림돌이 된다. 고통은 청소년 개인에 머무르지 않고 피해가족 전체의 고통으로 확대된다. 특히 가해학생에 대한 복수심으로 가족 중에 가장 약한 사람에게 분풀이하는 공격적 행동을 함으로써 가족의 피해로 확대되기도 한다. 최근 학교폭력은 마치 수업처럼 학교생활의 일부가 되었다. 어제, 어디서, 누구든지 별다른 이유없이 학교폭력의 피해자가 될 수 있다. 학교폭력의 이유가 무엇인지 규명하기 어렵고 만연되어 있기에 이를 근절하고 예방하는 것은 요원하다. 이 책에서는 학교폭력과 관련된 잘못된 사회적 통념을 성장통, 학생간의 세력다툼, 신고식, 피해자가 부적응아라고 인식하는 네 가지 유형으로 나누고 있다. 학교폭력에 대해 학부모나 교사는 자신의 학창시절을 기억하며 학생들 사이에서 생길 수 있는 경미한 다툼 정도로 여기거나 신고식이나 입문식으로 미화시키며 사춘기 시절의 반항 정도로 여기기도 한다.

그러나 현실을 볼 때 현재의 학교폭력은 심각한 범죄 수준에 이르렀으며, 피해자가 정신병으로 내몰리거나 자살에 이르는 경우도 있어 더 이상 두고 볼 수 없는 사회문제가 되었다. 학교폭력은 대응하는 방법에 따라 학생에게 성장의 기회를 제공할 수도 있고, 심각한 정신적 및 사회적 문제로 악화될 수도 있다. 이 책에서는 다양한 사례에 기초해 현장경험과 사례분석을 하여 대응모델을 제시함으로써 문제해결과 효과적 좌표를 제공하고자 한다. 이 책에는 학교폭력의 피해를 예방함은 물론 성장의 계기로 전환시키는 현실적 방안이 제시되어 있다.

(1) 학교폭력 발생 후 심리적 이해

특히 피해학생의 심리는 혼동스러울 것이다. 순철이는 학교에서 매일 짝에게서 폭행을 당한다. 집에다 말하면 맞고 다닌다고 혼나거나 엄마가 걱정하실 것 같아서 말을 하지 못하고 있다. 말을 한다고 해도 더 크게 보복당할 것 같아 걱정이 되었다. 그러던 어느 날 지나가는 말처럼 자신의 상황을 엄마에게 말했다.

순철: 엄마, 칠수는 우리 반에서 왕따예요. 어떨 때는 마구 맞기도 해요. 안됐어요"

엄마: 너는 그런 아이들하고 놀지도 말고, 괜히 그 아이 편들지 마. 그러다가 너도 왕따당할 수 있어.

순철이는 절망감을 느꼈다. 누구에게도 도움을 받을 수 없을 것 같아 두렵고 바보같은 자신과 이런 마음을 모르는 주변 사람에게 화가 났다.

학교폭력 사건 발생시 피해학생이 느끼는 가장 큰 감정은 두려움과 분노다. 다시 폭력을 당하는 것은 아닐까, 도움을 받을 곳이 있는가, 부모

자료: http://shopping.basket.co.kr/bookproduct/detailProduct.do?co_data_ven_no=10010&co_prd_mst_no=9788963303123(2012.1.22)

에게 말하면 혼나지 않을까 하는 두려움을 갖는다. 나아가 자신에게 폭행을 가한 대상과 보호해 주지 못한 학교와 교사, 심지어는 부모와 사회 전체에 대하여 분노를 느낀다. 분노속에는 원망과 무기력감이 동시에 수반된다.

(2) 가해학생의 심리

"사실 처음에는 장난으로 그랬어요. 수업시간에 조용히 하라고 얘기했는데 나한테 대들었어요. 원인 제공을 한 사람은 내가 아니고 걔란 말이에요. 그리고요, 걔가 나를 씹고 다녔어요. 나는 아무것도 안했는데, 완전 뒤통수를 쳤다니까요! 그런 것은 뭔가 경고를 줘야 하잖아요. 내가 잘못한 것이 아닌데, 왜 나만 나무라나요! 사실 때릴 때도 많이 때리지도 않았어요. 전 그렇게 일이 커질 줄은 몰랐어요." 이때 사건이 원만하게 해결되지 못하면, 가해학생은 심각한 수준의 의식왜곡을 일으켜 대부분 자기 정당화를 위해 피해학생의 행동을 탓하거나 잘못을 지적한다.

적절하게 책임있는 행동을 하는 방법이 필요하다. 학교폭력에 대한 적절한 대응법의 배울 시기를 놓치게 되면 성인이 되어 더 큰 범죄행동을 저지르거나, 죄책감을 느끼며 살아갈 수 있다.421)

2) 이선생의 학교폭력 평정기

학생들은 하루의 반 이상을 학교에서 지낸다. 아이들에게 학교는 배움터이자 매우 소중한 삶터이다. 이러한 소중한 삶터에서 아이들은 불행히도 폭력을 일상적으로 경험한다. 어른들처럼 아이들도 늘 서로 비교하고, 서열을 인식하며, 경쟁에서 살아남기 위해 자신만의 무기를 갈고 닦는다. 따돌림, 센 척, 권력다툼 등의 학교폭력을 통해 아이들이 배우는 것은 '지배와 굴종의 사회학'이다.422)

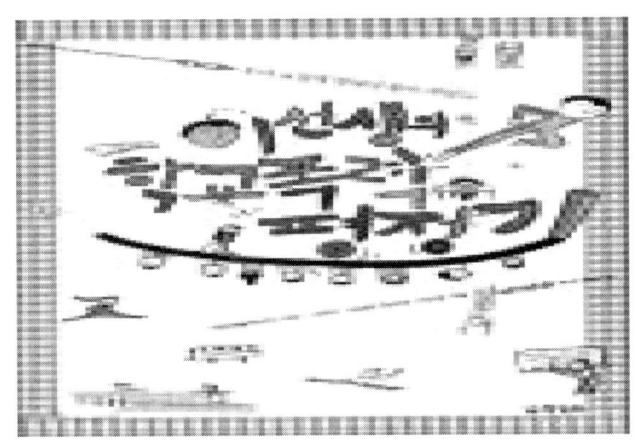

자료: http://shopping.basket.co.kr/bookproduct/detailProduct.do?co_data_ven_no=10010&co_prd_mst_no=9788963720036(2012.1.22)

교사들도 마찬가지다. 교사들은 경력이 많건 적건 간에 학교폭력 때문에 많은 어려움을 겪는다. 평화로운 학교생활을 원하지 않는 교사는 없

---

421) http://shopping.basket.co.kr/bookproduct/detailProduct.do?co_data_ven_no =10010&co_prd_mst_no=9788963303123(2012.1.22)
422) 김경욱 등저, 양철북, 2009, 출판사서평, 교사들이 직접 쓴 학교폭력 희망 보고서!

다. 이런 교사들에게 학교폭력은 그 자체가 고통이다. 여기에 학교폭력에 대한 오해와 '아무리 해도 학교폭력을 해결할 수는 없어'라는 무기력이 고통을 증폭시킨다. 이 책을 쓴 교사들은 학교공동체 구성원들이 함께 노력하면 아이들을 '지배와 굴종'으로부터, 교사들을 '오해와 무기력'으로부터 구해낼 수 있다고 말한다. 즉 다소 과장되기는 하지만 이 책의 제목처럼 학교폭력을 '평정'할 수 있다고 목소리를 높인다. 그리고 그 근거로 자신들의 학교현장에서의 공부하고 실천한 생생하게 체험을 제시한다. 이 책은 대한민국 교사들이 처음으로 공개하는 학교폭력 희망보고서이다.

(1) 학교폭력 해결을 위한 새로운 제안

이 책의 마지막 이야기인 '나이팅게일의 일기'에는 학교폭력의 발생과 해결과정을 다룬 한 가지 사례가 나온다. 우연한 사건을 통해 한 반 전체가 폭력을 매개로 한 약육강식의 피라미드처럼 되어 있는 것이 밝혀진다. 담임교사가 이를 교감, 교장에게 보고한다. 빠르게 조사가 시작되고, 가해자와 피해자가 가려진다. 가해자는 징계를 받고 사건은 마무리된다. 만약 학교 이미지 실추를 두려워한 교장의 지시가 없었다면 사건은 경찰에게 넘어갔을 것이다. 이 사례에는 학교폭력에 대한 몇 가지 전형적인 오해들이 담겨 있다. 이것은 이 책이 말하는 핵심이기도 하다.

먼저, 학교폭력의 일상성이다. 우리는 학교폭력을 때리고 찌르는 따위의 끔찍한 사건으로 이해한다. 오랫동안 대중매체가 다룬 방식에 익숙해 있기 때문이다. 하지만 이 사례가 보여주는 것처럼 학교폭력은 매우 일상적이다. 아이들이 아이들을 지배하는 방식은 때리는 등의 직접적인 폭력 뿐만 아니라 숙제를 대신 해오게 하거나 컨닝을 강요하거나 각종 심부름을 시키는 따위의 일상생활을 통해 집요하게 이루어진다. 다음으로는 학교폭력의 구조성이다. 위의 사례처럼 학교폭력은 매우 견고한 구조를 갖는다. 피라미드의 꼭대기에 있는 아이가 다음 서열의 아이들을 폭력으로 지배하고, 다음 서열의 아이들은 그 다음 서열의 아이들을 똑같은 방식으로 지배한다. 가해자와 피해자가 구분되지 않는 구조다. 모두가 피해자인 동시에 가해자인 셈이다. 이런 구조를 이해하지 못한 채 피해자와 가해자를 구분해서 문제를 해결하는 것은 뿌리는 내버려 둔 채 가지만 자르는 것이다. 마지막으로 이해와 대화를 통한 평화적 해결의 가능성이다. 위의 사례처럼 많은 학교폭력은 학교의 명예를 지킨다는 이유로 본질이 은폐되거나, 너무나 쉽게 경찰에 넘겨져 법에 의존하게 된다. 하지만 이 책은 법과 공권력에만 의존하는 이러한 해결책을 경계한다. 법과 공권력은 학교폭력을 '사건'으로 다룰 뿐, '인간관계' 문제로 보지 않기 때문이다. 학교폭력을 '사건'으로만 보면 가해자와 피해자를 구분하는 이분법에서 한발 짝도 벗어날 수 없게 된다. 학교폭력은 일상의 비인간적 권력관계에서 비롯된다. 따라서 학교폭력 해결의 핵심은 비인간적인 관계를 인간적인 관계로 전환하는 데 있다. 법과 공권력 이전에, 상호이해를 위한 학교·학급에서의 자치활동이 우선인 것이다.

(2) 집단창작으로 이루어낸 성과

교사들은 2001년부터 한 달에 두 번씩 꼬박꼬박 모여 학교폭력에 대해 공부하고 서로의 경험을 나누었다. 사회적으로 학교폭력의 정의조차 합의하지 못한 상황에서 공부는 갈팡댔고, 좌절 뿐인 경험 나누기는 고통스러웠다. 하지만 모임에서 나눈 것을 교실에서 실천하는 과정을 수없이 되풀이하면서, 교사들은 '할 수 있다'는 자신감을 갖게 되었다. 이 책은 학교폭력에 맞선 교사들의 자신감과 희망의 기록이다. 이 책에는 학생생활연구회의 따돌림사회연구모임 교사들이 직·간접으로 겪은 학교폭력 사례들이 들어 있다. 교사들은 다양한 사례를 재구성해 학교폭력의 현실을 꿰뚫는 여섯 가지 이야기를 만들어냈다. 이야기들은 우리 시대 학교폭력의 전형이라고 할만큼 생생하며 본질적이다. '평화의 신은 없다' 편은 교사가 학교폭력 가해자의 난폭함에 대응하지 못하는 현실을 그린다. '평화의 신은 있다' 편은 시기와 질투, 따돌림에 물들어 있는 겉모습과는 다르게 아이들의 마음속에 평화에 대한 욕구가 있으며, 그것을 교사가 어떻게 끌어내는지를 보여 준다. '어느 파시스트의 학창시절' 편은 일상의 파시즘이 인간관계와 권력다툼속에서 증식되어 가는 과정을 파헤친다. '김경태의 생존수칙' 편은 아이들이 의식적으로 활용하는 여러 가지 권력유지 수법을 소개한다. 요즘 아이들이 순진하지만은 않다는 것을 알 수 있을 것이다. '그래도 연극은 계속된다' 편은 자신들의 거짓과 어리석음을 알면서도, '센 척' 때문에 가식적인 언행을 계속하는 비극적인 현실을 고발한다. '나이팅게일의 일기' 편에는 서로 다른 교육관을 가진 두 교사가 등장한다. 이들의 행보를 통해 학교폭력에 철저하게 대응하지 않으면 구조적인 학교폭력을 해결할 수 없음을 이야기한다.[423]

20. 학교폭력 대응 위해 교사·학부모·학생 간담회

대전중부경찰서(정기룡 서장)는 2012년 1월 27일 오후 대전중부경찰서 사랑홀에서 학교폭력 공동대응을 위해 교사·학부모·학생 간담회를 열었다.[424] 즉, 중부경찰서는 중고교 학생부장과 학부모, 학생 등 학교현장 관계자 12명을 초청해 소속 경찰관을 포함, 30명이 참여한 가운데 대화를 나누었다. 이 간담회에서는 경찰의 학교폭력 대책, 학교와 경찰 간 학교폭력 정보교류, 피해청소년의 보호 등에 대해 의견을 주고 받았다. 경찰측은 경미한 학교폭력에 대해서는 선도조치를 우선으로 하고 보복성 범죄에 대해서는 피해자 보호 차원에서 강력하게 처리할 것을 표명했다. 학교측 관계자는 다가올 졸업시즌에 맞춰 "지난해 경찰과의 협력으로 강압적 졸업식 뒤풀이가 없었다"면서 올해에도 경찰의 협조를 부탁했다. 이에 경찰은 "학교폭력 예방과 처리를 위한 학교의 협조요청에 적극적으로 참여하겠다"고 밝혔다.[425]

---

423) http://shopping.basket.co.kr/bookproduct/detailProduct.do?co_data_ven_no =10010&co_prd_mst_no=9788963720036(2012.1.22)
424) 2012년 01월 28일 (토) 17:04:29, 김지현 기자 kjh@newscj.com [천지일보 대전]
425) http://www.newscj.com/news/articleView.html?idxno=114362(2012.1.28)

▲ 학교폭력 공동대응 위해 27일 대전 중부경찰서에서 교사·학부모·학생 간담회를 열었다.(대전 중부경찰서)
자료: http://www.newscj.com/news/articleView.html?idxno=114362(2012.1.28)

21. 학교폭력 토론회와 해결대책

 2012년 1월 27일 영등포텃밭포럼 주최 '학원폭력 원인과 근절대책은 무엇인가" 주제의 제5차 긴급현안 토론이 영등포동자치회관에서 영등포 내 주요 학부모단체 임원들이 참석한 가운데 있었다. 주관단체의 사무국장은 ○○중학교 운영위원 자격으로 발표하였으며 그 내용인 학교폭력대책 5가지를 인용한다. 최근 대구중학생 자살, 여주 일진회 사건 등 심각한 학교폭력이 사회 문제화되고 있다.
 하지만 한국 사회의 구조적 모순은 이러한 학교폭력을 이미 폭넓게 담고 있다고 해도 과언이 아닐만큼 그 위험수위는 일반인의 상상을 초월하고 있다. 이같은 학교폭력의 원인을 일선교단에서는 공통적으로 이혼 등 결손가정 자녀들의 두드러진 폭력성을 지적하고는 한다. 그런 의미에서 그는 근년부터 대한민국 사회에 급증한 가정붕괴에 학교폭력 급증의 원인이 있다고 생각한다고 한다. 가정이 붕괴될수록 학교는 동일선상에서 붕괴되고 곧이어 우리 사회의 붕괴로 가고 있다는 판단이다. 이에 우리 교육을 아끼는 학부모의 한사람으로서 몇가지 폭력예방 및 근절차원에서 의견을 내놓고 그 실행을 강하게 주장한다.

첫째, 무엇보다도 의지를 갖고 지속적이고 주기적인 폭력예방 교육이 필요하다. 다른 말로 표현하면 그것은 '급우사랑교육'이라고 칭할 수 있다. 언젠가 모르게 학교내 순결교육이 없어졌다. 그런 와중에 학생들의 음란물 범람, 조기성경험, 출산 등 부작용이 속출하고 있다. 한마디로 교육당국이 의지를 잃은 것이다. 교육은 밑으로 빠지는 물을 먹고 자라는 콩나물처럼 끝없는 반복적인 사랑이 원천이라고 할 수 있다. 그런 의미에서 지금부터라도 UCC 등 학생들의 눈높이에 맞춘 예방교육을 주기적으로 실시해야 한다. 의지를 잃지 않는다는 것이 중요하다고 보기 때문이다.

둘째, 맞춤형 학생자원봉사 활성화이다. 자원봉사는 학생 간 그리고 우리사회의 사랑과 협동의 중요성을 일깨우는 중요한 자리이다. 그중에서 아이들의 정서에 부합된 자원봉사를 강조하고 싶다. 예를 들면 흡연학생에게 담배꽁초 줍기, 폭력학생에게 어르신 효도봉사 등 청소년들의 섬세한 정서를 함양할 수 있는 자원봉사 프로그램이 많아졌으면 한다. 이를 지역내 봉사단체나 학부모단체와 연계한다면 훨씬 효과가 있을 것으로 보인다는 의견이다.

셋째, 체벌인정을 교칙화해야 한다. 체벌은 사랑이다. 최소한 학생들의 잘못을 일깨울 수 있는 체벌준칙을 학교 또는 교육당국이 민주적으로 마련하고 이를 시행해야 한다. 최근 발효된 학생인권조례 중 체벌금지가 자칫 이를 이용한 이기적 학생을 양산할 우려가 너무도 커 보인다. 감정이 아닌 사랑의 체벌은 반드시 있어야 한다는 것이다. 그러나 필자로서는 자칫 폭력이 폭력을 부를 수 있다는 측면에서 다른 의견을 제시하고 싶다. 즉, 이는 교사의 학생에 대한 체벌금지라고 할 수 있는데 사실 그와같은 의견을 가진 교육전문가도 많으므로 체벌허용 문제는 조심스럽게 접근해야 할 것으로 판단된다.

넷째, 현 14세 미만 형사처벌금지 연령제한을 성범죄에 관한 한 폐지 또는 하향 조정해야 한다. 물론 가해자의 단 한번의 실수가 평생을 범죄자로 만든다는 비판도 있다. 그렇지만 성범죄 피해자의 입장에서 본다면 이는 평생 씻을 수 없는 상처가 된다. 최근 아이들의 성조숙증 등 신체적 발달에도 기인하며, 중요한 것은 최소한 아이들이 성에 눈을 떴다는 것이 그에 관한 한 어른으로 봐줘야 할 사안이기에 연령제한을 폐지 또는 하향 조정하여 제도적인 폭력예방 조치를 취해야 한다.

다섯째, 학교 또는 경찰서 직영 스쿨 폴리스 제도의 전격적 시행이다. 스쿨 폴리스는 어르신 일자리 창출차원에서 만들어지는 학교용역직원이 아니다. 최소한 준교사로서 학교내 언제 어디서 일어날지 모르는 학교폭력을 예방하고 단속하는 경찰적 개념이다. 이 제도가 효과를 보기 위해서는 반드시 학교직영이어야만 한다. 경우에 따라서는 지자체에서 예산을 지원하고 경찰서에서 파견한다면 학내폭력에 대한 조직 및 정보수집 그리고 근접관리도 용이할 수 있는 장점도 있을 것이다. 학교에 학생지도교사를 넘어 '폴리스' 개념까지 등장한 것은 그만큼 우리 학원이 황폐화되었다는 증거이다. 이미 학교폭력이 일반인들이 생각하는 이상으로 수위를 넘었다는 점을 인식해야 할 것이다.

물론 비전문가라고 하면서 겸손해하는 발표자가 내놓는 의견들이 '사랑이 교육의 열쇠'인 우리 교육현장에 100% 효과를 거두기에는 턱없이 모자랄 것이라고 한다. 그러나 우리의 가정, 학교, 사회 등 모든 주체들이 관심을 갖고 기울이는 작은 노력들이 반드시 학교폭력 근절로 이어지리라 확신한다고 주장한다. 또 발표자는 이와같은 의견들이 부디 대한민국 교육붕괴를 막는 작은 밑거름이 되길 기원해 본다는 바람이다.[426)427)] 훌륭한 의견이며 학교폭력에 대한 대안으로 참고할만하다고 생각한다.

22. '소탕'의지 보여야 학교폭력 근절대책

최근 학교폭력으로 자살한 대구 중학생 사건이 터진 후 전국 곳곳에서 학교 폭력의 실상이 속속 밝혀지면서 교육계 뿐만 아니라 정부, 국회, 검찰, 경찰에 이르기까지 대책마련에 부심하고 있다.[428] 특히 여주 모 중학교에서 조직폭력배나 피라미드 조직처럼 집단화돼 범죄를 일삼았던 중학생 일진회가 무더기로 경찰에 붙잡히면서 조직적으로 이뤄지고 있는 학교폭력의 심각성과 함께 더 이상 방치할 수 없다는 여론이 확산되고 있다. 하지만 현재 대책으로 제시된 방안들이 '연령대를 낮춘 형사처벌 등 가해자 엄벌 및 격리', '학교폭력 가해 사실 학교생활기록부 기록', '가해자를 위한 대안학교 운영' 등 대부분 가해자 위주의 처벌에만 치중하고 있는 실정이다. '지피지기 백전불패(知彼知己 百戰不敗)'라는 말처럼 일진회의 실체와 학교별 폭력실태 파악조차 되지 않은 상황에서 이러한 대책은 미봉책(彌縫策)에 불과하다. 실제 경기도교육청이 '스쿨 폴리스', '또래중조 프로그램' 등 학교폭력의 특단 조치로 내놓은 방안들이 기존의 대책과 별 차이가 없어 실효성 논란이 일고 있고, 경기도가 학교폭력 예방과 대책 마련을 위해 설치한 '학교폭력대책지역위원회'가 관계법령이 상이한 청소년육성위원회와 통합운영되고 있는 사실 등이 이를 뒷받침해 주고 있다. 이에 경기신문은 최근 학생폭력(성폭력) 예방교육에 앞장서고 있으며 퇴직한 교장 및 교감, 교사 등 교육원로들로 이뤄진 경기교육삼락회 기획이사와의 인터뷰를 통해 학교폭력의 중심축으로 떠오르고 있는 일진회의 실체와 이에 따른 대책방안 등에 대해 살펴보고자 한다.

---

426) 2012년 1월 27일, 발표자. ○○중학교 운영위원
427) http://blog.naver.com/PostView.nhn?blogId=yskim138&logNo=30129768837 (2012.1.28)
428) 경기교육삼락회 기획이사의 주장

<일진회의 실체>
　전(前) 광주하남교육장을 역임한 경기교육삼락회 기획이사는 2000년대 초반 일진회 사건으로 세상이 떠들썩했을 당시 경기도교육청 정책교육과장으로 일하면서 일진회와 관련된 연구를 시작했다고 한다. 그에 따르면 일진회는 1904년 9월 대한제국시대에 독립협회가 해산된 후 일본정책을 지지, 홍보하는 역할로 일본정부의 지원을 받아 구성된 친일파 조직으로서 처음 유신회라는 이름으로 시작했지만 일진회로 그 명칭을 변경했다. 1910년 한일병합 후 반민족 행위를 한다는 명분하에 일본정부에 의해 해산됐다. 이후 일진회는 1997년 일본 만화에 다시 등장하면서 일본 고교생들에게 전파돼 짱(우두머리), 2짱, 3짱이 있는 학생조직으로 재탄생하게 된다. 일진회가 한국으로 건너 온 시기는 정확치 않으나 최근 일진회는 싸움 잘하는 짱과 공부 잘하는 짱으로 구성돼 초·중·고 연계조직과 지역연합도 있다. 2005년 경찰청 주최 학교폭력 예방 워크숍에서 발표된 자료에 의하면 당시 400여개의 연합 조직체가 전국에서 존재했다고 한다.
　일진회는 중학교 일진들이 노는 초등생을 대상으로 5학년 때 6학년 추천을 받아 1차 선발하고, 6학년이 되면 2차 선발해 중학교 입학 후 정식 신고식을 통해 멤버로 활동하게 된다. 멤버로 결정된 이들은 서로 마주보고 뺨을 때려 끝까지 울지 않는 독종이 짱으로 뽑힌다. 일진회는 2000년도 당시 1일 콜라텍을 열어 섹스행위 연출, 섹스 연합단을 조직했으며 2003년도엔 1천200여명의 회원들이 락카페를 열어 섹스머신과 노예카페도 열었다. 이들은 때리기놀이, 왕따놀이, 기절놀이, 강간놀이, 졸업빵, 흙바닥 핥아먹기 등의 폭행을 즐긴다. 일진회 일원들은 우선 자금을 조달하는 멤버, 싸움 잘하는 멤버, 말로 위압감을 줄 수 있는 일명 '깡' 있는 멤버, 백그라운드가 좋은 멤버 등으로 구성된다. 이들의 자금관리는 주로 금품갈취로, 올해 1월 초 서울 강남지역의 경우 상납액을 정해 하청을 주는 피라미드식 금품갈취에 50여명이 가담, 20여개교 700

여명이 수억원에 이르는 금전적 피해를 본 것으로 드러났다. 일진회의 가장 큰 폐해는 당사자가 어떻게 가입했는지 모르는 데다 탈퇴는 상상조차 하기 힘든다는 것이다. 게다가 주변에서 조언을 해주는 사람도 없다 보니 반성이나 잘못을 뉘우치는 면도 없다는 점이다. 일진회 멤버인 K(15) 군은 "자신의 가족 중 싸움 잘하고 잘 노는 형, 누나가 있다 보니 자연스레 일진들과 접촉하게 됐다"면서 "자주 어울리다 보니 어느새 멤버로 가입돼 있었다"고 밝혔다. 그는 또 "탈퇴한다면 3~4명이 200여대의 따귀를 때려 기절시키기, 이사를 가면 이사간 학교 회원들을 통해 하는 가혹행위를 보았기에 탈퇴는 엄두도 못 내고 끌려만 다녀야 한다"고 말했다.

　　<일진회 및 학교폭력에 대한 대책>

　일진회의 멤버 영입이 초등학교에서부터 이뤄지는 만큼 학교 뿐 아니라 학부모까지 발벗고 나서 초등학생 때부터 일진회 실상을 알려 어울리지 않도록 하는 것이 중요하다. 기획이사는 "학교를 찾아가 일진회의 실상과 성폭력 예방강의를 하다 보면 몰랐던 사실을 알게 됐다고 말하는 교사나 학부모들이 예상 외로 많았다"며 "특히 학부모들이 일진회를 모르다 보니 '이러다 말겠지'라고 생각한다. 이같은 무관심이 가장 큰 문제"라고 말했다. 그는 특히 "가해학생들의 상담사례를 보면 학교에서 '경위서 쓰기' 등 강력한 제재조치를 가하는 경우가 많았다"며 "이들에게 어떤 점이 잘못됐고 피해자들의 고통이 얼마나 심각한 지 느낄 수 있도록 하는 프로그램 운영 등 실질적인 조치가 필요하다"고 조언했다. 현재 교육청에서는 가해자를 중심으로 한 대안학교를 운영하고 있는데, 이들이 진심으로 뉘우치고 반성할 수 있는 실질적 프로그램을 도입한다면 큰 문제가 없겠지만, 자칫 대안학교에서 또 다른 범죄가 발생할 수 있는 확사작용을 불러 올 수도 있다는 점도 염두해둬야 한다고 조언한다. 이와함께 가해학생들에게 필요하다면 피해학생에게 접촉 및 협박금지, 학급교체, 전학, 사회, 교내봉사, 전문가에 의한 특별교육, 심리치료, 10일

이내의 출석정지, 퇴학처분 등 강력한 제재조치도 실정에 맞게 운영해야 한다. 하지만 그는 무엇보다 최우선돼야 할 것은 이같은 학교폭력 사태가 앞으로 발생하지 않도록 하는 예방조치가 지속적, 연속적으로 이뤄져야 한다고 말한다. 특히 교장과 교사들이 관심과 애정을 갖고 학교내 실질적인 실태조사와 올바른 상담기법을 개발하는 동시에 이러한 일련의 활동들이 끊임없이 이뤄져야 한다고 주장한다. 그는 "학교폭력사건이 발생한 학교에만 책임을 물을 것이 아니라 해당 교육청에도 책임을 묻는 정책을 펼쳐야 한다"며 "사태의 심각성이 극에 달한 만큼 정부 등 모든 기관단체가 관심을 가져야 한다. 특히 가장 확실한 근본 해결책은 학생을 교육하는 학교와 교육청이 실질적 예방대책과 함께 이를 실천에 옮기는 것이 가장 중요하다고 생각한다"고 밝혔다.

구체적인 방안으로서 ▲ 학교내 실질적 비상대책위 구성을 통한 폭력 실태 조사 ▲성폭력, 일진회 실상 파악 등 교육과정을 교육청 연수과정에 포함 ▲국제 혁신포럼을 통한 여러 나라의 학교폭력 예방대책 수렴 ▲ 전문적 교육·예방 단체 협조 요청 등을 들 수 있다.

기획이사는 "'중국에서 물에 빠져 허둥대는 학생을 보고 귀찮아 못본 체하고 집에 와 보니 그 학생은 바로 자기 아들이었다'라는 기사를 본 적이 있다"면서 "아동폭력(성폭력) 전국 1위인 경기도, 신년 초 여주, 이천, 안산 일진회 폭력으로 학생들이 구속되는데, 지금껏 못본 체, 못들은 체, 없었던 일로 내 자식이 아니니까 이를 외면했던 학교, 교육청, 학부모, 주민 사회 모두가 한번 되새겨 볼 필요가 있다고 언급한다.[429]

23. 학교폭력에 관한 현직교사의 해결방법

EBS에서 방송한 학교폭력 대담을 시청한 바 전교조위원장은 주로 학생인권만 강조하고, 모대학 교수는 학교외곽지원단체를 늘려서 재정적

---

429) http://blog.daum.net/yskim138/15714630(2012.1.28),(경기신문 2012.1.20일자)

인 지원을 늘려야 한다는 터무니없는 주장이고 피해자단체 회장인 학생 어머니는 비록 학문적인 지식은 부족하지만 현실을 정확하게 집고 대책을 주장하는 것 같았다. 다행스럽게도 국회의원 2명은 학교현실을 직시하고 있어 마음이 편해진 것 같다.[430)]

　본인이 근무하고 있는 00여자고등학교도 전체 학생의 40%가 흡연을 하고 5% 정도가 폭력성이 있었다. 교장선생님의 확고한 학생지도방침과 생활지도부 선생님들의 지원 아래 열심히 학생주변을 관찰하고 집요하게 추적하여 학교에서의 흡연은 99% 사라졌고 폭력성은 문제될 만큼은 없는 것 같다. 근무는 8시간을 고집하지 않고 시험 때는 6시간 근무, 평상시는 9-10시간 근무하며 최선을 다했다.

　인생의 마지막 봉사라고 생각하고 무지막지할 정도로 학교와 학생을 위하는 일이라면 누구의 눈치도 안보고 열심히 하였다. 저희 학교에 배움터지킴이를 1명만 더 지원해준다면 저는 학교에서의 흡연과 폭력을 100% 잡을 수 있다고 장담한다. 충주 대원고, 통영 충무중학교에서는 아름다운 고자질(핸드폰 문자이용)을 학생들에게 전파하여 흡연과 폭력일소에 100%의 실적을 올려 국립암센타로 부터 금연대상과 함께 상금 10,000,000원도 받았다고 한다. 아름다운 고자질은 비열한 짓이 아니고 친구를 바른 길로 가도록 도와주는 것이라는 것을 학생들에게 설득하여야 할 것이다. 저는 선생님들이 쉬는 시간에는 항상 학생곁에서 같이 있으며 주변을 계속 살폈다. 그리고 그들과 대화를 하였다. 학생들은 거의 대부분 단순하기 때문에 지속적인 관심을 갖고 관찰을 하면 해결책이 보인다.

　1,000여명의 학생을 어떻게 관찰하느냐 하시는 분도 있을 것이다. 학생주변을 관심을 갖고 순찰하다 보면 문제학생이 눈에 뜨인다. 그때부터 그 학생에 대해 배가하여 관심을 갖고 관찰하면 해결방법이 나온다. 기

---

430) 필자: 대산, 조회 138, 2012.01.21. 10:00(2012.1.28)

타 많은 방법이 있지만 그것은 상황에 따라 다르기 때문에 그때 그때 연구하여야 될 것 같다. 어떤 문제학생은 평생 한번도 사랑을 받아본 적이 없다고 말한 적도 있다.[431]

위글에 대한 의견을 피력한 글을 보면 우선 대산님 의견에 동감입니다. 저도 어제 3시간 동안 시청했는데 국회의원, 교원회장, 교원노조위원장 등이 학교폭력예방 대책보다는 정치적인 발언 등으로 인해 답답했습니다.[432] 대안교실보다 대안학교 설립, 생활기록부 기록 참고(대학입시 때는 삭제), 의무교육인 중학교도 강제전학이 필요하다고 생각합니다. 교육과학기술부(교육청, 지방자치단체)에서 가장 적은 예산으로 배움터지킴이 봉사근무자 2명 배치가 가장 효과있는데, 우선 중학교라도 2명을 배치하면 큰 효과가 있을텐데요. 대산님의 봉사정신 존경스럽습니다. 대산 선생님의 봉사정신과 학생들 사랑하는 마음 존경스럽습니다.

저도 선생님 생각에 공감합니다.[433] 학교를 위하여 무엇이든 하겠다고 생각하고 행동을 실천하기 위하여 고민하고 노력하면 대산님과 같이 봉사정신 이루어지겠지요.[434] 긍정의 힘이 부정의 정신을 밀어낼 것입니다. 그 정신 존경합니다.

학교폭력 방지를 위하여 나름대로 많은 생각을 하고 있지만 대산선생님 만큼 적극적이지 못했던 것 같습니다. 이점 반성하며 좀더 많은 노력과 봉사를 해야겠습니다.[435] 참으로 학교현실, 현장을 꿰뚫고 있는 듯,

---

431) 학교폭력예방및대책에 관한 자료가 필요하신 분은 연락주시면 힘닿는 한도내에서 수집하고 만든 자료를 드린다는 언급이다. 또 전직 교장선생님이신 어느 선생님은 바르고 깊은 마음이 담긴 자료를 갖고 계신 것 같다. 학생선도를 위해 얼마전 방학 중임에도 학생들을 불러내 스케이트장도 같이 갈 정도이다. 그는 24시간 학생을 사랑하고 생각하시는 분이다고 언급한다.
432) 심고지족 2012.01.21. 11:16
433) 전통 2012.01.21. 14:43
434) 오재헌 2012.01.21. 16:21
435) 천곡 2012.01.21. 21:54. 잘 보았습니다! 우리가 할 일! 배움터지킴이가 할 일! 열심히 하겠습니다! 이문호(우표) 2012.01.22. 21:26. 학교폭력은 추방되어야 합니다. 피톤치드 2012.01.24. 05:15

열정의 마음, 생각, 행동실천을 하는 감동에 동참하고 싶을 정도로 훌륭하고 수범이 되는 것 같습니다.[436] 평소에도 대산님의 실천강령정신은 잘 알고 있는데, 나름대로 열심히 해보겠습다.[437]

---

436) 솔직이 2012.01.25. 14:47
437) http://cafe.daum.net/jikimi2008/Nx72/1254?docid=1FA9p|Nx72|1254|20120121100035&q=%C7%D0%B1%B3%C6%F8%B7%C2(2012.1.28)

〈부록1〉 학교폭력 예방 및 대책에 관한 법률[438]

제1조(목적) 이 법은 학교폭력의 예방과 대책에 필요한 사항을 규정함으로써 피해학생의 보호, 가해학생의 선도·교육 및 피해학생과 가해학생 간의 분쟁조정을 통하여 학생의 인권을 보호하고 학생을 건전한 사회구성원으로 육성함을 목적으로 한다.

제2조(정의) 이 법에서 사용하는 용어의 정의는 다음 각 호와 같다. <개정 2009.5.8>

1. "학교폭력"이란 학교 내외에서 학생 간에 발생한 상해, 폭행, 감금, 협박, 약취·유인, 명예훼손·모욕, 공갈, 강요 및 성폭력, 따돌림, 정보통신망을 이용한 음란폭력 정보 등에 의하여 신체·정신 또는 재산상의 피해를 수반하는 행위를 말한다.
2. "학교"란「초·중등교육법」제2조에 따른 초등학교·중학교·고등학교·특수학교 및 각종학교와 같은 법 제61조에 따라 운영하는 학교를 말한다.
3. "가해학생"이란 가해자 중에서 학교폭력을 행사하거나 그 행위에 가담한 학생을 말한다.
4. "피해학생"이란 학교폭력으로 인하여 피해를 입은 학생을 말한다.
5. "장애학생"이란 신체적·정신적·지적 장애 등으로「장애인 등에 대한 특수교육법」제15조에서 규정하는 특수교육을 필요로 하는 학생을 말한다.

제3조(해석·적용의 주의의무) 이 법을 해석·적용함에 있어서 국민의 권리가 부당하게 침해되지 아니하도록 주의하여야 한다.

제4조(국가 및 지방자치단체의 책무) ① 국가 및 지방자치단체는 학교

---

438) [시행 2011.11.20] [법률 제10642호, 2011. 5.19, 일부개정]교육과학기술부(학교문화과), 02-2100-6644

폭력을 예방하고 근절하기 위하여 조사·연구·교육·계도 등 필요한 법적·제도적 장치를 마련하여야 한다.
② 국가 및 지방자치단체는 청소년 관련 단체 등 민간의 자율적인 학교폭력 예방활동과 피해학생의 보호 및 가해학생의 선도·교육활동을 장려하여야 한다.
③ 국가 및 지방자치단체는 제2항에 따른 청소년 관련 단체 등 민간이 건의한 사항에 대하여는 관련 시책에 반영하도록 노력하여야 한다.
④ 국가 및 지방자치단체는 제1항부터 제3항까지의 규정에 따른 책무를 다하기 위하여 필요한 예산을 지원하여야 한다.

제5조(다른 법률과의 관계) ① 학교폭력의 규제, 피해학생의 보호 및 가해학생에 대한 조치에 있어서 다른 법률에 특별한 규정이 있는 경우를 제외하고는 이 법을 적용한다.
② 제2조제1호 중 성폭력은 다른 법률에 규정이 있는 경우에는 이 법을 적용하지 아니한다.

제6조(기본계획의 수립 등) ① 교육과학기술부장관은 이 법의 목적을 효율적으로 달성하기 위하여 학교폭력의 예방 및 대책에 관한 정책 목표·방향을 설정하고, 이에 따른 학교폭력의 예방 및 대책에 관한 기본계획(이하 "기본계획"이라 한다)을 제7조에 따른 학교폭력대책기획위원회의 심의를 거쳐 수립·시행하여야 한다.
② 기본계획은 다음 각 호의 사항을 포함하여 5년마다 수립하여야 한다. 이 경우 교육과학기술부장관은 관계 중앙행정기관 등의 의견을 수렴하여야 한다.
1. 학교폭력의 근절을 위한 조사·연구·교육 및 계도
2. 피해학생에 대한 치료·재활 등의 지원
3. 학교폭력 관련 행정기관 및 교육기관 상호 간의 협조·지원
4. 학교폭력의 예방과 피해학생 및 가해학생의 치료·교육을 수행하는 청소년 관련 단체(이하 "전문단체"라 한다) 또는 전문가에 대한 행정적·

재정적 지원
5. 그 밖에 학교폭력의 예방 및 대책을 위하여 필요한 사항

제7조(학교폭력대책기획위원회의 설치·기능) 학교폭력의 예방 및 대책에 관한 다음 각 호의 사항을 심의하기 위하여 교육과학기술부장관 소속으로 학교폭력대책기획위원회(이하 "기획위원회"라 한다)를 둔다.
1. 학교폭력의 예방 및 대책에 관한 기본계획의 수립 및 시행에 대한 평가
2. 학교폭력과 관련하여 관계 중앙행정기관 및 지방자치단체의 장이 요청하는 사항
3. 학교폭력과 관련하여 교육청, 제9조에 따른 학교폭력대책지역위원회, 제12조에 따른 학교폭력대책자치위원회, 전문단체 및 전문가가 요청하는 사항

제8조(기획위원회의 구성) ① 기획위원회는 위원장 1인을 포함한 15인 이내의 위원으로 구성한다.
② 위원장은 교육과학기술부차관이 되고, 위원장이 사고로 직무를 수행할 수 없을 때에는 위원장이 지정하는 위원이 위원장의 직무를 대행한다.
③ 위원은 학식과 경험이 풍부하고 청소년보호에 투철한 사명감이 있는 자로서 다음 각 호의 어느 하나에 해당하는 자 중에서 위원장이 위촉한다.
1. 학생 생활지도 경력이 10년 이상인 교원
2. 삭제<2010.1.18>
3. 관계 중앙행정기관에 소속된 3급 공무원 또는 고위공무원단에 속하는 공무원으로서 청소년 또는 의료 관련 업무를 담당하는 자
4. 대학이나 공인된 연구기관에서 조교수 이상 또는 이에 상당한 직에 있거나 있었던 자로서 학교폭력문제에 관하여 전문지식이 있는 자
5. 판사·검사·변호사
6. 전문단체에서 청소년보호활동을 5년 이상 전문적으로 담당한 자
7. 의사의 자격이 있는 자
8. 학교운영위원회 활동 및 청소년보호활동 경험이 풍부한 학부모

④ 위원의 임기는 2년으로 하되, 연임할 수 있다.
⑤ 위원회의 사무를 담당하기 위하여 교육과학기술부 공무원 중에서 간사 1인을 둔다.
⑥ 그 밖에 기획위원회의 조직·운영에 필요한 사항은 대통령령으로 정한다.

제9조(학교폭력대책지역위원회의 설치) ① 지역의 학교폭력 문제를 해결하기 위하여 특별시·광역시·도·특별자치도(이하 "시·도"라 한다)에 학교폭력대책지역위원회(이하 "지역위원회"라 한다)를 둔다.
② 특별시장·광역시장·도지사·특별자치도지사는 지역위원회의 운영 및 활동에 관하여 시·도의 교육감(이하 "교육감"이라 한다)과 협의하여야 하며, 그 효율적인 운영을 위하여 실무위원회를 둘 수 있다.
③ 지역위원회는 위원장 1인을 포함한 11인 이내의 위원으로 구성한다.
④ 지역위원회 및 제2항에 따른 실무위원회의 구성·운영에 필요한 사항은 대통령령으로 정한다.

제10조(학교폭력대책지역위원회의 기능) ① 지역위원회는 기본계획에 따라 지역의 학교폭력 예방대책을 매년 수립한다.
② 지역위원회는 해당 지역에서 발생한 학교폭력에 대하여 교육감 및 지방경찰청장에게 관련 자료를 요청할 수 있다.
③ 교육감은 지역위원회의 의견을 들어 제16조제1항제2호·제3호 또는 제17조제1항제7호에 따른 치료 및 교육을 담당할 교육·치료기관을 지정하여야 한다.

제11조(교육감의 임무) ① 교육감은 시·도교육청에 학교폭력의 예방과 대책을 담당하는 전담부서를 설치·운영하여야 한다.
② 교육감은 관할 구역 안에서 학교폭력이 발생한 때에는 해당 학교의 장 및 관련 학교의 장에게 그 경과 및 결과의 보고를 요구할 수 있다.
③ 교육감은 관할 구역 안의 학교폭력이 관할 구역 외의 학교폭력과 관련이 있는 때에는 그 관할 교육감과 협의하여 적절한 조치를 취하여야 한다.
④ 교육감은 학교의 장으로 하여금 학교폭력의 예방 및 대책에 관한 실

시계획을 수립·시행하도록 하여야 한다.

⑤ 교육감은 제12조에 따른 자치위원회가 처리한 학교의 학교폭력빈도를 학교의 장에 대한 업무수행 평가에 부정적 자료로 사용하여서는 아니된다.

⑥ 교육감은 제16조제1항제5호 또는 제17조제1항제4호에 따른 전학의 경우 그 실현을 위하여 필요한 조치를 취하여야 하며, 제17조제1항제9호에 따른 퇴학처분의 경우 해당 학생의 건전한 성장을 위하여 다른 학교 재입학 등의 적절한 대책을 강구하여야 한다.

⑦ 교육감은 기획위원회 및 지역위원회에 관할 구역 안의 학교폭력 관련 사항을 보고하여야 한다. 관할 구역 밖의 학교폭력 관련 사항 중 관할 구역 안의 학교와 관련된 경우에도 또한 같다.

⑧ 제1항에 따라 설치되는 전담부서의 구성 등에 필요한 사항은 대통령령으로 정한다.

제12조(학교폭력대책자치위원회의 설치·기능) ① 학교폭력의 예방 및 대책에 관련된 사항을 심의하기 위하여 학교에 학교폭력대책자치위원회(이하 "자치위원회"라 한다)를 둔다.

② 자치위원회는 학교폭력의 예방 및 대책 등을 위하여 다음 각 호의 사항을 심의한다.

1. 학교폭력의 예방 및 대책을 위한 학교의 체제 구축
2. 피해학생의 보호
3. 가해학생에 대한 선도 및 징계
4. 피해학생과 가해학생 간의 분쟁조정
5. 그 밖에 대통령령으로 정하는 사항

③ 자치위원회의 설치·운영 등에 필요한 사항은 지역 및 학교의 규모 등을 고려하여 대통령령으로 정한다.

제13조(자치위원회의 구성·운영) ① 자치위원회는 위원장 1인을 포함하여 5인 이상 10인 이하의 위원으로 구성하되, 대통령령으로 정하는

바에 따라 전체위원의 과반수를 학부모전체회의에서 직접 선출된 학부모대표로 위촉하여야 한다. 다만, 학부모전체회의에서 학부모대표를 선출하기 곤란한 사유가 있는 경우에는 학급별 대표로 구성된 학부모대표회의에서 선출된 학부모대표로 위촉할 수 있다.<개정 2011.5.19>
② 자치위원회의 위원장은 다음 각 호의 어느 하나에 해당하는 경우에 회의를 소집하여야 한다.<신설 2011.5.19>
1. 자치위원회 재적위원 3분의 1 이상이 요청하는 경우
2. 학교의 장이 요청하는 경우
3. 피해학생 또는 그 보호자가 요청하는 경우
4. 학교폭력이 발생한 사실을 신고받거나 보고받은 경우
5. 그 밖에 위원장이 필요하다고 인정하는 경우
③ 자치위원회는 회의의 일시, 장소, 출석위원, 토의내용 및 의결사항 등이 기록된 회의록을 작성·보존하여야 한다.<신설 2011.5.19>
④ 그 밖에 자치위원회의 구성·운영에 필요한 사항은 대통령령으로 정한다.<개정 2011.5.19>

제14조(전문상담교사 배치 및 전담기구 구성) ① 학교의 장은 학교에 대통령령으로 정하는 바에 따라 상담실을 설치하고, 「초·중등교육법」 제19조의2에 따라 전문상담교사를 둔다.
② 전문상담교사는 학교의 장 및 자치위원회의 요구가 있는 때에는 학교폭력에 관련된 피해학생 및 가해학생과의 상담결과를 보고하여야 한다.
③ 학교의 장은 전문상담교사, 보건교사 및 책임교사(학교폭력문제를 담당하는 교사를 말한다) 등으로 학교폭력문제를 담당하는 전담기구(이하 "전담기구"라 한다)를 구성한다.
④ 전담기구는 학교폭력에 대한 실태조사(이하 "조사"라 한다)와 학교폭력 예방 프로그램을 구성·실시하며, 학교의 장 및 자치위원회의 요구가 있는 때에는 학교폭력에 관련된 조사결과 등 활동결과를 보고하여야 한다.
⑤ 피해학생 또는 피해학생의 보호자는 피해사실 확인을 위하여 전담기

구에 조사를 요구할 수 있다.<신설 2009.5.8>

⑥ 국가 및 지방자치단체는 조사에 관한 예산을 지원하고, 관계 행정기관은 조사에 협조하여야 하며, 학교의 장은 전담기구에 행정적·재정적 지원을 할 수 있다.<개정 2009.5.8>

제15조(학교폭력 예방교육 등) ① 학교의 장은 학생의 육체적·정신적 보호와 학교폭력의 예방을 위한 학생들에 대한 교육을 학기별로 1회 이상 실시하여야 한다.

② 학교의 장은 학교폭력의 예방 및 대책 등을 위한 교직원에 대한 교육을 학기별로 1회 이상 실시하여야 한다.

③ 학교의 장은 제1항에 따른 학교폭력 예방교육 프로그램의 구성 및 그 운용 등을 전담기구와 협의하여 전문단체 또는 전문가에게 위탁할 수 있다.

④ 교육장은 학교폭력 예방교육 홍보물을 연 1회 이상 제작하여 학부모에게 배포하여야 한다.<신설 2011.5.19>

⑤ 그 밖에 학교폭력 예방교육의 실시와 관련한 사항은 대통령령으로 정한다.<개정 2011.5.19>

제16조(피해학생의 보호) ① 자치위원회는 피해학생의 보호를 위하여 필요하다고 인정하는 때에는 피해학생에 대하여 다음 각 호의 어느 하나에 해당하는 조치(수 개의 조치를 병과하는 경우를 포함한다)를 할 것을 학교의 장에게 요청할 수 있다. 다만, 학교의 장은 피해학생의 보호를 위하여 긴급하다고 인정할 경우 자치위원회의 요청 전에 제1호, 제2호 및 제6호의 조치를 할 수 있다. 이 경우 자치위원회에 즉시 보고하여야 한다.

1. 심리상담 및 조언
2. 일시보호
3. 치료를 위한 요양
4. 학급교체
5. 전학권고

6. 그 밖에 피해학생의 보호를 위하여 필요한 조치

② 제1항에 따른 요청이 있는 때에는 학교의 장은 피해학생의 보호자의 동의를 받아 해당 조치를 할 수 있다.

③ 제1항의 조치 등 보호가 필요한 학생에 대하여 학교의 장이 인정하는 경우 그 조치에 필요한 결석을 출석일수에 산입할 수 있다.

④ 학교의 장은 성적 등을 평가함에 있어서 제2항에 따른 조치로 인하여 학생에게 불이익을 주지 아니하도록 노력하여야 한다.

⑤ 제1항제3호에 따라 사용되는 비용은 가해학생의 보호자가 부담하여야 한다. 다만, 가해학생의 보호자가 이를 부담하지 아니할 경우에는「학교안전사고 예방 및 보상에 관한 법률」제15조에 따른 학교안전공제회 또는 시·도교육청이 부담하고 이에 대한 구상권을 행사할 수 있다.

제16조의2(장애학생의 보호) ① 누구든지 장애 등을 이유로 장애학생에게 학교폭력을 행사하여서는 아니된다.

② 자치위원회는 학교폭력으로 피해를 입은 장애학생의 보호를 위하여 장애인전문 상담가의 상담 또는 장애인전문 치료기관의 요양 조치를 학교의 장에게 요청할 수 있다.

③ 제2항에 따른 요청이 있는 때에는 학교의 장은 해당 조치를 하여야 한다. 이 경우 제16조제5항을 준용한다.

제17조(가해학생에 대한 조치) ① 자치위원회는 피해학생의 보호와 가해학생의 선도·교육을 위하여 필요하다고 인정하는 때에는 가해학생에 대하여 다음 각 호의 어느 하나에 해당하는 조치(수 개의 조치를 병과하는 경우를 포함한다)를 할 것을 학교의 장에게 요청할 수 있다. 다만, 퇴학처분은 의무교육과정에 있는 가해학생에 대하여는 적용하지 아니한다.<개정 2009.5.8>

1. 피해학생에 대한 서면사과
2. 피해학생에 대한 접촉, 협박 및 보복행위의 금지
3. 학급교체

4. 전학
5. 학교에서의 봉사
6. 사회봉사
7. 학내외 전문가에 의한 특별교육이수 또는 심리치료
8. 10일 이내의 출석정지
9. 퇴학처분

② 제1항제2호부터 제6호까지 및 제8호의 처분을 받은 가해학생은 교육감이 정한 기관에서 특별교육을 이수하여야 하며, 특별교육 기간은 자치위원회에서 정한다.

③ 학교의 장은 가해학생에 대한 선도가 긴급하다고 인정할 경우 우선 제1항제1호, 제2호 및 제5호의 조치를 할 수 있다. 이 경우 자치위원회에 즉시 보고하여 추인을 받아야 한다.

④ 자치위원회는 제1항에 따른 조치를 요청하기 전에 가해학생 및 보호자에게 의견진술의 기회를 부여하는 등 적정한 절차를 거쳐야 한다.

⑤ 제1항에 따른 요청이 있는 때에는 학교의 장은 해당 조치를 하여야 한다.

⑥ 학교의 장이 제3항에 따른 조치를 한 때에는 가해학생과 그 보호자에게 이를 통지하여야 하며, 가해학생이 이를 거부하거나 회피하는 때에는 「초·중등교육법」 제18조에 따라 징계하여야 한다.

⑦ 가해학생이 제1항제5호부터 제7호까지의 규정에 따른 조치를 받은 경우 이와 관련된 결석은 학교의 장이 인정하는 때에는 이를 출석일수에 산입할 수 있다.

⑧ 자치위원회는 가해학생이 특별교육을 이수할 경우 해당 학생의 보호자도 함께 교육을 받게 할 수 있다.

제18조(분쟁조정) ① 자치위원회는 학교폭력과 관련하여 분쟁이 있는 경우에는 그 분쟁을 조정할 수 있다.

② 제1항에 따른 분쟁의 조정기간은 1개월을 넘지 못한다.

③ 학교폭력과 관련한 분쟁조정에는 다음 각 호의 사항을 포함한다.

1. 피해학생과 가해학생 간 또는 그 보호자 간의 손해배상에 관련된 합의조정
2. 그 밖에 자치위원회가 필요하다고 인정하는 사항

④ 자치위원회는 분쟁조정을 위하여 필요하다고 인정하는 때에는 관계 기관의 협조를 얻어 학교폭력과 관련한 사항을 조사할 수 있다.

⑤ 자치위원회가 분쟁조정을 하고자 할 때에는 이를 피해학생·가해학생 및 그 보호자에게 통보하여야 한다.

⑥ 시·도교육청 관할 구역 안의 소속 학교가 다른 학생 간에 분쟁이 있는 경우에는 교육감이 해당 학교의 자치위원회위원장과의 협의를 거쳐 직접 분쟁을 조정한다. 이 경우 제2항부터 제5항까지의 규정을 준용한다.

⑦ 관할 구역을 달리하는 시·도교육청 소속 학교의 학생 간에 분쟁이 있는 경우에는 피해학생을 감독하는 교육감이 가해학생을 감독하는 교육감 및 관련 해당 학교의 자치위원회위원장과의 협의를 거쳐 직접 분쟁을 조정한다. 이 경우 제2항부터 제5항까지의 규정을 준용한다.

제19조(학교의 장의 의무) 학교의 장은 교육감에게 학교폭력이 발생한 사실 및 제16조부터 제18조까지의 규정에 따른 조치 및 그 결과를 보고하고, 관계 기관과 협력하여 교내 학교폭력 단체의 결성예방 및 해체에 노력하여야 한다.

제20조(학교폭력의 신고의무) ① 학교폭력 현장을 보거나 그 사실을 알게 된 자는 학교 등 관계 기관에 이를 즉시 신고하여야 한다.

② 제1항에 따라 신고를 받은 기관은 이를 가해학생 및 피해학생의 보호자와 소속 학교의 장에게 통보하여야 한다.<개정 2009.5.8>

③ 제2항에 따라 통보받은 소속 학교의 장은 이를 자치위원회에 지체 없이 통보하여야 한다.<신설 2009.5.8>

④ 누구라도 학교폭력의 예비·음모 등을 알게 된 자는 이를 학교의 장 또는 자치위원회에 고발할 수 있다. 다만, 교원이 이를 알게 되었을 경우에는 학교의 장에게 보고하여야 한다.<개정 2009.5.8>

제20조의2(긴급전화의 설치 등) ① 국가 및 지방자치단체는 학교폭력을 수시로 신고받고 이에 대한 상담에 응할 수 있도록 긴급전화를 설치하여야 한다.

② 제1항에 따른 긴급전화의 설치·운영에 필요한 사항은 대통령령으로 정한다.

제21조(비밀누설금지 등) ① 이 법에 따라 학교폭력의 예방 및 대책과 관련된 업무를 수행하거나 수행하였던 자는 그 직무로 인하여 알게 된 비밀 또는 가해학생·피해학생과 관련된 자료를 누설하여서는 아니된다.

② 제1항에 따른 비밀의 구체적인 범위는 대통령령으로 정한다.

③ 제16조부터 제18조까지의 규정에 따른 자치위원회의 회의는 공개하지 아니한다. 다만, 피해학생·가해학생 또는 그 보호자가 회의록의 열람·복사 등 회의록 공개를 신청한 때에는 학생과 그 가족의 성명, 주민등록번호 및 주소, 위원의 성명 등 개인정보에 관한 사항을 제외하고 공개하여야 한다.<개정 2011.5.19>

제22조(벌칙) 제21조제1항을 위반한 자는 300만원 이하의 벌금에 처한다.

부칙 <법률 제8887호, 2008.3.14>
이 법은 공포 후 6개월이 경과한 날부터 시행한다.

부칙 <법률 제9642호, 2009.5.8>
이 법은 공포 후 3개월이 경과한 날부터 시행한다.

부칙 <법률 제9932호, 2010.1.18>(정부조직법)

제1조(시행일) 이 법은 공포 후 2개월이 경과한 날부터 시행한다. <단서 생략>

제5조 생략

부칙 <법률 제10642호, 2011.5.19>
이 법은 공포 후 6개월이 경과한 날부터 시행한다.

〈부록2〉 학교폭력 예방 및 대책에 관한 법률 시행령

[전부개정 2008.9.12 대통령령 제21003호]

제1조(목적) 이 영은 「학교폭력 예방 및 대책에 관한 법률」에서 위임된 사항과 그 시행에 필요한 사항을 규정함을 목적으로 한다.

제2조(기획위원회의 회의운영 등) ① 「학교폭력 예방 및 대책에 관한 법률」(이하 "법"이라 한다) 제7조에 따른 학교폭력대책기획위원회(이하 "기획위원회"라 한다)의 위원장은 회의를 소집하고, 그 의장이 된다.
② 기획위원회의 회의는 반기별로 1회 소집한다. 다만, 재적위원 3분의 1 이상이 요구하거나 위원장이 필요하다고 인정하는 경우에는 수시로 소집할 수 있다.
③ 기획위원회의 위원장이 회의를 소집할 때에는 회의 개최 5일 전까지 회의의 일시·장소 및 안건을 각 위원에게 통지하여야 한다. 다만, 긴급히 소집해야 할 때에는 그러하지 아니하다.
④ 기획위원회의 회의는 재적위원 과반수의 출석으로 개의(開議)하고, 출석위원 과반수의 찬성으로 의결한다.
⑤ 기획위원회의 위원장은 필요하다고 인정할 때에는 학교폭력 예방 및 대책과 관련하여 전문가 등을 회의에 출석하여 발언하게 할 수 있다.
⑥ 회의에 출석한 위원 및 전문가 등에게는 예산의 범위에서 수당과 여비를 지급할 수 있다. 다만, 공무원인 위원이 그 소관 업무와 직접적으로 관련하여 회의에 출석하는 경우에는 그러하지 아니하다.

제3조(보궐위원의 임기) 기획위원회 위원의 사임 등으로 인하여 새로 위촉되는 위원의 임기는 전임위원 임기의 남은 기간으로 한다.

제4조(지역위원회의 구성 및 운영) ① 법 제9조제1항에 따른 학교폭력대책지역위원회(이하 "지역위원회"라 한다)는 특별시장·광역시장·도지사

특별자치도지사(이하 "시·도지사"라 한다) 소속으로 두도록 하고, 위원장은 특별시·광역시·도·특별자치도(이하 "시·도"라 한다)의 부단체장이 된다.
② 지역위원회의 위원장은 회의를 소집하고, 그 의장이 된다.
③ 지역위원회의 위원장이 사고로 직무를 수행할 수 없을 때에는 위원장이 미리 지정하는 위원이 그 직무를 대행한다.
④ 지역위원회의 위원은 학식과 경험이 풍부하고 청소년보호에 투철한 사명감이 있는 사람으로서 다음 각 호의 어느 하나에 해당하는 사람 중에서 시·도지사가 해당 시·도의 교육감(이하 "교육감"이라 한다)과 협의하여 임명하거나 위촉한다.

1. 해당 시·도 청소년보호 업무 담당 국장 및 시·도 교육청 생활지도 담당 국장
2. 해당 시·도의회 의원 또는 교육위원회 위원
3. 시·도 지방경찰청 소속 경찰공무원
4. 학생 생활지도 경력이 5년 이상인 교원
5. 판사·검사·변호사
6. 「고등교육법」 제2조에 따른 학교의 조교수 이상 또는 청소년 관련 연구기관에서 이에 상당한 직위에 재직하고 있거나 재직하였던 사람으로서 학교폭력 문제에 대하여 전문지식이 있는 사람
7. 청소년 선도 및 보호 단체에서 청소년보호활동을 5년 이상 전문적으로 담당한 사람
8. 학교운영위원회 및 청소년보호 활동 경험이 풍부한 학부모 대표
9. 그 밖에 학교폭력 예방 및 청소년 보호에 대한 지식과 경험을 가진 사람

⑤ 지역위원회 위원의 임기는 2년으로 하되 연임할 수 있다. 다만, 지역위원회 위원의 사임 등으로 새로 위촉되는 위원의 임기는 전임위원 임기의 남은 기간으로 한다.
⑥ 지역위원회에는 시·도지사 및 교육감 소속 공무원 중에서 지역위원회

의 사무를 담당할 간사를 둘 수 있다.
⑦ 지역위원회의 회의 운영에 관하여는 제2조제2항부터 제6항까지의 규정을 준용한다. 이 경우 "기획위원회"는 "지역위원회"로 본다.

제5조(실무위원회의 구성 및 운영) 법 제9조제2항에 따른 실무위원회는 7명 이내의 학교폭력 예방 및 대책에 관한 실무자 및 민간의 전문가로 구성한다.

제6조(전담부서의 구성 등) ① 법 제11조제1항에 따른 전담부서는 해당 시·도 교육청의 여건을 고려하여 장학관 및 장학사 등을 포함한 3명 이상으로 구성한다.
② 제1항에 따른 전담부서의 명칭, 운영 등 세부적인 사항은 교육감이 해당 시·도 교육청의 여건을 고려하여 정한다.

제7조(자치위원회의 심의사항) 법 제12조제2항제5호에서 "그 밖에 대통령령으로 정하는 사항"이란 학교폭력의 예방 및 대책과 관련하여 법 제14조제3항에 따른 학교폭력 문제를 담당하는 책임교사 또는 학생회의 대표가 건의하는 사항을 말한다.

제8조(자치위원회의 회의 운영 등) ① 법 제12조제1항에 따른 학교폭력대책자치위원회(이하 "자치위원회"라 한다)의 위원장은 회의 소집에 필요하다고 인정하거나 재적위원 3분의 1 이상 또는 학교의 장이 소집을 요청하는 경우 회의를 소집하여야 한다.
② 자치위원회의 회의는 재적위원 과반수의 출석으로 개의하고, 출석위원 과반수의 찬성으로 의결한다.
③ 자치위원회의 위원장은 해당 학교의 교직원 중 자치위원회의 사무를 처리할 간사 1명을 지명한다.
④ 자치위원회의 회의에 출석한 위원에게는 예산의 범위에서 수당과 여비를 지급할 수 있다. 다만, 공무원인 위원이 그 소관 업무와 직접적으로 관련하여 회의에 출석하는 경우에는 그러하지 아니하다.
⑤ 자치위원회는 회의록을 작성·보존하여야 한다.

제9조(자치위원회의 구성) ① 자치위원회의 위원은 다음 각 호의 어느 하나에 해당하는 사람 중에서 해당 학교의 장이 임명하거나 위촉한다.
1. 해당 학교의 교감
2. 해당 학교의 교사 중 학생생활지도의 경력이 있는 교사
3. 해당 학교운영위원회의 학부모대표
4. 판사·검사·변호사
5. 해당 학교를 관할하는 경찰서 소속 경찰공무원
6. 의사의 자격을 가진 사람
7. 그 밖에 학교폭력 예방 및 청소년 보호에 대한 지식과 경험을 가진 사람

② 자치위원회의 위원장은 위원 중에서 호선하며 위원장이 사고로 직무를 대행할 수 없을 때에는 위원장이 미리 지정하는 위원이 그 직무를 대행한다.

③ 자치위원회의 위원의 임기는 2년으로 하되 연임할 수 있다. 다만, 자치위원회 위원의 사임 등으로 새로 위촉되는 위원의 임기는 전임위원 임기의 남은 기간으로 한다.

제10조(상담실 설치) 법 제14조제1항에 따른 상담실은 다음 각 호의 시설·장비를 갖추어 상담활동이 편리한 장소에 설치하여야 한다.
1. 인터넷 이용시설, 전화 등 상담에 필요한 시설 및 장비
2. 상담을 받는 사람의 사생활 노출 방지를 위한 칸막이 및 방음시설

제11조(학교폭력 예방교육) 법 제15조제4항에 따라 학생 및 교직원에 대한 학교폭력 예방교육은 다음 각 호의 기준에 따라 실시한다.
1. 학기별로 1회 이상 실시하되, 교육 횟수·시간 및 강사 등 세부적인 사항은 학교의 여건에 따라 학교의 장이 정한다.
2. 학급단위로 실시함을 원칙으로 하되, 학교의 여건에 따라 전체 학생을 대상으로 한 장소에서 동시에 실시할 수 있다.
3. 학생과 교직원을 별도로 교육함을 원칙으로 하되, 내용에 따라 함께

교육할 수 있다.
4. 강의, 토론 및 역할연기 등 다양한 방법으로 하되, 다양한 자료나 프로그램 등을 활용하여야 한다.

제12조(분쟁조정의 신청) 피해학생, 가해학생 또는 그 보호자(이하 "분쟁당사자"라 한다) 중 어느 한 쪽은 법 제18조에 따라 해당 분쟁사건에 대한 조정권한이 있는 자치위원회 또는 교육감에게 다음 각 호의 사항이 기재된 문서로 분쟁조정을 신청할 수 있다.
1. 분쟁조정 신청인의 성명 및 주소
2. 보호자의 성명 및 주소
3. 분쟁조정신청의 사유

제13조(자치위원회 위원의 제척·기피 및 회피) ① 자치위원회의 위원은 법 제18조에 따라 피해학생과 가해학생 간의 분쟁을 조정하는 경우 다음 각 호의 어느 하나에 해당하면 해당 분쟁조정사건에서 제척된다.
1. 위원이나 그 배우자 또는 그 배우자였던 사람이 해당 분쟁조정사건의 피해학생 또는 가해학생의 부모 등 보호자인 경우 또는 보호자였던 경우
2. 위원이 해당 분쟁조정 사건의 피해학생 또는 가해학생과 친족이거나 친족이었던 경우
3. 그 밖에 위원이 해당 분쟁조정 사건의 피해학생 또는 가해학생과 관련이 있다고 자치위원회가 인정하는 경우

② 학교폭력과 관련하여 분쟁이 발생한 경우 분쟁당사자는 자치위원회의 위원에게 공정한 심의를 기대하기 어려운 사정이 있다고 인정할 만한 상당한 사유가 있을 때에는 자치위원회에 그 사실을 서면으로 소명하고 기피신청을 할 수 있다.

③ 자치위원회는 제2항에 따른 기피신청을 받으면 의결로써 해당 위원의 기피 여부를 결정하여야 한다. 이 경우 기피신청 대상이 된 위원은 그 의결에 참여하지 못한다.

④ 자치위원회의 위원이 제1항 또는 제2항의 사유에 해당하는 경우에는 스스로 해당 분쟁조정 사건을 회피할 수 있다.

　제14조(분쟁조정의 개시) ① 자치위원회 또는 교육감은 제12조에 따라 분쟁조정의 신청을 받으면 그 신청을 받은 날부터 5일 이내에 분쟁조정을 시작하여야 한다.

② 자치위원회 또는 교육감은 분쟁당사자에게 분쟁조정의 일시 및 장소를 통보하여야 한다.

③ 제2항에 따라 통지를 받은 분쟁당사자 중 어느 한 쪽이 불가피한 사유로 출석할 수 없는 경우에는 자치위원회 또는 교육감에게 분쟁조정의 연기를 요청할 수 있다. 이 경우 자치위원회 또는 교육감은 분쟁조정의 기일을 다시 정하여야 한다.

④ 자치위원회 또는 교육감은 자치위원회 위원 또는 지역위원회 위원 중에서 분쟁조정 담당자를 지정하거나, 외부 전문기관에 분쟁과 관련한 사항에 대한 자문 등을 할 수 있다.

　제15조(분쟁조정의 거부·중지 및 종료) ① 자치위원회 또는 교육감은 다음 각 호의 어느 하나에 해당하는 사유가 발생한 경우에는 분쟁조정의 개시를 거부하거나 분쟁조정을 중지할 수 있다.

1. 분쟁당사자 중 어느 한 쪽이 분쟁조정을 거부한 경우
2. 피해학생 등이 관련된 학교폭력 건에 대하여 가해학생을 고소·고발하거나 민사상 소송을 제기한 경우
3. 분쟁조정의 신청내용이 거짓임이 명백하거나 정당한 이유가 없다고 인정되는 경우

② 자치위원회 또는 교육감은 다음 각 호의 어느 하나에 해당하는 사유가 발생하는 경우에는 분쟁조정을 종료하여야 한다.

1. 분쟁당사자 간에 합의가 이루어지거나 자치위원회 또는 교육감이 제시한 조정안을 분쟁당사자가 수락하는 등 분쟁조정이 성립한 경우
2. 분쟁조정 개시일부터 1개월이 지나도록 분쟁조정이 성립하지 아니한

경우

③ 자치위원회 또는 교육감은 제1항에 따라 분쟁조정을 거부 또는 중지하거나 제2항제2호에 따라 분쟁조정을 종료한 경우에는 그 사유를 분쟁당사자에게 각각 통보하여야 한다.

제16조(분쟁조정의 결과처리) ① 자치위원회 또는 교육감은 분쟁조정이 성립되면 다음 각 호의 사항을 기재한 합의서를 작성하여 자치위원회는 분쟁당사자에게, 교육감은 피해학생 및 가해학생 소속 학교 자치위원회와 분쟁당사자에게 각각 통보하여야 한다.
1. 분쟁당사자의 주소와 성명
2. 조정대상 분쟁의 내용
   가. 분쟁의 경위
   나. 조정의 쟁점(분쟁당사자의 의견을 기술한다)
3. 조정의 결과

② 제1항에 따른 합의서에는 자치위원회가 조정한 경우에는 분쟁당사자와 조정에 참가한 위원이, 교육감이 조정한 경우에는 분쟁당사자와 교육감이 각각 서명·날인하여야 한다.

③ 자치위원회의 위원장은 분쟁조정의 결과를 교육감에게 보고하여야 한다.

제17조(비밀의 범위) 법 제21조제1항에 따른 비밀의 범위는 다음 각 호와 같다.
1. 학교폭력 가해학생과 피해학생 개인 및 가족의 성명, 주민등록번호 및 주소 등 개인정보에 관한 사항
2. 학교폭력 가해학생과 피해학생에 대한 심의·의결과 관련된 개인별 발언 내용
3. 그 밖에 외부로 누설될 경우 분쟁당사자 간에 논란을 일으킬 우려가 명백한 사항

부칙 <제21003호,2008.9.12>

제1조(시행일) 이 영은 2008년 9월 15일부터 시행한다.

제2조(다른 법령과의 관계) 이 영 시행 당시 다른 법령에서 종전의 학교폭력 예방 및 대책에 관한 법률 시행령의 규정을 인용하고 있는 경우 이 영 중 그에 해당하는 규정이 있으면 종전의 규정을 갈음하여 이 영의 해당 조항을 인용한 것으로 본다.

■ 노 순 규(魯淳圭)   경영학박사

<약 력>
고려대(석사) 및 동국대(박사)
서울대학교 행정대학원 박사과정 수료
배성여상·상서여상 등 6년간 교원역임
새마을본부 연수원 5년간 교수역임
한국기업경영연구원 원장(23년간 재임 중)
한서대학교경영대학원 강사역임
대한상공회의소, 한국경총, 한국생산성본부
한국능률협회, 한국표준협회, 현대중공업
현대자동차, 한국전력, 롯데제과, LG산전 강사
건설기술교육원, 건설산업교육원,
영남건설기술교육원, 건설경영연수원
전문건설공제조합 기술교육원
건설기술호남교육원 외래교수
경기중소기업청 공무원 경영혁신 강사
한국기술교육대학교 노동행정연수원 강사
경기도교육청(갈등관리와 교원의 역할) 강사
대구시교육연수원(리더십과 갈등관리) 강사
충남교육연수원(공무원노조의 이해) 강사
서울시교육연수원(교육관련 노동법) 강사
경남공무원교육원(단체교섭 및 단체협약 체결사례) 강사
속초시청(공무원 노사관계) 강사
부산시교육연수원(교원노조와 노사관계) 강사
울산시교육연수원(교원노조의 이해) 강사
전남교육연수원(갈등관리의 이해와 협상기법) 강사
제주도탑라교육원(갈등 및 조직활성화 전략) 강사
경북교육청(학교의 갈등사례와 해결방법) 강사
제주도공무원교육원(조직갈등의 원인과 유형) 강사
경북교육연수원(인간관계와 갈등해결) 강사
전북공무원교육원(공무원노조법) 강사
충남공무원교육원(사회양극화 해결방안) 강사
대구시공무원교육원(복지행정) 강사
부산시공무원교육원(조직갈등의 해결방안) 강사
광주시공무원교육원(투자활성화의 기업유치 전략) 강사
대전시공무원연수원(갈등의 원인과 해결) 강사
충북단재교육연수원(교원단체의 이해) 강사
경남교육청(학생생활지도와 인권교육) 강사
강원도교육청(직장인의 스트레스와 자기계발) 강사
전북교육연수원(커뮤니케이션의 기법) 강사
경북교육청(학교경영평가의 배경과 대응) 강사
경북, 인천시, 광주시, 강원도 교육연수원 강사

강의문의 : 011-760-8160, 737-8160
E-mail : we011@hanmail.net

<주요 저서>
- 건설업의 회계실무와 세무관계
- 건설업의 타당성분석과 사업계획서
- 건설업의 원가계산과 원가절감
- 건설업의 노사관계와 노무관리
- 한미·한EU FTA와 경제전략
- 경영전략과 인재관리
- 건설업의 VE(가치공학)와 품질경영
- 부동산투자와 개발실무
- CM(건설경영)과 시공참여폐지의 노무관리
- 산재고용·연금건강의 사회보험 통합실무
- 토지투자와 부동산경매
- 21세기 리더십과 노무관리
- 협력적 노사관계의 이론과 실천기법
- 신입사원의 건전한 직업관
- 종업원의 동기부여와 실천방법
- 공무원노조와 노사관계
- 교원노조(전교조)와 노사관계
- 교원평가제와 학교개혁
- 학교운영의 리더십과 갈등관리
- 교사의 올바른 역할과 개혁
- 프로젝트 파이낸싱(PF)과 건설금융
- 비정규직의 고용문제와 해법
- 한·EU FTA와 경제전략
- 학교의 갈등사례와 해결방법
- 공무원의 갈등관리와 리더십 및 BSC
- 녹색성장과 친환경 경영
- 교수와 대학의 개혁
- 리더의 자기관리와 성공법칙
- 노동조합의 개혁과 역할
- 사교육 없애기 공교육 정상화
- 조직갈등의 원인과 해결방법
- 학교장 경영평가와 CEO 리더십
- 학생지도방법과 인권보호
- 건설업의 클레임과 민원해결
- 지역donationalism-주민갈등·사회갈등
- 칭찬의 감동효과와 조직관리
- 건설공사관리와 건축행정
- 사회양극화 해결과 복지행정
- 미래사회의 변화와 성공방법
- 학교와 교원의 개혁방법
- 사업계획과 사업타당성 분석
- 커뮤니케이션 기법(skill)과 효과
- 리스크관리(Risk Management)
- 공정한 사회의 실천방법
- 지방자치단체의 기업유치 전략
- 학생체벌의 사례와 금지효과
- 건설업의 원가관리(Cost Management)
- M&A(인수·합병)의 사례와 방법
- 학교장의 역할과 혁신의 리더십
- 기업가치평가의 방법과 실무
- 직장인의 스트레스와 자기계발
- 창의력 개발과 인성교육
- 청렴교육·국민권익·옴부즈만
- 복수노조·타임오프·제3노총
- 친절교육·고객만족·고객감동
- 학교폭력의 원인과 해결방법 외 120권 저서

학교폭력의 원인과 해결방법   정가 30,000원

2012년 2월 6일 초판인쇄
2012년 2월 13일 초판발행

판권
본원
소유

저 자   노 순 규
발행인   노 순 규
발행처   한국기업경영연구원
         서울특별시 양천구 목동 505-11 목동빌딩 1층
등 록   제2006-47호
전 화   (02) 737-8160

<제본이 잘못된 것은 교환하여 드립니다>

ISBN 978-89-93451-41-2